KB164331

대한제국 실록

대한제국 실록

1판 1쇄 발행 2018년 10월 10일
1판 2쇄 발행 2019년 4월 1일

글 황인희
펴낸이 이윤규

펴낸곳 유아이북스
출판등록 2012년 4월 2일
주소 (우) 04317 서울시 용산구 효창원로 64길 6
전화 (02) 704-2521
팩스 (02) 715-3536
이메일 uibooks@uibooks.co.kr

ISBN 979-11-6322-010-7 03910
값 15,000원

실제 기록으로 읽는 구한말 역사

대한제국
실록

글 황인희

유아이북스
Ultimate Information

[일러두기]
• 1910년 8월 29일 일제 강점 이후는 '순종 재위 연도(순종 ㅇ년)'를 사용하지 않고 서기 연도를 썼습니다.
• 이 책에 쓰인 날짜는 1896년 1월 이전은 음력, 이후는 양력입니다.

들어가기 전에

*

　《조선왕조실록》은 조선 역사 연구의 기본 자료이다. 이는 조선 태조로부터 철종에 이르기까지 25대 472년 동안의 역사가 연월일 순서에 따라 편년체編年體로 기록된 방대한 자료이다. 조선의 마지막 두 임금이며 대한제국의 두 황제에 대한 기록인 〈고종황제실록〉과 〈순종황제실록〉은 《조선왕조실록》이 아니다. 그렇다고 '황제실록'으로 따로 인정을 해 주는 것도 아니다. 다만 《조선왕조실록》 끄트머리에 더부살이하듯이 들어가 실리는 것이 보통이다. 그렇게 된 이유에 대해 국사편찬위원회가 작성한 해제의 '편찬 경위'에 다음과 같이 설명되어 있다.

　〈고종황제실록〉은 일반적으로 《조선왕조실록》에는 포함시키지 않는다. 〈순종황제실록〉과 함께 일제강점기에 일본인들이 주관하여 편찬하였기 때문이다. 〈고종황제실록〉은 〈순종황제실록〉과 같은 시기에 이왕직李王職의 주관으로 함께 만들어졌다. 1926년 4월 순종이 서거하자 이왕직에서는 다음 해(1927) 4월에 역대 실록의 예에 따라 고종과 순종의 실록을 편찬하기로 결정하였다. 1927년 4월 1일에 편찬을 시작하여 7년이 경과한 1934년 6월에 완성되었고, 이듬해 3월 31일에 간행이 완료되었다. … 편찬위원들이 작성한 원고는 감수부의 총책임자인 오다 쇼고 교수의 손을 거쳤다. 또 실록의 최종 원고는 위원장인 일본인 이왕직 장관 시노다 지사쿠의 결재를 받아 간행되었다. 이러한 편찬 과정으로 볼 때 〈고종황제실록〉과 〈순종황제실록〉은 일본인들의 주도로 제국주의적 사관에 따라 편찬된 것이며, 조선 왕조의 실록 편찬 전통이나 우리 민족의 독자적인 역사관에 의해 편찬된 것이 아님을 알 수 있다. …

이러한 이유로 〈고종황제실록〉과 〈순종황제실록〉은 우리 민족에게 철저하게 버림받았다. 역사 교과서 등을 편찬할 때도 실록보다는 야사를 더 많이 참고한다고 한다. 나는 이렇게 두 황제의 실록이 버림받은 것을 보고 몇 가지 의문을 갖게 되었다. 《조선왕조실록》에서 소외당한 두 황제에 대한 기록은 따로 떼어 '황제 실록'으로 정리해야 하는 것이 아닐까? 왜곡의 소지가 있다고 무시해도 되는, 필요 없는 자료라고 할 수는 없다. 또 편찬 과정에서 일본인의 손이 많이 닿았다고 무조건 사실의 왜곡이 있었다고 할 수 있을까? 왜곡이 되지 않았다는, 우리가 역사의 기준으로 삼아야 할 사료는 과연 무엇일까? 역성혁명을 일으킨 조선에 의해 만들어져 왜곡되었을 후기 고려사나 그 이전의 모든 패자의 역사도 우리는 사료에서 제외해버렸는가? 이 황제 실록들을 버린다면 우리는 무엇으로 대한제국 망국사를 알 수 있을 것인가? 다른 여타의 야사들은 왜곡이 없는, 믿을 수 있는 자료들인가? 개인의 사적 감정이 담긴 야사들을 정통 역사라 인정할 수 있는 것일까? 이 잃어버린 시기의 역사의 진실은 무엇을 근거로 어떻게 찾아내야 할 것인가?

이런 질문에 답을 구하지 않더라도 우리가 두 황제의 실록을 외면해서는 안 되는 이유가 몇 가지 더 있다. 국사편찬위원회의 글을 다시 보자.

… 그러나 객관적 사실의 종합 정리나 자료 제공이라는 면에서는 일정한 의의를 가진다. 특히 각국과의 여러 약정, 관제의 개폐, 관직의 차제(差除 : 벼슬에 임명하는 것), 각사 각영各司各營의 회계부, 재변災變 등의 기사가 충실하고, 갑오경장 이후의 조서 · 칙령 · 법률 · 각령閣令 · 부령部令 등을 거의 망라하고 있어 한국 근대사 연구에 주요 사료로 활용할 수 있다. …

우선 두 황제의 실록에는 조선 말기의 여러 자료가 풍부하게 들어 있다. 이 두 실록이 상세하게 담고 있는 시기는 우리 역사상 빼놓을 수 없을 만큼 중요한 때이다. 서양과의 첫 만남인 양요와 수교가 있었고 전근대와 근대를 가르는 갑오개혁이 일어난 때이며 왕비가 외국인 적도들에 살해되는 비극과 국권을 빼앗기는 치욕도 겪었던 이 시기만큼 중요한 때가 우리 역사에 또 있을까?

우리가 결과에 대한 가치 평가 못지않게 사료에서 중요하게 여겨야 할 것은 과정과 경과이다. 어떻게 그런 일이 일어났으며 그랬을 때 조선 임금과 조정은 어떤 태도를 취했을까 하는 문제도 역사의 교훈을 얻기 위해 반드시 우리가 알아야 할 일들이다.

이상과 같은 여러 가지 생각 끝에 나는 우선 '대한제국 황제 실록'의 정리가 필요하다고 생각했다. 놀랍게도 서점가에서는 실록 그 자체로 정리된 '대한제국 황제 실록'을 찾아볼 수 없었다. 그것이 어떤 부분에서 얼마나 왜곡되었는지를 알아내려면 먼저 정리 작업이 있어야 할 것이다. 실록에 어떤 내용이 담겼는지도 모르면서 왜곡이나 날조 운운할 수는 없는 일이다. 하여 나는 '대한제국 황제 실록'을 정리하기로 마음먹었다.

학자가 아닌 나는 이제껏 저술할 때 많은 학자의 도서를 참고로 삼았다. 하지만 이 책을 쓰기 위해서는 의도적으로 다른 도서를 들춰보지 않았다. 여타의 선입관을 갖지 않기 위해서였다. 오로지 국사편찬위원회에서 국역(한국고전번역원)한 〈고종황제실록〉과 〈순종황제실록〉만을 가지고 간추려 엮은 것이다. 당연히 이 책에는 대한제국에 대한, 고종이나 순종에 대한 나의 긍정적이거나 혹은 부정적인 평가는 들어 있지 않다.

어떤 사람은 대한제국의 존재 자체를 부정하기도 한다. 이런 주장의 바탕에는 대개 "황제는 무슨…" 하는 식의 자조적인 사고가 깔려 있다. 그러나 대한제국은 13년이나 엄연히 존재했던 우리 민족의 나라였다. 1, 2년 형식적으로 간판을 붙여놓았던 나라가 아니라 10년이 넘는 세월 동안 아니 최소한 을사조약 이전 7년 동안 제국의 이름으로 다른 나라들과 외교 행위를 했던 엄연한 독립 국가였다. 그런데 우리 스스로 황제의 나라였던 그 세월을 묵살하는 것에 대해서 나는 동의할 수 없다.

내가 이 책을 쓰는 이유는 두 가지이다. 첫째, 《조선왕조실록》에서 소외되고 우리 민족에게 버림받았던 우리 역사의 한 부분을 역사로서의 제자리로 돌려놓기 위함이다. 둘째, 대한제국이라는 나라의 13년 역사가 엄존했음을 알려 그 세월이 잃어버린 시간이 되는 것을 막으려 함이다. 나의 이런 소망이 많은 독자의 가슴을 울리는 계기가 되기를 바란다.

참고로 이 책에 쓰인 날짜는 1896년 1월 이전은 음력, 이후는 양력임을 밝혀둔다.

끝으로 부족한 원고를 책으로 펴낸 관계자들에게 감사의 인사를 드린다. 또 언제나 변함없이 성원해주는 남편 윤상구와 외동딸 윤해인에게 깊은 감사의 인사를 전한다.

2018년 8월
황인희

| 목 차 |

들어가기 전에 _____ 5

I 고종황제실록

Ⅱ 순종황제실록

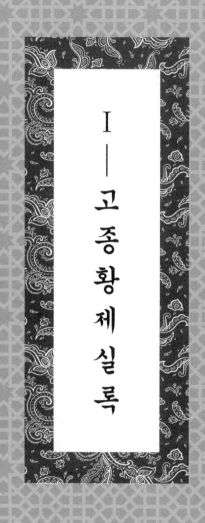

I

고종황제실록

1

편찬 경위

〈고종황제실록〉은 조선 왕조 제26대 국왕이며 대한제국大韓帝國의 첫 황제였던 고종高宗의 재위 기간(1863년 12월~1907년 7월) 45년의 역사를 편년체로 기록한 사서이다. 이 사서의 원래 제목은 〈고종순천융운조극돈륜정성광의명공대덕요준순휘우모탕경응명입기지화신열외훈홍업계기선력건행곤정영의홍휴수강문헌무장인익정효태황제실록高宗純天隆運肇極敦倫正聖光義明功大德堯峻舜徽禹謨湯敬應命立紀至化神烈巍勳洪業啓基宣曆乾行坤定英毅弘休壽康文憲武章仁翼貞孝太皇帝實錄〉이다. 줄여서 〈고종태황제실록高宗太皇帝實錄〉이라고도 한다. 본문 48권 48책과 목록 4권 4책을 합쳐 52권 52책으로 간행되었다.

〈고종황제실록〉은 일반적으로 《조선왕조실록》에는 포함시키지 않는다. 〈순종황제실록〉과 함께 일제강점기에 일본인들이 주관하여 편찬하였기 때문이다. 〈고종황제실록〉은 〈순종황제실록〉과 같은 시기에 이왕직李王職의 주관으로 함께 만들어졌다. 1926년 4월 순종이 서거하자 이왕직에서는 다음 해(1927) 4월에 역대 실록의 예에 따라 고종과 순종의 실록을 편찬하기로 결정하였다. 1927년 4월 1일에 편찬을 시작하여 7년이 경과한 1934년 6월에 완성되었고, 이듬해 3월 31일에 간행이 완료되었다.

실록 편찬 준비실에서는 1930년 3월까지 3년간에 걸쳐 〈일성록〉·〈승정원일기〉 등 각종 기록 2,455책에서 총 24만 5,356매 분의 원고를 발췌하여 등사하였다. 자료의 등사가 끝난 후 1930년 4월에 이왕직에 실록 편찬실을 설치하고 편찬위원을 임명하여 실록을 찬술하게 하였다. 실록 편찬실의 초대 위원장은 이왕직 장관 시노다 지사쿠[篠田治策]였다. 그러나 실제 편찬의 총책임자는 감수위원이었던 경성제국대학의 오다 쇼고[小田省吾] 교수였다.

편찬위원들은 실록의 기술記述과 체제 및 편집을 역대 실록, 특히 〈철종실록〉의 예에 따른다는 범례를 세웠다. 다만 〈고종황제실록〉과 〈순종황제실록〉은 기사 목록을 따로 작성하여 각 일자 밑에 중요 기사를 요약하여 수록하였다. 또한 날짜를 간지로 적지 않고 일자(숫자)로 표기하였으며, 갑오개혁 이후의 조칙과 약조 등은 원문 그대로 실었다.

편찬위원들이 작성한 원고는 감수부의 총책임자인 오다 쇼고 교수의 손을 거쳤다. 또 실록의 최종 원고는 위원장인 일본인 이왕직 장관 시노다 지사쿠의 결재를 받아 간행되었다. 이러한 편찬

과정으로 볼 때 〈고종황제실록〉과 〈순종황제실록〉은 일본인들의 주도로 제국주의적 사관에 따라 편찬된 것이며, 조선 왕조의 실록 편찬 전통이나 우리 민족의 독자적인 역사관에 의해 편찬된 것이 아님을 알 수 있다.

그러나 객관적 사실의 종합 정리나 자료 제공이라는 면에서는 일정한 의의를 가진다. 특히 각국과의 여러 약정, 관제의 개폐, 관직의 임명, 각사 각영各司各營의 회계부, 재변 등의 기사가 충실하고, 갑오경장 이후의 조서·칙령·법률·각령閣令·부령部令 등을 거의 망라하고 있어 한국 근대사 연구에 주요 사료로 활용할 수 있다.

실록의 편찬은 1934년 6월에 완료되었고, 다음 해 3월에 영사본影寫本으로 간행되었다. 총 200부가 간행되어 40부는 원고 정부본正副本과 함께 이왕직 도서관에 소장되었고 나머지는 관계 기관에 배포되었다.

2

〈고종황제실록〉 총서

고종통천융운조극돈륜정성광의명공대덕요준순휘우모탕경응명입기지화신열외훈홍업계기선력건행곤정영의홍휴수강문헌무장인익정효태황제실록 高宗統天隆運肇極敦倫正聖光義明功大德堯峻舜徽禹謨湯敬應命立紀至化神烈巍勳洪業啓基宣曆乾行坤定英毅弘休壽康文憲武章仁翼貞孝太皇帝實錄 황제의 휘(諱 : 이름)는 희熙이고, 자字는 성림聖臨이고, 호號는 주연珠淵이다. 처음의 휘는 재황載晃이고, 자는 명부明夫였다. 흥선 헌의 대원왕의 적실의 둘째 아들로서, 어머니는 여흥 순목 대원비 민씨閔氏이다. 임자년(1852) 7월 25일 계유일에 정선방貞善坊 흥선 대원왕의 사제(私第 : 개인 소유의 집)에서 탄생하였으며, 계해년(1863) 12월 8일 경진일에 철종이 승하하자 신정 익황후神貞翼皇后의 명으로 문조 익황제文祖翼皇帝의 뒤를 이어 철종 장황제哲宗章皇帝의 대통을 계승하였다.

아버지는 문조 익황제이고 어머니는 신정 익황후 조씨(趙氏, 본향은 풍양豐壤. 풍은부원군 조만영趙萬永의 딸)이다. 처음에는 익성군翼成君에 봉해졌고, 12일 갑신일에 관례를 행하였으며, 13일 을유일에 창덕궁 인정문仁政門에서 즉위하였다. 고종 34년 정유년(1897) 9월에 의정부 의정 심순택沈舜澤이 문무의 관리들을 거느리고 황제의 칭호를 올릴 것을 청한 결과 17일 계묘일에는 천지에 제사를 지내어 고한 다음에 황제의 지위에 올랐다. 나라 이름을 대한大韓으로 정하고 광무光武라는 연호를 사용하였다. 광무 11년 7월 19일 무신일에 황태자에게 황제의 자리를 넘겨주었고, 1919년 1월 21일 (무오년 12월 20일)에 덕수궁 함녕전咸寧殿에서 승하하였다. 왕위에 있은 지 44년이고, 나이는 67세이었다. 양주군楊州郡 미금면渼金面 금곡리金谷里에 있는 홍릉洪陵에 합장하였다.

황후는 효자원성정화합천홍공성덕명성태황후孝慈元聖正化合天洪功誠德明成太皇后 민씨閔氏(본향은 여흥)로, 증 영의정 여성부원군驪城府院君 민치록閔致祿의 딸이다. 신해년(1851) 9월 25일 정축일에 탄생하였고, 병인년(1866)에 왕비로 책봉되었으며, 을미년(1895) 8월 20일 무자일에 경복궁 곤녕합坤寧閣에서 승하하였으니, 나이는 45세이었다. 광무光武 원년(1897) 10월 12일에 황후로 추봉追封하였다.

〈고종황제실록〉 편찬위원의 명단은 아래와 같다.
● 위원장 이왕직 장관이며 종3위 훈1등인 법학박사 시노다 지사쿠

[篠田治策]

- 부위원장 이왕직 차관이며 종3위 훈1등인 남작男爵 이항구李恒九
- 감수위원 경성제국대학 교수이며 종3위 훈3등인 오다 쇼고[小田省吾]
- 감수위원 경학원 대제학經學院大提學이며 종4위 훈6등인 정만조鄭萬朝
- 감수위원 중추원 참의中樞院參議이며 정4위 훈3등인 박승봉朴勝鳳
- 감수위원 이왕직 촉탁 나리타 세키나이[成田碩內]
- 감수위원 원 이왕직 사무관이며 종7위인 김명수金明秀
- 감수위원 원 궁내부 비서원 승 서만순徐晚淳
- 편찬위원 중추원 참위이며 종4위 훈3등인 서상훈徐相勛
- 편찬위원 원 중추원 참위이며 종4위 훈3등인 남규희南奎熙
- 편찬위원 원 궁내부 종정원 경 이명상李明翔
- 편찬위원 원 궁내부 봉상사 제조奉常司提調 조경구趙經九
- 편찬위원 원 조선 총독부 군수이며 종7위인 홍종한洪鍾瀚
- 편찬위원 원 조선 총독부 군수이며 종8위인 권순구權純九
- 사료수집위원 이왕직 사무관이며 종5위 훈5등인 박주빈朴胄彬
- 사료수집위원 원 이왕직 사무관이며 정5위 훈6등인 이원승李源昇
- 사료수집위원 원 조선 총독부 편수관이며 정5위 훈6등인 이능화李能和

- 사료수집위원 원 대륙통신사 大陸通信社 사장 기쿠치 겐조[菊池謙讓]
- 서무위원 이왕직 사무관이며 종4위 훈4등인 스에마쓰 구마히코 [末松熊彦]
- 서무위원 이왕직 사무관이며 종4위 훈5등인 시가 노부미쓰[志賀信光]
- 회계위원 이왕직 사무관이며 정5위 훈5등인 사토 아키미치[佐藤明道]
- 감수 보조위원 원 조선 총독부 군수이며 종5위 훈6등인 김석빈 金碩彬
- 감수 보조위원 원 조선 총독부 이사관이며 정7위 훈8등인 에하라 요시쓰치[江原善椎]
- 감수 보조위원 원 궁내부 비서원 승 김녕진 金寧鎭
- 감수 보조위원 원 이왕직 속이며 종7위 훈8등인 최규환 崔奎煥
- 편찬 보조위원 원 조선 총독부 도경시 道警視이며 정7위 훈7등인 하마노 쇼타로[濱野鐘太郎]
- 편찬 보조위원 원 궁내부 비서원 승 이병소 李秉韶
- 편찬 보조위원 원 이왕직 속 이풍용 李豊用
- 편찬 보조위원 원 조선 총독부 군서기 郡書記 미즈바시 후쿠히코 [水橋復比古]
- 편찬 보조위원 원 농상공부 주사 이준성 李準聖
- 편찬 보조위원 원 법부 주사 김병명 金炳明

- 편찬 보조위원 원 궁내부 수륜과 水輪課 주사 홍명기 洪明基
- 사료수집 보조위원 원 경성고등상업학교 촉탁 기타지마 고조

  [北島耕造]

3

대한제국 이전

즉위와 수렴청정

1863년 12월 8일 조선의 제25대 임금 철종이 창덕궁 대조전大造殿에서 세상을 떠났다. 대왕대비 신정왕후神貞王后는 철종의 뒤를 이을 사람으로 흥선군興宣君의 두 번째 아들인 익성군翼成君을 정했다.

영의정 김좌근金左根과 민치상閔致庠 등이 대왕대비의 교서를 받들고 흥선군의 집으로 갔다. 익성군은 대청에서 내려와 몸을 굽히고 맞이한 다음 남쪽을 향해 섰다. 민치상이 앞으로 나아가서 이름과 나이를 묻고 대왕대비의 교서를 받들어 상 위에 놓았다. 익성군이 대청 위로 올라가 상 앞에 무릎을 꿇자, 민치상이 대왕대비의 교서를 읽었다. 익성군이 대청 아래로 내려와 네 번 절하고 상 앞으로 나아갔다. 민치상이 무릎을 꿇고 대왕대비의 교서를 전했다. 익성군이 무릎을 꿇고 받들어 본 뒤에 도로 상 위에 올려놓자, 대신 이하가 물러섰다. 조금 있다가 익성군이 복건(幅巾 : 천으로 만들어 머리 뒤로 돌려 묶어 쓰는 모자)을 쓰고 푸른 도포道袍에 흰 비단 허리 띠[白紗帶]와 검은 가죽 신발[黑皮靴] 차림으로 가교(駕轎 : 임금이 먼 길 떠날 때 타는 큰 규모의 가마)를 타고 창덕궁 돈화문敦化門 밖에 나아가니 백관이 천담복(淺淡服 : 삼년상을 치른 후 백 일 동안 입는 엷은 옥색의 옷) 차림으로 차례대로 섰다.

가교에서 내려 여(舁 : 작은 가마)를 타고 돈화문의 동쪽 협문을 거쳐서 백관이 따르는 가운데 인정문仁政門 밖에 이르렀다. 익성군이 여에서 내려 인정문의 동쪽 협문으로 걸어 들어갔다. 인정전 뜰에 나아가 절차에 따라 절을 하였다. 이어 인정문을 걸어 나와 여를 탔다. 협양문協陽門에 이르러 여에서 내려 선화문宣化門으로 걸어 들어갔다. 희정당熙政堂의 앞뜰을 지나서 극유재克綏齋로 들어가 머리를 풀고 곡哭을 하였다. 내전에 들어가 대왕대비와 왕대비, 중전(철종비)을 위로한 뒤 자리로 나아갔다.

이날 김좌근은 대왕대비에게 수렴청정할 것을 제안했고 대왕대비는 이를 받아들였다.

12월 13일 익성군은 빈전(殯殿 : 상여가 나갈 때까지 왕의 관을 모시던 곳)에 나아가 대보(大寶 : 옥새)를 받고 인정문 앞에서 즉위식을 가졌다. 이날 대왕대비를 받들고 희정당에서 수렴청정의 예도 행하였다.

같은 날 고종은 자신의 등극과 수렴하는 것과 관련한 반포문을 각각 내렸다. 등극 관련 반포문에서 자신은 영조英祖의 방계이지만 인조仁祖에게는 직계 후손임을 밝혀 정통성을 강조하였다. 또 수렴 관련 반포문에서는 "어린 임금이 첫 정사를 시작하는 데에 모후母后와 함께 처결하는 것은 응당 있는 일"이라며 정희왕후(貞熹王后 : 세조비)와 정순왕후(貞純王后 : 영조비)의 전례를 그대로 따른 것임을 밝혔다. 아울러 "지난날과 같이 정사가 잘될 때에도 오히려 힘을 빌었거늘 오늘날처럼 나라 형편이 어려운 처지에서 어떻게 도움을 청하지 않겠는가?"라며 수렴청정의 정당성을 강조하였다. 수렴청정은 고종 3년(1866) 2월 13일까지 계속되었다.

경복궁 중건

1865년 4월 2일 대왕대비는 경복궁을 중건할 것을 명했다. 대왕대비는 "경복궁은 우리 왕조에서 수도를 세울 때 맨 처음으로 지은 정궁正宮이다. … 그러나 불행하게도 전란에 의하여 불타버리고 난 다음에 미처 다시 짓지 못한 관계로 오랫동안 뜻있는 선비들의 개탄을 자아내었다. … 우리 주상은 왕위에 오르기 이전부터 옛 터로 돌아다니면서 구경하였고 최근에 이르러서는 조종조祖宗朝께서 이 궁전을 사용하던 그 당시의 태평한 모습을 그리면서 왜 지금은 옛날처럼 못 되는가 하고 때 없이 한탄한다. 이것은 비단 조상의 사업을 계승한다는 거룩한 뜻일 뿐만 아니라 넓고도 큰 도량까지 엿볼 수 있는 것이니, 이것은 백성들의 복이며 국운의 무궁할 터전도 실로 여기에 기초할 것이다. 내 마음은 경사와 행복을 이기지 못하겠다"라는 교지를 내렸다.

이후 의정부에서 경복궁을 중건하는 데 필요한 재정 마련과 백성 동원 문제에 대한 의견을 내놓았다. 이에 대왕대비는 백성들의 동원에 대해서는 반대하였지만 의연금 내는 것을 독려하도록 다음과 같이 명하였다.

이번에 옛 궁전을 중건하는 것은 전적으로 백성들을 위하여 복을 불러오고 나라를 위하여 번창해지게 하려는 계획에서 나온 것이기는 하나 공사 비용이 굉장히 많이 드는 일이다. 백성들에게 내게 하자니 정녕 너무나 애처로워 이때까지 마음이 놓이지 않았었는데 지금 듣자니 어제와 오늘 이틀 사이에 모인 원납전(願納錢 : 스스로 원하여 바치는 돈)이 10만 냥兩에 달하고 선파(璿派 : 전주 이씨 가운데 왕실에서 갈려 나온 파)들이 보조한 돈도 몇 만 냥이 넘는다고 한다. 이것을 미루어보면 이 공사가 하늘의 뜻과 백성의 마음에 부합된다는 것을 알 수 있거니와 나라를 위하는 우리 백성들의 성의도 융성하던 옛날에 비하여 부끄럽지 않다. … 어제 의정부의 대신들이 백성을 공사에 동원시키자고 아뢰었으나 가엾은 저 쪼들린 백성들은 저들의 환곡과 군포라든지 그런 것을 해마다 마련하여 납부하기도 어려울 것인데 게다가 며칠씩 부역한다면 어찌 불쌍하지 않겠는가?

백성을 동원시키는 문제는 우선 접어 두라. … 묘당廟堂에서 말을 잘 만들어 팔도와 사도四都에 관문(關文 : 공문서)을 보내어 모든 마을의 부유한 백성들에게 일일이 잘 일러주되 만약 의연금을 내어 크게 돕는 경우에는 응당 특별한 성의를 표시할 것이다. 그리고 임금의 일가에 대해서는 종친부에서 통지하여 기꺼이 부역에 나서게 하라. 그러면 큰 공사의 완성을 기약할 수 있을 뿐 아니라 인심의 향배도 알 수 있을 것이다.　　　　　– 고종 2년(1865) 4월 5일

4월 17일, 대왕대비는 궁궐 짓는 일에 백성들을 동원하지 말도록 교지를 내렸다. 한창 농사가 시작되는 계절을 맞이하여 백성들이 이 일로 인하여 농사를 제대로 짓지 못한다면, 이는 왕도 정치에서 백성들의 농사지을 때를 빼앗지 않는 도리에 흠이 될 뿐만 아니라, 불쌍한 백성들이 부모를 섬기고 자식들을 양육하기 어려워질 것을 염려해서였다.

4월 25일 고종은 대신들과 함께 경복궁 터를 돌아보았다. 그 자리에서 고종은 "많은 백성이 부역을 자원하여 구름같이 모여들었다. … 이런 선량한 백성들을 근자에 어찌하여 도탄 속에 빠지게 하였단 말인가?"라고 물었다. 이에 영중추부사 정원용鄭元容은 "근자에 백성들의 생활이 곤궁하였던 것은 모두 신들과 해당 고을의 목민관들이 일마다 전하의 뜻을 잘 선양하지 못한 죄입니다"라고 말했고 영의정 조두순趙斗淳 역시 "이런 선량한 백성들을 도탄에 빠지게 한 것은 모두 신들의 죄입니다" 하였다.

5월 3일 대왕대비는 경복궁 공사에 나오지 말고 농사를 짓는 것에 힘쓰라고 백성들에게 다시 한번 명했다. 대왕대비는 백성들을 농사에 힘쓰게 하는 것이야말로 왕정王政의 큰일인데 이러한 때 백성을 부린다면 필시 농사철을 놓치게 하는 근심이 있게 될 것이므로 각기 돌아가 농사에 힘쓰라고 이미 명한 바 있었다. 그런데도 백성들이 계속 부역을 자원하는 것은 기쁘고 다행스럽지 않은 것은 아니지만 양식을 생산해 내는 것은 그 시기가 있는 만큼 그 시기를 잃게 해서는 안 될 것이라고 교지를 내렸다.

9월 10일 대왕대비는 개국 초기 경복궁을 짓는 데 공헌했던 정도전鄭道傳에게 공로를 회복시켜주고 시호를 추증하도록 하였다.

고종 3년(1866) 11월 6일에 의정부에서는 당백전當百錢을 주조하는 문제에 대한 의견을 내놓았다. 판중추부사 조두순趙斗淳은, 돈의 무게나 크기를 갑자기 바꾸면 백성들이 불편하게 여기거나 불신할 수 있고 의심하여 통용이 막히면 문제가 생기니 우선 시험 삼아 당십전當十錢으로 그 유통을 살펴보자고 하였다. 우의정 유후조柳厚祚도 당백전을 주조하자고 한 좌의정의 의견에 전적으로 동의하지만 유통에 주의를 기울여야 한다고 말했다. 여러 대신의 의견을 청취한 후 고종은 당백전 주조를 윤허하였다.

12월 2일 의정부에서는 당백전을 통용하는 문제를 널리 알리자는 의견을 냈다. 당백전은 만들어 사용하기로 했지만 거래하는 돈은 새 화폐와 옛 화폐를 함께 유통하게 되었다. 관청과 상하 각 읍의 공납公納은 새 돈 3분의 2와 낡은 돈 3분의 1을 상호 편리하게 섞어서 쓰도록 한다는 내용으로 중앙과 지방에 통지하자는 의견이었다. 이에 고종은 그렇게 하도록 윤허하였다.

고종 4년(1867) 11월 16일 새로 지어진 경복궁 근정전勤政殿에 나아가 축하를 받고 사면을 반포하였다. 행사를 마치고 창덕궁으로 돌아온 임금은 다음 해 봄 안으로 공사를 끝마치도록 독려하였다. 왕실 가족이 경복궁으로 이어한 것은 고종 5년(1868) 7월 2일이었다. 임금은 300년 동안 미처 하지 못하던 일을 불과 40개월 만에 이루었다며 기쁘고 다행히 여겼다. 7월 18일에는 창덕궁 선원전璿源殿에 있던 역대 임금의 어진(御眞 : 임금의 초상화)을 경복궁 선원전으로 옮겼다.

10월 6일 경복궁을 건축하는 공사의 비용이 고갈되자 대원군은, "대궐 안의 건설 부역은 갈수록 방대해지나 도성과 각 성문, 각 관청도 이때에 함께 고쳐 짓지 않을 수 없다. 그런데 전후로 백성들에게서 걷은 수용이 적은 것은 아니지만, 이것은 옛날부터 수도를 세울 때에 백성들의 힘을 동원하고, 백성들도 자식이 부모를 생각하여 달려오는 뜻과 같은 것이다. 지금 재료와 힘이 고갈되고 경비도 계속 댈 수 없으니, 안으로는 경성에서 밖으로는 팔도와 사도에서 대소의 백성들과 관리들의 집안과 양반들의 집안에 있는 하인으로서 신역을 면제받은 사람들은 매 사람당 당백전 1엽씩 자원하여 바치되, 5부 안에서는 이번 15일 안으로 납부할 것을 일일이 깨우쳐주어 한 사람이라도 모르는 폐단이 없도록 하라"라는 내용의 공문을 전국에 보내도록 하였다.

고종 10년(1873) 5월 10일 부호군 강진규姜晋奎는 경복궁 안에 새로 짓는 건청궁乾淸宮이 몹시 웅장하고 화려함을 경계하는 상소를 올렸다. 행차할 때 임시로 거처하는 장소를 그토록 웅장하고 화려하게 짓는 것은 경비를 허비하는 것이며 지나친 큰 공사를 하는 것은 백성을 시달리게 하는 것이라는 내용이었다. 고종은 상소의 내용을 받아들였다.

그 해 8월 19일 좌의정 강로姜㳣가 건청궁을 검소하게 지을 것을 다시 청했다. 건청궁은 대원군의 뜻에 따라 어진을 봉안하기 위해 지은 건물이다. 원래 규모도 작고 화려하지 않게 지을 계획이었다. 그런데 2, 3천 칸에 달하는 경복궁을 짓고 또 이어서 건물을 짓는다면 백성들은 공사가 끝날 날이 없으리라 생각할 것이니 모든 재물의 소비에 대해서 절약하기 바란다는 말이었다. 고종은 절약하기 위해 이 궁의 건설 비용은 내탕전(內帑錢 : 임금의 개인 돈)만 쓰고 있다고 답했다.

고종 13년(1876) 11월 4일 경복궁에 화재가 일어났다. 교태전, 건순각, 자경전, 연생전, 경성전, 함원전, 흠경각, 강녕전 등 830여 간이 연달아 불길에 휩싸였다. 불기운이 매우 빨라 순식간에 여러 전각이 몽땅 재가 되었으며, 열조의 어필과 옛 물건은 하나도 건지지 못하고 대보大寶와 세자의 옥인玉印 외에 옥새 등이 모두 불탔다.

고종은 "인자한 하늘의 경고는 반드시 까닭이 있어서이니, 첫째도 부덕한 나의 잘못 때문이고, 둘째도 부덕한 나의 잘못 때문이다. … 오늘부터 3일 동안 감선(減膳 : 나라가 어려울 때 임금이 근신하는 뜻에서 수라상의 음식 가짓수를 줄이는 일)하여 내가 자신을 수양하고 반성하는 뜻을 보일 것이다"라고 말했다.

친정(親政)과 가례(嘉禮)

고종 3년(1866) 2월 13일 대왕대비가 수렴청정을 거두었다. 2월 26일 고종은 창덕궁 인정전에 나아가 친정을 하는 것에 대한 축하를 받고 사면령을 반포하였다. 이 무렵 고종에게는 친정과 더불어 축하할 일이 하나 더 기다리고 있었다. 가례를 올리게 된 것이다. 이미 고종 3년 새해가 밝자마자 당시 수렴청정을 하고 있던 대왕대비는 12세부터 17세까지의 처녀들의 혼인을 금지하도록 '금혼령'을 내렸었다. 임금의 배필을 가리기 위해서였다.

3월 6일 대왕대비는 첨정 민치록閔致祿의 딸을 대혼大婚의 상대로 결정했다. 이후 3월 9일에 납채례(納采禮 : 신랑 집에서 중매자를 통해 청혼하면 신부 집에서 이를 받아들이는 의례)를, 3월 11일에는 납징례(納徵禮 : 사주단자의 교환이 끝난 후 정혼이 이루어진 증거로 신랑 집에서 신부 집으로 예물을 보내는 의례)를, 또 3월 17일에는 고기례(告期禮 : 혼인 날짜를 알리는 의례)를, 3월 20일에는 책비례(冊妃禮 : 왕비나 세자빈으로 책봉하는 의례)를 행하였다. 이들 행사는 모두 인정전에서 치러졌다. 3월 21일에는 별궁(別宮 : 흥선대원군의 저택)에서 친영례(親迎

禮 : 신부를 맞아오는 의식)를 행하였다. 친영례를 행한 날 창덕궁 중
희당重熙堂에서 동뢰연(同牢宴 : 전통 혼례에서, 신랑과 신부가 교배를 마
친 후 서로 술잔을 나누는 잔치)이 열렸다.

다음 날 대왕대비·왕대비·대비가 왕비의 조현례(朝見禮 : 신부가
왕실 어른들에게 첫 인사를 올리는 의례)를 받았다. 고종은 인정전에서
축하 인사를 받고 사면령을 반포하였다.

고종 5년(1868) 윤4월 10일에 임금은 첫 아들을 얻었다. 궁인 이
씨가 낳은 아들이었다. 이 아들은 후에 완화군으로 봉해졌다. 고종
8년(1871) 11월 4일 중궁전이 원자元子를 낳았다. 그러나 원자는
나흘 만에 세상을 떠났다. '대변이 통하지 않는 증상' 때문이었다.

병인양요와 병인박해

고종 2년(1865) 8월 20일, 청나라와 영국 사람이 이단의 책 열
여섯 권을 자라리紫羅里 부근의 포구에 던지고 갔다. 자라리 근방
의 포구에 청나라 배 한 척이 들어왔는데 배 안의 사람 아홉 명은
모두 청나라 사람이었다. 그 중 한 명은 키가 5척尺이고 얼굴은 자
줏빛이고 눈은 푸른빛이며 수염과 머리털은 온통 곱슬곱슬하고 허
리에는 짧은 총을 차고 손에는 철퇴를 들었는데 영국 사람이라고
칭하면서 종이 한 뭉치를 모래펄에 던져놓고는 남쪽 바다로 향했
다. 그들이 던지고 간 종이 뭉치는 이단서異端書 열여섯 권과 역

서曆書 한 권이었다.

고종은 "우리의 국경을 넘어온 이상한 배가 비록 홀쩍 왔다가 홀쩍 가버려 미처 상세히 탐지하지 못하였으나 변방의 실정에 관계되는 일로서 매우 놀랍다. 잘 보도록 각별히 조칙(操飭 : 조심하여 삼가다)할 것이며 놔두고 간 책도 봉한 채로 수영(水營 : 수군절도사가 있던 군영)에 보관해 두어라"라고 하였다.

고종 3년(1866) 병인년 1월 11일 우변 포도청에서 사교를 전파한 서양인을 체포하였다고 보고하였다.

이달 9일 유시에 수상한 놈을 체포하였는데 키는 7, 8척쯤 되었고 나이는 50여 세 정도 되었으며 눈은 우묵하게 들어가고 콧마루는 덩실하게 높았는데, 우리나라 말도 잘 하였습니다. 입은 옷들을 보면 모포천으로 만든 두루마기를 걸쳤는데 그 안에는 양가죽을 댔으며 무명 저고리에 무명 바지를 입었고 우단으로 만든 쌍코신을 신었습니다. 엄하게 조사하여 공초(供招 : 죄인이 범죄를 진술하는 일)를 받으니, 그는, '저는 프랑스 사람으로서 병진년(1856)에 조선에 와서 홍봉주洪鳳周의 집에 거주해 있었고, 천주교를 전파하기 위하여 서울과 지방을 자주 왕래하였습니다'라고 하였습니다. 홍봉주의 공초에, '양인洋人 장경일張敬一과 5, 6년간 함께 살았는데 교우敎友가 얼마나 되는지는 모두 기억할 수 없습니다'라고 하였습니다. 함께 체포된 이선이李先伊의 공초에, '대평동大平洞에 있는 장주교의 집 사랑채에서 3, 4년 동안 살았는데, 왕래한 사람들에 대해서 비록 일일이 다 기억해낼 수는 없지만 이름은 알 수 없는 남승지承旨라는 사람과 종종 서로 만나며 친하게 지냈습니다'라고 하였습니다. … 세 놈을 신의 포도청에 엄하게 가두어 놓고 다시 더 엄히 조사하겠습니다.　　　　　　　　　- 고종 3년(1866) 1월 11일

이에 고종은 "다른 나라 사람이 우리나라를 드나드는데 어찌 우리나라 사람의 호응이 없었겠는가? 데려온 자초지종에 대하여 끝까지 엄하게 조사하여 실정을 캐내도록 하라"라고 하였다. 또 적발되어 붙잡힌 여러 사람을 우선 포청捕廳에 가두고 남종삼南鍾三을 잡아온 다음 함께 국문하도록 하였다.

이날 영중추부사 정원용鄭元容, 영돈녕부사 김좌근金左根, 영의정 조두순趙斗淳, 판돈녕부사 이경재李景在, 좌의정 김병학金炳學 등은 연명 차자(箚子 : 간단한 서식의 상소문)를 올렸다. 전 승지 남종삼을 잡아다가 추국청을 설치하고 실정을 캐내서 난亂의 싹을 끊고 인심을 깨끗하게 하자는 내용이었다. 문벌이 좋은 집의 후손이며 그 자신도 관리의 반열에 있던 남종삼은 '물여우'와 같이 은밀히 다니면서 나쁜 무리들과 서로 화답하여 오상五常을 어기고 삼강三綱을 망하게 하였다는 것이다. 이에 고종은 옥에 갇혀 있는 자들과 함께 왕부에서 잡아다가 국문하라고 답하였고 1월 20일 사교 죄인 남종삼과 홍봉주 및 서양인 네 명을 효수하라는 명을 내렸다. 의금부에서는 다음과 같은 결안(結案 : 형을 결정한 문서)을 올렸다.

남종삼의 결안에, ' … 이른바 양학洋學은 아비도 무시하고 임금도 무시하는 사악한 학문인데, 자신이 높은 관리의 반열에 있으면서도 이를 기꺼이 전하고 익혀 오랫동안 깊이 빠져 있었습니다. 양학은 국법에서 금지해야 하는 것인데도 금지해서는 안 된다고 하였으며, 사교邪敎는 정도正道와 배치되는 것인데도 도리어 사교를 정도라고 하였으니 이것은 바로 오랑캐나 짐승만도 못한 것입니다. … 감히 나라를 팔아먹을 계책을 품고 몰래 외적外敵을 끌어들일 음모를 하였으니, 그가 지은 죄를 따져보면 만 번을 죽여도 오히려 가볍습니다. …' 하였고, 홍봉주洪鳳周의 결안에, '본래 신유년(1801), 사도邪徒의 잔당으로서 대대로 악행을 저지르며 사교에 깊이 빠져 다른 나라의 무리와 결탁하였습니다. 멀리 강남까지 건너가 서양 사람인 장경일張敬一을 데리고 와서 그와 한 집에 같이 살면서 익힌 것은 사악한 서책이었으며 불러 모은 무리는 사악한 교도들이었습니다. 러시아에 드러나지 않았던 걱정거리가 일어날 것이라는 것과 프랑스와 먼저 조약을 맺을 것이라는 말을 장경일과 주고받은 자도 그였으며 남종삼을 종용한 자도 그였습니다. 많은 사람을 현혹시키는 요망한 말을 퍼뜨리고 나라를 팔아먹을 흉악한 계획을 세웠습니다. …'라고 하였습니다. 남종삼과 홍봉주는 모두 부대시참(不待時斬 : 때를 기다리지 않고 참수함)에 해당합니다. … 서양인 네 명은 군영에 넘겨주어 효수(梟首 : 죄인의 목을 베어 높은 곳에 매다는 형벌)하여 경계하도록 하였습니다. …

- 고종 3년(1866) 1월 20일

1월 24일 대왕대비는 사교를 금하는 교서를 반포하였다. 이 교서에시는 "만약 뒤얽혀 서로 호응하면서 숨겨두고 아뢰지 않다가 끝내 특별한 조사에서 발각되었을 경우에는 결단코 응당 남김없이 코를 베어 죽여야 할 것"이라는 등의 내용을 담아 사학을 퍼트리는 자들에 대한 소탕의 강한 의지를 나타냈다.

2월 8일에는 좌우변 포도청에서 사학 죄인 타블뤼 안돈니[安敦伊 : Daveluy, Marie Nicolas Antoine], 오백다록[吳伯多祿 : 베드로], 민閔유아욱가(이상 프랑스 사람), 황석두黃錫斗, 장주기張周基 등을 공충도(충청도) 수영에 끌고와 효수하였다고 보고하였다.

2월 18일, 공충감사 신억申檍이 서해 앞 바다에 이양선異樣船이 나타났다는 보고를 하였다.

이달 11일 이양선이 평신진平薪鎭의 조도鳥島 앞에까지 와서 떠다니다가 12일에는 해미현海美縣의 조금진調琴津으로 와서 정박하였습니다. … 그 배는 영국 배로, 배의 이름은 로나[羅那]이고, 선주船主는 영국 런던의 상인으로 이름은 오페르트[戴拔 : Oppert, Ernest Jacob]였고, 배 안에 있는 사람은 모두 30여 명이었습니다. 또 예단도 있었는데, 큼직한 신경(身鏡 : 거울), 자명종, 양금洋琴, 천리경(千里鏡 : 망원경) 등을 헌상하겠다고 요청하니, 우리 문정관問情官이 '감히 멋대로 행할 수 없다'라고 말했습니다.

또한 청나라 사람들도 있었는데 한 통의 편지를 주며 이르기를, '우리 상인들은 오로지 외국을 위하여 귀국貴國과 무역을 요청하니, 만약 허락을 받을 수만 있다면 다시 무슨 말을 하겠는가마는, 오직 귀국에 저지를 받을까 염려스럽다. 우리 상인들은 대청大淸 의 백성이지만 다같이 이 세상에 속해 있으니 성인이신 공자孔子께 서 모두가 형제라고 말하지 않았는가? 대청은 수백 년 동안 통상하 면서 멀리 떨어져 있는 나라들과 화목하게 지내고 정성으로 사귀 어 피차간에 이득을 보아 나라는 부강해지고 백성도 많이 늘어났으 니, 통상하는 것은 무익한 것이 아니다'라고 하였습니다. 배의 체류 기간을 물으니, 답하기를, '동양의 일본으로 빨리 가려고 하니 오래 머물 수가 없다' 하였습니다. 아마도 청나라 사람들이 영국 상인들 을 소개하는 것은 통상하고 싶은 의도가 있는 듯한데, 이미 국법에 어긋나는 것이므로 법으로 타일러서 속히 물러가게 해야 할 것입니 다. 그리고 이 배는 표류선과는 차이가 있으므로 음식물을 베풀어 주는 일에 대해서는 의논할 바가 아닙니다. …

- 고종 3년(1866) 2월 18일

1866년 병인년 한 해 동안에는 정신을 차릴 겨를이 없을 정도로 이양선이 자주 출몰하였다. 7월 5일 공충감사 신억은 문정 역관을 내려 보내줄 것을 요청하는 장계(狀啓 : 지방의 관헌이 임금에게 보고하 는 글)를 올렸다. 교역하는 것은 나라의 법에서 허락하지 않는 것이 니, 즉시 엄한 말로 물리쳐 보내야 할 것이며 이 일을 해결할 만한 역관 한 사람을 긴급히 내려 보내도록 하자는 의정부의 의견에 임 금이 허락하였다.

7월 8일에는 프랑스 전교사들을 사형에 처한 문제로 중국의 예부에서 자문(咨文 : 중국과 주고받던 외교 문서)을 보내왔다. 이전에 프랑스 공사가 여러 차례 전교사들이 조선에 들어올 수 있도록 여행 증명서 발급을 청하였는데, 총리아문總理衙門에서는 늘 발급을 거부하였다. 선교는 조선에서 원하는 바가 아니었기 때문이다. 그런데 다시 프랑스 공사가 알아보더니 조선 국왕이 프랑스의 주교主敎 두 사람과 전교사 아홉 사람과 조선의 신자 남녀노소를 모두 살해하였기 때문에 군사를 일으키도록 명하여 며칠 안으로 장수들을 소집할 것이라고 했다는 것이다. 그래서 중국이 보내온 자문에는 "중국이 이 일을 알았으니 중간에서 해명해 주지 않을 수 없는데, 과연 전교사들을 살해한 사실이 있다고 하면 먼저 이치에 의거하여 조사할 것이요, 갑자기 병란의 단서를 만들 필요가 없을 듯하다. 그러므로 이러한 사실을 귀국에 알려 심사숙고하여 처리하게 하고자 한다"라는 내용이 담겨 있었다.

조선은 다음과 같은 회답 자문을 보냈다.

우리나라에서 작년 겨울부터 흉악한 무리와 도둑의 부류들이 무리를 지어 결탁하고 몰래 반역 음모를 꾸미고 있었는데, 마침내 체포해 보니 다른 나라 사람이 여덟 명이나 끼어 있었습니다. 이들이 어느 곳으로 국경을 넘어 들어왔는지는 알 수 없었으나 옷차림과 말하는 것은 동국(東國 : 중국에 대해 우리나라를 일컫는 말) 사람과 다름이 없었습니다. 심지어 간사스러운 여자로 가장하고 자취를 숨기기까지 하였으니 그들이 우리나라의 경내에 오랫동안 있었음을 미루어 헤아릴 수 있습니다. 설령 교리를 전파하고 익히게 하려고 하였다면 어찌 이렇게 비밀리에 하였겠습니까?

다른 나라 사람이 우리나라에 표류하여 온 경우에는 모두 보호해주고 돌려보내 주지만, 공적인 증거 문건 없이 몰래 국경을 넘어온 자들의 경우에는 모두 사형에 처한다는 것이 원래 금석金石과 같은 성헌(成憲 : 절차에 따라 문자로 표현되고 문서의 형식을 갖추어 만든 법률)에 있으므로, 이에 나란히 해당 법률을 적용하였던 것입니다. 가령 우리나라 사람이 몰래 다른 나라에 들어가 부당하게 법을 위반하면서, 그릇된 일을 선동하여 그 나라 백성과 그 나라가 피해를 입었다면 다른 나라에서도 반드시 남김없이 모두 사형에 처할 것입니다. …

우리나라와 프랑스는 넓고 큰 바다로 막혀 있어 서계(書契 : 외교 문서 등 공문서)를 서로 통하지도 못하는데, 무슨 오래전부터 원망을 가진 일이 있거나 혐의스러운 일이 있다고 온전히 돌려보낼 방도를 생각하지 않고서 차마 이와 같이 사형에 처하는 조치를 취하겠습니까? 이번에 프랑스에서 주장한 말은 미처 생각해 보지도 못한 문제입니다. 우리나라가 멀리 떨어져 있어서 전혀 연락을 가질 기회가 없었는데, 다행히도 여러 대인이 화해를 시켜주는 혜택을 입었고 깊이 생각하여 만전을 기하는 계책까지 가르쳐 주었으니, 이는 진실로 일반 규례를 벗어나 잘 돌봐주고 도와주려는 훌륭한 덕과 지극한 생각입니다. …　　　　　　　　　 – 고종 3년(1866) 7월 8일

이날 의정부에서는 사학邪學을 믿는 불순한 무리를 조사하여 붙잡아 법대로 처리하고 연해의 각 고을과 진영에서 만약 배를 기다리는 거동이 수상한 자가 있으면 즉시 그 자리에서 효수하여 여러 사람을 경계시키자고 하니 임금이 그리 하도록 하였다.

7월 12일 영국 상선 한 척이 강화도 앞바다에 나타났다. 경기수사 서상직徐相稷은 "돛대 두 개를 단 이양선 한 척이 교동부喬桐府 서쪽에 있는 두산리 앞바다를 지나가므로, 즉시 군관을 데리고 가서 내막을 물어보니, 영국 상인인데 물화를 교역하기 위하여 지난달에 청나라 상해현을 떠나왔다며 경강(京江 : 한강)으로 가려고 한다고 대답하였습니다. 나라의 금법이 지극히 엄하니 여기서 배를 돌리라고 말하자, 그러겠다고 하고는 그대로 물을 거슬러 배를 몰아 곧장 강화 쪽으로 향하는데, 붙잡으려고 하였지만 어찌할 겨를이 없었습니다. 신의 감영이 해문海門의 목구멍과 같은 요해처에 처해 있는데도 능히 방어하지 못하여 직무를 제대로 수행하지 못하였으니 황공합니다'라고 보고하였다.

그 이양선은 월곶진月串鎭 앞바다에 정박하였다. 그 영국 상인은 오페르트[戴拔 : Oppert, Ernest Jacob]였고 선주는 젬스[詹仕]였다. 그들은 두 나라 간에 교역할 것을 청하였다. 바닷물이 얕기 때문에 승천보(昇天堡 : 강화도 북쪽에 설치한 보) 앞바다에 물러가 있으면서 몇 가지 바칠 물건이 있다며 닭, 생선, 과일, 채소 등을 요구하기도 했다. 조정에서는 서양배가 이렇게 머뭇거리고 있는 것은 참으로 해괴한 일이니 물러가도록 설득하고 그들이 요구한 식량과 반찬 등은 되도록 후하게 제공하여 다른 나라 사람들의 사정도 헤아려준다는 것을 보이기로 했다.

7월 14일 고종은, "요사이 다른 나라 배들이 바다에 출몰하는 것이 무슨 까닭인지는 알 수 없으나, 듣건대 우리나라 사람으로서 그들에게 화응하여 그 속에 들어간 자가 많이 있다고 한다. 자기 조국을 버리고 무모하게 다른 나라의 배에 들어가는 자들에 대하여 보통의 인정으로 헤아려본다면 결코 이런 이치가 없다.

그러나 또 한편으로 생각해보면, 요사이 감사나 수령 노릇을 하는 자들은 대부분 가혹한 정사를 실시하면서 포용하여 안정시키는 방법은 전혀 알지 못한다. 그래서 낙담하여 망명한 무리가 마침내 구차하게 살고자 해서 이 지경에까지 이르고 있는 것이니, 이것이 어찌 그들만의 죄이겠는가? 그러나 이것은 모두 변방 방어가 허술한 것에서 초래된 것이다. … 특별히 잘 탐색하고 살펴 종적이 수상한 무리가 연해의 여러 곳에서 왕래하며 머뭇거리는 것이 있으면, 나타나는 대로 뒤쫓아가서 체포하여 모두 효수하여 나라에서 금하는 것을 엄하게 다스리며 다른 풍속을 철저히 막는 뜻을 보여주어라"라고 전교하였다.

임금의 전교가 있던 다음 날에는 평안도에 이양선 여섯 척이 나타났다. 그들은 다미면多美面 주영포珠英浦에 와 있었는데 평안병사 이용상李容象은 내막을 알아보기 위하여 물에 익숙한 장수와 아전들을 시켜 탐색해 오도록 하였다. 그들은 "우리나라 사람 일곱 명이 무슨 일 때문에 당신네 나라 양반들에게 죽임을 당했는가? 우리나라의 배 다수가 당신 나라 삼남三南 지역의 강으로 보내졌고, 우리는 평양으로 가기로 하였다"라고 하였다.

같은 날 황해감사 박승휘朴承輝는 황주목黃州牧 삼전방三田坊 밖에 있는 송산리松山里 앞바다에 이양선이 와서 정박하였다는 장계를 올렸다. 조선의 관리가 글로 써서 어느 나라 사람이며 무슨 일로 여기까지 왔느냐고 물었더니 서면으로 대답하기를, "우리는 서양의 세 나라 사람들이다. 윗자리에 앉은 토마스[崔蘭軒 : Thomas, Robert Jermain]와 호가스[何噶特]는 다 같이 영국 사람이며, 프레스톤[普來屯]은 미국 사람이며, 뻬지[巴使]는 덴마크 사람이다"라고 대답하였다.

거의 모두가 움푹 들어간 눈, 높이 솟은 콧마루, 파란 눈, 노란 머리카락을 지니고 있어, 확실히 서양인이라는 것은 의심할 바 없었다. 그런데 토마스는 중국말을 잘 할 뿐만 아니라 우리나라 말도 조금 알고 있었는데 알아들을 수 있는 말도 있고 알아들을 수 없는 말도 있어서 의사소통은 전적으로 이팔행이라는 중국인에게 맡겼다.

이팔행李八行과 조반량趙半良은 중국인들로서 영국인이 데려다가 자기 막료로 삼은 사람들이었다. 그 나머지 스물네 명은 태국인이거나 광동 상해현 사람들로서 길 안내를 하거나 품팔이를 하거나 하였는데, 모두가 종복이라고 하였다. 조선의 관리와 외국인들은 다음과 같은 대화를 나누었다.

"덴마크는 어디쯤 있는 나라인가?"

"서양에 있으며, 두 나라와의 거리는 1천500리이다. 세 나라 사람들은 다 같이 장사를 하고 있으며, 이번 7월 1일 산동山東에서 출발하여 백령도, 초도곶, 석도를 거쳐 방향을 바꾸어 평양으로 가는 길이다. 우리 배 모양은 전선戰船 같지만 실은 통상을 하려고 한다. 귀국의 종이, 쌀, 금, 삼, 초피(貂皮 : 담비 가죽) 등의 물품을 우리가 가지고 온 양포洋布, 기명(器皿 : 그릇)들과 바꾸면 서로 해롭다는 생각은 별로 들지 않을 것이다. 물품 교환이 일찍 끝나면 곧 평양에서부터 뱃머리를 돌리겠지만, 그렇게 되지 않으면 비록 서울로 가더라도 통상한 뒤에야 돌아가겠다."

"이미 평양에 가서 통상을 하겠다고 하였는데 거기에 가면 우리 나라 사람으로서 그에 호응하여 교역을 하는 자가 있는가?"

"없다."

"먼 바다에 와서 정박한다면 혹 이상한 일이 아니라고 받아들일 수도 있겠지만, 당신들은 남의 나라 앞바다에까지 넘어들어 왔다. 우리나라에서는 본래부터 국법으로 금지되어 있는 만큼 앞으로 전진해 갈 수 없다."

"누가 감히 우리를 막겠는가? 우리는 곧바로 가려고 한다. 만약 서풍을 만나면 바람을 따라 곧 떠나겠다."

"너희의 배에 함께 온 사람들이 있는지 여부를 알고 싶다."

"이 문제에 대해서는 우리가 자세히 말해줄 수 없으며, 또한 이는 우리의 문제가 아니라 바로 나랏일과 관계되는 문제이다."

배의 안은 하얗게 칠하고 밖은 검게 칠하였는데 그 위에 옻칠을 하듯이 기름을 발랐으며 위에는 흰 가루가 있었다. 사면을 판자로 만든 집이 두 간 있었는데, 한 곳에는 관인官人들이 거주하고 한 곳은 종복들이 거주한다고 하였다. 각각의 판옥 벽면에 창문이 있었는데, 모두 유리가 끼워져 있었다. 두 개의 돛대는 모두 소나무로 만들었는데, 잘 다듬고 그 위에 기름칠을 하였으며, 배의 위에는 백양목의 네모진 깃발을 달아 세웠고, 돛은 흰 색의 올이 굵은 서양 비단으로 만들었다.

좌우의 두 켠에 각각 대포 1문씩을 설치하였으며, 아래 선반과 나무 바퀴 위에는 철통을 놓았는데 윗부분은 좁고 밑이 넓었다. 세 차례에 걸쳐 시범적으로 쏘아보였는데, 그 소리가 마치 요란한 천둥이 치는 것과 같아서 사람들을 놀라게 하였다.

이 밖에 밤에 순찰할 때에 메는 장총이 세 자루 있었는데, 총구멍 끝머리에 한 척쯤 되는 칼이 꽂혀 있었다. 조총은 차고 다니는 자그마한 것과 메고 다니는 큼직한 것 등 셀 수 없이 많았다. 환도 (環刀 : 군인들이 차는 칼)는 서양인 네 명이 각각 한 자루씩 찼는데, 모두 번쩍번쩍 빛이 났다. 방 안에는 책과 그림책, 금(琴 : 현악기의 일종)과 종鐘, 고약膏藥 등 잡다한 물건들이 펼쳐져 있었다.

서양인들은 다시 글을 써서 내밀었다.

"청하건대 당신들이 우리에게 대미大米, 우육牛肉, 닭, 청채菁菜, 땔나무 등의 물품을 준다면 양포(洋布 : 서양 옷감)로 답례하겠다."

조선의 관리들은 곤란했다. 다른 나라 사람들이 표류하다가 조선에 다다른 경우라면 으레 객관客館에 데려다 양식을 제공하겠지만 서양인들이 함부로 우리나라 앞바다에까지 넘어들어온 것은 뜻밖의 일이라 하급 관리들이 마음대로 처리할 수 없었기 때문이다.

"이처럼 외진 마을에서 갑자기 그런 물품을 마련하는 것은 어렵고 또 순풍을 기다려서 곧장 출발한다는 것은 더욱 시행하기 어려운 일이다."

그런데 토마스는 갑자기 성난 얼굴빛을 드러내며 말했다.

"집어 치우라. 집어 치우라. 당신들이 만약 주려는 생각만 있다면, 우리 배가 비록 간다고 해도 또한 당신네 나라 땅 가까운 곳이며 강을 따라 가는 것도 역시 어려운 일이 아니니 어찌 이곳이냐 저곳이냐에 구애를 받겠는가?"

그는 필담을 나누던 종잇장을 접어 품속에 넣고는 떠나가자고 일행을 재촉하였다. 그래서 어쩔 수 없이 곧 마련해 보내겠다고 대답하니, 토마스는 화를 풀고 기뻐하면서 종잇장을 꺼내서 다시 적었다.

"물품을 보내주면 틀림없이 답례하겠소."

조선의 관리들은 답례할 것까지는 없다고 말하고 대미 한 석, 우육 30근, 달걀 60알, 청채 20묶음, 땔나무 20단을 들여보냈다. 그날 양인들의 배가 평양으로 떠나갔다.

다음과 같이 그들의 인적 사항에 대한 보고도 있었다. 토마스는 36세, 키는 7척 5촌, 얼굴빛은 검붉고 노란 곱슬머리이고, 수염은 검다. 회색 모자를 썼고, 검은색과 흰색의 반점이 있는 융으로 만든 저고리를 입었으며, 검은색 나무 신을 신었다. 허리에 혁대와 자그마한 서양식 총과 환도를 찼다. 그는 문직文職의 4품 관리로서 영국인이었다.

호가스는 37세, 키는 7척, 얼굴빛은 검붉으며, 머리칼은 노랗고 수염이 덥수룩하게 났다. 흰 서양 천으로 감싼 모자를 썼으며, 누런색의 견사로 만든 저고리와 바지를 입었으며, 맨발에 등나무 줄기로 만든 신을 신었다. 혁대에 자그마한 서양식 총과 환도를 찼다. 그는 무관직의 1품 관리로서 영국인이었다.

프레스톤은 48세, 키는 7척 5촌, 얼굴빛은 검붉으며, 노란 곱슬머리였으며 흰 수염이 길게 났다. 검은색의 모자를 썼고, 흰빛의 서양 무명으로 만든 저고리를 입었으며, 누런색의 견사로 만든 홑바지를 입고, 색실로 섞어 짜서 만든 신을 신었다. 혁대에는 자그마한 서양식 총과 환도를 찼다. 그는 무관직의 1품 관리로 미국 사람이었다.

삐지는 45세, 키는 7척 5촌, 얼굴빛은 검붉고, 수염과 머리칼은 노란 곱슬이었다. 검은색 비단으로 감싼 모자를 쓰고, 자주색 융으로 만든 저고리와 흰 무명으로 만든 홑바지를 입었다. 검은색 가죽신을 신고, 혁대에는 자그마한 서양식 총과 환도를 찼다. 덴마크 사람이었다.

이팔행은 30세, 조반량은 28세였는데, 두 사람 모두 키가 7척이었고, 얼굴빛은 검붉고, 머리는 땋아 올렸고, 수염은 없었다. 흰 무명으로 만든 저고리와 바지를 입었고, 검푸른 색의 삼승포三升布로 만든 신을 신었는데, 그들은 다 같이 청나라 사람이었다.

나머지 24명의 이름과 나이에 대하여 물어보니 토마스가 하인이라며 자세히 묻는 것을 용납하지 않았다. 그러나 얼굴 생김새와 옷차림, 머리칼과 수염은 모두 청나라 사람 같아 보였다.

배는 길이가 18장丈, 넓이가 5장, 높이가 3장이었고, 돛대가 둘이 있었는데 하나는 높이가 15장, 하나는 높이가 13장이었으며, 굵기는 세 아름 정도 되었다. 두 개의 큰 돛은 흰색이었으며, 돛대의 밧줄에는 또 작은 돛 두 개를 얽어매었는데 역시 흰색이었고, 희고 부드럽게 만든 삼 껍질 줄을 돛대와 돛 좌우에 각각 열두 줄씩 늘어뜨려 놓았다.

7월 18일 평안병사 이용상李容象이 다시 이양선에 대해 보고했다. 평양부의 신장 포구新場浦口에 정박한 이양선의 서양 사람들과 나눈 대화였다.

"우리는 단지 통상과 무역을 하려는 것 외에 다른 일은 없다."

"무역하는 한 가지 문제로 말하면 법적으로 엄하게 금지되어 있으며, 또한 지방관이 마음대로 허가해 줄 수 있는 사안이 아니다."

그랬더니 토마스[崔蘭軒 : Thomas, Robert Jermain]가 말했다.

"귀국은 무엇 때문에 천주교인들을 쫓아내는가? 지금 우리 야소성교[耶蘇聖敎 : 예수교]는 천도天道를 체험하고 인심을 바르게 하여 나쁜 풍속을 교화시키기 때문에 인의충효仁義忠孝가 모두 갖추어져 있다."

"이런 종교는 모두 우리나라에서 법으로 금하고 있기 때문에 백성들이 감히 마음대로 익히지 못한다."

"프랑스의 큰 배는 이미 수도에 갔는데, 우리 배만은 그렇게 하지 못하고 있다."

"큰 배가 수도에 갔다고 말하는 의도를 알 수 없다. 언제쯤 철수해 갈 건가?"

서양인들은 머리를 끄덕였지만 대답하지 않았다. 조금 후 다시 말을 이었다.

"황주黃州에서 얻은 식량과 찬거리로 겨우 며칠간 살았으니, 쌀과 고기, 계란과 땔나무 등을 도와주기를 원한다."

조선의 관리들은 멀리 떨어져 있는 나라 사람들을 너그럽게 대해야 하는 도리로서는 냉담하게 대할 수가 없어서 쌀과 고기 등의 물건들을 공급해 주었다. 서양인 여섯 명은 작은 푸른색 배를 타고 물깊이를 탐지하기 위해서 상류로 올라갔다가 날이 저물어서야 돌아왔다. 13일 배를 출발시켜 본 평양부 만경대萬景臺 아래 두로도豆老島 앞에까지 다다랐는데 그대로 그곳에 정박하고 있었다.

7월 22일에는 평안감사 박규수朴珪壽가 평양 감영의 중군中軍이 이양선에 억류되었다는 장계를 올렸다. 큰 이양선 한 척이 한사정閒似亭 상류로 거슬러 올라갔기 때문에 순영巡營 중군은 그들을 감시하기 위하여 작은 배를 타고 그 뒤를 따랐다. 그런데 그들이 갑자기 오더니 중군이 타고 있던 배를 끌어갔고 중군을 자신들의 배 안에 억류하고 밤이 늦도록 돌려보내 주지 않았다. 심지어 상류로 더 거슬러 올라가면서 대완구(大碗口 : 둥근 탄환을 넣어 쏘던 큰 화포)와 조총을 마구 쏘아대더니 황강정黃江亭 앞에 정박하였다.

그 후 양인 다섯 명이 작은 배를 타고 물의 깊이를 탐지하기 위하여 오탄烏灘 일대를 거슬러 올라갔는데 온 성안의 백성들이 강변에 모여들어 "우리 중군을 돌려보내 달라"라고 소리 높여 외쳤다. 그들이 성안에 들어가서 알려주겠다고 하자, 사람들이 분함을 참지 못하고 돌을 마구 던졌으며, 장교와 나졸들이 활이나 총을 쏘아댔다. 그러자 양인들은 도망쳐 돌아갔으며 그 큰 배는 양각도羊角島 아래쪽으로 물러가서 정박하였다. 신시 쯤에 퇴직한 장교 박춘권朴春權이 앞장서서 배를 타고 그들의 배에 돌진해 들어가 중군을 구해서 데리고 돌아왔다.

7월 25일, 평양 방수성防水城에 정박한 이양선이 상선 물품을 약탈하고 총을 쏘아 조선 사람 일곱 명이 죽고 다섯 명이 다치는 사건이 벌어졌다. 이전에 멀리 있는 나라 사람들을 너그럽게 대하는 의리로써 좋은 뜻으로 타이르고 식량을 넉넉히 주어 그들을 도왔는데, 도리어 갈수록 더욱더 포악한 짓을 자행하여 더 이상은 용납할 수 없는 상황에 이른 것이다.

7월 27일 평양 백성들이 서양 배를 불사르고 영국 사람 최난헌(토마스)을 죽인 사건이 발생하였다. 평안감사 박규수는 장계를 통해 "평양부에 와서 정박한 이양선에서 더욱 미쳐 날뛰면서 포를 쏘고 총을 쏘아대어 우리 쪽 사람들을 살해하였습니다. 그들을 제압하고 이기는 방책으로는 화공 전술보다 더 좋은 것이 없으므로 일제히 불을 질러서 그 불길이 저들의 배에 번져가게 하였습니다. 그러나 저쪽 사람들인 토마스와 조능봉趙凌奉이 뱃머리로 뛰어나와

비로소 목숨을 살려달라고 청하므로 즉시 사로잡아 묶어서 강안으로 데려왔습니다. 이것을 본 군민軍民들이 울분을 참지 못해 일제히 모여들어 그들을 때려죽였으며 그 나머지 사람들도 남김없이 죽여버렸습니다. 그제야 온 성안의 소요가 비로소 진정될 수 있습니다. …"라고 보고하였다. 이에 고종은 "… 서양의 추악한 무리들이 대동강에 몰래 침입하여 부장副將을 잡다가 억류하고 백성들을 살해하였다. 못된 놈들이 사납게 날뛰는 것에 본래 피 흘리며 싸움할 것까지는 못되지만 대체로 그들이 죄악을 쌓은 것이 이미 오래되어 스스로 천벌을 받을 죄를 지었다. 감사와 수령들은 기율紀律을 철저히 세워서 제때에 적들을 제압하여 이미 온전하게 공을 세웠고 군사들과 장교들, 아전들과 백성들은 서로 앞을 다투어 용감하게 나아가 적들을 남김없이 섬멸하였으니, 이는 충성심과 의분에 격동된 것이므로 그 기개와 의리가 아주 가상히 여길 만하다. … "라며 그들에게 포상하겠다고 전교하였다.

8월 3일 고종은 전국에 다음과 같은 척사윤음斥邪綸音을 내렸다.

… 이른바 서양학이라는 것이 신해년(1791)에 처음으로 생겨서 신유년(1801)에는 온 나라에 널리 퍼졌으며 많은 백성이 그에 물들어가서 더는 바로잡을 수 없게 되었다. 우리 정묘(正廟 : 정조)와 순묘(純廟 : 순조) 두 임금 때에 이르러 결연히 용단을 내려 크게 처단하는 조치를 취함으로써 오래전부터 오염되어 있던 더러운 풍속이

또한 거의 다 혁신되었다. 그런데 음흉하고 지독한 잔당들이 남아 있어 고약하게 악습을 퍼뜨렸던 것이다. 기해년(1839)의 옥사는 대부분이 신유년(1801)의 잔당들로부터 말미암은 것이었으며, 올해 봄에 있었던 변고는 기해년(1839)의 흉악한 무리보다 더욱 참혹한 것이었다. … 일반 백성들과 어리석고 우둔한 무리들은 낫 놓고 기역자도 모르니, 하늘과 상제가 어떤 모양과 이름인지를 전혀 알지 못한다. 그런데도 여전히 견진성사나 영세와 여러 가지 의식을 달게 여기며 마치 술에 취한 사람처럼 미친 사람처럼 행동하며, 정신없이 보루나 어루만지고 있는 군사나 숨바꼭질을 하는 아이들처럼 행동하고 있다. 자기의 본성을 잃고도 죽을 때까지 그것을 뉘우치지 않으니, 이것은 또 무슨 까닭인가? 이는 재물과 여색으로 그들을 유혹하고, 천당이니 지옥이니 하는 말로 어리석게 만들었기 때문이니 또한 가엾을 뿐이다.

자기 부모의 사랑에 대해서는 어린 아이들도 잘 알고 있는데, 살아 있을 때는 봉양하지 않고 죽은 다음에는 제사도 지내주지 않으니, 이는 까마귀나 표범, 수달만도 못한 인간이다. 남녀 간의 구별은 부부 간을 이루는 첫 시초인데, 한 욕조에서 같이 목욕하거나 한 방 안에서 같이 잔다면 이는 개돼지나 짐승과 다름없는 것이다. 이 또한 무슨 마음으로 그러는 것인가? … 예수교로 인한 화단은 양주와 묵적의 교리보다도 더 심하니, 성인의 도가 또한 거의 다 소멸되게 될 것이다. 어찌 크게 두려워하지 않을 수 있겠는가? …

– 고종 3년(1866) 8월 3일

8월 18일에는 서양 선박이 한강 양화진楊花津에 이르렀다는 의성부의 보고가 있었다. 이날 고종은 대신들과 이양선을 물리치는 대책을 논의했다. 8월 24일 인천 앞바다에 이양선 세 척이 또 나타났다. 이들은 팔미도八尾島 외해外海로 빠져나가 남쪽을 향해 갔다. 9월 6일 이양선 큰 배 세 척과 작은 배 세 척이 팔미도로부터 올라왔는데, 큰 배 한 척은 부평 율도栗島 앞 나룻가에서 닻을 내리고 머물러 있으며, 큰 배 두 척과 작은 배 세 척은 석곶면石串面 세어도細於島 쪽으로 올라갔다.

9월 8일 양인들이 동쪽 성에 돌입하여 총을 마구 쏘아대는 바람에 두 명의 조선인 사상자가 생겼다는 강화유수 이인기李寅夔의 장계가 올라왔다. 장계에 의하면 서양 사람들이 성을 파괴하고 넘어들어와 온 성안을 두루 돌아다니며 본 후에 다시 나가 버렸다고 했다. 그런데 그들의 배가 그냥 정박하여 있으면서 밤을 새울 의향이 있는 듯하기에 상황을 물어보기 위해 관리를 그들에게 보냈다. 문정을 하기 위해 나가는 길에 서양인 수십 명이 중도에서 길을 막아서며 당현堂峴 고개의 길 옆에 있는 시골집으로 문정관을 끌고 들어갔다. 다시 갑곶진甲串津 해문海門에 있는 농가로 끌고 갔는데 그들 수백 명이 창과 총을 각각 가지고 모여들어서는 쭉 늘어섰다. 문정관이 글로 써서 그들에게 물었다.

"수만 리 풍파를 헤치고 왔는데 앓는 사람은 없는가?"

"없다."

"당신들은 어느 나라 사람인지 알 수 없는데 무슨 일 때문에 여기까지 왔는가?"

"……."

서양인들은 문정서間情書와 함께 자신들이 쓴 메모를 배로 보냈다. 얼마 후 그들이 배로 함께 가자고 하였다. 그들의 배에 올라가니 무수한 서양인이 좌우에 늘어섰으며 2층에 있는 배 칸으로 끌고 들어갔다. 그 방 안에는 등불과 촛불이 환히 켜져 있었는데 서양인 한 명이 한가운데 앉아 있고 그 곁에 조선의 복색을 하고 있는 한 사람이 의자에 앉아서 조선말로 물었다.

"강화유수입니까?"

"아닙니다. 지방관입니다."

"누가 당신을 보냈습니까?"

"나는 지방관으로서 문정하기 위해 여기까지 왔습니다."

"금년 봄에 당신네 나라에서는 무엇 때문에 서양 사람 아홉 명을 죽였습니까?"

"사실 봄에 이런 일이 있었습니다. 당신네 나라 사람이 도성에 잠복해 있으면서 부녀자를 강간하고 남의 재물과 돈을 빼앗았으며 암암리에 반역 음모를 꾸몄으므로, 나라의 법에 비추어 사형죄에서 벗어날 수 없었기 때문에 처형하였습니다. 대체로 우리나라 사람이 만일 당신네 나라에 들어가서 이와 같이 불법을 자행하였다면 당신네 나라에서도 역시 사형에 처하였을 것입니다."

"지금 당신을 죽이겠습니다."

"죽어도 두렵지 않습니다. 그러나 통사通使로서 문정하러 온 사람을 살해하는 일은 예로부터 있었던 적이 없습니다. 당신들은 빨리 배를 돌려 가십시오."

여기까지 말하자 서양인들이 칼을 빼들고 가라고 독촉하였기 때문에 문정관은 부득이 다시 육지에 올라왔다. 그런데 한 무리의 서양인들이 칼과 창을 뽑아들고 길 가운데 막아서서 음식물을 요구하였다. 소 세 마리를 주겠다는 내용을 글로 써서 보였는데 그들은 만족하지 않고 끝내 길을 열어주지 않았다. 소와 돼지 다섯 마리, 닭 열 마리를 주겠다는 내용으로 써 보이니 그제야 길을 열어주었다. 서양인들의 배 세 척은 갑곶진 앞바다에 정박해 있었는데, 종선從船 열 척을 타고 마음대로 육지에 내려와 백성들의 재물을 빼앗으며 온 산과 들을 마구 돌아다녔다.

9월 9일 고종은 이양선의 출몰과 관련하여 애통해하는 교서를 내렸다. 그 교서에는 " … 외적들이 강화도에까지 침범해 들어왔는데 철저히 지켜 막아야 할 곳의 방어가 허술하여 온 성이 적들의 침입을 지켜내지 못하였으며, 사민士民들은 놀라 도망쳐 숨어버렸으니 온 경기 안이 뒤숭숭하다. … 우리나라로 말하면 동해의 동쪽에 위치하고 있으므로 지구의 맨 서쪽 끝머리와는 몇 만 리나 떨어져 있으니 그 곳과는 아무런 연계를 가진 바가 없다. 국경 문제를 가지고 서로 싸운 일도 없으며 서로 나쁜 관계를 맺은 일도 없다. 넓고 넓은 바다를 건너고 사나운 풍파를 헤치면서 왜 우리나라 땅을 침범한 것인가? 이는 필시 우리나라의 간악하고 하찮은 무리가 뜻을 잃고 나라에 원망을 품었거나 죄를 받을까 두려워서 망명해 가지고 그들과 오래전부터 결탁하여 몰래 내통하면서 바다를 건너가 먼 곳에 있는 사람들을 끌어들여 공공연히 반역 음모를 꾸민 것이다. 아! 슬픈 노릇이다. … "라며 조선인으로서 서양인들의 침략을 돕는 자가 있음을 통탄하는 내용도 담겨 있었다.

같은 날 강화유수 이인기가 다시 장계를 올렸다. 그 장계에는 " … 오늘 이른 아침 저들의 배 한 척이 월곶진을 향해 가서 닻을 내린 다음 화포를 크게 쏜 것은 길을 차단하고 위력을 보일 계획이었습니다. 한편으로는 갑곶진의 큰 길을 따라 곧바로 남쪽 문으로 가서 개미떼처럼 성을 기어 넘어 난입하여 포탄을 마구 쏘아대는 통에 예봉을 막아낼 수 없었습니다. 성을 지키던 군사들과 백성들은 뿔뿔이 흩어져 숨어버리니 제 수하에는 적은 인원뿐이어서 군영 아전들도 더는 맞서서 싸울 수 없었습니다. … 신이 나라를 지키고 보호하는 일은 맡았으면서 방어할 계책이 없어서 잠깐 사이에 앉아서 온 성을 잃었는데, 이로부터 도성을 침범하는 일이 순식간에 있게 될 것입니다. … 동쪽을 향하여 대궐을 바라보며 통곡할 뿐 더 아뢸 말이 없습니다"라고 쓰여 있었다.

다음 날인 9월 10일, 영종첨사 심영규가 이양선 선원들과 대화한 내용을 보고했다. 심영규가 그들의 배 옆에까지 갔더니 그들은 일제히 총을 쏘아대며 포악한 행동을 하려 했다. 그러다 그들 중 한 명이 필담을 시도해왔다.

"우리를 무서워하지 말라. 너희를 해치지 않는다."

"너희는 어느 나라 사람이며, 이름은 무엇이고, 나이는 몇 살인가?"

"청나라 사람이고, 성은 서가徐哥고, 이름은 복창福昌이며, 열여섯 살이다."

"서양인은 모두 어느 나라 사람이며, 선주의 성명은 무엇인가?"

"프랑스 사람이다. 선주의 성명은 모른다."

"무슨 일로 여기까지 왔으며, 언제 돌아가는가?"

"정전(征戰 : 정복 전쟁)하려고 왔다."

"너희와 우리는 본래 원수진 일이 없는데 무엇 때문에 정전하려고 하며, 정전하려는 곳은 어딘가?"

"정전하려는 곳은 한강 어구에 있는 왕경(王京 : 한양)이다. 너희가 우리 사람 아홉 명을 살해하였기 때문에 너희 사람 9천 명을 살해하려고 한다."

"이게 무슨 말인가? 우리나라에서 너희 나라 사람 아홉 명을 죽이지 않았는데 지금 와서 이런 말을 하는 것은 도대체 무슨 말인가?"

"우리는 이미 알고 있다. 너희는 우리를 속이고 있다."

서양인들은 불쾌한 기색으로 곧장 배를 돌려 머물러 있던 곳을 향해 가버렸다.

9월 14일 순무영巡撫營에서, 이양선에 탄 서양인들이 강화도 광성진廣城津으로 건너가 군사 기물들을 약탈하고 화약고에 불을 놓고 돌아갔다고 보고를 했다. 9월 16일 고종은 양적(洋賊 : 서양 도적)의 변란과 관련하여 다시 다음과 같은 교서를 내렸다.

… 양적들이 변란을 일으킴에 백성들이 도탄에 빠짐이 또한 극도에 달하였다. 그 까닭을 가만히 생각하면 죄는 나에게 있으니 백성들이 무슨 죄가 있겠는가? 아! 양적들이 우리의 해안 방비를 엿보고 우리 백성의 마음을 현혹시킨 데서 유래하여 일이 점차 커진 것이지, 일조일석에 생긴 일은 아니다. 그들이 말하는 교리를 캐보면 물여우나 도깨비 같은 것이고, 사슴처럼 모여서 윤리를 어지럽히는 것인데 심지어 하늘을 교묘하게 속이고 제사를 모두 없애는 지경까지 이르렀으니 하늘땅이 생긴 이래 지금까지 없었던 지극히 요사스럽고 지극히 참람한 설이자, 옳지 못한 일이다. … 불행히도 인심이 나쁜 것에 혹하고 세도世道가 무너지니 60, 70년 이래로 나라를 원망하고 뜻을 얻지 못한 무리와 음흉하고 사특한 무리가 7, 8만 리밖의 흉악한 외국 놈들과 결탁하여 나라를 뒤엎으려 하였다. 전후에 조정에서 모두 처단하고 죽여버리기를 지극히 했지만 남은 종자가 종자를 낳아 끝없이 늘어나서 올 봄 남종삼南鍾三의 옥사 사건에 이르러는 극도에 달했다.

아! 차마 말할 수 있겠는가? 지금 이 무리는 감히 눈짓으로 서로 뜻을 주고받으면서 은밀하게 음흉한 계책을 꾸몄고, 서로 마음을 통하여 몰래 우리 실정을 말해 주었고, 올빼미와 부엉이가 화답하듯이 호응하고 뱀이나 지렁이가 뒤엉키듯이 결탁하여 감히 바다에 배를 띄워 곧바로 도성까지 왔다. 이것이 어찌 바다 멀리 몇 만 리밖의 더럽고 흉악한 무리가 할 수 있는 일이겠는가? 생각이 여기에 미치니 차라리 더 말하고 싶지 않다.

이번에 강화도를 잃고서, 중앙과 지방을 단단히 경계하도록 하여 빙금 경험 많은 노련한 장수들과 중무장한 군사들에게 부府를 열고 출진하여 며칠 내로 적들을 소탕할 것을 기약했다. 강도는 배를 많이 모으고 있으니 곧장 적 소굴을 쳐서 한 놈의 흉악한 종자도 발붙이지 못하게 할 것이다. … 아! 관리와 백성들은 각기 자기 일에 안정하고 뜬소문에 흔들리거나 거짓말에 현혹되지 말며 각기 부모 처자들을 보호하라. … 마을에서 쉽게 적의 기미만 보고 흩어지거나 소문만 듣고 도망치는 등의 이런 일이 있다면 곳곳이 소란스러워 마침내 안정된 날이 없게 될 것이다. 비록 몽둥이나 호미를 가지고라도 분발하여 적을 공격하여 그들로 하여금 흉악한 무기를 함부로 쓰지 못하게 하면, 용기백배하여 적은 감히 가까이 접근하지 못하리라. … 지금 외적들이 침입한 까닭은 모두 조정의 일처리가 온당하지 못한 탓이니, 나는 지금 스스로 준엄하게 자책하고 있으며 장차 크게 분발하고 진작시키는 조치를 취할 것이다. …

— 고종 3년(1866) 9월 16일

이날 두 개의 돛을 단 이양선 한 척이 강화도 일대로 다시 올라왔다는 영종첨사 백낙신白樂莘의 보고가 있었다. 9월 19일 양이(洋夷 : 서양 오랑캐)들이 문수산성文殊山城을 점령했다고 순무영에서 보고했다. 이양선 두 척이 문수산성 남문 앞에서 정박하려고 할 때 아군이 고함을 치면서 먼저 총을 쏘아 적을 몇 명 쓰러뜨렸다. 50명의 총수銃手가 그 뒤를 이어 일제히 총을 쏘자 두 척의 배에 있던 적 태반이 쓰러졌는데 그 수가 대략 50, 60명가량 되었다. 뒤따라오던 두 척의 배에 타고 있던 적들이 한꺼번에 육지에 올랐는데, 그 수가 무려 백 명이나 되었다. 아군은 워낙 중과부적衆寡不敵이라 달아났는데, 돌아보니 적들이 산성의 남문에 불을 지르고 곧장 도로 건너갔다.

9월 25일과 26일 양이들은 강화도에 불을 지르고 연안의 각 포에 와서 물의 깊이를 측량하였다. 또 강화도에 대완구포(大碗口砲 : 성을 공격하기 위한 용도로 만든 청동제 화포)를 계속 쏘았다. 이 포탄에 맞아 관청 삼문의 섬돌이 모두 무너졌다. 강화도 수비 병사들이 추격하려 하자 양이들은 앞바다에 띄워놓은 조선 배 다섯 척에 불을 지르고 돌아갔다.

10월 3일 정족산성鼎足山城 수성장 양헌수梁憲洙는 "이달 초하룻날 저놈들 60여 명이 이 산성에 들어와 지형을 자세히 살피고는 중들이 쓰는 기명만 파괴하고 갔는데 … 저들의 두령이 말을 타고 나귀를 끌고 짐바리와 술과 음식을 가지고 와서 동문과 남문 양쪽 문으로 나누어 들어올 때 우리 군사들이 좌우에 매복했다가 일제히 총탄을 퍼부었습니다. … 그러나 아군의 탄알 또한 모두 떨어졌으니 저들이 군사들을 더 보강해서 다시 쳐들어온다면 어떠한 지경에 이를지 알 수 없습니다. …"라고 정황을 보고하였다.

10월 6일 순무영에서 강화도의 피해 상황을 보고했다. 성안의 관청은 거의 모두 불타버렸고 민가는 불에 타서 없어진 호수가 절반 이상이었다. 남문은 모두 파괴되었으며 외성外城의 훈련원과 어영청의 두 창고는 불에 타 없어졌다. 다음 날 이양선은 먼 바다로 도망쳤다.

10월 18일에는 서양 물품의 사용을 금지하라는 전교를 내렸다. 서양 오랑캐들이 소란을 피우면서 교역을 하자고 말하는데, 이는 대체로 우리나라에서 서양 물품들을 사용하기 때문에 그런 것이라는 판단에서였다.

12월 12일 함경감사 김유연金有淵은, 러시아인이 경원부에 와서 변경 교역을 청했다는 내용의 장계를 올렸다. 러시아 사람이 말을 타고 경원부慶源府의 두만강가에 와서 국경 푯말이 있는 근처에다가 집을 짓는 것과 교역 등을 요청했다는 것이다. 다음 날 이 문제에 대해 조정에서는 혹시 러시아인들이 다시 와서 요청해도 금령이 있는 이상 결코 허락할 수 없다는 내용으로 타일러서 돌려보낼 것이며 두만강을 사이에 두고 오래도록 주둔한다면 병력을 시위하여 쫓아 보낼 것을 결정하였다.

고종 4년(1867) 1월 2일, 러시아 사람 다섯 명이 경흥부慶興府에 "귀국 사람 정재욱鄭才旭의 집의 소 두 마리를 우리 쪽 사람들이 빼앗아 갔기 때문에 이제 찾아와서 돌려준다"라며 경흥부사에게 글을 바쳤다. 뜯어보니 러시아로 넘어간 조선 사람이 쓴 글이었다. 그 글에는 "정재욱에게 꾸어준 것으로 돈 넉 냥 여섯 전과 송아지 한 척이 있었기 때문에, 소 한 척을 팔아서 본전을 찾고 남은 돈과 소 한 척을 이제 돌려 보낸다"라고 쓰여 있었다. 조정에서는 글의 내용과 물건이 서로 다른 점을 괴이쩍게 생각하고 또 강을 사이에 두고 막사를 치고 있는 것이나 국경을 멋대로 왔다갔다 하는 것에 대해 크게 염려하게 되었다.

남연군 묘 훼손 사건과 신미양요

고종 5년(1868) 3월 25일 황해도 장련長連 오리포五里浦에 스스로 미국 배라고 칭하는 이양선이 나타났다. 그들은 닭·개·돼지·양 등을 요구하였다. 선원 20여 명 가운데 다섯 명이 동네에 들어왔는데, 옷 색깔은 푸르고 머리는 사방을 깎았으며 정수리에서 한가락으로 머리를 땋아 등 뒤로 늘인 차림이었다. 그들은 요구를 들어주지 않으면 다음 날 다시 오겠다고 협박하였다. 다음 날 문정관은 미국인들과 다음과 같은 필담을 나누었다.

"당신들은 어느 나라 사람이며, 무슨 일로 이 나라에 왔는가?"

"나는 미국 사람 적고문狄考文인데 재작년에 미국 배가 여기에서 없어졌으므로 우리가 탐문하러 왔다."

"탐문한다는 말을 모르겠다."

"우리가 그 배의 종적을 찾아보려고 한다. 이 강의 이름은 무엇이며, 포구의 이름은 무엇인가?"

"강은 오리포이고, 포구는 대진포구大津浦口라고 한다."

"여기서 성이 얼마나 멀며, 무슨 성이 있는가? 마을에 들어가 보는 것이 어떻겠는가? 동네에 가보자."

"다른 나라이고 법이 다른 만큼 들어가볼 수 없다."

"이곳에 와서 선생이 이야기해 주기 바란다. 당신들의 글방이 어디 있는가? 나를 데리고 가서 한 번 이야기를 나눌 수 있겠는가? 나는 원래 도리상 풍속도 묻고 법으로 금지된 것을 물어봐야 하는데, 당신은 어째서 그리 인색하게 굴면서 말하지 않는가? 공자 孔子의 글에 〈격물格物〉편이 있다. 미국 사람은 사물의 이치를 잘 연구하니, 한 번 자세히 강론할 수 있다."

그들 가운데 이광내李光鼐라는 중국 등주登州 사람이 있었는데 그는 "미국 사람이 중국에서 예수교를 전도하고 있는데 나도 믿고 있다. 당신들에게 달걀이 있는가? 우리가 사려고 한다. 내일 우리가 다시 오겠으니 당신은 미리 닭과 달걀을 준비해 두기 바란다. 내가 은을 주고 당신에게서 사겠다"라고 말하고는 책 두 권을 소매에서 꺼내 모래밭에 내놓았다. 조선 관리가 받지 않고 도로 던져주자 그 사람도 다시 던져놓고 큰 배로 돌아갔다. 그 책들은 〈마가전복음서〉와 〈신약전서〉였다.

3월 26일 다시 미국인들에 대한 문정 보고가 들어왔다. 미국인들은 다 콧마루가 우뚝 서고 눈은 움푹하며 머리카락은 더부룩하고 입고 있는 옷은 모두 검은색이었다. 그들은 "우리 배는 미국의 전함인데 평양을 찾아가려고 한다. 뒷날에는 서로 물을 일이 있겠지만 지금은 대답할 말이 없다"라고 매우 거친 얼굴빛으로 답했다. 큰 배 안에서 연달아 대포 소리가 나는 바람에 조선 관리들은 그냥 돌아올 수밖에 없었다.

3월 28일 조선의 관리들은 다시 필담을 청하였다.

"당신들이 여기 온 이유는 무엇인가?"

"우리는 미국 사람이다. 몇 해 전에 미국배가 바람을 따라 고려 평양 부근에 와 닿았는데 오늘까지 3년이 되도록 끝내 소식이 없기 때문에 평양에 가서 그 곡절을 알아보려고 한다."

"몇 월 며칠에 길을 떠났는가?"

"3월 19일이다."

"평양의 일을 물으려거든 나에게 물으라."

"당신에게 관계된 것이 아니니 다시는 번거롭게 묻지 말라."

"배 안의 일행이 몇 명이며, 우두머리의 이름은 무엇이냐?"

"배에 탄 사람은 230여 명이다. 우두머리의 이름은 알려줄 수 없고 우리는 그를 선생이라고 부른다."

"물길이 저렇게 얕고 험한데 큰 배가 어떻게 항해하겠는가? 만약 평양의 일을 물으려거든 여기서 말하는 것이 좋겠다. 빨리 고국으로 돌아가는 것이 낫겠다."

대화가 여기에 이르니 미국인은 발끈하고 얼굴빛이 달라지더니 급히 노를 저어 가버렸다. 조금 뒤에 큰 배 안에서 한 방의 대포 소리가 나더니 마구 조총을 쏴대고는 돛을 올리고 상류를 향하여 가버렸다.

3월 30일에는 조선 관리가 문정하는 글을 써서 장대 끝에 높이 달아 미국 배에서 가까운 언덕에 세웠다. 그 글을 가져간 미국인들은 회답을 보내왔다.

"우리는 본래 서방의 내미국 사람들이다. 여기서 50만 리나 멀리 떨어져 있는데, 우리 배는 광동廣東과 상해上海를 거쳐 연대煙台에 이르렀다가 3월 15일에 연대를 떠나 귀국에 와 닿았다. 무역을 하러 온 것이 아니고 선발해서 파견한다는 군주의 명령을 받고 왔다. 2년 전에 우리나라의 상선이 이 강의 어귀에서 없어졌기 때문이다. 이제 특별히 문건을 갖추었으니 귀 지방 관리는 상부에 보고하여 문건이 위로 전달되어 직접 귀국의 임금 앞에 닿도록 해 주기 바란다. 우리가 여기에 온 것은 우의를 두텁게 하고자 하는 것이니 귀국의 임금은 여러 높은 사람들과 함께 잘 처리하여 두 나라가 길이 화목하게 지내게 하기 바란다. 다음으로는 귀국 사람들에게 짐승과 음식물을 공평하게 살 수 있도록 해 주기 바란다. 이렇게 해답을 올리면서 꼭 답서를 기다린다. 회답을 준다면 바로 상류에서 기다리겠다."

4월 3일 용강현龍岡縣 구리포九里浦에 서양 배 한 척이 와서 사람들이 육지에 내렸다. 이 배에 대원군의 편지를 보내고 회답을 받으러 갔다. 서양인들은 조선의 관리를 배 안에 데리고 들어가서 담배와 과자, 누런 빛깔의 술 등을 권했다. 호화로운 선실로 데리고 가서 미국 은전과 금전, 자명종 등을 보여주었다. 사유를 물은 글에 대한 회답을 독촉하니, "내일 저물녘에 남포南浦에 와서 기다리라"고 글을 써보였다. 다시 거주지와 이름을 물으니, '미국인'이라는 석 자만 써보였다. 그들은 몹시 성이 나 있는 것 같았다.

4월 21일 서양인들이 덕산의 남연군南延君 묘소에 침범하여 사초莎草를 훼손한 사건이 보고되었다. 남연군은 대원군의 아버지였다. 고종은 필시 조선의 간사한 무리 가운데 그들을 부추기고 길을 인도한 자가 있었을 것이니 그 간사한 무리를 붙잡아 남김없이 처단하라고 명하였다.

같은 날 공충감사 민치상閔致庠이 올린 장계에 의하면 세 돛짜리 이양선 안에서는 연기가 나면서 빠르기가 번개 같았다고 했다. 그들은 구만포九萬浦에 도착하여 육지에 내렸다. 러시아 군대라고 하는 병졸 1백여 명이 군복을 입고 창, 칼, 총 등을 가지고 곧바로 관청으로 들이닥치더니 무기를 빼앗고 관청 건물을 파괴하였다. 사유를 물었더니 대답하지 않고 총을 쏘아대고 칼질을 하면서 접근하지 못하게 하다가 곧바로 남연군의 묘소로 달려갔다. 아전, 군교, 군노, 사령 등이 백성들을 거느리고 가서 죽기 살기로 맞섰으나 그들의 드센 칼과 총을 대적할 수가 없었다. 서양 도적들이 묘소를 범하여 사초 석 장을 떼어냈다. 그들은 19일 묘시에야 물러갔다.

4월 23일 영종에 정박해 있던 서양 배에서 대원군에게 편지를 보내왔다. 겉봉에 '대원군 좌하에게 전하게 할 것'이라고 쓰인 편지의 내용은 다음과 같았다.

삼가 말하건대 남의 무덤을 파는 것은 예의가 없는 행동에 가깝지만 무력을 동원하여 백성들을 도탄 속에 빠뜨리는 것보다 낫기 때문에 하는 수 없이 그렇게 하였습니다. 본래는 여기까지 관을 가져오려고 하였으나 과도한 것 같아서 그만두고 말았습니다. 이것이 어찌 예의를 중하게 여기는 도리가 아니겠습니까? 군사와 백성들이 어찌 석회를 부술 기계가 없었겠습니까? 절대로 먼 데 사람의 힘이 모자라서 그만두었으리라고 의아하게 생각하지 말 것입니다.

귀국의 안위가 오히려 귀하의 처리에 달려 있으니 만약 나라를 위하는 마음이 있거든 높은 관리 한 사람을 보내서 좋은 대책을 강구하는 것이 어떻겠습니까? 만일 미혹에 빠져 결단을 내리지 못한 채 나흘이 지나면 먼 데 사람들은 돌아갈 것이니, 지체하지 말 것입니다. 몇 달이 되지 않아서 반드시 나라를 위태롭게 하는 우환을 당할 것이니 후회하는 일이 없도록 하면 천만다행이겠습니다.

— 고종 5년(1868) 4월 23일

이에 영종첨사의 명의로 회답 편지를 써서 보냈다.

우리나라 대원군 각하는 지극히 공경스럽고 존엄한 위치에 있다. 이런 글을 어떻게 전달하겠는가? 그래서 도로 돌려보낸다. 귀국과 우리나라의 사이에는 애당초 소통이 없었고 또 서로 은혜를 입었거나 원수진 일도 없었다. 그런데 이번 덕산 묘소에서 저지른 변고야말로 어찌 인간의 도리상 차마 할 수 있는 일이겠는가? 또 방비가 없는 것을 엿보고서 몰래 침입하여 소동을 일으키고 무기를 약탈하며 백성들의 재물을 강탈한 것도 어찌 사리상 할 수 있는 일이겠는가? 이런 지경에 이르렀기 때문에 우리나라 신하와 백성들은 단지 힘을 다하여 한마음으로 귀국과는 한 하늘을 이고 살 수 없다는 것을 다짐할 따름이다. … 몇 달 뒤에 설사 전선戰船이 온다고 하더라도 우리나라도 방비할 대책이 있다. 대원군 합하가 국정을 확고하게 잡고 있는 데 대해서는 내가 잘 알고 있다. 이제부터 표류해 오는 서양 각국의 배에 대해서는 먼 곳의 사람을 회유하는 도리로 대우하지 않을 것이니, 다른 말을 하지 말라.

– 고종 5년(1868) 4월 23일

4월 26일 영종도에서 서양 오랑캐 몇을 죽이자 그들의 배가 물러갔다는 보고가 올라왔다. 임금은 서양 오랑캐들을 효수한 것을 서울로 올려 보내게 하여 장대에 매달아 군사와 백성들을 모아서 보이게 했다. 5월 29일 예수교 도당인 손경로, 김양길을 효수하도록 하였다. 손경로孫京老는 서양 배가 구만포에 정박했을 때 환호하며 소리 질렀고 그 이양선에 올라가서 오랑캐들의 모자를 쓰고 춤을 춘 사실을 자백하였다. 또 김양길金良吉은 적들이 육지에 내려 물 긷는 곳을 찾아 이리저리 헤맬 때에 물을 길어주면서 흉악한 적들에게 아첨하였다. 6월 18일에는 서양 배가 구만포에 정박하고 있을 때 서양인들을 찾아가 만나고 수작질한 죄로 이영중李永中을 효수하였다.

고종 7년(1870) 5월 5일 독일 상선이 동해 앞바다에 와서 정박했다가 돌아갔다. 배 안에는 모두 300여 명이 타고 있었는데 그 중

다섯 명은 일본 사람이었다. 일본 사람들에게 물으니 "이 배는 원래 시양에 있는 독일 상인의 배로서 현재 조선이 영국, 프랑스 등 여러 나라와 사이가 좋지 못하므로 혹시 이들이 뒷날 조선에 표류하게 되는 경우, 뜻밖의 사단이 없다는 것을 보장하기 어려워서 우리에게 한 배를 타고 와서 그런 사정을 알리려고 하였다"라고 답했다. 통역들이 사리에 근거하여 질책하였더니 이 배는 닻을 올리고 도망쳤다.

고종 8년(1871) 신미년 2월 21일 미국 배가 편지를 보내온 것에 대해 중국 예부에 자문을 띄웠다. 중재를 요청하는 이 자문의 내용은 대략 다음과 같다.

미국 사신이 보낸 서신을 자세히 살펴보니, 그것은 순전히 병인년(1866)에 그 나라의 상선商船 두 척이 우리나라의 경내에 들어왔다가 한 척은 풍랑을 만났다 구원되었으나 한 척은 사람도 죽고 화물도 없어졌는데, 이처럼 서로 판이하게 하나는 구원되고 하나는 피해를 당한 까닭을 알 수 없으니 그 원인을 알고 싶으며, 뒷날 그 나라의 상선이 혹시 우리나라 영해에서 조난당할 경우 원칙에 입각하여 구해주고 화목하게 서로 대우하자는 등의 말이었습니다.

우리나라는 삼면이 바다로 둘러 있는데 조난당하여 와서 정박하는 다른 나라의 여객선의 경우에는 혹 양식을 원조하고 필수품을 대준 뒤에 순풍을 기다려 돌려보내기도 하고, 혹 배가 파손되어 완전치 못하면 육로로 호송하여 각각 그들의 소원대로 해 주고 아울러 지장이 없게 해 주었습니다. … 먼 나라의 사람들이 풍랑을 헤치며 어렵고 위험한 고비에서 헤매는 것에 대해서는 응당 불쌍히 여기며 돌보아 주어야 할 것인데 어찌 잔인하게 굴며 해칠 수 있겠습니까? 그들이 경내에서 피해를 입어 사람들이 죽고 물건이 없어졌다고 하는 것은 틀림없이 병인년 가을쯤에 평양의 강에서 있었던 일을 지적하는 것입니다. … 미국 상선이 만약 우리나라 사람들을 멸시하고 학대하지 않았다면 조선의 관리들과 백성들이 어찌 남에게 먼저 손을 대려고 하였겠습니까? 이번에 온 편지에서 서로 화목하게 지내자고 희망하였는데 바다 건너 멀리 떨어져 있는 나라로서 호의를 가지고 서로 관계를 맺자면 접대해서 보내는 도리가 없지 않을 것입니다. 그럼에도 저들이 의논해서 판명하고 교섭하자고 하는데 의논하여 판명할 것이 무슨 일이고 교섭하자는 것은 어떤 문제인지 알 수 없습니다. … 우리나라가 바닷가의 한 구석에 있는 작은 나라라는 것은 세상 사람들이 다 아는 일입니다. 백성들은 가난하고 물산은 변변치 못하며 금은·주옥은 원래 우리나라에서 나지 않는 것이고 쌀과 벼, 베와 비단이 넉넉했던 적이 없으니, 국내에서 생산되는 것으로 국내의 소비도 감당할 수 없는데 만약 다시 다른 나라와 유통하여 나라 안을 고갈시킨다면 이 조그마한 강토는 틀림없이 위기에 빠져 보존되지 못할 것입니다. 더구나 나라의 풍속이 검박하고 기술이 조잡하여 한 가지 물건도 다른 나라와 교역할 만한 것이 없습니다. 우리나라가 절대로 교역할 수 없음이 이와 같고 외국 장사치들이 이득 볼 것이 없음이 또한 이와 같습니다. 그런데 매번 통상할 의사를 가지는 것은 대체로 멀리 떨어져 있는 다른 나라의 사람들이 똑똑히 알지 못해서 그러는 것입니다. … 조난당한 객선은 전례에 따라 구호할 것이니 다시 번거롭게 의논할 필요가 없으며 기타 문제도 따로 토의하여 판명할 것이 없으니 오가는 수고를 할 필요가 없습니다. 삼가 바라건대, 이러한 내용으로 그 나라 사신을 잘 타일러서 의혹을 풀어줌으로써 각각 편안하고 무사하게 지내게 한다면 더없이 다행이겠습니다.

– 고종 8년(1871) 2월 21일

4월 6일 서해안 풍도楓島 부근 바다에 이양선 다섯 척이, 배리도排李島 부근에 네 척이 나타났다. 다음 날 영종방어사는 이양선이 연흥도 앞바다에 정박했다고 보고했다. 4월 8일 이양선 작은 배 네 척이 동쪽과 서쪽의 물깊이를 쟀다. 이 날 경기감사 박영보朴永輔는 서양인들의 얼굴 모양은 눈이 움푹하고 콧마루는 높으며 눈썹과 머리털은 누르스름하였고 옷은 모두 검은 색깔이었다고 보고했다.

4월 9일 이양선에서 세 명이 뛰어내렸는데 그 중 한 사람은 조선인이었다. 그 조선인은 편지 한 통을 조선 관리에게 주면서 물었다.

"혹 중국말을 아는 사람이 있는가?"

"없다."

"장사하러 여기에 왔으니 사람을 죽이는 사단은 전혀 없을 것이다."

"배는 몇 척이냐?"

"다섯 척이다."

"어느 날에 돌아가는가?"

"며칠 내에 북쪽으로 간다. 돼지, 닭, 계란, 물고기를 살 수 있는가?"

"안 된다."

조선 관리가 다시 물으려고 하였지만 그들은 뿌리치고 배를 돌려 가버렸다. 서양 사람의 편지에는 " … 이 배는 대아메리카합중국 즉, 대미국의 배이며 여기에 온 것은 우리 흠차(欽差 : 왕이나 황제의 파견)대인이 조선의 높은 관리와 협상할 문제가 있기 때문이다. 조약을 체결하려면 아직 날짜가 필요하므로 우리 배는 이 바다 한 지역에서 정박하고 있으면서 조약이 체결되기를 기다렸다가 돌아가겠다. 배에 머물러 있는 두 대인은 다 잘 있다"라고 쓰여 있었다.

4월 10일 이양선에서 다시 편지를 보내왔다. " … 이 배는 우리 군주가 흠차한 대인을 태우고 와서 귀 조정과 중요한 문제를 협상하려고 한다. 군주가 흠차한 우리 관리는 귀 조정에서 반드시 높은 관리를 파견하여 함께 토의하리라고 깊이 믿고 있으므로 특별히 파견하는 높은 관리가 오기를 기다려서 군주가 파견한 우리 관리가 마음속에 품고 있는 것을 말하려고 생각하였다. 그리하여 지금 여러 날 동안 배를 머물러두고 귀 조정에서 무슨 소식이 있기를 기다리고 있다. 일간에 모선에 딸린 배들을 위쪽으로 올려 보내어 시험 삼아 바다의 형세를 조사하여 큰 배가 올라갈 수 있겠는가를 판단하는 데 편의를 보려고 한다. 바닷가의 백성들에게 알려주어 놀라지 않게 하며 피차간에 예의로써 서로 대우하고 절대로 해칠 생각을 가지지 않게 하며 사단이 생기지 않도록 하기를 아울러 바라는 바이다"라는 내용이 담겨 있었다.

4월 14일 이양선은 강화도에서 멀지 않은 곳에 와서 정박했고 광성진廣城津에 와 닿자마자 모두 닻을 내리고 광성진의 성城을 향하여 대포를 마구 쏘아댔다. 조선군도 크고 작은 모든 대포를 일제히 쏘았다. 이 교전으로 조선군 사상자가 발생했다. 이양선들은 다시 호도 앞바다에 가서 닻을 내렸다.

4월 17일 대원군은 이양선에 글을 보냈다. " … 귀국은 예의를 숭상하는 풍속이 본래 이름난 나라로 다른 나라들보다 뛰어났습니다. 귀 대인은 아마도 사리에 밝아서 경솔한 행동을 하지 않을 터인데, 이번에 어찌하여 멀리 바다를 건너와서 남의 나라에 깊이 들어왔습니까? 설사 서로 살해하는 일은 없었다고 하지만 누구인들 의심하고 괴이하게 여기지 않겠습니까? 중요한 요새지에 갑자기 외선外船이 들어오는 것을 허용하지 않는 것은 모든 나라의 일반적 규범으로써 처지를 바꾸어놓고 보아도 모두 그러할 것입니다.

지난번에 귀선貴船이 바닷가 요새지를 거슬러 올라와서 피차간에 대포를 쏘며 서로 경계하는 조치까지 있도록 만들었습니다. 이미 호의로 대하자고 말하고서도 한바탕 이런 사단이 있게 되었으니 매우 개탄할 노릇입니다. 귀선이 오고부터 연해의 관리들과 무관들에게 절대로 사단을 일으켜 사이가 나빠지게 하지 말라고 경계하여 타일렀습니다. 그렇지만 귀선이 다른 나라의 규례를 아랑곳하지 않고 요새지 어구까지 깊이 들어온 이상 변경을 방비하는 신하들로 말하면 그 임무가 방어인데 어찌 가만히 있을 수 있겠습니까? … 우리나라가 외국과 서로 교통하지 않는 것은 바로 500년 동안 조종祖宗이 지켜온 확고한 법으로서 천하가 다 아는 바이며, 청나라 황제도 옛 법을 파괴할 수는 없다는 데 대하여 잘 알고 있습니다. 이번에 귀국 사신이 협상하려고 하는 문제로 말하면 어떤 일이나 어떤 문제이거나를 막론하고 애초에 협상할 것이 없는데 무엇 때문에 높은 관리와 서로 만날 것을 기다리겠습니까? … 풍파만리에 고생하였으리라 생각하면서 변변치 못한 물품으로 여행의 음식물로 쓰도록 도와주는 것은 주인의 예절이니 거절하지 말고 받아주기 바랍니다"라는 내용이었다.

22일 이양선으로부터 답장이 왔다. "대아메리카합중국 찬리贊理 흠차인 영어, 한어 문건을 맡아보는 총판두(總辦杜, 이름은 덕수德綏, 중국인)는 회답합니다. … 당신들에게서 온 편지에서 언급한 내용에 의하면 귀 조정이 우리나라 군주가 파견한 관리와 그가 와서 해결하려고 하는 문제에 대하여 우의를 가지고 협상하려 하지 않는다는 것을 알 수 있습니다. 이것이 군주가 파견한 우리 제헌(提憲 : 관리 이름)이 매우 안타까워하는 문제입니다. 까닭 없이 공격한 문제에 대해서는 잘못을 책망하지 않고 도리어 비호하면서 변경을 책임진 신하의 직책으로서는 응당 해야 할 일을 한 것이라고 하였습니다. 우리 제헌은 원래 포를 쏜 행위는 군사와 백성들의 망동에서 생긴 것이라고 보고 있습니다. 귀 조정에서 이것을 알고 꼭 책임에서 벗어나려고 한다면 모든 사람이 바라는 대로 높은 관리를 파견하여 협의하는 것이 좋겠습니다. 그러므로 서둘러 행동하지 않고 기일을 늦추어가면서 기다리는 것입니다. 만일 귀 조정에서 3, 4일 안에 만나서 협상할 의사가 없이 기한이 되기만 기다린다면 전적으로 군주가 파견한 우리 제헌이 처리하는 대로 할 것입니다. 기일이 매우 촉박하므로 대략 이와 같이 적습니다. 보내준 많은 진귀한 물건을 받고 은혜와 사랑을 충분히 알 수 있으며 무엇이라 감사를 드려야 좋을지 모르겠습니다. 그러나 감히 마음대로 할 수 없어 보내온 예물을 돌려보냅니다"라고 쓰여 있었다.

4월 24일 광성진에서 교전이 있었다. 그러나 조선군은 패배하여 광성진을 잃었다. 이양선에서 쏘아대는 대포알은 비 오듯 날아왔고, 육지의 적들이 쏘아대는 조총알은 우박 쏟아지듯 마구 떨어졌다. 한바탕의 혼전 끝에 광성진은 붕괴되고 적들이 광성진의 위아래 돈대를 차지하고 장대를 포위하였다. 그들은 광성진 화약고에 불을 지르고 벙거지를 실어갔다. 바다와 육지 양쪽에서 공격해오니 적은 수의 조선 군사가 막아낼 길이 전혀 없어 할 수 없이 덕포진德浦鎭에다 진지를 옮겼다.

영토의 일부를 외적에 빼앗긴 다음 날 조정에서 고종과 우의정 홍순목洪淳穆은 다음과 같은 대화를 나누었다.

"양이들이 우리의 영역을 침범한 것은 매우 통분할 노릇이다."

"이 오랑캐들은 원래 사나운 만큼 그 수효는 그다지 많지 않다고 들었습니다. 그런데 그 형세는 미칠 듯 날뛰며 계속 불리한 형편에 처한 보고만 오니 더욱 통분합니다."

"이 오랑캐들이 화친하려고 하는 것이 무슨 일인지는 알 수 없으나, 수천 년 동안 예의의 나라로 이름난 우리가 어찌 금수 같은 놈들과 화친할 수 있단 말인가? 설사 몇 해 동안 서로 버티더라도 단연 거절하고야 말 것이다. 만일 화친하자고 말하는 자가 있으면 나라를 팔아먹은 율律을 시행하라."

"우리나라가 예의의 나라라는 데 대해서는 온 세상이 다 알고 있습니다. 지금 일종의 불순한 기운이 온 세상에 해독을 끼치고 있으나, 오직 우리나라만이 유독 순결성을 보존하는 것은 바로 예의를 지켜왔기 때문입니다. 병인년(1866) 이후로부터 서양 놈들을 배척한 것은 온 세상에 자랑할 만한 일입니다. 지금 이 오랑캐들이 이처럼 침범하고 있지만 화친에 대해서는 절대로 논의할 수 없습니다. 만약 억지로 그들의 요구를 들어준다면 나라가 어찌 하루인들 나라 구실을 하며, 사람이 어찌 하루인들 사람 구실을 하겠습니까? 이번에 성상의 하교가 엄정한 만큼 먼저 정벌하는 위엄을 보이면 모든 사람이 다 타고난 떳떳한 의리를 가지고 있는 이상 불순한 것을 배척하는 전하의 큰 의리에 대해 누군들 우러러 받들지 않겠습니까? 또한 저 적들이 이 소리를 듣는다면 간담이 서늘해질 것입니다."

이날 조정에서는 종로鐘路 거리와 각 도회지에 척화비斥和碑를 세울 것을 결정하였다. 척화비에는 "오랑캐들이 침범하니 싸우지 않으면 화친하는 것이요, 화친을 주장하는 것은 나라를 팔아먹는 것이다"라고 적었다.

그날 밤 조선군은 광성진을 일시 탈환했다. 하지만 4월 27일 다시 초지포草芝浦와 덕진德津, 광성보廣城堡를 빼앗겼다. 부상을 입고 붙잡혀 있다가 돌아온 군사들에게 이양선의 형편에 대해 물어보니, 배 안에 있는 군사는 거의 1천 명에 가까웠으며 그 가운데 조선 사람 서너 명이 섞여 있어 함께 가자 불렀더니 머리를 저으며 오지 않았다고 했다.

5월 17일 미국 배가 소란을 피우는 것에 대하여 중국에 자문을 보냈다. 자문에는 " … 이번에 미국 배가 왔을 때 먼저 밀봉한 편지를 띄우고, 이어 글을 보내오면서 걸핏하면 '화목하게 지내려고 왔다', '의심하지 말라', '절대로 해칠 생각은 없다', '놀라지 말라'느니 하였는데 갖은 말로 가장하는 내용이 다 이러한 말들이고, 예의로써 접대해달라는 것이 특히 그들의 요구였습니다. … 그들의 생각에 벌써 요새지에는 반드시 방어가 심하리라는 것을 계산하고 '의심하지 말라', '절대로 해칠 뜻은 없다'는 등의 갖은 말을 잔뜩 늘어놓음으로써 실로 우리의 방비를 완화시키고, 그 틈을 이용하여 감히 들어오자는 간사한 속임수를 쓰는 것입니다. 만일 그렇지 않다면 남의 나라를 짓밟고 멸시하며 무인지경과 같이 보았다는 것을 더욱 알 수 있습니다. 화목하자는 것이 이러하며, 예의로 사귀자는 것이 이렇겠습니까? 그 의도는 사건을 일으키자는 데 있으며,

그 계책은 오로지 강제로 조약을 맺자는 것임을 알 수 있습니다. … 그들이 겉으로는 화목을 빙자하여 감언이설로 접어들지만 속에는 위험한 생각을 품고 있으므로 실로 간사하고 음흉한 계책이 많습니다. 그러므로 위문하는 것을 거절한 까닭은 반드시 높은 관리가 서둘러 맞이하도록 하려는 것이었으며, 우리나라의 요충지에서 충돌을 일으켜놓고도 저들이 도리어 애써 방어하였다고 하니 어찌 된 일입니까? 이와 같이 오만하고 이와 같이 포악한 놈들입니다. 더구나 나라를 배반한 비적 무리를 숨겨두고 수도로 들어올 길잡이로까지 삼았습니다. …

이제 떠나면서 편지를 남겨 공연히 성을 내며 마구 으름장을 놓은 것은, 저들이 불순한 뜻을 이루지 못하여 스스로 이러한 불만과 원망을 품었기 때문입니다. 그러나 만약 다시 거짓말을 꾸며 비방함으로써 듣는 사람들로 하여금 의혹을 일으키게 하여 세계 각국에서 우리나라가 멀리서 온 사람들을 후하게 접대하지 않는다고 잘못 의심을 사게 한다면 그것도 매우 수치스러운 노릇입니다. 이러한 상황을 가지고 그 나라 공사가 이해 관계를 똑똑히 알게 하고 양측에 다 유익한 점이 없다는 것을 명확히 알게 하며, 다시는 사단을 일으키지 말고 각기 아무 일없이 편안히 지내도록 해줄 것을 간절히 원합니다"라는 내용이 담겨 있었다.

10월 25일 중국에서는 "총리아문이 미국 병선兵船이 소란을 피운 사건을 놓고 자문을 근거로 하여 회의하였다. 조선과 중국은 기쁨과 슬픔을 함께하는 관계에 있으므로 비록 요청이 없더라도 미리 조정하여 서양 각국과 말썽이 일어나지 않게 하고자 한다. …" 라는 회답 자문을 보내왔다.

서원 철폐

고종 7년(1870) 9월 10일 고종은 당을 만들고 패거리를 만드는 서원書院은 헐어버릴 것이라고 공문을 띄웠다. 서원이 붕당을 주도하여 그 폐해가 백성들에게까지 크게 미치기 때문이었다.

이듬해 3월 12일 임금은 문묘에 나아가 작헌례(酌獻禮 : 종묘나 문묘에 모신 신위에 왕이 지내던 제사)를 행하고 유생들을 만나 서원의 문제점을 이야기했다. 앞으로는 도학의 학문이 깊고 충성과 절개를 지닌 사람으로서 공론에 부합되는 사람 이외에는 일체 서원을 설치하지 못하게 할 것이며, 한 사람에 한해서 한 서원 외에 중첩하여 설치하지 못하도록 할 것이라는 내용의 설명이었다.

3월 18일 예조와 대원군의 허가를 받은 서원만 남기고 그 외는 철폐하게 하라는 전교를 내렸다. 이틀 뒤 3월 20일에는 전국의 서원 중 47개만 남기고 나머지는 철폐하라는 명이 내렸다. 대원군이 정한 47개 서원은, 개성 숭양서원, 용인 심곡서원, 파주 파산서원, 여주 강한사, 강화 충렬사, 광주廣州 현절사, 김포 우저서원, 포천 용연서원, 과천 사충서원, 양성 덕봉서원, 과천 노강서원, 고양 기공사, 연산 돈암서원, 홍산 창렬사, 청주 표충사, 노성 노강서원,

충주 충렬사, 태인 무성서원, 광주 포충사, 장성 필암서원, 경주 서악서원, 선산 금오서원, 함양 남계서원, 예안 도산서원, 상주 옥동서원, 안동 병산서원, 순흥 소수서원, 현풍 도동서원, 경주 옥산서원, 상주 흥암서원, 동래 충렬사, 진주 창렬사, 고성 충렬사, 거창 포충사, 영월 창절서원, 철원 포충사, 금화 충렬서원, 해주 청성묘, 배천 문회서원, 장연 봉양서원, 북청 노덕서원, 영유 삼충사, 안주 충민사, 영변 수충사, 평양 무열사, 정주 표절사이다.

8월 16일 사액(賜額 : 임금이 이름을 지어서 그것을 새긴 액자를 내리는 일) 서원 이외의 모든 서원을 헐어버리도록 전교하였다. 전교에서 고종은, 서원을 철거하도록 처분한 지 6개월 가까이 되었는데 여전히 실행되지 않음에 대해 "그럭저럭 넘어가려는 계책인가? 조령을 무용지물로 보는 것인가? 아니면 꺼리는 곳이 있어서인가?"라며 불쾌감을 드러냈다.

이후 서원을 복구하게 해달라는 상소가 끊임없이 올라왔다. 고종 11년(1874) 3월 10일에 임금은 이 문제와 관련된 상소는 받지 말도록 승정원에 지시하였다. 그러나 서원 복구에 대한 상소는 좀처럼 끊이지 않았다.

고종 15년(1878) 1월 25일 경상도 유생인 박주종朴周鍾 등 1만 명이 상소를 올렸다. 4월 4일 고종은 서원의 복구를 청하는 일을 다시 한번 금했다. 만약 다시 대궐에 와서 엎드리는 자가 있으면 선비로 대우할 수 없으니, 승정원에서는 즉시 물러가도록 타이르고, 물러가지 않는 자는 모두 형조에 이송하여 엄하게 가두고 보고

하라고 명하였다.

이런 역사 저런 역사

고종 8년(1871) 1월 3일, 이조에서 "서원현西原縣의 고을 칭호를 강등시킨 지 올해로 10년 기한이 찼으니 청주목淸州牧으로 승격시키는 것이 어떻겠습니까?"라고 아뢰니 임금이 윤허하였다. 또 "청주목으로 고을 칭호를 승격시킨 상황에서 공충도公忠道는 충청도忠淸道로 그 칭호를 전대로 회복시키는 것이 어떻겠습니까?"하니 이도 윤허하였다. 원래 충청도는 수령 고을인 충주와 청주, 경상도는 경주와 상주, 전라도는 전주와 나주의 첫 머리를 따서 도명을 정한 것이다.

그런데 반란 등이 일어나면 해당 고을의 품격을 강등하고 수령 고을로서의 지위도 박탈한다. 이 경우에 '도 이름'도 바뀌게 되는 것이다. 충청도는 무려 16회에 걸쳐 도 이름이 바뀌었는데 연산군 11년(1505)에 충공도로, 명종 5년(1550)에 청공도로, 광해군 5년(1613)에는 공청도로, 인조 6년(1628)에 공홍도로, 인조 24년(1646)에 홍충도로, 효종 7년(1656)에 공홍도로, 현종 11년(1670)에 충홍도로, 숙종 7년(1681)에 공충도로, 영조 11년(1735)에는 공홍도로, 정조 원년(1777)에 공충도로, 다음 해에 홍충도로, 순조 4년(1804)에는 공충도로 고쳤다. 충주와 청주 대신 공주와 홍주가 수령 고을이 된 적도 많다.

전라도의 경우에도 전광도, 전남도 등으로 바뀌었다. 하지만 경상도와 평안도 지역 등은 일본과 중국과의 외교 문제 때문에 '홍경래의 난' 같은 큰 반란이 일어났어도 도 이름을 바꾸지 않았다.

최익현의 상소와 대원군 퇴진

고종 10년(1873) 10월 25일 동부승지 최익현崔益鉉이 폐단을 지적하는 상소를 올렸다. 상소의 내용은 대략 다음과 같다.

… 최근의 일들을 보면 정사에서는 옛날 법을 변경하고[정변구장 : 政變舊章] 인재를 취하는 데에는 나약한 사람만을 채용하고 있습니다. … 그리하여 조정에서는 속된 논의가 마구 떠돌고 정당한 논의는 사라지고 있으며 아첨하는 사람들이 뜻을 펴고 정직한 선비들은 숨어버렸습니다. 그칠 새 없이 받아내는 각종 세금 때문에 백성들은 도탄에 빠지고 있으며 떳떳한 의리와 윤리는 파괴되고 [이륜두상 : 彝倫斁喪] 선비의 기풍은 없어지고 있습니다. … 염치없는 사람은 버젓이 때를 얻고 지조 있는 사람은 맥없이 죽음에 다다르게 됩니다. 이런 결과로 인해 위에서는 천재天災가 나타나고 아

래에서는 지변地變이 일어나며, 비가 오고 날이 개이고 춥고 덥고 하는 기후 현상에서는 모두 정상적인 상태를 잃었습니다. 바로 이러한 때에는 아무리 노련하고 높은 덕망으로 세상 사람들의 추대와 신망을 받는 사람으로 하여금 이 일을 담당하게 하더라도 오히려 견제당하고 모순에 빠져 힘을 쓰기가 쉽지 않을 것인데, 더구나 신과 같이 본바탕이 어리석고 학식도 전혀 없는 데다가 외롭고 약하여 어찌할 수 없는 사람으로서야 더 말할 것이 있겠습니까? …

– 고종 10년(1873) 10월 25일

그런데 이 상소 때문에 한바탕 소동이 일어났다. 10월 28일 성균관 유생들이 공무를 그만둔 이유를 물으니 최익현의 상소 내용 때문이라며 글을 써올렸다. 그 글에는 "… 며칠 전에 전 승지 최익현 상소의 내용 가운데 '이륜두상彝倫斁喪' 네 글자를 보고는 저도 모르게 마음이 서늘해지고 간담이 떨렸습니다. 대체로 사람이 사람답게 되고 나라가 나라답게 되는 것은 모두 하늘의 이치와 사람의 윤리에 의해서 그렇게 되는 것입니다. 만일 윤리와 의리가 썩어 무너지게 만드는 지경에 이른다면 임금과 신하, 아비와 자식 간의 의리는 없게 되며 아비와 임금에 대한 의리가 없게 되니, 이는 오랑캐나 짐승과 같은 것입니다. … 그런데 어찌 상소가 한번 나오므로 인해 마침내 교화가 훌륭히 이룩된 이 세상을 이적이나 금수의 지역으로 내버려지도록 한단 말입니까? … "라는 내용이 담겨 있었다. 고종은 최익현의 상소 내용에 문제가 없다며 성균관 유생들에게 다시 학문에 힘쓰도록 타이르게 했다.

11월 2일 성균관 유생들은 최익현의 상소문 중 "윤리와 의리가 파괴되었다"라는 말을 해명해 줄 것을 요청했다. 이에 고종은 여러 번 타이르고 경계했음에도 불구하고 유생들이 완강히 버티는 것이 몹시 놀랍고 통탄할 일이라며 성균관으로 돌아가지 않는 유생에게 는 과거에 응시할 자격을 주지 말도록 하였다. 다음 날 성균관 유생들은 성균관에 돌아갔다.

소동이 채 가시지 않은 11월 3일 호조참판 최익현은 다시 상소문 을 올렸다. 최익현의 상소는 대략 다음과 같다.

… 오늘의 의논을 보니, '정변구장 이륜두상' 여덟 글자를 가지고 신을 규탄하는 칼자루로 삼고 있으니, 신은 거듭 다시 의견을 말하 겠습니다. … 지금 나라의 일들을 보면 폐단이 없는 곳이 없습니다. 명분이 바르지 못하고 말이 불순하여 고치지 않으면 끝이 날 것입 니다. 그 중에서도 가장 두드러지고 심한 것을 보면 황묘(皇廟 : 중국 황제를 모신 사당)를 없애버리니 임금과 신하 사이의 윤리가 썩게 되 었고, 서원을 혁파하니 스승과 생도들 간의 의리가 끊어졌고 귀신 의 후사(後嗣 : 대를 잇는 아들)로 나가니, 부자간의 친함이 문란해졌 고, 나라의 역적이 죄명을 벗으니 충신의 도리가 구분 없이 혼란되 고, 중국 돈을 사용하게 되자 중화中華와 오랑캐의 구별이 어지러 워졌습니다. 이 몇 가지 조항은 한 조각이 되어 하늘의 이치와 백성 의 윤리는 벌써 씻은 듯이 없어져 더는 남은 것이 없습니다. 게다가

토목공사의 원납전 같은 것이 서로 안팎이 되어 백성들과 나라에 재앙을 끼치는 노구가 된 지 몇 해가 되었습니다. 이것이 선대 임금들의 전장을 변경하고 천하의 의리와 윤리가 썩은 것이 아니고 무엇입니까? 이에 신이 생각건대, 전하를 위하여 오늘날의 급선무에 대해 논한다면 만동묘萬東廟를 복구하지 않아서는 안 되며, 중앙과 지방의 서원을 짓지 않아서는 안 되며, 귀신의 후사로 나가는 것을 막지 않을 수 없으며, 죄명을 벗겨준 나라의 역적에 대해 추후하여 법조문을 적용하지 않을 수 없으며, 호전을 사용하는 것도 혁파하지 않을 수 없고, 토목공사의 원납전의 경우도 한 시각이나마 그냥 둘 수 없습니다. …   – 고종 10년(1873) 11월 3일

이에 고종은 "만동묘에 대한 일은 이미 자성(慈聖 : 대왕대비)의 처분이 있었으니, 오늘 감히 거론할 수 없다"라고 답했다. 만동묘는 임진왜란 때 원병을 보내준 명나라 신종을 위하여 세운 사당이다. 고종 2년(1865) 윤5월 수렴청정 당시 대보단(大報壇 : 창덕궁 후원에 설치된 신종 황제의 제사 제단)과 만동묘가 중첩되어 설치되었다는 이유로 만동묘의 제사를 철폐하게 한 바 있다.

그날 고종은 최익현의 상소문에 자신을 핍박하는 어구가 많다며 최익현을 유배하도록 하였다. 11월 4일 영돈녕부사 홍순목洪淳穆, 좌의정 강노姜㳣, 우의정 한계원韓啓源 등은 최익현의 상소문이 더할 나위 없이 흉악하여 저도 모르게 뼈가 시리고 간담이 떨렸다며 더 무거운 벌을 내리라고 상소하였다. 다음 날 대신들은 이 문

제에 대해 다시 임금에게 아뢰었다. " … '의리와 윤리를 무너뜨렸다'라고 한 것은 결국 무슨 일을 가리킨 것입니까? 사람들의 시비가 격렬히 일어나 그의 흉악한 죄상을 규탄하자 또다시 감히 이것저것 장황히 끼워서 자신의 죄를 가리고 스스로 변명하면서 더욱더 몹시 교활하고 간사하게 행동하였습니다. … 이번에 이 역적(최익현)의 목숨을 부지하게 한다면 이는 훌륭한 전하의 시대에 누가 되고 필시 온 나라 사람들이 의혹을 품을 것입니다. 나아가서 후세의 비난을 받게 될 것이니, 어찌 두렵지 않으며 어찌 떨리지 않을 수 있겠습니까? 전하는 깊이 생각하고 사람들의 요청에 따르시어 국청(鞫廳 : 나라의 큰 죄인을 심문하기 위하여 왕명에 의해 임시로 설치한 기관)을 설치하고 실정을 알아내어 전형(典刑 : 기준이나 규범이 되는 형)을 바르게 시행하여 강상(綱常 : 삼강과 오상)의 도리를 부지하고 나라의 법을 엄하게 하소서"라는 대신들의 끈질긴 주장에 고종은 어쩔 수 없이 그들의 의견에 따르기로 하였다.

11월 8일 최익현에 대한 추국(推鞫 : 어명으로 중죄인을 심문하던 일)을 시작하라는 명이 떨어졌다. 그런데 바로 다음 날 고종은 "당초의 상소 내용은 시골에 있는 무식한 사람이 전혀 분수를 모른 데서 나온 것이다. 그런데도 국청을 설치한 것은 일의 체모를 보존하기 위한 것이자 중론을 따른 것이었다. 달리 다시 심문할 만한 단서가 없으니 특별히 생명을 소중히 여기는 덕으로 제주목濟州牧에 위리안치圍籬安置하도록 하라"라는 처분을 내렸다.

추국청을 차린 지 하루 만에 판결까지 내려버린 임금의 처사에 대신들은 불만을 가졌다. 그래서 좌의정 강노와 우의정 한계원 등 쇠인 신문에 참가했던 대신들은 성 밖으로 나가버렸다. 또 승정원과 홍문관, 양사兩司 등에서 최익현에 대한 가벼운 처분을 거둬달라는 연명 차자를 올렸다. 이에 대해 고종은 "최익현이 어리석고 지각이 없어서 그렇게 한 것이니 크게 처벌할 것이 있겠는가? 자성의 하교가 내려졌는데도, 어떻게 이와 같이 한단 말인가? 다시는 쟁집하지 말라"라고 전교하였다. 11월 11일 성 밖으로 나갔던 홍순목, 강로, 한계원 등이 임금의 설득에도 불구하고 돌아오지 않자 이들을 파면시켰다.

최익현 상소 소동이 있고 얼마 지나지 않은 고종 11년(1874) 8월 13일 대원군과 부대부인이 행차한 곳에 도승지를 보내어 문안하게 하라는 명을 내렸다. 이 무렵 대원군이 정치에서 물러나 양주 직동直洞에 머물고 있었던 것이다.

같은 해 10월 20일 부사과 이휘림李彙林은 대원군을 돌아오게 해야 한다는 상소를 올렸다. " … 대원군 합하께서 궁궐 밖으로 거처를 옮기시고는 도성에 생각을 두지 않는다기에 온 나라 사람들은 의심하고 불안해하고 있습니다. 신이 먼 시골에 있으므로 무슨 이유로 이런 지경에까지 이르렀는지 모르겠으나 대원군 합하가 번잡한 곳을 버리고 한적한 곳을 취하여 즉시 돌아오지 않으시는 것입니까, 아니면 전하가 대원군의 뜻을 순순히 따르리라 마음먹고 곧 돌아오기를 청하지 않아서 그런 것입니까? … 대원군 합하가 설사 한적한 곳으로 가서 거처하기 위한 것이 아니라 지나친 행동에서 나온 것이라고 하더라도 전하로서는 응당 황송해서 몸 둘 바를 몰라 하며 흥분을 가라앉히도록 부드러운 말로 아버지의 마음을 돌려세워야 할 것이었습니다. 그러나 여러 달 귀를 기울여도 아직 행차하여 돌아오도록 청한 조치가 있었다는 것을 듣지 못하였습니다. … 삼가 바라건대, 며칠 안으로 행차하여 기일을 정해놓고 돌아오도록 청하소서"라는 내용의 상소를 보고 고종은 분노했다. "대원군이 교외에 있는 집으로 행차한 것은 전적으로 한적한 곳을 찾아 몸조리를 하기 위한 것이었으니 앞으로 오래지 않아 돌아오게 될 것이다. 방금 부사과 이휘림의 상소를 보니, 온 종이에 가득한 고약한 말은 신하로서는 감히 못할 말들이었다. … 이와 같이 법도를 무시하는 무리를 만약 시골의 어리석은 사람이라고 하여 그대로 내버려두고 크게 꾸짖지 않는다면 군신 간의 기강과 분수가 여지없이 땅바닥에 떨어지고 말 것이니 어떻게 나라에 떳떳한 법이 있다고 말할 수 있겠는가? … "라며 이휘림을 멀리 평안북도의 위원군渭原郡에 귀양 보내라고 명하였다. 이후 대신들이 중벌을 내릴 것을 청하자 임금은 이휘림을 완도의 고금도古今島에 위리안치하도록 하였다.

다음 해인 고종 12년(1875) 5월 17일 유생들은 대원군의 문제로 다시 상소를 올렸다. 이에 고종은 " … 대원군의 행차는 한가하게 쉬기 위한 것이었는데 외간 사람들이 무슨 일이 있는 것처럼 인식하였다. 그동안 상소한 말이 대부분 무함하고 핍박하는 것이었는데, 은근히 대원군의 행차를 지나친 거조로 돌리고 또 나를 정성을 다하지 않은 데로 귀결시켰다. 이것은 모두 이 무리가 없는 일을 만들어내어 뜻대로 희롱하기 위한 것이다. … "라고 불쾌감을 드러내며 상소문을 주동한 유생을 불러다가 잘 타이르도록 대신들에게 명했다. 또 "대원군도 이 일 때문에 불안해하시기에 누누이 만류하였는데, 이렇게 시끄럽게 구니 더욱 너무나 무엄한 일"이라며 이후 다시 이 일을 가지고 상소하는 자가 있으면, 이는 고의로 범하는 것이니 단연코 범상부도(犯上不道 : 도리에 어긋난 일로 윗사람을 욕보이는 일)의 율문을 시행할 것이라 하였다.

왕자들과 왕실 행사

고종 11년(1874) 1월 3일 중궁전에 산실청産室廳이 설치되었다. 중전의 해산일이 가까워졌기 때문이다. 한 달 후인 2월 8일 원자가 태어났다. 이 아기가 훗날 순종 황제가 되는 왕자이다. 2월 14일에는 인정전에 나아가 축하를 받고 대사령을 반포하였다. 다음 해인 고종 12년(1875) 1월 7일에는 왕세자의 이름은 척坧이라고 정하고 2월 18일에는 인정전에서 왕세자의 책봉 의식을 행하였다.

고종 14년(1877) 12월 6일 대왕대비의 탄신일을 맞아 창경궁 통명전通明殿에서 진찬(進饌 : 간단한 궁중 잔치)이 열렸다. 이날 고종은 익선관翼善冠에 곤룡포袞龍袍 차림으로, 왕비는 머리꾸미개를 하고 적의(翟衣 : 행사 때 왕비가 입던 옷) 차림으로 소차小次에 들어갔다. 대왕대비는 머리꾸미개를 하고 적의 차림으로 대차大次에 들어갔다. 시간이 되자 여집사女執事는 임금과 세자에게, 여관女官은 왕비에게 소차에서 나와 절하는 자리에 들어가 북쪽을 향하여 설것을 청하였다. 상의(尙儀 : 정5품의 궁녀)는 대왕대비에게 대차에서 나올 것을 청하였다. 음악이 연주되자 상궁이 앞에서 인도하여 대왕대비가 어좌로 올라갔으며 임금과 왕비, 세자가 네 번 절하는 예를 거행하였다. 이후 대원군과 부대부인, 좌우 명부命婦와 종친, 의빈(儀賓 : 왕족이 아니면서 왕족과 통혼한 사람들), 척신, 진찬소 당상과 낭청이 네 번 절하는 예를 거행하였다.

절하는 의식이 끝나자 여집사가 휘건(揮巾 : 음식을 먹을 때 앞에 두르는 치마)을 담은 함(函 : 상자)을 임금 앞에 올리니 임금이 함을 받아서 다시 여집사에게 주었다. 상식(尙食 : 종5품의 여관)이 넘겨받아 무릎을 꿇고 대왕대비 자리 앞에 올렸다. 음악이 연주되자 음식상을 올리고 숟가락과 접시를 올렸다. 음악이 연주되는 동안 여집사가 임금에게, 여관은 왕비에게 꽃을 올렸다. 여집사가 세자, 대원군에게, 전식(典飾 : 정8품의 여관)은 부대부인에게 꽃을 드렸다. 좌우 명부와 종친, 의빈, 척신, 진찬소 당상과 낭청에게도 꽃을 나누어 주었다.

임금이 무릎을 꿇고 대왕대비에게 첫 번째 잔을 올리고 몇 가지 찬과 치사(致詞 : 송덕의 말)를 올리자, 여집사가 치사를 받들고 북쪽을 향하여 꿇어앉아 읽었다. 다 읽자 음악이 연주되고 대왕대비가 잔을 들었다. 상궁이 "잔을 드는 때를 전하와 같이 하소서"라고

선교宣敎하였다. 음악이 연주되자 염수鹽水와 소선탕小膳湯, 대선
탕大膳湯, 만두를 올렸다. 음악이 멎자 왕비가 무릎을 꿇고 임금과
마찬가지로 예를 행하였다. 이때 상궁은 "잔을 드는 때를 왕비와
같이 하소서"라고 하였다. 세자도 마찬가지로 예를 올렸다.

음악이 연주되고 여집사와 여관이 각각 휘건을 받들어 임금과
왕비, 세자 앞에 올렸다. 다시 이들은 임금과 왕비, 세자 앞에 각
각 음식상을 올렸다. 음악이 연주되고 임금과 왕비, 세자 이하가
세 번 머리를 조아리며 만세를 부르고 절차대로 네 번 절하는 예
를 거행하였다. 음악이 연주되고 대원군과 부대부인, 좌우 명부와
종친, 의빈, 척신, 진찬소 당상과 낭청에게도 음식상이 바쳐졌다.

음악이 연주되고 여집사가 술을 따라 대왕대비에게 올렸다. 대
왕대비는 그것을 받아서 상식에게 주었고 상식이 임금에게 전하니
임금이 잔을 받아 마셨다. 여집사가 몇 가지 찬과 탕, 만두, 차, 별
행과別行果를 임금에게 올리자 여관이 왕비 앞에 나아가서 모두 위
의 의식절차대로 하였다. 세자 앞에 올리는 것도 모두 위의 의식절
차와 같이 하였다. 여집사가 대원군, 부대부인, 좌우 명부, 종친,
의빈, 척신, 진찬소 당상과 낭청에게 술잔을 올렸다. 상식이 대왕
대비의 음식상과 휘건을, 여집사가 임금의 음식상과 휘건을, 여관
이 왕비의 음식상과 휘건을, 여집사가 세자의 음식상과 휘건을 물
렸다. 여집사가 다른 하례객들의 음식상을 물렸다. 이를 마치자 임
금과 왕비, 세자에게 제자리로 갈 것을 청하였으며 다른 하객에게
도 절하는 자리에 나가 네 번 절할 것을 청하였다. 상궁이 임금의

자리 앞에 나가서 꿇어앉아 예식이 끝났다고 아뢰었다. 대왕대비가 자리에서 내려와 대차에 들어가고 여집사들이 치사함致詞函과 전문함箋文函을 들고 순서대로 꿇어앉아 임금 앞에 올리니 임금이 그것을 받고는 공손히 받들고서 들어가라고 명하였다. 여관들이 왕비에게, 여집사들이 세자에게 같은 의식을 올렸다. 같은 날 밤, 통명전에서 진찬례가 다시 열렸다.

고종 17년(1880) 1월 12일 서장자인 완화군 이선李墡이 세상을 떠났다.

고종 28년(1891) 12월 29일 왕자인 강堈에게 의화군義和君의 작위를 봉하였다. 의화군은 고종 31년(1894) 7월 21일 영돈녕부사에 제수되었다.

고종 29년(1892) 1월 1일 고종이 41세가 되고 왕위에 오른 지 30년이 된 것을 경축하여 하례를 받고 사령을 반포하였다. " … 살얼음판을 건너가는 듯 조심조심 살아온 지도 어느덧 많은 세월을 흘러 보냈다. … 물론 해와 달이 떴다 졌다 하는 것이지 그것을 가지고 무슨 축수요 축복이요 할 것이 있는가? 더구나 아직도 한창 나이인데 지금은 백성들에게 더 많은 덕택을 베푸는 것이 중요한 일이 될 것이다. 그런데 지난번에 갑자기 세자가 존호를 올리자고 청하였다. … 전례로 미루어서도 거행함직한 터라 간절한 소청이 응당 무리는 아니지만 지금에 있어서 적절하지 못한 행사인 이상 내마음이 어찌 편안하겠는가? 충성스러운 뜻을 생각해서 그저 뜰에서 의식을 진행하는 것이나 허락하는 것이니, 기쁜 마음을 표시해서 예물이나 드리고 말라. 겸손히 사양하는 덕은 우리 왕가에 전하는 것이고 사치에 대한 경계는 항상 있는 것이니 그것으로 부족하다고 말하지 말라. … "라는 내용의 교문敎文을 내렸다.

고종 30년(1893) 8월 18일 의화군 부인을 간택하기 위해 처녀들의 금혼령을 내렸다. "정축년(1877)생부터 경진년(1880)생까지의 단자를 받되, 각별히 신칙하여 속이거나 숨기는 일이 없게 하라"라고 전교하였다. 9월 20일 의화군의 부인에 대한 초간택이, 9월 26일 재간택이 이뤄졌다. 10월 20일 김사준의 딸이 의화군의 부인으로 정해졌다. 유인(孺人 : 외명부의 품계) 김씨가 연원군부인延原郡夫人이 되었다. 10월 29일 의화군 이강의 가례가 행해졌다.

고종 34년(1897) 10월 20일 궁인 엄씨嚴氏가 황자皇子를 낳았다. 황제로 등극한 지 8일만이었다. 10월 22일 엄씨를 귀인貴人으로 봉하였다.

❯ 이런 역사 저런 역사

고종 11년(1874) 5월 27일부터 혜성이 나타났다. 6월 26일에야 혜성이 소멸하였다고 관상감觀象監에서 보고하였다. 그 기간 임금은 "장마에 곡식이 손상되고 상서롭지 못한 별이 나타나니 아무래도 정치에 잘못이 있다. 재변은 헛되이 생기지 않으니, 이런 때에 자신을 반성하는 방도로는 오직 검소한 것을 숭상하고 실질적인 일에 힘을 씀으로써 조금이나마 재변을 없애는 방도로 삼아야 한다. 그런데 요즘 사치하는 폐단이 날이 갈수록 심해지고 있다. 참람한 치장과 복색을 차려 입는데도 전혀 제한이 없으니, 이곳저곳 옮겨가며 장사하면서 물가를 폭등시키고 풍속이 혼란되는 것이 여기에 기인되지 않는 적이 없다. 생각이 여기에 미치니 어찌 한심하지 않을 수 있겠는가? 이제부터는 군물軍物과 장복(章服 : 왕이나 벼슬아치가 입는 예복) 외에는 비단과 진주 따위를 일체 엄금하라. …"라고 전교하였다.

혜성의 출현뿐만 아니라 여러 가지 이상 기후 등은 임금이 정치를 제대로 하는지, 자신이 부족한 것이 무엇인지를 돌아보는 계기를 마련하였다.

같은 해 10월 6일에는 우레가 치고 우박이 떨어지자 경계하는 의미로 임금의 수라상에 오르는 음식의 가짓수를 3일 동안 줄이라고 명하였다. 또 음악을 연주하지 않음으로써 임금 스스로 조금이나마 하늘의 경고에 대답하는 정성을 보이겠다고 하였다. 같은 날 승정원에서는 우레의 재변과 관련하여 자신을 수양할 것을 아뢰었다. 이에 임금은 "지금 우레가 그쳐야 할 때에 갑자기 번개 빛이 번쩍이는 재변이 있었으니 하늘의 경고에 어찌 까닭이 없겠는가? 첫째도 나에게 덕이 없기 때문이고 둘째도 나에게 덕이 없기 때문이다. 가슴 가득 두려운 마음뿐이어서 벽을 옆에 두고도 잠들지 못하고 있는 때에, 그대들이 올

린 계사를 보고 더욱 두려워서 어찌할 바를 모르고 있다. 그러
나 반복하여 권면한 것은 사실 수양하는 나의 방도에 도움을
주는 것이니 더욱더 유념하겠다"라고 비답하였다.

운양호 사건과 개항

고종 11년(1874) 6월 25일 일본이 서양 나라들과 교통한다는 정
보가 중국으로부터 들어왔다. 변경의 수비를 더욱 튼튼히 해야 한
다는 대신들의 말에 고종은 " … 필시 잡된 무리가 화응하는 바람
에 이런 일이 있었던 것이다. 서양 사람들이 우리나라의 내막을 모
른다면 어떻게 감히 침범할 계획을 내겠는가?"라며 각도와 진영에
일러 사학邪學을 단단히 금지시키도록 하였다.

고종 12년(1875) 8월 22일 이양선이 강화도 동남쪽 영종진 난지
도蘭芝島에 정박했다. 이 배는 일본 군함 운양호(雲揚號, 운요호)로
서 당시 항로를 측량하고 있었다. 조정에서 어느 나라 배인지 미처
확인하기도 전에 이 배는 연기를 피우고 닻을 올린 후 앞바다로 내
려오면서 연이어 포를 쏘아댔다. 이 때문에 화염이 성안에 가득하
고 민가와 관청에까지 불길이 미쳐 첨사의 인신(印信 : 관리의 도장)
까지 재가 되고 말았다. 첨사는 이를 막을 생각은 하지 않고 관속

들을 이끌고 성을 버리고 피신하였다.

이양선은 먼 바다로 나갔다가 그 해 연말에 다시 경기 연해로 돌아왔다. 고종 13년(1876) 1월 2일 동래부사 홍우창洪祐昌이, 왜관을 지키는 일본 사람에게 일본 배가 우리 연해에 정박한 이유를 물었다. 왜관의 외무 4등 서기생 야마노죠 유조[山之城祐長]는 " … 이제 우리의 특명전권변리대신인 육군 중장 겸 참의 개척장관 구로다 기요타카[黑田淸隆]와 특명부전권변리대신인 의관 이노우에 가오루[井上馨]가 대마도에서 강화도로 가서 귀국의 대신과 만나서 의논하려고 합니다. 나와서 접견하지 않으면 아마도 곧바로 경성京城으로 올라갈 것입니다. 다만 몹시 추운 겨울철이고 풍랑으로 길이 막히기 때문에 강화도까지 도달하려면 아마 7, 8일의 기간은 걸려야 할 것입니다. 상기의 내용을 다시 경성에 전달해 주기를 바랍니다"라고 말을 전했다.

1월 4일 강화부의 관리들은 정박 중인 이양선에 들어가서 사유를 물어보았다.

"우리나라의 동래부에서 전해온 보고를 들어보니, 일본국의 배가 우리 지역으로 향하였다고 했는데 귀 선박은 과연 일본국의 배인가? 이 추운 겨울에 멀리 바다를 건너오는 동안 일행은 무사하며, 또 땔나무와 식량이 모자랄 근심은 없는가?"

"우리 선박은 대일본 제국의 군함 '맹춘호孟春號'이고, 함장은 해군 소좌 가사마 고오슌[笠間廣盾]이다. 우리나라에서 특명전권변리대신인 구로다 기요타카[黑田淸隆]를 파견하여 장차 귀국의 경성에

갈 것이기 때문에 군함들이 남양만南陽灣의 당진포唐津浦에 모이기 위하여 먼저 이 배를 보내어 뱃길을 측량하게 한 것이다. 일행은 모두 편안하나, 다만 음료수가 부족할 뿐이다. 땔나무와 식량은 부족할 걱정이 없다. 그러나 후의에 감사하게 여긴다.”

“무슨 일로 여기에 왔으며 언제 돌아갈 것인가?”

“오늘부터 모레까지 3일 동안 바다를 측량하여 깊은지 얕은지를 안 다음, 다시 당진포로 내려가서 특명전권변리대신이 타고 있는 공사선(公事船 : 관용 선박) 한 척과 그 밖의 배 네 척을 인도하여 올 터이다. 무슨 일로 왔는가 하는 문제에 대해서는 공사선이 와 닿은 뒤에 귀 조정과 토의하는 것이 어떻겠는가? 우리는 다만 공사선을 보호할 뿐이다. 애초에 잘 모르기도 하거니와 안다고 해도 말할 필요가 없다.”

“와서 어디에 정박하는가?”

“이 배가 돌아가서 보고한 다음에 공사선이 머무르는 곳에 머물러 있게 될 것이니 어떻게 찍어서 말할 수 있겠는가? 여기서 강화까지는 몇 리나 되며, 강화에서 경성까지는 몇 리나 되는가?”

“강화까지는 100여 리이고, 강화에서 경성까지는 200여 리가 된다. … 이곳은 우리나라 영해이다. 우리나라의 법에 외국 선박이 영해에 마구 들어오지 못하게 되어 있으니, 더는 거슬러 올라가지 않는 것이 좋겠다.”

“그것도 공사선이 올라온 후에 어떻게 하겠는지에 달려 있으니 우리가 대답할 문제가 아니다. 야채와 닭이나 생선을 좀 구했으면

하는데 현재 귀국의 상평전常平錢을 가지고 있으니 이것으로 값을 치르겠다."

"먼 곳에서 온 사람들을 친절히 대우하는 뜻에서 그런 사소한 물건을 사고팔고 할 것까지야 있겠는가?"

"공짜로 주겠다는데 이것은 전례인가? 또 귀국 조령으로 인해 그러는 것인가?"

"조령이 있을 겨를이나 있었는가? 또 어찌 전례가 있겠는가? 먼 지방 사람들을 친절히 대우하는 뜻에서 값을 가지고 따지지 않는 것이다."

1월 5일 의정부에서는, 그들이 기어코 조선의 높은 관리를 만나보겠다 하니 먼 지방에서 온 사람을 친절히 대우하는 뜻에서 그들의 소원대로 한 번 만나서 말해보는 것도 좋을 것 같다는 의견을 내놓았다. 임금은 판부사 신헌申櫶을 내려가게 하였다.

1월 13일 조선의 고관이 접견하겠다는 의사를 모리야마 시게루[森山茂]라는 일본인에게 통지하였다. 그는 " … 접견하는 절차와 날짜는 우리가 내일 강화성으로 들어가 유수와 만나서 면담한 다음 정하겠으니 이를 강화유수에게 알리고 군사와 백성들을 타일러 절대로 경솔한 행동을 하지 못하도록 해 달라"라고 말했다. 조선의 관리는 접견 절차와 날짜는 조선 측에서 의논하여 정할 것이니 강화부에 가서 의논한다는 것은 부당하며 성안으로 들어가는 문제도 조정의 명령이 있은 다음에야 비로소 논의할 수 있다고 하였다. 그러나 그들은 들은 척도 하지 않고 다시 말도 건네지 않았으며, 심지어는 저들의 배에서 내려가라고 독촉하였기 때문에 더 이상 대화를 진전시키지 못했다.

이날 중국으로부터 자문이 왔다. "일본 사신이 북경에 와서 조선과 수호修好를 맺으려 한다기에 황제의 명령을 받들어 급히 공문을 보내어 알린다"라는 내용이었다.

1월 19일 조선의 접견대관과 일본 변리대신 구로다 기요타카, 부대신 이노우에 가오루는 강화도 연무당鍊武堂에서 회담을 시작하였다.

" … 이웃 나라를 사귀는 도리로써 어찌하여 화목하게 지내지 않고 이렇듯 관계를 끊어버리는 것입니까?"

"일본과 사귀어온 이래 언제나 늘 격식 문제를 가지고 서로 다투는 것이 그만 오랜 전례로 되어버렸습니다. 당신네가 이전의 격식을 어긴 상황에서 변경을 책임진 신하는 그저 종전의 관례만 지키다보니 그렇게 된 것입니다. 좋은 관계를 다시 회복하려는 이 마당에서 이런 사소한 말썽에 대해 무슨 장황한 말이 필요합니까?"

"우리 배 운양함이 작년에 중국 우장牛莊으로 가는 길에 귀국의 영해를 지나가는데, 귀국 사람들이 포격을 하였으니 이웃 나라를 사귀는 정의가 있는 것입니까?"

"남의 나라 경내에 들어갈 때 금지 사항을 물어봐야 한다는 것은 《예기禮記》에도 씌어 있는데, 작년 가을에 왔던 배는 애초에 어느 나라 배가 무슨 일로 간다는 것을 먼저 통지도 하지 않고 곧바로 방어 구역으로 들어왔으니, 변경을 지키는 군사들이 포를 쏜 것도 부득이 한 일입니다."

"운양함에 있는 세 개의 돛에 다 국기를 달아서 우리나라의 배라는 것을 표시하는데 어째서 알지 못하였다고 말합니까?"

"그때 배에 달았던 깃발은 바로 누런색 깃발이었으므로 다른 나라의 배인 줄 알았기 때문입니다. 설령 귀국의 깃발이었다고 하더라도 방어하는 군사는 혹 모를 수도 있습니다."

"우리나라의 깃발의 표시는 무슨 색이라는 것을 벌써 알렸는데 무엇 때문에 연해의 각지에 관문으로 알려주지 않았습니까?"

"여러 가지 문제를 아직 토의 결정하지 못하였기 때문에 그것도 미처 알려주지 못하였습니다. 그때 영종진의 군사 주둔지를 몽땅 태워버리고 군물까지 약탈해간 것은 이웃 나라를 사귀는 의리가 아닌 것 같습니다. 이러한 득실에 대해서는 아마 양쪽이 양해할 수 있을 것입니다. 이번에는 먼저 동래로부터 사신이 온다는 것을 알려주었기 때문에 손님에 대한 예의로 접대하는 것이니 양해할 수 있는 것입니다. 표류해 온 배에 대해서까지 먼 지방 사람을 잘 대우해 주는 뜻으로 정성껏 대우하여 주는데 어찌 귀국의 군함을 마구 쏘겠습니까?"

"이번에 우리의 사명에 대하여 두 나라의 대신이 직접 만나서 토의 결정하려 하는데 일의 가부를 귀 대신이 마음대로 처리할 수 있습니까?"

"귀 대신은 임금의 명을 받들고 먼 지역에 나왔으므로 보고하고 시행할 수 없기 때문에 전권全權이라는 직책을 가진 것이지만, 우리나라로 말하면 국내에서 전권이라는 칭호를 쓰지 않는데, 하물며 수도 부근의 연해인 데야 말할 것이 있겠습니까? 나는 그저 접견하러 왔으니 제기되는 일을 보고하여 명령을 기다려야 합니다."

"지난번에 히로쓰 히로노부가 우리나라에서 전권대신을 파견한다는 일을 보고한 것이 있고, 귀 대신이 이제 접견하러 왔는데, 어째서 마음대로 처리할 수 없겠습니까?"

"우리나라에는 본래 전권이라는 직책이 없고, 또 어떤 사건이 있을지도 모르면서 어떻게 미리 가려서 판정해올 수 있겠습니까?"

"사신도 만나주지 않고 서계(書契 : 일본과 주고받은 공식 외교 문서)도 받아주지 않고 6, 7년이라는 오랜 기간이 지났는데 이는 무슨 까닭입니까?"

"지난 정묘년(1867)에 중국에서 보내온 신문지新聞紙를 보니 귀국 사람 야도 마사요시[八戶順叔]가 보낸 신문지상에, 조선 국왕이 5년마다 반드시 에도[江戶]에 가서 대군大君을 배알하고 공물을 바치는 것이 옛 규례였는데, 조선 국왕이 오랫동안 이 규례를 폐하였기 때문에 군사를 동원하여 그 죄를 추궁한다고 하였습니다. 이후 우리나라의 조정과 민간에서는 귀국에서 우리나라를 몹시 무고誣告한다고 하지 않는 자가 없습니다. 또 〈만국공보萬國公報〉 가운데는 공물이 들어오지 않기 때문에 귀국이 우리나라를 정벌하려 한다는 말도 있습니다. 공물이 들어오지 않는다는 것은 바로 제 환공齊恒公이 주周나라 왕실을 위하여 초楚나라의 왕을 꾸짖던 말이므로 비유하여 인용한 뜻도 맞지 않습니다. 이것이 사실 서계를 막아버린 첫째가는 근본 이유입니다. 이번에 관계를 좋게 하자는 이 마당에서 지나간 일을 들추어낼 필요는 없을 것입니다."

"귀국에서 이러한 곡절이 있는 것을 우리나라에서 어떻게 알았 겠습니까? 이것도 떠도는 말에 지나지 않는 것인데, 수백 년 동 안 이어온 이웃 간의 두터운 의리를 어떻게 이것 때문에 끊어버릴 수 있습니까? 설사 이런 황당한 말이 있었다고 하더라도 우리나 라 정부에서 귀국 정부에 통보한 일이 없는 이상 어떻게 믿고 이 렇게 의절할 수 있단 말입니까? 도리어 귀국을 위해서 개탄할 일 입니다."

"신문은 귀국 사람이 간행하여 각국에 돌린 것인데 어떻게 황당 한 것으로 돌려버릴 수 있겠습니까?"

"이른바 신문이라는 것은 비록 자기 나라 안의 고을에서의 일이 라고 하더라도 오히려 간혹 진실하지 못한 것입니다. 만약 이 신문 만을 믿는다면 전쟁이 일어나지 않는 날이 없을 것이니 그저 한 번 웃고 넘어가면 그만일 뿐입니다."

"우리 조정과 민간에서는 실상 의심을 품어온 지 오래됩니다. 그러나 대체로 이웃 나라를 사귀는 도리는 '성신예경誠信禮敬' 이 네 글자를 중요하게 삼고 있으니 피차간에 서로 예전의 좋은 관계 를 회복한다면, 이것은 참으로 두 나라에 모두 다행한 일일 것입 니다."

"그 당시 사실 여부를 우리나라에 물어왔기 때문에 사실이 아 니라고 회답하였습니다. 무슨 지금까지 의혹을 품을 것이 있겠습니까?"

"이제부터는 설령 의심스러운 일이 있더라도 서로 오가면서 의혹을 풀면 될 것입니다."

"전날에 서로 대치하였던 일과 연전에 새 서계를 받아주지 않은 사건에 대해서 다 뉘우칩니까?"

"한 마디로 말해서 전날의 사건은 얼음이 녹듯 완전히 풀렸는데 다시 무엇을 말하겠습니까?"

"득실을 따지지 말고 덮어두는 것이 좋겠다고 하는 것은 실로 부당한 말입니다. 설령 친구 간의 약속이라도 저버릴 수 없는데 하물며 두 나라 사이에 좋게 지내는 우의는 말할 것이 있겠습니까?"

"7, 8년 동안 관계를 끊어버린 이유는 이미 남김없이 다 드러났습니다."

"이제 운양함이 우리 배라는 것을 알았으니 옳고 그른 것이 어느 쪽에 있으며, 그때에 포격을 한 변경 군사들을 어떻게 처리하겠습니까?"

"이것은 알면서 고의적으로 포를 사격한 것과는 다릅니다."

회담은 다음 날로 이어졌다.

"야도 마사요시의 일과 신문 등의 일에 대해서 귀국 조선의 신하와 백성들치고 분개해하지 않은 사람이 없고, 이로 인해 300년 동안 이어온 이웃 간의 우의를 끊어버리게 되었다고 말하였는데, 참으로 알 수 없는 처분입니다. 신문지는 애초에 우리 정부에서 귀국 정부와 교환한 것도 아닌데 무엇에 근거하여 믿는단 말입니까? 무진년(1868, 메이지 유신) 이후 우리의 나라 제도가 크게 바뀌었다는 것을 이웃 나라에 알리지 않을 수 없었기 때문에 사신을 시켜 공문을 가지고 동래부에 가서 만나줄 것을 청한 것이 한두 번이 아니었으며, 모리야마 시게루·요시오카 히로타케[吉岡弘毅]·히로쓰 히로노부[廣津弘信]도 동래부에 갔다가 역시 만나지 못하였습니다. 연전에 외무성에서 새로 서계를 만들어 가지고 올 것을 허락한 일이 있었으나 아직까지 만나주지 않고 있으니 이전의 좋은 관계를 다시 회복하려는 이 마당에서 어찌 변명이 없을 수 있겠습니까?"

"신문 일은 어제 이미 이야기하였으므로 오늘 다시 끄집어낼 필요가 없으며, 그동안의 정형을 낱낱이 이해할 수도 없습니다. 종전의 관계를 다시 회복하려 하는 오늘 그저 화목하고 사이좋게 하면 그만입니다."

"이번에 수호修好하고자 하는 의도는 이미 잘 알았습니다만, 우리나라에서 사신을 여러 차례 보냈으나 접견하지 못하였으므로 그 이유를 귀국에 물어보기 위해 이번과 같은 사명이 있을 수밖에 없었습니다. 귀국에서 우리 사신을 배척한 것 때문에 우리 조정에서는 논의가 분분하였으며, 심지어는 대신 네 명이 교체되거나 파면되었고, 한 명은 죽음을 당하게까지 되었습니다. 그리고 해군·육군과 백성 등 수만 명이 히젠 주[肥前州]와 사가현[佐賀縣] 등지에 모여 반드시 귀국에게 무력 행사를 하자고 한 것이 바로 재작년 일입니다. 그때 내무경 오쿠보[大久保]를 시켜 사가현에 가서 군사와 백성들을 무마시켰는데 이런 호의를 알아주기나 합니까? 귀 대신은 지나간 일을 가지고 다시 논의할 필요가 없다고 하지만, 그렇다면 우리 사신의 일도 돌아가서 보고할 말이 없게 될 것입니다. 뉘우쳤는가 그렇지 못한가에 대해서는 자세히 딱 잘라 말하는 것이 옳을 것입니다."

"귀국의 사람들이 마음속으로 분하게 생각하면서도 무력 행사를 하지 않는다고 말하였는데, 그에 대해서는 매우 감사히 생각합니다. 그러나 우리는 단지 접견하러 온 것이니 이에 대하여 어떻게 확답할 수 있겠습니까? '뉘우친다[悔悟]'라는 두 글자는 어제도 말하였지만 우리에게 우격다짐으로 물을 문제가 아닙니다."

"꼭 귀국 조정의 확실한 대답을 받아가지고 돌아가는 것이 바로 우리의 직무인 만큼, 바라건대 조정에 전달하여 우리가 돌아가서 보고할 말이 있게 하여 준다면 아주 다행한 일이겠습니다."

"조정에 알리기는 하겠습니다."

"이번에 귀국과 종전의 좋은 관계를 회복하는 것은 실로 두 나라의 다행한 일입니다. 그런데 신의와 친목을 강구하는 데서 특별히 상의해서 결정할 한 가지 문제가 있으니 필요한 대목만 가려 뽑은 13개 조목의 조약을 모름지기 상세히 열람하고 귀 대신이 직접 조정에 나가 임금을 뵙고 품처해 주기를 간절히 바랍니다."

일본의 전권대신은 책자를 꺼내 보였다. 이를 본 조선의 접견대관이 물었다.

"조약이라고 하는 이것이 무슨 일입니까?"

"귀국 지방에 관관(官館)을 열고 함께 통상하자는 것입니다."

"300년 동안 어느 때라도 통상하지 않은 적이 있었습니까? 오늘 갑자기 이런 것을 가지고 따로 요청하는 것은 참으로 이해할 수 없는 바입니다."

"지금 세계 각국에서 다 통행되고 있는 일이며, 일본에서도 또한 각국에 관을 이미 많이 열어놓고 있습니다."

"우리나라는 바다 동쪽에 치우쳐 있어 갈대만 무성하고 척박한 땅으로써 단 한 곳도 물품이 집결되는 곳이 없습니다. 토산물로 말하더라도 곡식과 무명뿐이며 금·은·진주·옥 같은 보물이나 능라(비단)나 금수(錦繡 : 수를 놓은 비단) 같은 사치품은 전혀 없습니다. 나라의 풍속이 검박하여 옛 습관에 푹 빠져 있고 새로운 법령을 귀찮아하니 설사 조정에서 강제로 명령을 내려 실행하도록 하더라도 반드시 따르지 않을 것입니다. 이제 만약 물품을 서로 무역하여 곳곳으로 분주하게 나돌게 된다면, 어리석은 백성들은 법을 어겨 반드시 이 일로 하여 번잡스럽게 될 것입니다. 그리하여 지금 영원토록 좋은 관계를 맺으려던 계획이 다른 때에 가서는 화목을 깨뜨리는 계기로 쉽게 뒤바뀌지 않으리라고 어찌 알겠습니까? 귀국에는 별로 이로울 것이 없고, 우리나라에는 손해가 클 것입니다. 뒷날의 이해 관계를 생각해보면 이전과 같이 수백 년 동안 이미 실행해오던 동래부 왜관에서 교역하는 것만 못할 것임을 알 수 있습니다."

"두 나라의 관계가 그간에 막혔던 것은 바로 조례條例가 분명하지 못하였기 때문입니다. 조약을 체결해서 영원히 변치 않는 장정 章程으로 삼지 않을 수 없으니, 그렇게 된다면 두 나라 사이에는 다시 교류가 끊어질 일은 없게 될 것이며 또 이것은 모두 없앨 수 없는 만국의 공법입니다. 이렇게 결정하는 것이 좋을 것입니다."

"지금 관을 열어 통상하자는 이 같은 논의는 우리나라로서는 아직 있어본 적이 없는 일이며, 우리 백성들은 아직 듣도 보도 못한 일이니, 이와 같이 중대한 일을 어떻게 백성들의 의향을 들어보지 않고 승낙할 수 있겠습니까? 비록 우리 정부라 하더라도 즉시 자의로 승인하기는 어렵겠는데 하물며 파견되어 나온 사신이야 말할 것이 있겠습니까?"

"귀 대신이 전권을 행사할 수 없다면 대사를 토의하여 결정하는 것이 아무래도 늦어지게 될 것입니다. 귀국의 정권을 잡은 대신이 와서 만나본 이후에야 결정할 수 있을 것입니다."

"나 역시 대관인데, 이미 대신을 만나고 있으면서 어째서 다시 다른 대신을 청하여 와서 만나자는 것입니까? 결코 들어줄 만한 일도, 시행할 만한 일도 아니니, 다시는 이런 말을 하지 마십시오."

"이 일을 누구와 의논하여 결정해야겠습니까?"

"이 일은 조정에 보고한 다음에 가부를 회답하지 않을 수 없습니다."

"그렇다면 두 분이 직접 올라가서 임금을 뵙고 보고하고 토의해서 회답해 주는 것도 괜찮겠습니다."

"이미 명령을 받고 내려왔으며 마음대로 자리를 떠나기도 어려우니 문건으로 교환하는 것이 마땅하겠습니다."

"문건이 오가는 동안에 날짜가 걸릴 것인데, 우리의 형편이 실로 난감하니 며칠 안으로 회답해 줄 수는 없겠습니까?"

"문건이 오고 가고 의논도 하노라면 며칠 날짜가 걸릴 것입니다."

"우리가 명령을 받고 나라를 떠나온 지도 이미 오래되었습니다. 또 배 한 척이 오로지 우리가 복명(復命 : 일을 마치고 돌아온 사람이 결과를 보고함)할 것을 재촉하기 위하여 왔으니 한시가 급합니다. 만일 또다시 늦어진다면 어떻게 여기서 지체할 수 있겠습니까? 반드시 속히 일을 도모하여 우리가 하루빨리 돌아갈 수 있도록 해 주기 바랍니다."

"그런 취지로 문건을 보내겠습니다."

1월 21일에도 회담이 이어졌다.

"우리 정부에서 우리 사신을 빨리 돌아오라고 보낸 화륜선火輪船이 제물진濟物津에 와 닿았습니다. 돌아갈 시일이 한시가 급하니 어제 말하던 서계에 대한 문제와 조약 문제를 속히 윗사람에게 알려서 혹시라도 지체되는 일이 없도록 해 주기 바랍니다."

"모두 윗사람에게 알렸으나 조정의 처분을 알 수 없습니다. 통상 문제와 같은 것은 온 조정의 의견을 충분히 참작하고, 온 나라의 의향을 깊이 살피지 않을 수 없으니, 그 가부를 의논하는 것을 어떻게 쉽사리 며칠 사이에 할 수 있겠습니까?"

"조약 책자의 등본은 귀 대신이 훈도(訓導 : 전의감, 관상감, 사역원 등에 두었던 종9품 벼슬)에게 분부한 것입니까?"

"원본은 감히 마음대로 받을 수 없으므로 갑작스럽게 훈도를 시켜 베껴오게 하였습니다. 귀 대신이 함부로 베껴가는 것을 허락하지 않는다고 하는데, 그렇다면 무엇에 근거하여 조정에 보고할 수 있겠습니까?"

"귀 대신의 말이 이러하니 곧 역관을 시켜 베껴가서 귀 조정에서 이 조약을 토의한 후 만약 승인하여 시행한다면 즉시 되돌아갈 것이지만, 만일 뜻대로 되지 않는다면 이번의 사명은 끝장나는 것이니 다시 만날 길이 없을 것 같습니다."

"임금에게 보고는 하겠으나, 조정의 처분을 어떻게 미리 알 수 있겠습니까?"

"오늘 또 말하는 것은 이전의 좋은 관계를 서로 보존하려는 의도에서입니다. 이 문제가 옳게 해결되지 못하는 것은 두 나라의 불행이니, 혹시 후회가 생기지 않을까 우려됩니다. 만일 화목하던 관계가 나빠지게 된다면, 반드시 우리 군사들이 상륙할 염려가 있을 것이니, 이것을 미리 헤아려 이전의 좋은 관계가 변하지 말 것을 바라는 바입니다."

"어제 이미 다 말하였는데 어째서 또다시 제기합니까? 이전의 좋은 관계를 회복하자는 마당에 하필 군사를 발동하겠다는 말을 갑자기 하니 참으로 성실한 예의가 아니며 또 잘 사귀자는 도리도 아닙니다. 그 잘못이 누구에게 있는지는 아마도 잘 알 것입니다. '뉘우친다[悔悟]'라는 두 글자로 여러 차례 추궁하는 것도 서로 공경하는 도리가 아닌 것입니다. 지난번에 들으니 귀 대신의 배를 뒤따라 온 군사들이 장차 인천과 부평 등지에 상륙하려 한다고 하였는데, 비록 그 말을 다 믿지는 않더라도 이미 말한 사람이 있으니 이런 말을 어떻게 경솔하게 입 밖에 낼 수 있습니까? 연해의 황폐한 마을에는 원래 군사를 주둔시킬 수 없으며, 백성들이 만약 군사를 본다면 놀라서 흩어져버릴 근심이 있는데, 더구나 남의 나라에 들어오면서 그 나라의 금령禁令은 물어보지도 않고 경솔하게 마음대로 상륙한다면 그 잘못이 누구에게 있겠습니까? 혹시라도 방어 지역 근처에서 피차 뜻밖의 변란이 있게 된다면 어찌 걱정할 일이 아니겠습니까? 귀하의 배에 특별히 신칙하여 변란을 일으킬 우려가 없게 하기 바랍니다."

"전번에 있었던 말들은 이미 귀 대신의 의견을 들었기 때문에 명하여 금지시켰으니 이런 지경에까지 이르지는 않을 것입니다."

1월 23일 일본과의 회담에 관련하여 전 참판 최익현崔益鉉이 상소를 올렸다. 화친을 반대하는 내용이었다. 반대의 이유로서 첫째, 우리가 힘이 없는데 겁나서 화친을 요구한다면 지금 당장은 좀 숨을 돌릴 수 있겠지만, 이후 그들의 끝없는 욕심을 채울 수 없다는 점, 둘째, 일본의 물건은 모두 지나치게 사치한 것과 괴상한 노리갯감들이지만, 우리의 물건은 백성들의 목숨이 걸린 것들이므로 통상한 지 몇 년 되지 않아서 더는 지탱할 수 없게 될 것이라는 점, 셋째, 그들이 실제로는 서양 도적들이니, 화친이 일단 이루어지면 사학邪學이 전파되어 온 나라에 가득 차게 될 것이라는 점, 넷째, 그들이 뭍에 올라와 왕래하고 집을 짓고 살게 된다면 재물과 부녀들을 제 마음대로 취할 것이라는 점, 다섯째, 저들은 재물과 여자만 알고 사람의 도리라고는 전혀 모른다는 점을 들었다. 최익현은 이 모든 이유가 나라를 망하게 하는 길이라 주장하며 "뒷날에 역사를 쓰는 사람들이 이 일에 대하여 크게 쓰기를, '아무 해 아무 달에 서양 사람이 조선에 들어와 아무 곳에서 동맹을 맺었다'라고 한다면, 이것은 기자箕子의 오랜 나라가 하루아침에 오랑캐에 빠지게 되는 것"이라고 하였다. 그는 도끼를 가지고 대궐 앞에 엎드려 상소하며 조정 관리들 가운데서 화친을 주장하여 나라를 팔아먹고 짐승을 끌어들여 사람을 해치려고 꾀하는 자가 있으면 사형으로 처단하기 바라며 만일 그렇지 않을 경우 자신이 가져간 도끼로 죽음을 내려달라고 하였다.

이에 고종은, 최익현이 아직 결말이 나지 않은 나라와 관련되는 문제에 대해 상소를 올리고 도끼를 가지고 와서 임금이 행차하는 길에 엎드렸으니 참으로 놀랍다며 잡아 가두라고 의금부에 명했다. 이후 최익현을 흑산도에 귀양 보내고 외부와의 왕래를 금지시켰다. 이에 대해 임금은, "일본을 제어하는 일은 일본을 제어하는 일이고, 서양을 배척하는 일은 서양을 배척하는 일이다. … 최익현의 상소에서는 내가 사학을 물리치는 일에 엄하지 않아 그렇다고 하면서, 한 세상을 현혹시킬 계책을 앞장서 만들고 이렇게 임금을 속이고 핍박하는 말을 만들어서 방자하게 지적하여 규탄하였다. 지적하여 규탄하는 것도 모자라서 헐뜯어 욕하였으니, 그 가운데서 두세 마디의 말은 어찌 신하로서 감히 할 말이며 차마 할 말이겠는가? … "라고 전교하였다.

1월 25일 백성들에게 편리하고 나라에 이익이 있다면 접견대관이 전결專結하여도 괜찮을 것이니, 편리한 대로 일에 따라 재량하여 처리하도록 접견대관에게 통지하였다. 이날 의정부에서는 전후 상황에 대해 조정의 입장이 담긴 서술 책자를 접견대관을 통하여 일본 판리대신에게 보냈다.

고종 13년(1876) 2월 3일 일본 특명전권변리대신 구로다 기요타카, 특명부전권변리대신 이노우에 가오루와 수호조관修好條款 2책에 서로 서명 날인했다. 이어서 연무당에서 연회를 마치고 일본인 일행은 배로 돌아갔다.

〈수호조규〉의 주요 내용은 다음과 같다.

제1관 조선국은 자주 국가로서 일본국과 평등한 권리를 보유한다. 이후 양국은 화친의 실상을 표시하려면 모름지기 서로 동등한 예의로 대해야 하고, 조금이라도 상대방의 권리를 침범하거나 의심하지 말아야 한다. 우선 종전의 교제의 정을 막을 우려가 있는 여러 가지 규례를 일체 혁파하여 없애고 너그럽고 융통성 있는 법을 열고 넓히는 데 힘써 영구히 서로 편안하기를 기약한다. …

제3관 이후 양국 간에 오가는 공문은, 일본은 자기 나라 글을 쓰되 지금부터 10년 동안은 한문으로 번역한 것 1본本을 별도로 구비한다. 조선은 한문을 쓴다.

제4관 조선국 부산 초량항草梁項에는 오래전에 일본 공관이 세워져 있어 두 나라 백성의 통상 지구가 되었다. 지금은 종전의 관례와 세견선(歲遣船 : 쓰시마 섬 도주의 간청으로 허락한, 조선과 교역할 수 있는 허가를 받은 무역선) 등의 일은 혁파하여 없애고 새로 세운 조관에 준하여 무역 사무를 처리한다. 또 조선국 정부는 제5관에 실린 두 곳의 항구를 별도로 개항하여 일본국 인민이 오가면서 통상하도록 허가하며, 해당 지역에서 임차한 터에 가옥을 짓거나 혹은 임시로 거주하는 사람들의 집은 각각 그 편의에 따르게 한다.

제5관 경기, 충청, 전라, 경상, 함경 5도 가운데 연해의 통상하기 편리한 항구 두 곳을 골라 지명을 지정한다. 개항 시기는 일본력 명치明治 9년 2월, 조선력 병자년(1876) 2월부터 계산하여 모두 20개월로 한다. …

제7관 조선국 연해의 도서島嶼와 암초는 종전에 자세히 조사한 것이 없어 극히 위험하므로 일본국 항해자들이 수시로 해안을 측량하여 위치와 깊이를 재고 도지圖志를 제작하여 양국의 배와 사람들이 위험한 곳을 피하고 안전한 데로 다닐 수 있도록 한다. …

제10관 일본국 인민이 조선국이 지정한 각 항구에서 죄를 범하였을 경우 조선국에 교섭하여 인민은 모두 일본국에 돌려보내 심리하여 판결하고, 조선국 인민이 죄를 범하였을 경우 일본국에 교섭하여 인민은 모두 조선 관청에 넘겨 조사 판결하되 각각 그 나라의 법률에 근거하여 심문하고 판결하며, 조금이라도 엄호하거나 비호함이 없이 공평하고 정당하게 처리한다.

외무 대승 미야모토 쇼이치[宮本小一]의 수록(手錄 : 손으로 쓴 기록)

대체로 일본국 상선이 무역 등의 일로 다른 나라에 갈 때에는 정부에서 발부한 선패船牌와 항해 공증을 휴대해야 하고 항구에 도착해서는 24시간 안에 선주는 선패와 항해 공증을 해당 지방에 주재하는 일본 영사관에 제출하여 확인을 받은 다음 지방관에게 보고서를 바치되 그 보고서 안에는 반드시 영사관의 도장과 기록이 있습니다. 그러므로 일본국 배라는 것이 확실하게 증명됩니다. 또 배마다 반드시 국기를 달아야 하는데 국기는 지극히 귀중한 물건으로서 갑국甲國의 배가 을국乙國의 국기를 도용한 경우 해적과 동일하게 보아 을국의 군함이 잡아 징벌할 것입니다.

조선 정부는 아편의 수입을 금지하고 있는데 일본의 인민들과는 관계가 없습니다. 지금까지 일본 사람이 예수교를 믿는다는 말은 듣지 못하였습니다. 조선 정부에서는 일본 인민이 혹시라도 조선 인민들에게 예수교를 전파하려는 것을 금지하려는 사항에 대하여 일본 정부로서도 인정하지 않을 수 없습니다. 다른 나라 인민들이 조선국의 통상 각 항구에서 일본 사람의 이름을 빌어 거주하며 무역하는 일에 대해 일본 정부는 허용하지 않을 것입니다.

이상의 각 문건은 신 대관申大官의 질문을 받았기에 저의 의견을 이렇게 진술하는 것입니다.   - 고종 13년(1876) 2월 3일

2월 5일 삼군부三軍府에서는, 일본 배가 물러갔으니 각 고을의

수비 병력을 모두 해산하기를 청했고 임금은 이를 허락하였다. 2월 9일 의징부에서는 일본과 조약이 체결된 것에 대하여 팔도의 감사와 사도의 유수에 공문을 발송하였다. 같은 해 7월 6일에는 조일수호조규 부록과 조선의 여러 항구에서 일본인들의 무역 규칙을 체결하였다.

고종 14년(1877) 6월 11일 영국 배 한 척이 흑산도 앞바다에 정박하였다. 선체의 윗부분은 검고 아랫부분은 누런색이었으며 깃발은 흰 바탕에 가운데가 붉은 것이거나 검은 바탕에 가운데가 흰 것들이었다. 글을 써서 물었더니 전 해 7월 중 그곳에 와서 정박한 영국 배라고 하였다. 그들의 생김새는 붉은 머리칼에 푸른 눈이었으며 의복은 흰색이거나 검은 색이었다.

10월 13일에는 고온포古溫浦 앞바다에 일본 배가 들어와 정박하였다. 그들은 동래통사 박기종朴琪淙이 뱃길을 알려준 공문을 내보이면서 뭍에 올라 그곳 지명은 어느 고을 소속인지, 인구와 호수는 얼마인가, 경성 및 수원까지는 몇 리인가, 서울과 남양 경계로 가려면 어느 쪽으로 가야 하는가 등을 물었다. 또 이전에 맺은 조약이 있으므로 개항지의 수심을 재러 왔다며 길을 인도해 달라고 요청하였다. 그들은 "풍랑 때문에 큰 배로 되돌아갈 수 없으니 오늘밤 이곳에서 하루 묵으려 한다[我等爲風波 不得歸船 故今夜此所願一宿]"라는 열일곱 자를 써서 보였다. 그래서 숙소를 정하여 쉬게 하고 저녁을 제공했는데 사람 수는 스물한 명이었다.

고종 15년(1878) 5월 20일 일본 사람들이 덕원德源, 문천文川 등지에서 수심을 측량하기에 사정을 묻고 만나서 위안하고 뭍에 내려서 마음대로 다니는 것에 대해서 엄한 말로 금지하였다는 함경감사의 보고가 있었다. 같은 해 8월 7일에는 일본 군함 천성호天城號가 충청도 비인현庇仁縣 월하포月下浦에 정박하였고 함장 이하 사람들이 병에 걸렸다며 관청 건물과 민가를 빌려 치료할 것을 요청하기도 했다. 8월 27일에는 전라북도 군산진群山鎭 앞바다에, 9월 10일에는 충청도 결성현結城縣 성호포星湖浦에 와서 정박하고 백사장에 깃발을 세우고서 돌섬에 회칠을 하기도 했다. 일본배들은 이렇게 수심을 측량한다는 명목으로 조선 근해에 계속 출몰하였다.

❞ 이런 역사 저런 역사

고종 13년(1876) 윤5월 25일 사직단의 기우제에 참석하지 않은 관리들을 파면시키도록 하였다. 그날 의정부에서는 일전에 사직단에서 친히 기우제를 지낼 때에 참석하지 않은 3품 이상의 관리들을 스스로 잘못을 고하고 벼슬에서 물러나도록 하였다. 그런데 병이 있었다고 모호하게 말하면서 아무 잘못이 없는 것처럼 하는 관리들이 있었다. 대신들은 책임을 피하려는 정도가 날이 갈수록 심해진다고 개탄하였다. 임금도 " … 스스로 뉘우치고 스스로 경계하게 하려 함이었는데 막상 스스로 고하는 날이 되자 편의를 꾀하는 습성은 기만으로 바뀌어 결국 아프지 않은 자가 거의 없는 지경이 되었으니 나라의 기강과 신하의 본분이 어찌 이와 같을 수 있단 말인가? 이번에 내가 친히 기우제를 지낸 것은 바로 군신 상하가 함께 근심해야 하는 때였으니, 사체만을 중히 여겨서 그런 것은 아니었다. 그런데 편안하고 한가하게 집에 있으면서 정성을 다하여 반열에 나오려는 뜻이 없었던 자들은 과연 마음이 편안하던가? 끝내 또다시 자신을 속이고 남을 속인단 말인가? 반성해 보면 반드시 두려워서 등에서 땀이 날 것이다"라고 전교하였다.

며칠 후 6월 3일(1876)에는 비가 올 때까지 정전을 피하고 반찬 가지 수를 줄이도록 분부하였다. 또 음악을 중지하여 성찰하고 수양하는 도리를 조금이나마 펴고자 했다.

같은 해 10월 7일 우레가 치고 우박이 떨어졌다. 이때도 임금은 재변의 이유가 첫째도 자신의 부덕이며, 둘째도 자신이 부덕해서라며 사흘 동안 반찬을 줄여서 공경하고 두려워하는 마음을 조금이나마 나타내어 하늘의 꾸지람에 응답하겠다고 전교하였다.

조선의 문이 열리다

고종 15년(1878) 5월 4일 프랑스 선교사를 체포한 일과 관련하여 중국에서 자문이 왔다. 자문은 " … 조선에서 프랑스 교사敎士

이약망[理若望]을 체포 구금한 것과 관련하여 그 나라의 사신 백라니[白羅呢]가 간절하게 주청奏請하기를, '조선에 신칙해서 무엇 때문에 체포 구금하였는지 명확히 조사해 즉시 중국의 우장牛莊 또는 기타 해구海口로 석방하여 보내줄 것이며, 그가 도착할 때를 기다려 즉시 신칙해서 본국으로 돌려보내 사단이 일어나지 않도록 해달라'라고 하였다. 그러므로 유지諭旨로 자문을 급히 보내니 참작하여 처리하라"는 내용이었다. 의정부에서는, 프랑스 사람을 잡아들여 조사하려 했지만 그 나라 사신이 간절히 호소하여 중국이 자문을 급히 보냈으니 이약망을 즉시 석방하여 중국으로 보내자는 의견을 냈고 고종은 그렇게 하라고 하였다.

한 달 후인 6월 6일 일본 외무성이 프랑스 선교사를 석방할 것을 청하는 서계를 보내왔다. 서계에는 "우리나라 주재 프랑스 전권공사의 말을 들으니, 근래에 프랑스 선교승 4, 5명이 귀국에 갔다가 체포되어 옥에 갇혔는데 참혹한 형벌을 가한다면 프랑스에서 응당 가만히 있지 않을 것이라고 하였다. 이어 생각건대, 귀국에서 전에도 이런 일이 있었는데 다시 지난날의 전철을 밟는다면 프랑스의 격노는 더욱 심해질 것이다. 우리나라는 귀국과 이웃하여 좋은 관계를 가지고 있고 프랑스 역시 우리의 우호 국가이다. 그러니 지금 이 말을 듣고 어찌 입을 다물고 있겠는가? 귀국을 위하는 계책으로는 잡아둔 사람들을 빨리 풀어주고 관대하게 대하여 본국으로 돌려보내는 것보다 좋은 방법이 없을 것이다. 일이 이렇게 되면 그들은 죽이지 않은 은혜에 깊이 감사할 것이다"라고 쓰여 있었다.

고종 16년(1879) 4월 11일 3월에 공주公州에서 붙잡힌 프랑스 사람 최올놀[崔兀壸 : 드게뜨]을 중국에 압송하기로 했다. 이단을 철저히 배척하는 조선에 서양인들이 들어와 활동하는 것은 매우 분하고 원통한 일이지만 전 해에 프랑스인 한 명을 중국의 지휘로 인해 이미 보내도록 허락했으니 이 경우에도 역시 당장 죄를 물어 죽이기는 어려운 일이었다. 그래서 다시 중국으로 보내기로 한 것이다.

4월 19일 일본의 화륜선 다카오 마루[高雄丸]가 윤3월 9일 부산을 떠나 전라도, 충청도, 경기도에 이르기까지 연해의 수심을 측량하였다. 홍주洪州 앞바다에 정박한 이 배에는 대리공사 하나부사 요시타다[花房義質]가 타고 있었는데 그는 조정에 다음과 같은 내용의 편지를 보냈다.

조회할 것은 개항에 대한 문제입니다. 본관이 이미 강수관講修官을 만나서 인천과 원산 두 곳을 정하였는데, 해당 관리의 말에 의하면 인천 개항에 대해서는 온 나라가 곤란하게 여기므로 다시 다른 곳을 선택하기 바란다는 것이었습니다. 본관은 이렇게 생각합니다. 우리 정부에서 해마다 측량선을 보내어 충청, 전라, 경기 세 도의 해안을 탐색하였으나 적당한 곳이 없었습니다. 그래서 처음에는 인천의 제물포를 지정하였으나 문득 서울과 가까운 지대라고 해서 거절하였습니다. 무릇 서울 가까이에 개항하면 뒷날 우리나라 사람들이 왕래하게 될 것을 꺼려서입니까? … 혹시 사람들이 모여들면 시내가 피폐해지는 것을 꺼려서입니까? 그러나 서로 교역하는 본

뜻은 있는 것과 없는 것을 서로 융통하는 데 있는 것입니다. 서울에는 사람이 모여들고 물건이 많으므로 근처에서 개항하면 모든 재화가 유통되고 이익 볼 수 있는 길이 열려서 백성들이 부유해질 것이니 어찌 피폐해질 걱정이 있겠습니까? … 개항한 지대는 어떤 나라를 막론하고 반드시 무력을 갖춰두기 때문에 외부의 침입을 방지하고 내부의 변란을 막을 수 있으니 통상은 안전한 것입니다. 게다가 우리나라 배들이 끊임없이 오고 가기 때문에 다른 나라로부터 침략당할 염려도 없게 될 것이니 변경 방어는 강화되고 백성들과 물건은 날로 번성해질 것입니다. 이와 같으므로 인천을 개항하는 것은 귀국에게 유리하고 손실이 없다는 것은 명백합니다. … 본관은 장차 조규에 근거하여 내일 합하閤下와 함께 직접 의논하여 두 곳을 개항하는 문제를 강론하여 결정하려 합니다. 청컨대 날짜를 정하고 그 장소를 알려주기 바랍니다.　　 – 고종 16년(1879) 4월 19일

조정에서 제물포의 개항에 대해 확정을 짓지 않은 채 일본은 4월 25일 제물포 포대 안에 임시 건물을 짓기 시작했다. 일본인들은 송판松板과 재목 등을 배 두 척에 나누어 싣고 제물포에 와서 내려놓았다. 자신들이 주재할 임시 건물을 지을 것이라고 했다. 조선의 관리는 이를 막았다.

"어떤 일이든지 막론하고 우리 정부의 처분이 있기 전에는 허락할 수 없다."

"이미 여염집에 살도록 허락하였다면 임시 건물을 짓는 것이 무

슨 안 될 것이 있어서 막기까지 하는가? 이런 것은 임금에게 말해서 결정할 일이 아니다."

"여염집을 빌려 쓰도록 허락한 것은 병을 치료할 동안만 있겠다고 청한 데 따라 임시로 취한 조치이고 사실 집을 짓고 오래 살라는 뜻이 아니다. 그러니 터를 닦고 임시 건물을 짓는 데 대해서야 어찌 임금에게 말할 일이 아니겠는가?"

"여러 말을 할 필요가 없으니 다시 더 떠들지 말라."

말씨름만 오고 갔을 뿐 집을 짓는 것을 막지는 못했다. 그들은 제물포의 포대砲臺 안에 두 칸 정도를 먼저 지었고 여덟 칸쯤 되는 집은 터를 닦고 주춧돌만 놓고 돌아갔다. 심지어 물을 긷고 심부름하는 조선의 배 네댓 척을 사흘 동안 잡아두고 사역使役한 후에 돌려보내며 사흘 건너 한 번씩 대기시켜 달라고 요청하기까지 하였다.

고종 16년(1879) 8월 4일 일본인들은 경상도 절영도絕影島에 창고를 지었다. 일본 관리관은 "지금 전염병이 크게 성행하여 관시館市의 화매和賣를 잠시 정지함에 따라 실어온 물건을 쌓아둘 곳이 없게 되었으니, 형편상 장차 창고 몇 칸을 절영도 서쪽의 관소에서 항해하는 곳에 짓겠다"라고 하였다. 조선의 관리가 "이전에 이 막사를 지은 것만도 규정 이외의 일인데, 더구나 창고까지 짓겠다니 이게 무슨 도리인가?"라고 했더니 일본인은 "물건을 쌓아두기 곤란하기에 잠시 이렇게 짓는 것이다"라고 하였다. 관리들이 가서 살펴보니, 섬의 서쪽 물가 끝에 창고 여섯 칸을 이미 지어놓은 터라 즉시 철거하라고 엄히 단속하였다.

8월 27일 일본 대리공사 하나부사 요시타다가 개항할 곳에 경계를 정하는 푯말을 세우기 위하여 함경도 원산 앞바다에 와서 정박하고 관소館所의 터를 정해두기도 했다.

고종 17년(1880) 4월 10일 경상도 흑암黑巖 앞바다에 서양 사람들이 탄 낯선 배 한 척이 정박하였다. 미국 배였는데 일본 영사 곤도 모토스케[近藤眞鋤]를 통해 조선과 우호 관계를 열기 바란다는 의사를 전해왔다. 동래부사는 "우리나라는 미국과 말이 통하지 않고 거리도 대단히 멀기에 그들이 우호 관계를 맺으려고 편지를 써 가지고 왔다는 것은 천만 번 당치 않은 말이며, 더구나 일본 사람들도 역시 서양 사람들이 우리나라에 들어오면 만나는 대로 없애 버린다고 알고 있을 터인데 지금 그 나라가 우호 관계를 맺으려 한다는 등의 말로써 이와 같이 와서 간청하는 것은 이웃 나라와 사귀는 두터운 정의에 흠이 될 것이니 다시는 번거롭게 굴지 말라"라고 하였다. 그랬더니 일본 영사는 "이번에 온 미국의 배는 서양의 여러 나라와는 원래 다르기 때문에 전적으로 두 나라 사이의 우호 관계를 맺게 하기 위해서 이와 같이 와서 말하는 것이다"라고 하였다. 동래부사는 다시 "무릇 외국 사람들의 배가 우리나라에 와서 정박하면 만나보지도 말며 편지를 받지도 말라는 우리 조정의 명령이 이미 있으므로 그 서계는 봉납할 수 없다. 곧바로 영사관에서 그 나라 사람들에게 단단히 타일러서 빨리 돌아가도록 하라"라고 답했다. 일본 사람들이 이런 상황을 전달하자 서양 사람들은 "형편이 이러하니 오래 머무를 수 없다. 이제 금방 돌아가겠다"라고 했다 한다.

같은 해 7월 23일에는 함경도 장덕도長德島에 해군 190명을 태운 이탈리아 군함이 나타나기도 했다.

고종 18년(1881) 8월 8일에는 전라도 낙안군樂安郡의 대동선(大同船 : 세금으로 걷은 대동미를 운반하던 배)의 곡물 82석을 이양선에게 약탈당하는 사건이 발생했다. 두 개의 돛을 단 이양선 두 척이 서쪽으로부터 와서 대동선을 자신들 배 사이에 몰아넣었다. 이후 쇠밧줄로 단단히 배를 묶고는 거의 100명이 일제히 대동선에 뛰어올라 총을 쏘고 검을 휘두르며 곡물을 약탈하였다.

고종 19년(1882) 4월 6일 조선과 미국 사이에 통상 우호 조약인 '조미조약朝美條約'이 체결되었다.

❢ 이런 역사 저런 역사

고종 16년(1879) 윤3월 22일 일본 공사가 지나가는 여러 곳에서 잡인雜人을 금지할 것을 특별히 경계하였다. 그동안 일본 공사가 관소館所에 오갈 때 일없는 사람들과 무뢰배들이 모여들어서 길을 막고 손가락질하고 고함치며 떠들고 심지어 옷을 잡아당기고 돌을 던지기까지 하였던 것이다. 다시는 이런 일이 없도록 미리 잘 타이르고 마을에 게시하되 만일 다시 이런 일이 일어나면 소란을 일으킨 자들을 즉시 체포해서 곧 효시梟示하도록 하였다.

《조선책략》과 위정척사

고종 16년(1879) 7월 9일 중국의 북양대신 이홍장李鴻章이 영중추부사 이유원李裕元에게 편지를 보내왔다. 영국, 독일, 프랑스, 미국과 통상하여 일본을 견제하고 러시아 사람들이 엿보는 것을 방지할 것을 권하는 내용이었다.

> … 최근에 살펴보면 일본의 처사가 잘못되고 행동이 망측하므로 미리 방어해야 하므로 감히 은밀히 그 개요를 아뢰지 않을 수 없습니다. 일본은 근래 서양 제도를 숭상하여 허다한 것을 새로 만들면서 벌써 부강해질 방도를 얻었다고 스스로 말합니다. 그러나 이로 말미암아 창고의 저축은 텅 비고 국채國債는 쌓이고 쌓여서 도처에서 말썽을 일으키면서 널리 땅을 개척하여 그 비용을 보상하려고 하지 않을 수 없습니다. 그 강토가 서로 바라보이는 곳이 북쪽으로는 귀국이고 남쪽으로는 중국의 대만臺灣이니 더욱 주의해야 할 것입니다. 유구(流球 : 오키나와)도 역시 수백 년의 오랜 나라이고 모두 일본에 죄를 지었다고 들어본 적이 없는데도 올봄에 갑자기 병선을 출동시켜 그 나라 임금을 폐위하고 강토를 병탄하였습니다. 중국과 귀국에 대해서도 장차 틈을 엿보아 제멋대로 행동하지 않으리라고 담보하기 어렵습니다. 중국은 병력과 군량이 일본의 열 배나 되기 때문에 스스로 견뎌낼 수 있겠지만 귀국을 위해서는 여러 가지로 생각하게 됩니다. … 더욱이 걱정되는 것은 일본이 서양 사람

들을 널리 초빙해다가 해군과 육군의 병법을 훈련하고 있으므로 그들의 대포와 군함이 우수한 면에서는 서양 사람들에 만 분의 일도 미치지 못한다고 하더라도 귀국으로서는 대적하기 어려울 것입니다. 더군다나 일본이 서양의 여러 나라에 아첨하면서 그들의 세력을 빌려서 이웃 나라를 침략하려는 생각을 하지 않는 적이 없습니다. … 만약 일본이 뒤에서 영국, 프랑스, 미국 등 여러 나라와 결탁하여 개항에 대한 이득을 가지고 유혹하거나 혹은 북쪽으로 러시아와 결탁하여 영토 확장의 음모로 유인한다면 귀국은 고립되는 형세가 될 것이니 은근한 걱정이 큽니다. … 귀국이 이미 할 수 없이 일본과 조약을 체결하고 통상을 한다는 사실이 벌써 그 시초를 연 것이니, 여러 나라도 반드시 이로부터 생각을 가지게 될 것이며 일본도 도리어 이것을 좋은 기회로 삼을 것입니다. 지금의 형편으로는 독毒으로 독을 치고 적을 끌어 적을 제압하는 계책을 써서 이 기회에 서양의 여러 나라와도 차례로 조약을 체결하고 이렇게 해서 일본을 견제해야 할 것입니다. … 일본이 겁을 내고 있는 것이 서양입니다. 조선의 힘만으로 일본을 제압하기에는 부족하겠지만 서양과 통상하면서 일본을 견제한다면 충분하고도 남음이 있을 것입니다. 서양의 일반 관례로는 이유 없이 남의 나라를 멸망시키지 못합니다. 대체로 각 나라들이 서로 통상을 하면 그 사이에 공법公法이 자연히 실행되게 됩니다. … 서양의 영국, 독일, 프랑스, 미국 등 여러 나라는 귀국과 수만 리 떨어져 있고 본래 다른 요구가 없으며 그 목적은 통상을 하자는 것뿐이고 귀국의 경내를 지나다니는 배들을 보호하자는 것뿐입니다. 러시아가 차지하고 있는 고엽도庫葉島, 수분하綏芬河, 도문강圖們江 일대는 다 귀국의 접경이어서 형세가 서로 부딪치게 되어 있습니다. 만약 귀국에서 먼저 영국, 독일, 프랑스, 미국과 관계를 가진다면 비단 일본만 견제될 뿐만 아니라 러시아인들이 엿보는 것까지 아울러 막아낼 수 있습니다. … 종전에 서양의 여러 나라가 중국 내부가 어수선한 틈을 타서 힘을 합쳐 압력을 가하려고 하였으며 조약을 체결할 때에도 부드럽게 하지 않고 무력을 썼던 것입니다. 그런 조약을 오랫동안 이행해 오면서 제재를 받았던 것이 매우 많았다는 것은 원근에서 다 충분히 들어서 아는 바입니다. 귀국에서 만약 무사할 때에 조약을 체결하는 것을 허락한다면 저들은 뜻밖의 일에 기뻐하여 당치않은 요구를 제기하지 않을 것입니다. 아편을 판매한다든가 내지內地에 선교하는 여러 큰 폐단에 대해서 엄하게 금지시켜도 아마 저들은 말하지 못할 것입니다. … 　　　　　　　　　　　　　　　　　　　　 － 고종 16년(1879) 7월 9일

이 편지에 이유원은 다음과 같은 회답 편지를 보냈다.

　… 최근에 와서 우리나라에서 일본과 화친하고 조약도 맺고 통상도 하는 것은 사실상 어찌할 수 없어서 하는 일이지만 … 그들의 언동에는 엉뚱한 요구가 없지 않습니다. 규정한 이외의 딴 항구를 지적하여 개방해 달라는데 어디나 중요한 지역이기 때문에 두 시간이나 승강이한 뒤에 원산진으로 승낙해 주었습니다. 인천은 수도 부

근에 속하기 때문에 마침내 그들의 요구에 응하지 않았더니 어느 정도 불평을 품게는 되었으나 교세가 파탄되지는 않았습니다. 그들의 탐욕스럽고 교활한 수작으로 말하면 순전히 고래처럼 들이키고 잠식하자는 것입니다. 올봄에 유구국을 멸망시킨 것이라든지 요즘 대포와 군함을 연습한 일들은 이렇게 비밀리에 기별해서 알려주지 않았더라면 눈과 귀를 다 막고 앉아 있는 우리로서 어디서 얻어 듣겠습니까? … 서양 각국과 먼저 통상을 맺기만 하면 일본이 저절로 견제될 것이며, 일본이 견제되기만 하면 러시아가 틈을 엿보는 것도 걱정 없을 것이라는 것은 바로 당신의 편지의 기본 내용입니다. 이 밖에 관세를 정하는 데 대한 문제, 장사 형편을 알았다가 적용하는 데 대한 문제, 각종 폐단을 엄격히 금지하는 데 대한 문제들에 이르기까지 어쩌면 대책이 그리도 세밀합니까? 참으로 황송하고 감사합니다. … 우리나라는 한쪽 모퉁이에 외따로 있으면서 옛 법을 지키고 문약함에 편안히 거처하며 나라 안이나 스스로 다스렸지 외교할 겨를이 없었습니다. 더구나 서양의 예수교는 우리의 도道와 달라 사실 인간의 윤리를 그르치는 것으로서 사람들은 이미 그것을 맹렬히 타오르는 불처럼 두려워하고 독한 화살처럼 피하고 귀신을 대하듯 조심하고 멀리합니다. 요사이 몰래 숨어들어온 프랑스 사람을 체포하였다가 자문을 받고 석방하여 보냈지만, 우리나라 사람으로서 예수교에 물든 자에 대해서는 절대로 용서한 적이 없습니다. … 옛날 나라를 다스리는 사람들은 '먼 나라와 교류하고 가까운 나라를 친다'라고 하였고, 또 '오랑캐를 끌어들여 오랑캐를 친다'라고 하였으니, 이것이 바로 적을 끌어 적을 막는 계책인 것입니다. …
우리처럼 문약한 나라가 어떻게 옛일을 본받을 수 있겠습니까? 실
로 할 수 없는 것이지 하지 않는 것은 아닙니다. … 서양의 공법은
이미 이유 없이 남의 나라를 빼앗거나 멸망시키지 못하도록 되어
있기 때문에 러시아와 같은 강국도 귀국에서 군대를 철수하였으니,
혹시 우리나라가 죄 없이 남의 침략을 당하는 경우에도 여러 나라
에서 공동으로 규탄하여 나서겠습니까? 한 가지 어리둥절하여 의심
이 가면서 석연치 않는 점이 있습니다. … 터키를 멸망의 위기에서
건져준 것으로 보아서는 공법이 믿을 만한데, 멸망한 유구국을 일
으켜 세우는 데는 공법이 그 무슨 실행하기 어려운 점이 있는 것입
니까? 아니면 일본 사람들이 횡포하고 교활하여 여러 나라를 우습
게 보면서 방자하게 제멋대로 행동해서 공법을 적용할 수 없는 것
입니까? … 우리나라는 기구하게도 지구의 맨 끄트머리에 놓여 있
어 터키, 유구국, 벨기에, 덴마크와 같은 작은 나라들보다도 더 가
난하고 약소합니다. … 우리나라가 정책을 고쳐서 항구를 널리 열
어 가까운 나라들과 통상하고 기술을 다 배운다고 하더라도 틀림없
이 그들과 교제하고 거래하다가 결국 창고를 몽땅 털리고 말 것입
니다. 저축이 거덜나고 빚이 쌓이는 것이 어찌 일본 사람의 정도에
만 그치겠습니까? 하물며 우리나라는 토산물도 보잘것없고 물품의
질이 낮다는 것은 세상이 익히 아는 바입니다. 각국에서 멀리 무역
하러 온다 하여도 몇 집끼리 운영하는 시장과 같아서 천 리 밖에서
온 큰 장사를 받아주기는 어려우니, 주인이나 손님이나 무슨 이득

이 있겠습니까? 자체로 어떻게 하기가 어렵다는 것은 사실이 그러한 것입니다. 절름발이로서 먼 길을 갈 것을 생각하기보다는 차라리 외교란 말을 하지 말고 앉아서 제 나라나 지키는 것이 더 낫지 않겠습니까? …   – 고종 16년(1879) 7월 9일

고종 17년(1880) 9월 8일 일본에 수신사로 갔던 김홍집金弘集이 돌아와 《조선책략朝鮮策略》을 고종에게 바쳤다. 이 책은 김홍집이 일본에서 만난 중국 관리 황준헌黃遵憲이 쓴 책이었다. 승지 이최영李㝡榮은 이 책에 대한 자신의 의견을 다음과 같이 임금에게 말했다.

… 황준헌이 여러 조항으로 분석하고 변론한 것이 우리의 심산心算과 부합되니, 한 번 보고 묶어서 시렁 높이 얹어둘 수는 없습니다. 대체로 러시아는 먼 북쪽에 있고 성질이 또 추운 것을 싫어하여 매번 남쪽을 향해 나오려고 합니다. 다른 나라의 경우에는 이득을 보려는 데 지나지 않지만 러시아 사람들이 욕심내는 것은 땅과 백성에 있으며, 우리나라의 백두산 북쪽은 바로 러시아의 국경입니다. 비록 큰 바다를 사이에 둔 먼 곳이라도 한 척의 돛단배로 순풍을 타면 오히려 왕래할 수 있는데, 하물며 두만강을 사이에 두고 두 나라의 경계가 서로 접한다면 더 말할 것이 있겠습니까? 보통 때에도 숨 쉬는 소리까지 서로 통할 만 한데 얼음이 얼어붙으면 비록 걸어서라도 건널 수 있을 것입니다. 바야흐로 지금 러시아 사람들은

병선 열여섯 척을 집결시켰는데 배마다 3천 명을 수용할 수 있다고 합니다. 만약 추워지면 그 형세는 틀림없이 남쪽으로 향할 것입니다. 그 의도를 진실로 헤아릴 수 없으니, 어찌 대단히 위태롭지 않겠습니까? … 방비 대책에 대하여 우리 스스로가 어찌 강구한 것이 없겠습니까마는, 청나라 사람의 책에서 논한 것이 이처럼 완벽하고 이미 다른 나라에 준 것은 충분한 소견이 있어서 그런 것입니다. 그중 믿을 만한 것은 믿고 채용해야 할 것입니다. …

지난 6월에 미국 사람들이 동래부에 왔었는데 본래 원수진 나라가 아니었으므로 그들이 만약 서계를 동래부에 바친다면 동래부에서 받아도 잘못될 것은 없으며, 예조에 바친다고 한다면 예조에서 받아도 역시 괜찮았을 것입니다. 그러나 서양 나라라고 해서 거절하고 받지 않았기 때문에 이내 신문지상에 널리 전파되어 마침내 수치가 되고 모욕을 당하게 된 것입니다. 미국에 대해 무슨 소문을 들은 것이 있어서 원수진 나라라고 하겠습니까? 먼 지방 사람을 회유하는 의리에 있어서 불화가 생기지 않도록 해야 할 듯합니다.
– 고종 17년(1880) 9월 8일

이에 고종은 "우리나라의 풍습이 본래부터 이러하므로 세계의 웃음거리가 된다. 비록 서양 나라들에 대해 말하더라도 본래 서로 은혜를 입은 일도 원한을 품은 일도 없었는데 애당초 우리나라의 간사한 무리가 그들을 끌어들임으로써 강화도와 평양의 분쟁을 일으켰으니, 이는 우리나라가 스스로 반성해야 할 바이다. … 대체로

양선이 우리 경내에 들어오기만 하면 대뜸 사학을 핑계 대는 말로 삼지만, 서양 사람이 중국에 들어가 사는데도 중국 사람들이 모두 사학이라고 말하는 것은 아직 들어보지 못하였다. 이른바 사학이란 배척해야 마땅하지만 불화가 생기게까지 하는 것은 옳지 않다" 라고 하교하였다.

고종 17년(1880) 12월 21일 조선은 통리기무아문統理機務衙門을 설치하였다. 이 관청은 외교문서와 왕래하는 사신을 맞이하고 전송하는 일, 중앙과 지방의 군사를 통솔하는 일, 변방의 사무와 이웃 나라의 동정을 염탐하는 일, 중국 및 이웃 나라와의 통상에 관한 일, 병기의 제조에 관한 일, 각종 기계와 선박의 제조와 통솔에 관한 일, 인재를 선발하여 등용하는 일 등을 맡아보게 되었다. 통리기무아문의 총리대신으로 영의정이 임명되었다. 통리기무아문은 기밀에 대한 업무를 관장하는 곳이므로 대궐 안에도 설치하여 내아문內衙門이라고 부르도록 하였다.

고종 18년(1881) 2월 26일 경상도 유생 이만손李晚孫 등 만 명이 연명으로 《조선책략》을 비판하는 상소를 올렸다. 그 내용은 대략 다음과 같다.

… 이른바 《조선책략》이라는 책을 가지고 조목조목 따져 보겠습니다. 그 말에 의하면, '조선의 오늘날 급선무는 러시아를 방어하는 것보다 우선시되는 것이 없는데, 러시아를 방어하는 대책으로는 중국과 친교를 맺고 일본과 결속하고 미국과 연합하는 것보다 좋은

방법이 없다'라고 하였습니다. 중국으로 말하면 우리가 제후국으로 자처해 왔고 신의로 교류한 지 거의 200년의 오랜 시일이 지났습니다. 그런데 하루아침에 '황제'요, '짐'이요 하면서 두 존칭을 태연하게 사양하지 않고 받으며 그런 말을 한 사람을 용납하고 그런 사람의 글을 받아두었다가 만일 중국에서 이것을 가지고 따지면서 시끄럽게 떠든다면 무슨 말로 해명하겠습니까?

일본으로 말하면 우리가 견제해야 할 나라입니다. 국경 요새지의 험준하고 평탄한 지형을 그들이 이미 잘 알고 있으며 수로와 육로의 요충지를 그들이 차지하고 있는 터에 우리의 대비가 없는 것을 엿보고 함부로 돌격한다면 어떻게 막아내겠습니까?

미국으로 말하면 우리가 원래 잘 모르던 나라입니다. 그런데 공공연히 그의 부추김을 받아 우리 스스로 끌어들여서 바다를 건너고 험한 길로 미국에 가서 우리 신료들을 지치게 하고 우리나라의 재물을 썼는데도 만일 그들이 우리나라의 허점을 알고서 우리가 힘이 약한 것을 업신여겨 따르기 어려운 청으로 강요하고 댈 수 없는 비용을 떠맡긴다면 장차 어떻게 응대하겠습니까?

러시아로 말하면 우리와는 본래 아무런 혐의도 없습니다. 그런데도 공연히 남의 이간술에 빠져 우리의 위업을 손상시키면서 먼 나라와 사귀고 이웃 나라를 도발하게 하는 전도된 행동을 하다가 헛소문이 먼저 퍼져 이것을 빌미로 삼아서 병란의 단서를 찾는다면 장차 어떻게 수습하시렵니까?

또 게다가 러시아나 미국, 일본은 모두 같은 오랑캐들이니 후하고 박한 차이를 두기가 어렵고, 러시아는 두만강 한 줄기로 국경이 맞닿아 있는데 이미 실시한 일본과의 규례를 따르고 새로 맺을 미국과의 조약을 끌어대면서 와서 거주할 땅을 요구하고 물화를 교역하기를 요청하면 장차 어떻게 막겠습니까?

또 더구나 세상에는 일본이나 미국과 같은 나라가 헤아릴 수 없이 많은데 각 나라들이 서로 이 일을 본보기로 하여 땅을 요구하고 화친을 청하기를 일본과 같이 한다면 또한 어떻게 막겠습니까? ⋯ 진실로 황준헌의 말처럼 러시아가 정말 우리를 집어삼킬 만한 힘이 있고 우리를 침략할 뜻이 있다고 해도 만 리 밖의 구원을 앉아 기다리면서 혼자서 가까이 있는 오랑캐 무리와 싸우겠습니까? 이것이야말로 이해관계가 뚜렷한 것입니다. 지금 조정에서 무엇 때문에 백해무익한 일을 굳이 해서 러시아 오랑캐에게는 본래 생각지도 않았던 일을 생각하도록 만들고 미국에서는 원래 계책으로 삼지도 않은 일을 계책을 삼게 하여 병란을 초래하여 오랑캐를 불러들이게 합니까?

그는 또 말하기를, '서학西學에 종사하고 재물 모으기에 힘쓰고 농사를 장려하는 데 힘쓰며 상공업에 힘써야 한다' 하였습니다. ⋯ 더욱 분통스런 것은 저 황준헌이라는 자는 중국에서 태어났다고 말하면서도 일본에서 연사演士로 행세하고 예수를 믿어 자진하여 사문난적斯文亂賊의 앞잡이가 되고 짐승과 같은 무리가 되어버렸으니, 고금천하에 어찌 이런 이치가 있습니까? 혹시 지난날에 법망을 빠져나간 큰 괴수가 강화도의 실패에 분격해서 병력으로 이

길 수 없다는 것을 알고 요행수로 차츰차츰 먹어 들어가려는 욕심을 부려서 점차로 우리를 물들이려는 간계가 아니겠습니까? 그렇지 않다면 달콤한 말로 유인하는 것이 극도에 이르렀고 위태로운 말로 위협하는 것에 힘을 다하였는데 또 무엇 때문에 '예수교를 전교하는 것이 해롭지 않다'는 말을 끝머리에 붙이겠습니까? 그 심보를 알 만합니다.

엎드려 바라건대 전하께서는 깊이 생각하고 판단해서 그런 말을 하는 사람은 우선 쫓아버리고 그 책은 물이나 불 속에 집어던져 호오好惡를 명백히 보이며 중외中外에 포고布告해서 온 나라의 백성들로 하여금 전하의 뜻이 무엇인가를 알게 하고 … 더럽고 요사스런 무리가 간계를 부릴 여지가 없게 한다면 우리나라의 예절 있는 풍속을 장차 만대에 자랑하게 될 것입니다.

— 고종 18년(1881) 2월 26일

이 상소에 고종은 "간사한 것을 물리치고 바른 것을 지키는 일에 어찌 그대들의 말을 기다리겠는가? 다른 나라 사람의 《조선책략》의 글은 애당초 깊이 파고들 것도 없지만 그대들도 또 잘못 보고 지적함이 있도다. 만약 이것에 빙자하여 또다시 번거롭게 상소하면 이는 조정을 비방하는 것이니, 어찌 선비로 대우하여 엄하게 처벌하지 않을 수 있겠는가? 그대들은 이 점을 잘 알고 물러가도록 하라"라는 비답을 내렸다. 하지만 이 답에 만족하지 못한 경상도 유생들은 다시 상소를 올릴 준비를 하였다. 그런 소식을 들은 임금은 논의를 주장한 우두머리를 멀리 유배 보내도록 하였다. 그럼에도 《조선책략》을 비난하는 상소는 한동안 계속되었다.

그 해 5월 15일 고종은 척사 윤음을 반포하였다. " … 이후로부터 만약 다시 사교에 깊이 물들어서 자기 습성을 고치지 않고 어리석은 사람을 속이고 유인하여 깨끗한 것을 더럽히는 자가 있다면 가족과 종족을 멸살시키는 처벌이 부득이 있을 것이다. …"라는 내용이었다.

그러나 다음 해인 고종 19년(1882) 8월 5일에는 서울과 지방에 세운 척양비를 모두 뽑아버리도록 하였다. 이와 관련하여 고종은 다음과 같이 전교하였다.

우리 동방은 바다의 한 쪽 구석에 치우쳐 있어서 일찍이 외국과 교섭한 적이 없으므로 견문이 넓지 못한 채 삼가고 스스로 단속하여 지키면서 500년을 내려왔다. … 근년 이래로 천하의 대세는 옛날과 판이하게 되었다. 영국·프랑스·미국·러시아 같은 구미歐美 여러 나라에서는 정교하고 이로운 기계를 새로 만들고 나라를 부강하게 만드는 사업에 최선을 다하고 있다. 그들은 배나 수레를 타고 지구를 두루 돌아다니며 만국과 조약을 체결하여, 병력으로 서로 견제하고 공법으로 서로 대치하는 것이 마치 춘추 열국의 시대를 방불케 한다. 그러므로 천하에서 홀로 존귀하다는 중화도 오히려 평등한 입장에서 조약을 맺고, 척양斥洋에 엄격하던 일본도 결국 수호를 맺고 통상을 하고 있으니 어찌 까닭 없이 그렇게 하는 것이겠는가? … 우리나라도 병자년(1876) 봄에 거듭 일본과 강화도 조약을 맺고 세 곳의 항구를 열었으며, 이번에 또 미국·영국·독일 등 여러 나라와 새로 화약을 맺었다. 이것은 처음 있는 일이니 너희 사민士民들이 의심하고 비방하는 것도 이상할 것이 없다. 그러나 교제의 예는 똑같이 평등함을 원칙으로 하니 의리로 헤아려 볼 때 장애될 것이 없고, 군사를 주둔시키는 의도는 본래 상업 활동을 보호하는 데 있으니, 사세事勢를 놓고 참작하더라도 또한 걱정할 것이 없다. … 교린에 방도가 있다는 것은 경전에 나타나 있는데, 우활하고 깨치지 못한 유자儒者들은 송나라 조정에서 화의를 하였다가 나라를 망친 것만 보고 망령되이 끌어다 비유하면서 번번이 척화의 논의에 붙이고 있다. 상대쪽에서 화의를 가지고 왔는데 우리 쪽에서 싸움으로 대한다면 천하가 장차 우리를 어떤 나라라고 할지를 어찌하여 생각하지 않는단 말인가? 도움 받을 곳 없이 고립되어 있으면서 만국과 틈이 생겨 공격의 화살이 집중되면 패망할 것이라는 것을 스스로 헤아리면서도 조금도 후회하지 않는다면 의리에 있어서도 과연 무엇에 근거한 것이겠는가? 의론하는 자들은 또 서양 나라들과 수호를 맺는 것을 가지고 점점 사교에 물들 것이라고 말하고 있다. …

그러나 수호를 맺는 것은 수호를 맺는 것이고 사교를 금하는 것은 사교를 금하는 것이다. 조약을 맺고 통상하는 것은 다만 공법에 의거할 뿐이고, 애초에 내지內地에 전교를 허락하지 않고 있으니, … 설사 어리석은 백성들이 몰래 서로 배워 익힌다 하더라도 나라에 떳떳한 법이 있는 이상 처단하고서 용서하지 않을 것이니, 어찌 숭상하고 물리치는 데에 그 방도가 없다고 근심하겠는가? … 그리고 기계를 제조하는 데 조금이라도 서양 것을 본받는 것을 보기만 하면 대뜸 사교에 물든 것으로 지목하는데, 이것도 전혀 이해하지 못한 탓이다. 그들의 종교는 사교이므로 마땅히 음탕한 음악이나 미색美色처럼 여겨서 멀리하여야겠지만, 그들의 기계는 이로워서 진실로 이용후생利用厚生할 수 있으니 농기구·의약·병기·배·수레 같은 것을 제조하는데 무엇을 꺼려하며 하지 않겠는가? 그들의 종교는 배척하고, 기계를 본받는 것은 진실로 병행하여도 사리에 어그러지지 않는다. 더구나 강약의 형세가 이미 현저한데 만일 저들의 기계를 본받지 않는다면 무슨 수로 저들의 침략을 막고 저들이 넘보는 것을 막을 수 있겠는가? … 일본 사람들이 우리나라에 들어와서 언제 우리를 학대하고 모욕하며 화의에 어긋난 일을 한 적이 있었는가? 그러나 다만 우리 군민들이 함부로 의심해서 멀리하고 오랫동안 분노를 품고서 이렇게 까닭 없이 먼저 범하는 행동이 있게 되었다. 그 잘못이 누구에게 있는지를 너희는 생각해 보라. … 이번에 다행스럽게도 일처리가 대강 이루어져서 옛날의 우호 관계를 다시 펴게 되었고, 영국과 미국 등 여러 나라가 또 뒤이어 와서 조약을 맺고 통상하게 되었다. 이는 세계 만국의 통례로 우리나라에서 처음 행해지는 것이 아니니, 결코 경악할 일이 아니다. 너희는 각기 두려움 없이 편안히 지내면서 선비들은 부지런히 공부하고 백성들은 편안히 농사를 지으며, 다시는 '양洋'이니 '왜倭'니 하면서 근거 없는 말을 퍼뜨려 인심을 소란하게 하지 말라. 각 항구와 가까운 곳에서는 비록 외국인이 한가로이 다니는 경우가 있더라도 마땅히 일상적인 일로 보아 넘기고 먼저 시비 거는 일이 없도록 하라. 만일 저들이 능멸하거나 학대하는 일이 있다면 응당 조약에 따라 처벌하여 결단코 우리 백성들을 억누르고 외국인을 보호하는 일이 없게 할 것이다. … 이미 서양과 수호를 맺은 이상 서울과 지방에 세워놓은 척양에 관한 비문들은 시대가 달라졌으니 모두 뽑아버리도록 하라. …

- 고종 19년(1882) 8월 5일

신식 군대 창설과 임오군란

고종 18년(1881) 4월 23일 일본 사신 하나부사 요시타다[花房義質]는 조선이 군사들을 뽑아서 훈련을 시키는 것이 급선무라며 육군 소위 호리모도 레이조[掘本禮造]를 교관으로 추천하였다. 이에 따라 5월 3일 통리기무아문에서 군사를 선발하고 조련하는 것에 관련한 절목節目을 만들었다.

고종 19년(1882) 6월 5일 영의정 홍순목洪淳穆이 "… 도감都監의 군졸들이 받은 곡식이 섬이 차지 않는다면서 두 손으로 각각 한 섬씩 들고 하는 말이 '13개월 동안 급료를 주지 않다가 지금 겨우 한 달분을 나누어 지급한 것이 바로 이와 같은가?'라고 하면서 해당 고지기를 구타하여 현재 생사를 분간하기 어렵습니다. 이어 대청 위에 돌을 마구 던져 해당 낭관이 도피하기까지 하였으니 이 어찌 작은 문제이겠습니까?"라고 보고하였다. 이에 고종이 "13개월이나 급료를 내주지 못한 것도 이미 민망스러운 일인데 게다가 섬이 차지 않은 것은 또한 무슨 까닭인가?"라고 물으니 홍순목은 군사들이 먹여줄 것을 바라는 식량은 아홉 말의 쌀에 불과한데 이것조차도 일 년이 지나도록 충분히 주지 않아서, 스스로 의식衣食을 마련하여 분주히 복역하면서도 감히 군령을 어기지 않았으니 그것이 오히려 다행이라고 말하였다.

6월 9일 수백 명의 군사가 의금부에 쳐들어와 옥문을 부수고 남간南間에 갇힌 죄인 백낙관白樂寬을 끌어내어 겹겹이 옹호하여 나갔다. 다음 날에는 반란을 일으킨 군인들이 대궐에까지 침입하였다. 고종은 군사들이 변란을 일으킨 것에 대해 "첫째도 나의 잘못이고 둘째도 나의 잘못"이라며 스스로를 책망하였다.

6월 10일 고종은 "중궁전이 오늘 오시에 승하하였다"라고 전교하였다. 그날 대궐 안에 있던 선혜청 제조 민겸호閔謙鎬와 전 선혜청 당상 김보현金輔鉉도 난군에게 살해되었다. 반란을 일으킨 군졸들이 군영에 들이닥쳐 군기고를 부수고 조총과 환도를 탈취해 갔다. 6월 12일에는 군병들이 감옥에 난입하여 죄수 열세 명을 사사로이 풀어 내보냈다.

6월 14일 고종은 "곤전坤殿의 체백(體魄 : 시신)을 사방에 찾아보았지만 끝내 그림자도 없으니 더욱 어찌할 바를 모르겠다. 또 그때의 형편에 대해서는 내가 목도한 사람이다. 이런 형편에 이르러서는 입던 옷을 가지고 장사를 지내는 수밖에 다른 방법이 없다. 이 문제는 극히 중차대한 일이므로 아래에서는 감히 말할 수 없지만, 이미 우리 왕조에 인용할 만한 전례가 있기 때문에 내가 말을 꺼내는 바이니 제반 시행 절차는 입던 옷을 가지고 장사 지내는 것으로 마련하라"라고 하교하였다. 당초에는 반란군이 갑자기 대궐을 침범하였을 때 그 기세가 매우 사나왔으므로 대궐 안이 발칵 뒤집히듯 몹시 놀라 상하가 들끓듯 하였는데 결국 중궁전의 소재를 알 수 없다고 발표하였다.

영의정 홍순목 등 신하들은 통곡하며 장례가 늦어지는 것은 큰 문제가 아니니 중전의 시신을 더 찾아보기 권했다. 그러나 고종은 단호하게 같은 답변을 반복하였다.

"찾을 방도에 대해 나도 온갖 힘을 다 써보았으나 다시 더해 볼 방법이 없다."

"내가 어찌 찾을 마음이 없겠는가? 이제 와서는 정말 더는 찾아 볼 방도가 없다."

"이것은 대신들의 죄가 아니다. 형편이 이 지경에 이른 조건에서 어찌하겠는가?"

"비단 대신들의 말이 아니더라도 나도 이 점을 생각하고 힘을 다했으나 찾아내지 못한 것을 어떻게 하겠는가?"

6월 14일 시신 없이 중궁전의 장사를 치르는 일을 취소하도록 승정원에서 의계를 올렸다. 또 6월 16일에는 예조에서 왕비의 옷으로 장례를 치를 수 없음을 아뢰었다. 이에 대한 임금의 답변도 단호했다.

"이와 같이 할 필요가 없으니, 즉시 거행하라."

7월 13일 대원군이 중국으로 떠났다. 군란이 중국 황제에게 보고되자 황제는 조선에 군사를 파견하였다. 또 대원군을 중국으로 불러 군란의 진상을 직접 묻고, 죄인들을 잡은 뒤에는 엄하게 징벌하도록 하였다. 7월 15일 조선 조정은 중국이 군란 관계자를 징벌하기 위해 군사를 파견한 것에 대한 사례 자문을 보냈다.

7월 25일 중궁전이 은신해 있는 곳을 널리 찾아서 하루빨리 맞아들이라고 고종이 명하였다. 그리고 "중궁전이 지금 은신해 있으니 백관이 복服을 입는 일은 그만둘 것이다"라고 전교하며 국장을 위해 설치했던 '세 도감'을 철파하게 하였다. 6월 10일 난병들이 대궐에 침범하자 중궁전은 피하여 사어 윤태준尹泰駿의 화개동花開洞 집에 은신해 있었다. 이어 익찬 민응식閔應植의 충주 장호원의 시골집으로 옮겼는데 이때 임금의 전교가 있었던 것이다. 중전이 궁궐로 돌아온 것은 8월 1일이었다.

9월 22일 경솔하게 중궁전의 상사를 발표한 예조판서를 탄핵하는 상소를 유학幼學 김병설金炳卨이 올렸다. 그가 올린 상소의 내용은 다음과 같다.

… 근자에 삼가 그때(임오군란) 지은 자문을 보니, … '여러 군사가 왕궁을 침범하였다'라고 하고 끝에 가서는 '종묘사직과 백성들의 복이다'라고 하였으니 자문을 지은 고약한 자는 무엇을 복이라

고 하는 것입니까? 한창 천지가 뒤집힐 위험에 처하여 있을 때 역도의 괴수도 아직 잡아내지 못하고 처단도 하지 못하였으며, 사람들의 분노도 아직 풀지 못한 형편에서 글을 만들 때에는 의리상 응당 그 사실을 있는 그대로 써야 할 것입니다. 그런데 도리어 복이라고 귀착시켰으니 … 떳떳한 도리를 파괴하고 임금과 나라를 저버렸다고 할 수 있습니다.

예조판서를 놓고 말하더라도 중궁전께서 입던 옷을 놓고라도 장사를 지내라는 명을 내렸을 때 여러 신하가 여러 차례에 걸쳐 반대 의견을 올리면서 가슴이 아프고 쓰려 어찌할 줄을 몰랐음에도 불구하고, 자신이 예조판서로 있으면서 심상하게 여기며 대뜸 거행하였습니다. 만일 사람의 도리와 신하의 명분을 가지고 있다면 어찌 이럴 수 있겠습니까? …　　　　　　　　　　 – 고종 19년(1882) 9월 22일

이에 고종은 "충직한 의견이 대각(臺閣: 사헌부와 사간원)에서 나오지 않고 벼슬하지 못한 유생에게서 나온 것은 뜻밖이다"라는 비답을 내렸다. 9월 24일에야 양사에서 예조 당상을 탄핵하는 차자를 올리자 고종은 "넉 달 동안 잠잠히 있다가 유생의 상소문이 올라와서야 비로소 말하는 것인가? 두 사람의 일에 대해서는 처분하겠다"라고 하였다.

대원군은 고종 22년(1885) 8월 27일 중국에서 돌아왔다. 고종은 남문 안에 나아가서 대원군을 영접하였다. 그는 "대원군께서 지금 이미 돌아오셨으니, 나의 기쁜 마음을 어떻게 이루 다 말할 수

있겠는가? … 모두 잡류가 까닭없이 드나들며 거짓말을 하고 비방을 하여 대원군에게 누가 되게 하였기 때문이니, 이에 대해서 생각하면 나도 모르게 통탄하게 된다. … 조정 신하들과 한가한 잡인들이 때 없이 왕래하지 못하게 하고 혹시라도 무례하게 되면 임금의 금령을 위반한 법조문으로 죄를 다스리는 것이 좋겠다"라고 전교하였다.

⦆ 이런 역사 저런 역사

> 고종 20년(1883) 1월 2일 금위영과 어영청에서, "삼청동 북창北倉 근처에 호환虎患이 있다고 하여 포수를 보내 잡아오도록 하였습니다. 오늘 유시 경에 인왕산 밑에서 작은 표범 한 마리를 잡았습니다. 그래서 삼가 이것을 바칩니다. 범을 잡은 장졸들에게 해당 병영에서 전례에 따라 시상하고 이어 사냥을 하도록 하겠습니다"라고 보고하였다.

여러 나라와의 교류

11월 17일 외교 업무를 관할하는 통리아문統理衙門과 통리내무아문統理內務衙門을 설치하도록 명했다. 외교 업무를 전담하고 군란 이후 해이해진 기강을 바로잡기 위함이었다. 통리내무아문은 통리군국사무아문으로, 통리아문은 통리교섭통상사무아문으로 이름을 바꾸었다.

고종 20년(1883) 1월 24일 조선과 일본 양국 정부는 국교상 연락과 상업상 통신의 편의를 위하여 부산항 해저 전선을 설치하는 조관을 체결하였다. 양국 정부는 덴마크국 대북부 전신회사에 약정 허가하여, 일본 규슈[九州] 서북 해안으로부터 쯔지마[對州]를 거쳐 조선의 부산 해안에 이르기까지 해저 전선을 설치하고 육상으로 전선을 이어 일본인 거류지에 닿게 한다는 내용의 조관이었다. 일본 정부는 전선을 가설하고 전신국을 설치하여 통신 사무를 처리하고 조선 정부는 이 해저 및 육상 전선이 준공된 뒤 통신을 하는 날로부터 만 25년 동안, 조선 정부는 이 해저 및 육상 선로에 대항하여 이익을 다투는 전선을 가설하지 못하며, 아울러 다른 나라 정부 및 회사에서 해저 전선을 설치하는 것도 허가하지 않을 것을 약속한다는 내용도 담겨 있다.

1월 27일 국기國旗를 제정하였으니 전국에 알리고 모두 사용하도록 하였다. 2월 5일에는 한성부에서 국局을 설치하여 신문을 간행, 공포할 것을 아뢰었다. 6월 22일에 조일통상장정朝日通商章程이 체결되었다. 입항과 출항의 절차와 화물 선적과 하역, 세금 징수 등 세관 업무에 대한 내용을 담고 있다.

고종 20년(1883) 10월 27일 조선영국수호조약[朝英修好條約]이 체결되었다. "대조선국 대군주大君主와 대영국 대군주 겸 오인도 대후제五印度大后帝 및 양국 후대의 군주와 인민은 모두 영원히 평화롭고 화목하게 지낼 것이며, 이 나라 인민이 저 나라에 거주하는 경우 반드시 그 나라에서 신변과 주택 및 재산을 적절히 보호받는다"라는 내용이 중심을 이루고 있다. 또 제물포, 원산과 부산 등 각 항구와 함께 경성인 한양의 양화진을 모두 통상하는 장소로 삼고 영국 사람들이 오가면서 무역하도록 허가한다고 했다. 통상 지역에서 100리 이내의 지방 혹은 장래 양국이 파견하는 관원이 피차 의정하는 경계 내에서는 영국 인민들이 여행 증명서 없이 마음대로 돌아다닐 수 있게 한다는 내용도 들어 있다. 다음 해 4월 7일 영국의 국서를 받고 조약을 비준하였다. 고종은 영국 공사 파아크스 하리[巴夏禮 : Porkes, Harry Smith]를 접견하고 "비준이 이루어지고 공사가 서신을 가지고 우리나라에 내왕하게 되었으니 이로부터 두 나라의 관계가 날로 더욱 밀접해지고 두 나라의 임금과 신하와 백성들이 다 같이 태평 세월을 누리게 되었으니 내 마음 참으로 기쁘다"라고 말했다.

고종 20년(1883) 10월 27일에는 조선독일수호조약[조독수호조약 : 朝德修好條約]이 체결되었다. 이 조약은 대조선국 대군주와 대독일국 대황제 겸 대프러시아국 대군주 사이에 맺어졌다. 두 나라에서 파견하는 사신 및 총영사관 등과 일체 수행원들에게는 모두 상호 주재하는 나라의 각지로 다니면서 유람하는 것을 허락해 주고 저지시키지 말아야 하며 조선국에 있는 독일 사람에게는 대조선국 관원이 여권을 발급해 주는 동시에 사람을 적당히 파견하여 호송함으로써 보호하는 뜻을 보여야 한다는 내용이 담겨 있다.

또 조선 관원과 백성들이 조선에 거주하는 독일 사람들을 고소한 사건이 있으면 독일국 관원에게 넘겨 심의하고 결정하도록 하였다. 영국과 마찬가지로 제물포, 원산, 부산 각 항구와 양화진을 모두 통상하는 곳으로 삼고, 독일 사람들이 오가면서 무역하도록 허락하였다.

3월 29일 독일인 뮐렌도르프[穆麟德 : Möllendorf, Paul George von]를 제수하여 공조참판으로 삼았다. 외국인이 조선의 관리가 되기 시작한 것이다.

윤5월 4일 조선은 이탈리아와 수호통상조약[조의조약 : 朝義條約]을 체결하였다. 이탈리아국 페르디난도 데 루까[盧嘉德 : Ferdinando de Luca]가 전권대신으로 조약에 서명하였다. 열흘 뒤인 윤5월 15일에는 러시아와 통상조약[조아조약 : 朝俄條約]을 체결하였다. 러시아국 전권대신은 베베르[韋貝 : Waeber, K.]였다. 고종 23년(1886) 5월 3일에는 프랑스와 조법조약朝法條約이 체결되었다. 프랑스의 전권대신은 코고르당[戈可當 : Cogordan]이었다. 고종 29년(1892) 5월 29일 오스트리아와 통상조약[조오수호통상조약 : 朝奧修好通商條約]을 맺었다. 오스트리아의 전권대신은 중국과 일본 등에 주재했던 외교관 로제트 비르게본[洛蕊特畢格勒本] 남작이었다. 당시 오스트리아 황제는 보헤미아와 헝가리 군주를 겸하고 있었다.

각 나라와의 조약의 내용은 거의 비슷했다. 수호조약을 맺은 나라는 모두 그에 이어 통상장정도 마련했다. 중국과 러시아와는 육로통상장정도 체결하였다.

고종 22년(1885) 6월 6일 중조전선조약中朝電線條約이 체결되었다. 이는 인천항에서 한성을 거쳐 의주까지 육로 선선 1천130리의 가설과 경비 차입에 대한 조약이다. 중국은 조선의 요청에 따라 차관을 대여하고 인원을 파견하여 집행하기로 하였다. 또 수륙의 전선이 준공된 이후 전신이 통하는 날로부터 25년 이내에는 다른 나라 정부 및 각국 공사에서 조선의 지상과 해안에 전선을 대신 가설하는 것은 허가하지 못한다는 내용도 담겨 있었다.

● 이런 역사 저런 역사

고종 20년(1883) 3월 2일 임금은 "황단皇壇에 친히 제사를 지내니 풍천風泉의 감회가 절실하다. 선대 임금들이 황조인皇朝人의 자손을 등록하고 벼슬을 준 것이 어떠하였던가? 그런데 최근에 심히 영락하게 되었으니 걱정이다. 그들을 이조와 병조에서 알아보고 각별히 수용하라"라고 명하였다. '풍천의 감회'란 명나라를 그리워하는 심정을 의미한다. 풍천은 비풍匪風, 하천下泉에서 따온 말인데, 비풍은 《시경》'회풍檜風'의, 하천은 '조풍曹風'의 편명이다. 이 두 편은 모두 주周나라 왕실의 쇠락을 안타까워하는 심정을 읊은 작품이다. 앞의 내용은 다음 날 명나라의 태조, 신종, 의종을 제사 지내던 대보단 친제를 앞두고 내려진 명령이다. 3백 년 전에 망해버린 명나라를 그리워하며 명나라 사람의 자손들을 등용하라는 말이었다.

갑신정변

고종 21년(1884) 3월 27일 임금은 우정총국郵征總局을 설립하도록 명하였다. 각국과 통상을 한 이후로 안팎으로 관계되는 일이 날로 증가하고 나라의 무역에 대한 소식이 그에 따라서 늘어나는 데 부응하기 위해서였다.

10월 17일 우정국에서 낙성식 연회가 열렸다. 연회가 끝나갈 무렵에 담장 밖에서 불길이 일어나는 것이 보였다. 우영사 민영익閔泳翊도 그 자리에 참가하였다가 불을 끄려고 먼저 일어나 문밖으로 나갔다. 그런데 밖에 있던 흉도들의 칼을 맞고 대청으로 돌아와서 쓰러졌다. 자리에 있던 사람들이 모두 놀라서 흩어지자 김옥균·홍영식·박영효·서광범·서재필 등이 궐내로 들어가 곧바로 고종에게 변고에 대하여 아뢰며 속히 몸을 피할 것을 청하였다. 임금이 경우궁景祐宮으로 거처를 옮기자 각전과 각궁도 황급히 도보로 따라갔다. 김옥균 등은 임금의 명으로 일본 공사에게 와서 지원해 줄 것을 요구했다. 밤이 깊어서야 일본 공사 다케조에 신이치로가 병사를 거느리고 와서 호위하였다.

10월 18일 김옥균 등이 생도와 장사들을 시켜 좌영사 이조연李祖淵 등 여러 관리를 경우궁 대청에서 죽이게 하였다. 고종이 연거푸 "죽이지 말라! 죽이지 말라!"라고 말했지만 그 명을 듣지 않았다. 이때 임금의 곁에는 김옥균의 무리 10여 명만 있었는데, 임금이 행동을 자유로이 할 수 없게 하였고 심지어는 어공(御供 : 임금에게 바치는 것)도 제때하지 못하게 하였다. 김옥균 등은 자신들의 벼슬을 정승과 판서 등 요직으로 올렸다.

고종은 오전에 창덕궁 관물헌으로 돌아왔다. 다음 날인 10월 19일 청나라 병사들이 궁문으로 들어오면서 총포를 쏘았고 조선의 병사들도 그 뒤를 따라 들어와 일본 병사들과 교전했다. 유시에 고종은 창덕궁 후원에 있는 연경당演慶堂으로 피했다가 무예청, 별초군 등의 호위로 궁궐 밖 북묘北廟로 향하였다.

이후 일본 공사가 병사를 거느리고 궁을 떠났는데, 김옥균·박영효·서광범·서재필 등은 모두 따라갔고, 홍영식과 박영교 및 생도 일곱 명만 북묘로 갔다. 해시에 청나라 통령 오조유吳兆有가 고종을 맞으러 북묘로 갔다. 홍영식 등이 어의御衣를 끌어당기면서 가지 말라고 임금을 붙들었다. 여러 사람이 임금을 사인교四人轎에 태우니 홍영식 등은 화를 내며 고함쳤다. 조선 병사가 홍영식과 박영교를 쳐죽이고 생도들도 죽였다. 원세개袁世凱가 병사를 보내어 고종을 영접하였다.

당시 도성 안의 군민軍民들은 일본인들을 미워하여 때려죽이거나 상처 입히는 일이 많았다. 일본 공사는 병사를 거느리고 거류민을 보호하여 도성 밖으로 나갔고, 김옥균·박영효·서광범·서재필 및 생도 10여 명은 모두 일본 공사관에 몸을 숨기고 있다가 머리를 깎고 양복을 입고 몰래 인천항으로 가서 곧바로 일본으로 도망쳤다.

10월 21일 통리군국아문을 의정부에 합하고 우정국을 혁파하라는 명을 내렸다. 승정원에서는 "오늘날의 변고를 차마 말할 수 있겠습니까? 임금의 가마가 두 번이나 파천하고 궁궐이 마침내 전쟁터가 되었으니, 이는 참으로 만고에 없던 변고입니다. 저들이 임금을 위협하고 속여서 외병外兵을 불러들여 궁궐을 짓밟고 정승들을 살해하여 우리 전하로 하여금 그들의 제재를 받게 하여 각전과 각 궁에 이르기까지 일체를 장악하여 하룻밤 사이에 갑자기 하늘까지 닿을 재앙을 이루었습니다. … "라며 김옥균 등을 처형하도록 청하였다. 이에 고종은 "난적의 화禍가 예로부터 무수히 많았지만 이번 다섯 역적의 변고는 역사에도 없는 일로 간담이 떨려 생각조차 할 수 없으니, 처분할 것이다"라고 비답하였다. 다음 날 고종은 죄인 김옥균 등에게 형구刑具를 채워 잡아와 남간南間에 가두게 하라고 명했다. 임금은 10월 23일에 창덕궁으로 돌아왔다.

고종 21년(1884) 11월 24일 한성조약漢城條約이 체결되었다. 갑신정변의 뒤처리를 위해 조선과 일본이 맺은 조약이다. 한성조약의 주요 내용은 다음과 같다.

이번 경성의 사변은 작은 문제가 아니어서 대일본 대황제는 깊이 생각하고 이에 특별히 전권대사 백작 이노우에 가오루[井上馨]를 파견하여 대조선국에 가서 편리한 대로 처리하게 하며, 대조선국 대군주는 돈독한 우호를 진심으로 염원하여 김홍집金弘集에게 전권을 위임하여 토의 · 처리하도록 임명하고 지난 일을 교훈으로 삼아 뒷날을 조심하게 한다. …

제1조 조선국에서는 국서國書를 일본에 보내어 사의를 표명한다.

제2조 이번에 살해당한 일본국 인민의 유가족과 부상자를 구제하며, 상인들의 화물을 훼손·약탈한 것을 보상하기 위하여 조선국에서 11만 원圓을 지불한다.

제3조 이소바야시[磯林] 대위를 살해한 흉악한 무리를 조사·체포하여 종중정형從重正刑한다.

제4조 일본 공관을 새로운 자리로 옮겨서 지으려고 하는데, 조선국에서는 택지와 건물을 공관 및 영사관으로 넉넉히 쓸 수 있게 주어야 하며, 그것을 수리하고 증축하는 데에 다시 조선국에서 2만 원을 지불하여 공사 비용으로 충당하게 한다. …

– 고종 21년(1884) 11월 24일

또 공사 비용은 일본 은화로 환산하여 3개월 내에 인천에서 지불할 것과 '흉악한 무리'에 대한 처리는 조약을 체결한 후 20일을 기한으로 할 것을 덧붙였다.

고종 22년(1885) 3월 4일에는 중국 전권대신 이홍장李鴻章과 일본국 전권대사 이토 히로부미[伊藤博文]가 톈진[天津]에서 중일조약을 체결하였다. 톈진조약의 주요 내용은 다음과 같다.

1. 중국은 조선에 주둔시켰던 군대를 철거시키며 일본국은 조선에서 공사관을 호위하던 군대를 철거시키되 서명을 하고 도장을 찍

은 날로부터 4개월 내에 각각 모든 인원을 철거시킴으로써 두 나라 사이에 사건이 일어날 우려를 없애되, 중국은 마산포를 통하여 철거하고 일본은 인천항을 통하여 철거한다는 것을 의논하여 결정한다.

1. 양국은 서로 조선 국왕에게 권고하여 군사를 훈련시켜서 자체로 치안을 유지하게 한다. … 이후에 중·일 양국은 서로 조선에 사람을 파견하여 훈련시키지 못한다.

1. 앞으로 조선국에 변란과 중대한 사건이 생겨 중·일 양국이나 혹은 어느 한 나라에서 군사를 파견하려고 하면 우선 서로 공문을 보내어 통지하며, 사건이 안정된 후에는 곧 철거시키고 다시 주둔시키지 못한다.   - 고종 22년(1885) 3월 4일

고종 31년(1894) 3월 9일 중국 병선이 김옥균의 시체를 싣고 월미도 뒷 바다에 정박하였다. 이후 시체를 조선의 배에 옮겨 싣고 경강으로 출발하였다고 하였다. 형조에서 시체를 검사하도록 하였다. 김옥균은 갑신년(1884) 사건이 실패하자 곧 일본에 망명하였는데, 이때에 청국 상해항에 옮겨가서 미국 조계 구역에 잠시 있던 중 조선 사람 홍종우洪鍾宇에게 암살되었다. 청국 관리가 위력으로 그의 시체를 병선에 실어 인천항에 보낸 것이다.

영의정 심순택沈舜澤 등 대신들은 연명으로 차자를 올렸다. "방금 형조에서 보고한 것을 보니 규정대로 검사한 결과 그것이 역적 김옥균의 시체가 의심할 바 없이 확실하다고 하였습니다. 아! 이

역적은 바로 천하 고금에 없는 흉악한 역적으로서 온 나라 사람들 치고 누군들 그의 사지를 찢고 그의 살점을 씹으려고 하지 않겠습니까? 그런데 외국에 가서 목숨을 부지하여 오랫동안 천벌을 받지 않았으므로 여론이 갈수록 더욱 들끓었습니다. 지난번에 상해에서 온 전보를 받고 홍종우가 사살한 거사가 있었던 것을 알았는데 역적의 시체가 이제 압송되어 왔고 그 진위를 판명하였으니 10여 년 동안 귀신과 사람의 격분이 이제 조금 풀리게 되었습니다. … 반란을 음모한 무도한 큰 역적에게 부도율不道律을 적용하고 이괄李适과 신치운申致雲에게 시행하였던 전례를 더 시행하여서 천하 후세에 반역을 음모하는 역적들을 두려워하게 하소서. … ”라는 내용이었다. 이에 고종은 “경들의 간절한 청은 피를 뿌리고 눈물을 머금고 징계하고 성토하는 의리로 이렇게 말하는 것이 당연하며 또한 귀신과 사람이 공분하고 여론이 더욱 격화되어 그만둘 수가 없다. 아뢴 대로 윤허한다”라고 비답하였다.

《대명률大明律》 ‘모반대역조謀叛大逆條’에 이르기를, “대체로 모반과 대역은 공모자만은 주모자와 추종자를 가리지 않고 다 능지처사(陵遲處死 : 신체에 칼질을 하여 상처를 낸 후 목을 베는 것)한다”라고 하였으며, 같은 법 ‘사수복주대보조死囚覆奏待報條’에 이르기를, “열 가지 극악한 죄를 범하여 응당 죽여야 할 자는 결코 시기를 기다리지 않는다”라고 하였다. 그러므로 역적 김옥균은 부대시(不待時 : 때를 기다리지 않고 사형함)에 처하기로 하였다. 또 연좌된 여러 사람은 하나하나 조사하여 가산을 몰수하고 집을 허물어 연못으로 만들도록 하였다.

3월 23일 갑신년 변란의 가장 고약한 주모자를 사형에 처하여 나라의 법을 폈으니 이를 종묘와 사직에 고하고 교서를 반포하며 축하하도록 하였다.

거문도 사건

고종 22년(1885) 3월 10일 북경 주재 영국 서리 흠차대신 오코나[歐致]가 "뜻밖의 일에 대응 방비하기 위하여 … 대조선국 남쪽의 작은 섬인 영어英語로 해밀톤[哈米笔]이라고 하는 섬을 얼마동안 차지하고 대조선국 정부에 비밀리에 이러한 내용을 통지하라"라는 자문을 받았다며 이를 알려왔다. 그들이 해밀톤이라 부른 섬은 거문도巨文島였다.

3월 20일에는 중국 북양대신 이홍장李鴻章이 거문도 사건과 관련하여 편지를 보내왔다. 편지에는 "귀국의 제주 동북쪽으로 100여 리 떨어진 곳에 거마도巨磨島가 있는데, 그것이 바로 거문도입니다. 바다 가운데 외로이 솟아 있으며 서양 이름으로는 해밀톤 섬이라고 부릅니다. 요즘 영국과 러시아가 아프가니스탄 경계 문제를 가지고 분쟁을 일으키고 있습니다. 러시아가 군함을 블라디보스톡에 집결시키므로 영국 사람들은 그들이 남하하여 홍콩을 침략할까봐 거마도에 군사와 군함을 주둔시키고 그들이 오는 길을 막고 있습니다.

이 섬은 조선의 영토에 속한 것으로서 영국 사신이 귀국과 토의하여 수군水軍을 주둔시킬 장소로 빌린 적이 있습니다. 그러므로 잠시 빌려서 군함을 정박하였다가 예정된 날짜에 나간다면 혹시 참작해서 융통해 줄 수도 있겠지만 만일 오랫동안 빌리고 돌아가지 않으면서 사거나 조차지로 만들려고 한다면 단연코 경솔히 허락해서는 안 됩니다.

구라파 사람들이 남양南洋을 잠식할 때에도 처음에는 다 비싼 값으로 땅을 빌렸다가 뒤에 그만 빼앗아서 자기의 소유로 만들었습니다. 거마도는 듣건대 황폐한 섬이라 하니, 귀국에서 혹시 그다지 아깝지 않은 땅으로 볼 수도 있겠지만 홍콩 지구 같은 것도 영국 사람들이 차지하기 전에는 남방 종족 몇 집이 거기에 초가집을 짓고 산 데 불과하였습니다. 그런데 지금은 점차 경영하여 중요한 진영이 되었고 남양의 관문이 되고 있습니다. 더구나 이 섬은 동해의 요충지로서 중국 위해威海의 지부之罘, 일본의 대마도, 귀국의 부산과 다 거리가 매우 가깝습니다. 영국 사람들이 러시아를 방어하기 위한 것이라고 변명하지만 어찌 그들의 생각이 따로 있지 않을 줄을 알겠습니까?

이토 히로부미는 이전에 나와의 담화에서 영국이 만약 오랫동안 거마도를 차지한다면 일본에 더욱 불리하다고 하였습니다. 만일 귀국이 영국에 빌려준다면 반드시 일본 사람들의 추궁을 받을 것이며, 러시아도 곧 징벌하기 위한 군사를 출동시키지는 않더라도 역시 부근의 다른 섬을 꼭 차지하려고 할 것이니 귀국이 무슨 말로 반대하겠습니까? 이것은 도적을 안내하여 문으로 들어오게 하는 것으로 이웃 나라에 대하여 다시 죄를 짓게 되며 더욱이 큰 실책으로 됩니다. 그뿐 아니라 세계 정세로 보아서도 큰 관계가 있으니, 바라건대, 전하는 일정한 주견을 견지하여 그들의 많은 선물과 달콤한 말에 넘어가지 말기 바랍니다. … ”라고 쓰여 있었다.

3월 29일 일본 대리공사 곤도 모토스케[近藤眞鋤]도 교섭통상사무아문의 독판 김윤식金允植에게 편지를 보내왔다. 이는 김윤식이 비밀리에 보낸 편지에 대한 회답 편지였다.

비밀 편지를 받아보았습니다. 거문도에 대한 문제는 귀국의 국권에 관계되는 중대한 문제인 것 같습니다. 그래서 곧 영국 대신의 비밀 편지를 보았는데 단지 ‘만약의 경우에 대응하게 한 것’이라고만 하였습니다. 그러니 생각하건대, 영국이 방비하겠다고 말한 나라가 가령 귀국과 수호조약을 체결한 나라라면 관계되는 바가 더욱 크지 않겠습니까? 대체로 동맹한 각국 가운데서 만약 불행하게도 서로 관계가 나빠진 나라들이 생겨서 어느 한 나라가 귀국의 지역을 차지하고 만약의 경우에 대처하자고 할 경우에 귀국이 허락한다면 그 한 나라에는 이로울 것이지만 다른 한 나라에는 해로울 것입니다. 그러니 이는 관계없는 나라로서 서로 유지해 주고 서로 처리해 주는 방도에 어긋날 것 같습니다.

그러나 귀 대신이 영국 대신에게 귀국이 허락할 수 없을 뿐 아

니라 다른 각국에서 요구한다 하여도 절대로 승인할 리가 없다고
대답한 것은 정말 지당한 말입니다. 이번에 영국의 이 행동에 대하
여 우호 관계를 가지고 있는 각국에서는 귀국의 의사를 모르기 때
문에 영국의 행동이 혹시 귀국의 허락 하에 나온 것이 아닌가 하고
의심할 수 있을 것입니다. 오늘의 계책으로서는 응당 영국에 통지
한 내용을 우호 관계를 가지고 있는 각국에 통지하여 영국이 이 섬
을 차지한 것이 귀국에서 윤허한 것이 아니라는 것을 알게 하는 것
입니다. 이렇게 하면 각국에서는 의심을 저절로 풀 수 있을 것이고
공론公論이 귀결될 것입니다. 이 문제에 대하여 본 공사는 본국 정
부의 훈령을 아직 받들지 못하였으므로 사적인 견해를 대강 밝혀
회답을 보내니, 귀 대신이 타당하게 처리하기를 간절히 바랍니다.

− 고종 22년(1885) 3월 29일

4월 3일 의정부의 유사당상 엄세영嚴世永과 교섭통상사무협판
묄렌도르프에게 영국의 선주 막키이[麥乞伊]와 만나 거문도 문제
를 담판하라고 명하였다. 묄렌도르프와 막키이는 다음과 같은 대
화를 나누었다.

" … 아까 보니 과연 이 섬에 귀국의 깃발을 세워놓았는데 무슨
의도인지 알지 못하겠습니다."

"이 깃발을 세운 것은 우리 수군 제독의 명령을 수행한 것입니
다. 본국 정부에서 러시아가 이 섬을 차지하려고 한다는 말을 들었

기 때문입니다. 현재 영국이 러시아와 분쟁이 생길 기미가 있기 때문에 먼저 와서 이 섬을 잠시 지킴으로써 보호하는 데 도움이 되게 하려는 것입니다."

"조선은 영국과 원래 우호조약을 맺은 나라이며 러시아와도 우호조약을 맺은 나라인데, 지금 귀국의 군함이 조선 땅에 와서 국기를 세워놓는다는 것은 이치상 허락할 수 없으니, 귀 정부에 명백히 전달하여 이런 내용을 알게 한 다음 조선의 수도에 들어가서 각국 공사들에게 조회하여 이런 내용을 알게 하여야 할 것입니다."

"나 역시 조선에서 이 일을 처리하기가 곤란하리라는 것을 잘 알고 있습니다. 원래 정부에 빨리 통지해야 할 것이었으나 우리 정부의 의사도 각하에게 명백히 알리지 못하였습니다. 나는 수군 제독의 명령을 받고 여기에 주둔하고 있으니 각하께서 장기도長崎島에 가서 수군 제독과 상의하면 될 것입니다. 지난달 28일에 러시아 군함 한 척이 여기에 왔는데 영국의 뜻에 대하여 많은 의혹을 가지고 있었습니다."

"귀국이 조선 땅에다가 깃발을 세워놓은 것은 사리에 맞지 않습니다. 우리는 명령을 받고 여기에 왔으므로 조사한 것을 즉시 돌아가서 우리 임금에게 보고할 것이니, 각하도 이 내용을 가지고 귀 수군 제독과 상의한 다음 빨리 귀 정부에 알려서 속히 처리해야 할 것입니다."

"그렇습니다. 모레 나도 장기도에 가려고 합니다. 이달 초하룻날에 영국에서 전보가 왔는데 영국 정부가 러시아 주재 영국 공사와 아프가니스탄 사건을 논의하고 해명하였다고 하였습니다. 우리 군함도 이제 분쟁한 일이 없었다는 것을 본국에 보고하겠습니다."

막키이와 대화를 마치고 돌아온 엄세영과 묄렌도르프는 영국의 수군 제독에게 "우리나라 대군주께서는 아세아 동부 해상에 주둔하고 있는 귀국의 병선이 우연히 우리나라 거문도에 이르렀다는 소식과 아울러 귀 제독이 장기도에 주둔하고 있다는 소식을 들었습니다. … 우리가 거문도에 당도하여 즉시 귀국의 병함 여섯 척과 상선商船 두 척이 그 섬 안에 정박하고 있는 것을 보았으며, 동시에 섬의 높은 산꼭대기에 귀국의 깃발이 세워진 것을 보았습니다. … 이미 우의를 맺은 나라인데 벗이 된 나라의 땅을 점령하고 있는 것은 누구의 명령에서 나왔으며, 또한 무엇 때문입니까? 본관들은 귀 제독이 즉시 처리하여 조약 관계가 있는 각 나라들로 하여금 거문도가 본국本國의 땅이라는 것을 모두 알도록 하는 것이 타당하다고 생각합니다. … "라는 내용의 편지를 보냈다.

4월 6일 영국의 수사 제독이 회답 편지를 보내왔다. " … 본 제독은 본국 정부의 명령을 받아 휘하의 군함으로 거문도를 지키고 있습니다. 본국 정부의 의사를 추측해 보면 잠시 차용하려는 것 같습니다. 이미 어제 면담에서 한 말은 전보로 본국 정부에 통지하고 회신이 오기를 기다리고 있습니다. … "라는 내용이었다.

다음 날 김윤식은 중국 총판總辦과 각국의 공사들에게 다음과 같은 편지를 보냈다.

어제 북경에 있는 영국 공사관으로부터 조회가 왔는데, 거기에는 '이미 본국의 수사관장이 해밀톤에 임시로 가 있으면서 지킬 것에 대하여 비준하였다'라는 등의 말이 기록되어 있었습니다. 이는 뜻밖의 사실로서 실상 공법에서 허용하지 않는 것이니, 본 대신은 실로 깊이 개탄하는 바입니다.

귀 공사는 영국의 행위를 과연 어떻게 보고 있습니까? 비록 작은 섬이기는 하지만 관계되는 점이 중대하므로 경솔히 남에게 빌려 줄 수 없습니다. … 만약 영국에서 과감하게 생각을 돌린다면 그들이 우의에 충실하다는 것을 볼 수 있겠지만, 만약 그렇지 못한다면 우리나라는 어떻게 처신해야 되겠습니까? 귀국의 공사 및 각 우방의 공사들은 명백한 조언을 주어 스스로 가져야 할 권리를 보존하도록 해 주기 바랍니다.　　　　　- 고종 22년(1885) 4월 6일

4월 8일 중국의 상무총판 진수당陳樹棠으로부터 " … 거문도에는 이미 중국이 파견한 군문軍門 정여창丁汝昌이 가 있습니다. … 이번에 귀 아문으로부터 받은 조회는 사실입니다. 그러나 정 군문丁軍門을 만나본 후에야 북경 관서에 주둔하고 있는 영국 사신에게 조회를 보내어 처리할 것입니다. … "라는 회답이 왔다.

같은 날 독일의 총영사 젬브쉬[曾額德 : Zembsch]는 " … 이것은 실로 뜻밖의 사실이기 때문에 본 대신은 아직 본국의 서찰 명령을 받지 못하였으나 귀 대신이 명백한 말을 해달라고 청하므로 본인의 의견으로 당신의 말에 답변할 뿐이며 본국 정부의 입장을 말하

는 것은 아닙니다. 보내온 편지에, '다른 나라가 조선의 땅을 점령한다면 우리나라는 도의상 가만히 보고만 있지 않을 것입니다'라고 하였는데, 그 말은 아주 이치에 닿는 말입니다.

영국 대신이 보내온 편지를 자세히 읽어보니, 이번에 거문도에 잠시 가서 지키려고 한 것은 사실 영국이 다른 나라와 분쟁이 생길 우려가 있기 때문이라고 생각됩니다. … 본 대신의 의견으로는, 먼저 점거하여 지키고 있는 나라에 알려주고 도의에 근거하여 변론하고 설명할 것이며, 그래도 윤허하지 않는다면 역시 우호 관계를 가진 각국 정부에 알려줌으로써 각국으로 하여금 그들이 섬을 차지한 것이 귀국의 바라던 바가 아니었는가 하는 의심을 풀어야 할 것입니다. 만약 귀 대신이 문건을 갖추어서 이 사건을 알려준다면 본 대신은 즉시 본국 정부에 문의하겠습니다. … "라는 내용의 회답 편지를 보내왔다.

4월 10일 미국의 대리공사 푸우트[福德 : Foote, Lucius Harwood]도 회답 편지를 보내왔다. "해밀톤 섬 문제에 대하여 조선 정부에서는 몹시 경계하고 있는데, 나의 생각에는 영국이 해밀톤 섬을 영원히 점령하려는 것이 아니며 영국 정부도 이 섬을 이용하자는 의사가 없다고 봅니다. 지금 북경에 있는 영국 공사의 편지를 보니, 그 의도가 조선의 영토를 점령하는 데 있는 것이 아니고 오직 자신을 방어하는 데 이용하려는 것일 뿐입니다. 지금 영국이 군함을 거문도에 보냈으나 아직 한 번도 조선에 대한 우의를 저버리려는 의사가 없었으니, 조선 정부도 영국의 행위에 대하여 강력히 규탄할 수 없다고 봅니다.

바로 지금 영국과 러시아 간에 사변이 생길 것인데 러시아가 만약 영국에서 해밀톤 섬을 점령하여 지키고 있다는 말을 듣는다면 러시아도 역시 여기에 뜻을 둘 것이니, 각하는 블라디보스톡 해군사령 장관에게 편지를 보내어 각하의 본의를 표시해야 할 것입니다. 사령 장관이 만약 긍정적으로 검토한다면 더욱 축하할 만한 일입니다. 각하가 이 중대한 문제에 대하여 문의하여 주었으니, 우리 정부도 이 문제에 대하여 우의를 다할 것입니다"라는 내용이었다.

5월 25일 고종은 영의정 심순택沈舜澤과 거문도 문제에 대해 논의하였다. 임금은 이 자리에서 "일본 군대가 이미 철수했는데 주둔하여 방위하던 청나라 군대도 철수한다고 하니, 우리나라가 어찌 허술하게 되지 않겠는가? 만약 머물러 있게 할 방도가 있다면 우리나라를 위해서는 매우 다행한 일이니 힘을 다해서 각별히 도모하라"라고 하교하였다.

고종 24년(1887) 4월 17일 의정부에서 거문도를 점거했던 영국 사람들이 철수하여 돌아갔다고 보고하였다. 이에 "우리나라 거문도를 영국 사람들이 점거한 지 3년이나 되었는데 물러가라고 독촉하면 그냥 질질 끌기만 하므로, 각 우방들에 조절해서 처리해 달라고 요구하고 싶었으나 혹시 다른 나라와의 좋은 관계를 훼손시키고 도리어 사단을 일으킬까 염려되어 이럭저럭 우선 참고 있으면서 약한 나라의 영토가 줄어드는 것을 부끄럽게 여기고 있었습니다. 그런데 천조(天朝 : 청나라)에서 자기의 영토처럼 특별히 생각하고 어느 날 사리에 근거하여 잘못을 책망하니, 그들도 그만 군함을 돌려세우고 모든 시설물을 철수하여 이지러진 것이 완전하게 되고 기울어졌던 것이 바로 잡혀서, 이후부터는 다른 나라들이 감히 엿볼 수 없게 되었습니다. 그러니 어찌 감격하지 않을 수 있겠습니까? … "라는 자문을 중국에 보냈다.

원세개(袁世凱)의 편지

고종 23년(1886) 7월 29일 중국의 원세개袁世凱가 '조선 정세를 논함[朝鮮大局論]'이라는 글을 써서 의정부에 보내왔다.

조선은 동쪽 모퉁이에 치우쳐 있는 나라로서 영토는 3천 리에 불과하고 인구는 1천만 명도 못 되며 거두어들이는 부세도 2백만 석이 못 되고, 군사도 수천 명에 불과하니 모든 나라 중에서도 가장 빈약한 나라입니다. 지금 강대한 이웃 나라들이 조여들고 있는 때에 사람들은 안일만 탐내고 있습니다. 역량을 타산해보면 약점만 나타나서 자주 국가로 될 수 없을 뿐만 아니라 강국의 보호도 받는 데가 없기 때문에 결코 자기 스스로 보존하기 어려운 것은 자연적인 이치로서 천하가 다 아는 것입니다.

어떤 사람이, '부유하고 강대한 나라들이 구주(歐洲 : 유럽)에 많이 있으니 영국과 프랑스를 끌어들여 보호를 받지 않으면 안될 것이다'라고 말하므로 이렇게 대답했습니다.

'그렇지 않다. 영국과 프랑스는 남의 나라를 망치고 남의 영토를 탐내므로 호랑이를 방 안에 끌어들인 것처럼 필경은 살아남을 사람이 없을 것이다. 더구나 다른 나라를 사이에 두고 멀리 떨어져 있어 그 힘이 동시에 미치기 어려우므로 채찍이 길다 해도 말에 닿을 수 없는 것과 같은 형편이다'라고 하였고, 또 어떤 사람이 '영국과 프랑스를 믿을 수 없다면 독일과 미국은 어떠한가?'라고 하므로, 대답하기를, '독일은 병력이 강대하고 미국은 나라가 부유하지만 사건을 발생시키기를 좋아하지 않고 남을 도와주려고 하지 않는다. 자기 나라를 보존하는 것은 잘하지만 먼 나라에는 뜻을 두지 않으므로 함께 도모할 수 없다'라고 하였습니다.

어떤 사람은 또, '그렇다면 서로 인접하고 있는 러시아에 의지하는 것이 좋지 않겠는가?'라고 말하므로 이렇게 대답했습니다.

'이것은 진짜로 문을 열고 도적을 불러들이는 것으로서 나라의 존망에 대해 생각할 줄 모르는 것이다. 대체로 러시아 사람들은 오래전부터 아주(亞洲 : 아시아)를 욕심내어 항구를 점령하고 계속 해군을 주둔시켜 영토, 주권 등을 강제로 빼앗으려 하는데 만일 조선을 먹지 않는다면 어느 나라를 먹겠는가? 끌어들이지 않아도 곧 올 것인데 불러들일 것이 있는가?

그런데 지금 곧 오지 못하는 것은 무엇 때문인가? 그것은 바로 서북 일대의 배치가 아직 끝나지 않았고, 블라디보스톡 항구가 겨울이 오면 얼어붙어 길이 막히는 것은 말할 것도 없고 겸하여 국내의 내란이 끝나지 않았으며 재정도 곤란하기 때문이다.

밖으로는 해군이 영국만 못한 데다가 영국이 서쪽에서 경계하면서 러시아를 견제하고 있고, 육지로는 터키를 막아야 할 형편인데, 터키가 정말 뒤로부터 공격해 온다면 러시아는 군사를 동원하는 데 수개월이 걸려야 할 것이다. 한 번 남보다 뒤떨어지면 이전의 공적도 다 헛일로 될 것이므로 러시아가 경솔히 행동하지 못하는 것은 당연하다. 그러나 러시아가 결국 한 번은 야욕을 채우려고 하는 것도 사실이다. 이런 실정에서 자체 방어도 못하겠는데 어떻게 남을 원조해 줄 수 있겠는가?'

어떤 사람이 또, '구주에서 원조를 받을 계책이 없다면 아주의 일본밖에 없지 않는가?'라고 하므로 이렇게 대답하였습니다.

'이것은 더욱 저속한 논의이다. 일본은 영토가 조선과 비슷한 나라인데, 서양의 법을 적용하여 공리만 강조함으로써 겉으로는 강한 것 같지만 안은 비었으며, 당쟁이 번갈아 일어나 자기 자신도 돌볼 겨를이 없는데 어느 틈에 남을 돕겠는가? 뿐만 아니라 본성이 교활하여 이익만을 노리므로 그와 화친 관계는 맺을 수 있어도 의거할 수는 없는 것이다.'

어떤 사람이 또, '만약에 조선이 중국과 관계를 버린다면 앞으로 나라를 유지할 수 없을 것이다'라고 하므로 이렇게 대답했습니다.

'조선은 본래 중국에 속해 있었는데, 지금 중국을 버리고 다른 데로 향하려 한다면 이것은 어린아이가 자기 부모에게서 떨어져서 다른 사람의 보살핌을 받으려는 것과 같은 것이다. 그뿐 아니라 조선이 중국에 의지하면 유리한 점이 여섯 가지가 있다.

중·한韓은 인접하여 있고 수륙이 서로 잇닿아 있으므로 천진天津·연대烟臺·여순旅順·오송吳淞의 군함이 하루 이틀이면 각 항구에 와 닿을 수 있으며, 봉천奉天·길림吉林·훈춘琿春의 육군은 10일이면 한성에 와 닿을 수 있다. 아침에 떠나 저녁에 와 닿을 수 있으므로 유사시에 마음대로 통할 수 있으니 그 역량을 믿을 만하다. 이것이 첫째로 유리한 점이다.

중국은 천하를 한 집안처럼 여기고 변방의 나라들을 한 몸처럼 대하기 때문에 한 번 변란이 생기면 즉시로 평정한다. 장수를 임명하고 군사를 출동시키는 데 군사 비용을 아끼지 않으며 물자 공급도 요구하지 않는 것은 임오년(1882)과 갑신년(1884)에 이미 실천한 사실이 있으니 그 은혜를 믿을 수 있다. 이것이 둘째로 유리한 점이다.

중국은 큰 나라로서 작은 나라를 보살핌에 있어서 지극히 어질게 대하고 의리를 다한다. 그러므로 다른 나라를 중국의 군현郡縣으로 만들지 않고 그 지역에서 조세로 받지 않으며, 다만 입술과 이의 관계를 든든히 하여 인민이 편안하기만 바랄 뿐이다. 겉으로는 복속된다는 명색을 띠지만, 안으로는 실제 영토를 소유하고 있으므로 자자손손이 무궁토록 보전될 것이니 그 심정을 믿을 수 있을 것이다. 이것이 셋째로 유리한 점이다.

중국이 조선을 돌보아준 지 이미 수백 년이 되었으므로 상하가 다 같이 의뢰하고 신하와 백성들이 기꺼이 따른다. 만일 옛 제도를 성심으로 따른다면 온 나라가 편안히 지내게 되고 정령도 쉽게 시행될 것이니 그 혜택을 믿을 수 있을 것이다. 이것이 넷째로 유리한 점이다.

강대한 이웃 나라들이 주위에서 염탐하면서 자기의 욕망을 채우려고 노리고 있지만 만약에 중국과 조선이 굳게 결합되어 틈을 이용할 수 없다는 것을 보며, 조선은 오직 중국에 의지해 있고 중국은 곧 조선을 돕는다는 것을 알게 된다면 호랑이와 같은 야망도 저절로 사그라질 것이며, 누에처럼 먹어 들어가려는 마음도 없어질 것이니 그 위력을 믿을 수 있을 것이다. 이것이 다섯째로 유리한 점이다.

중국은 조선을 믿어 의심하지 않으며 조선은 중국을 굳게 믿으면 내란도 일어나지 않고 외부의 침략도 두려울 것이 없을 것이니, 이런 때에 정령을 바로잡고 어질고 능력 있는 사람들을 등용하여 생각을 가다듬어 정사를 잘하면 나라의 부강을 점차 이룩할 것이니 그 계기를 믿을 수 있을 것이다. 이것이 여섯째로 유리한 점이다.

조선이 중국을 배반하면 네 가지 해로운 점이 있다.

옛날부터 좋은 관계를 맺은 사람을 생각하지 않고 새로운 사람과 관계를 맺는다면 친하던 사람은 점차 멀어질 것이며 멀어지면 반드시 의심을 사게 되는 것이며 멀어진 사람을 친하려고 하면 반드시 의심을 사게 되는 것이다. … 이것이 첫째로 해로운 점이다.

중국을 배반하고 자주自主를 하자면, 형세로 보아 반드시 구주의 나라들을 끌어들여다 원조를 받게 될 것인데, 구주의 나라들의 본성이 잔인하여 남을 침략할 것을 꾀하므로 많은 선물과 달콤한 말로 백방으로 회유하여 틈을 타서 들어와서는 반드시 먼저 그 이권을 빼앗고 그 다음에는 중요한 지역을 점령할 것이다. 이것이 둘째로 해로운 점이다.

중국은 조선과 아주 가까이 있는데 조선이 하루아침에 다른 나라의 소유로 된다면 결코 좋게 여길 수 없는 것이다. 그러므로 수륙으로 동시에 진출하여 재빨리 남보다 먼저 상륙하여 잠깐 사이에 대병력이 경내를 뒤덮으며 비록 구주에 구원해 줄 군사가 있다 하더라도 사태가 급하게 되어 그것을 기다릴 사이도 없이 조선은 벌써 망하게 될 것이다. 이것이 셋째로 해로운 점이다.

조선에서 지금 붕당이 일어나고 있고 반란도 계속되고 있는데, 만약에 한 번 중국을 배반하게 되면 상하가 서로 의심하고 사람들의 마음도 이탈하고 배반하여 중국에서 군사를 일으켜 죄상을 따지기도 전에 내란이 일어날 것이다. 이것이 넷째로 해로운 점이다.

유리한 점은 저렇고 해로운 점이 이러하니 굳이 지혜로운 사람이 아니라도 판단할 수 있을 것이다.'

어떤 사람이, '그러나 중국의 강대성은 구주만 못하니 조선이 구주를 끌어들여다 자기를 보위한다 해도 중국에서는 기필코 따지지는 못할 것이다. 월남과 버마에서 있었던 사실을 보지 않았는가?'라고 말하므로 이렇게 대답했습니다.

'절대로 그렇지 않다. 월남과 버마는 먼 바닷가에 외따로 있지만 조선은 중국의 바로 옆에 있다. 북쪽으로는 발상지인 심양과 아주 가깝고 서쪽으로는 천진과 연대의 요충지로 견제하고 있어서 조선이 없으면 동쪽 성벽이 없는 것과 같으므로 중국으로서는 군사를 동원하지 않을 수 없는 것이다. 그렇기 때문에 버마에 대해서는 허용하고 월남에 대해서는 좀 늦출 수 있었지만 조선은 결코 놓칠 수 없다.

조선이 만일 중국을 배반한다면 중국은 필연코 재빨리 군사를 동원하여 신속히 와서 점령하는 것을 상책으로 삼을 것이다. 그 때 가서 구주에서도 군사를 동원하여 승부를 다투게 될는지 꼭 알 수는 없지만 나그네와 주인의 형세는 이미 결정되었으므로 중국은 편안히 앉아 멀리서 오는 피로한 적들과 맞닥치게 될 것이며, 또 구주가 어떻게 군사를 모두 긁어가지고 동쪽으로 오면서 그 배후를 고려하지 않을 수 있겠는가?

중국의 병력이 구주만 못하지만 정병이 30만이고 전선戰船도 100여 척이 되며 해마다 들어오는 수입도 6천만 석이나 되므로 만약 일부 부대를 출동시켜 조선을 점령하려고 한다면 돌로 달걀을 깨듯이 쉬울 것이다.'

어떤 사람이 비웃으면서, '공의 말과 같다면 이것은 조선이 중국을 몹시 두려워한다는 말인데 중국도 조선이 중국을 두려워하듯이 오히려 구주를 두려워하는데 어떻게 구주를 방비할 수 있겠는가?'라고 말하므로 이렇게 대답했습니다.

'이것은 또한 그렇지 않다. 중국은 영토가 넓고 백성이 많으며 나라 안은 태평하다. 그래서 군사를 모두 동원하여 사람들을 죽여 들판에 차게 하는 것을 좋아하지 않는다. 이것은 어진 사람의 마음으로 백성들을 편안하게 하려는 것이지 구주를 두려워하는 것이 아니라는 것은 프랑스와의 전란에서도 찾아볼 수 있다.

조선이 중국을 두려워하는 것은 옳지만 구주를 두려워하지 않는 것은 무엇 때문인가? 조선이 병든 나라이므로 서인西人이 전력을 다하여 차지하려고 꾀하지만, 중국이 반드시 대병력으로 도와줄 것이니 그들이 군사를 오래도록 동원하고 군량을 소비한대도 얻는 것으로는 잃는 것을 보상할 수 없을 것이며 더구나 꼭 얻을 수도 없지 않는가?

조선이 만약에 밖으로 예의를 다하여 외교하고 안으로 중국의 원조를 받는다면 다른 나라 사람들이 함부로 속이고 업신여기지 못할 것이다. 해마다 있는 사실을 놓고 보더라도 모두 중국 사람들이 스스로 손을 쓴 것이지 어찌 다른 사람들이 억지로 시켜서 한 것이겠는가?'

어떤 사람이, '만약 그렇다면 조선은 끝내 자주自主를 할 가망이 없겠구나'라고 말하므로 이렇게 대답했습니다.

'이것이 웬 말인가? 조선은 자기 나라를 자체로 통치하고 자기 백성들을 자체로 거느리며 각 나라들과 조약을 맺어 자주국이라고 부르고 있다. 다만 중국의 관할을 받는데 지나지 않는 것이다. 만일 남의 신하로 되지 않는 것을 가지고 자주라고 한다면 이것은 문자상의 체면이나 유지하는 것이지 나라가 망하는 것은 돌아보지 않는

것이다. 헛된 이름을 취하려다가 실화를 당하게 될 것이며 아침에
는 황제라고 부르다가 저녁에는 벌써 파면될 것이니 어느 것이 성
공하고 실패하겠는가를 명확히 알 수 있다.

가령 조선의 백성이 많고 나라가 부유하며 정병이 수십만이 되어
아주에서 강대한 나라라고 불리면서 자립을 도모하려고 한다면 혹
시 기대를 가질 수도 있겠지만, 지금은 상하가 단합되지 않았으며
나라는 쇠약하고 백성들은 빈곤하다. 만약 아주 가깝고도 강대하며
아주 어질고도 공정한 하나의 나라를 찾아서 비호를 받으려 한다면
중국을 제쳐놓고 어느 나라를 따르겠는가? 중국에 의지하여 스스
로 보존할 것을 도모한다 해도 오히려 다른 걱정이 있을텐데 더구
나 다른 나라야 말할 나위가 있겠는가?'

어떤 사람이 이 말을 다 듣고 나서 훤히 깨닫고, '공의 말은 참으
로 눈을 틔워주고 귀를 열어주었으니 약도 침도 이만은 못하다' 하
였습니다.   – 고종 23년(1886) 7월 29일

원세개는 고종에게도 상소를 올렸다. 그는 이 상소에 비유하는
말 네 가지와 당면한 일 열 가지를 제기하였다. 그 내용은 다음과
같다.

🔖 네 가지 비유

1. 나라를 세우는 것은 집을 세우는 것과 같습니다. 조선은 중국
과 서로 인접한 가까운 이웃입니다. … 저는 서쪽의 이웃집 사람입

니다. 동쪽의 이웃집이 기울어져가는 것을 보고 매일 동쪽의 이웃집 문 앞에서 외치기를 '집을 급히 수리해야 한다. 그렇지 않으면 반드시 무너진다'라고 하면 똑똑한 사람은 그 소리를 듣고 그 말이 틀림없다는 것을 알고 기꺼이 응하지만, 어리석은 사람은 보고도 멍하게 있으면서 도리어 동쪽의 이웃집이 기울어지는 것이 서쪽 집에 무슨 상관인가라고 하면서 매일 태연히 지내면서 응하지 않을 뿐만 아니라 매우 하찮게 여길 것입니다. 이리하여 마음이 몹시 상한 사람은 그 후부터 반드시 문을 닫고 들어앉아 기둥이 넘어지고 대들보가 부러지는 소리를 듣고도 형편을 물어보지도 않지만 동정심이 많은 사람은 계속 수고와 나무람도 마다하지 않고 때때로 애를 쓰면서 이웃집이 무너질까봐 염려합니다. 더구나 제가 여러 차례 수리까지 대신해 주었는데 조선에 대해 관심을 갖지 않을 수 있겠습니까?

2. 조선은 못쓰게 된 배와 같습니다. 재목은 다 썩고 돛은 다 떨어져 나가버렸으니 나무와 돛을 바꾸어 튼튼하게 만들어야 할 것입니다. 비록 보는 사람이 다시 수리할 힘이 없다 하더라도 수시로 물이 새는 곳을 조사해 보고 방도를 세워 메워야 할 것입니다. 그런데 뜻밖에도 같은 배에 나쁜 놈이 있게 되면 배 안에 있는 돈을 가지려고 물이 새는 곳을 메우려고 하지 않을 뿐만 아니라 배를 일부러 요동시켜서 침몰시킨 다음에 돈을 가지고 도망칠 것입니다.

저는 주장(舟匠 : 배를 고치는 장인) 같이 여러 차례나 대신 수리했습니다. 전하와 여러 신하 및 백성들은 모두 배를 탄 사람들인데 만일 배를 요동시키는 대로 내버려두고, 주장이 잠깐이라도 소홀히 여기고 미처 수리하지 못하면 배 안의 사람들은 떠내려가다 어디서 빠져 죽을지 모르게 될 것입니다. …

3. 치국治國은 의사가 병을 치료하는 것과 같습니다. 조선의 병은 골수에 든 병입니다. 훌륭한 의사는 반드시 좋은 약을 보내줍니다. 그러나 좋은 약은 입에 씁니다. 앓는 사람은 그것이 병에 이롭다는 것을 모르고 싫증을 내며 거절합니다. 이런 때 달콤한 맛이 있는 것을 권하는 사람이 있으면 병자는 그것이 입에 맞는다고 기뻐하면서 먹습니다. 한 번 먹으면 병이 더해지고 두 번 먹으면 병이 아주 심해져서 구원할 수 없게 되어서야 달콤한 맛이 있는 것을 권한 사람의 해독을 알게 되지만 사실은 이미 때가 늦은 것입니다.

4. 나라는 사람의 몸과 같습니다. 몸에 비록 화려한 옷을 입었다고 하더라도 집안이 거덜이 나서 아무런 먹을 것도 없다면 무엇으로 살아나가겠습니까? 치국자는 우선 내정內政을 닦고 그 다음에 바깥 정사에 힘써야 하는 것입니다. 비유해 말하건대 오늘 배가 부르다면 의복은 남루해도 손상될 것이 없지만 그렇지 않고 굶주림을 참지 못할 형편이라면 아무리 날마다 비단옷을 입은들 무엇으로 살아갈 수 있겠습니까? 이것은 필연적인 이치입니다.

🖋 당면한 일 열 가지

1. **대신 임명에 대한 문제** : 대신이란 다 나라의 은혜를 입은 사람으로서 나라와 운명을 같이 하는 사람들입니다. … 여러 대신 가

운데는 일을 많이 겪어보고 대의를 잘 아는 사람이 있을 것입니다. 그들이 특출한 공로를 세우지는 못한다 하더라도 역시 대사를 그르치지는 않을 것입니다. 그들을 믿고 일을 맡긴다면 백성들은 따르고 나라가 편안해질 수 있을 것이니, 반드시 관리로 등용했다면 의심하지 말아야 하며 의심스러우면 반드시 등용하지 말아야 일이 잘 이루어질 것입니다.

2. 간사한 신하들을 멀리 하는 문제 : 간사한 신하는 자기 한 몸의 명리名利에만 급급한 나머지 국가의 안위에 대해서는 아랑곳하지 않습니다. … 처음에는 달콤한 말과 교묘한 계책을 백방으로 쓰다가 심하면 매국하고 영예를 구하는 등 못하는 짓이 없게 될 것이니, 그 해독을 이루 다 말할 수 있겠습니까? … 대체로 소인들도 쓸 만한 잔재간이 없는 것은 아닙니다. 그러나 단지 각 관청에 소속시켜서 그의 장점을 나타내게 하면 되는 것이고, 날마다 임금의 곁에 있게 하여도 안되며 국정에 함께 참가시켜서도 안되는 것입니다. 가령 김옥균과 홍영식 등에게도 처음부터 전하를 가까이하는 권한을 주지 않고 각 관청의 밑에만 돌게 했더라면 갑신년(1884)의 변란이 일어났을 리가 있겠습니까?

3. 여러 관청을 이용하는 문제 : … 크고 작은 일을 다 위에서 처리하는 것이 오래되면 폐단이 생기는 법입니다. … 여러 가지 일을 여러 관청에 분임分任하고 전하는 그 큰 줄기만 틀어쥐고 잘잘못을 가려서 상벌을 분명하게 적용한다면 수고하지 않고도 제대로 다스려질 것이며 떠들 것도 없이 일이 제대로 되어갈 것입니다.

4. 민심을 얻는 문제 : 지금 민심이 흩어졌으니 시급히 돌아오도록 해야 하겠습니다. 민심은 나라의 근본입니다. 근본이 흔들리고서야 가지와 잎이 무성할 리가 있겠습니까?

… 해마다 큰물과 가뭄, 전염병으로 백성들의 곤궁이 극도에 이르렀으니 만일 한두 가지의 가장 나쁜 정사를 제거하기 위하여 힘을 쓰고, 다시 각사 대신들과 의논하여 어진 수령을 등용하고 백성들과 함께 이로운 일을 장려하고 해로운 일은 제거하게 하며 임기를 길게 하여 그들의 근무 상태를 조사하여 평가를 한다면 백성들은 모두 선뜻 감화되어 메아리가 울리듯 형체에 따라 그림자가 비추듯이 될 것입니다.

5. 시기심과 의심을 푸는 문제 : … 전하가 침체된 것을 추켜세우고 의심을 깨뜨리며 결단하여, 의심스러운 사람은 파면시키고 믿을 만한 사람을 임명하여 사람마다 각기 자기의 장점을 다 힘써 나타내도록 하며 시기하고 의심하던 것을 얼음이 풀리듯이 싹 풀리게 한다면 신하들이 분발하여 당면한 곤란한 문제들을 함께 타개할 것이며, 정치가 날로 잘 되어 나갈 것입니다.

6. 재정을 절약하는 문제 : … 근래에 창고의 저축이 줄어들고 국채國債가 늘어났으나 사실을 놓고 말하면 한 가지도 효과 있게 쓰이지 못하고 다 중요하지 않은 일에 이용되었으며, 소인들은 한갓 나라의 부강을 도모한다는 명색 밑에 저들의 이익만을 추구했던 것입니다. 전환국典圜局 · 제약국製藥局 · 기기국機器局을 설치하며 윤선輪船을 사오는 등과 같은 문제들이 어찌 좋은 일이 아니겠습니

까? 그러나 조선의 형편을 놓고 논한다면 이런 것부터 할 것이 아니라 먼저 내정을 바로잡아 재물을 마련할 길을 열고 절약하는 일에 힘써서 나라의 재정이 넉넉해지고 집집마다 사람마다 풍족하게 되었다는 것이 인정된 다음에 차례로 시행해서 부강을 서서히 도모해야 합니다. …

7. 신하들의 말을 신중히 듣는 문제 : … 신하들의 말을 들을 때는 우선 그 말이 이치에 맞는가 맞지 않는가를 따져보며 계속해서 그 말이 과연 진실한가, 진실하지 않는가를 살펴보고 조금이라도 속이는 데가 있으면 먼 지방으로 내쫓음으로써 의견을 제기하는 길을 깨끗하게 해야 할 것입니다. 혹시 명확히 알고도 그대로 쓴다면 이것은 곪은 곳을 짜버리지 않고 근심을 남겨두는 것과 같습니다. …

8. 상과 벌을 정확히 주는 문제 : 대체로 상벌은 정령의 근본이며, 인심에 관계된 문제입니다. 상은 반드시 신의가 있게 하고 벌은 어김없이 집행해야만 나라를 다스릴 수 있으며 신하들을 통제도 하고 처벌도 할 수 있습니다. …

9. 친할 사람을 가까이 하는 문제 : 중국과 조선은 서로 의지한 지 수백 년이 됩니다. 사람들의 마음이 서로 굳게 결합되어 온 것도 하루 이틀의 일이 아니며 아침에 떠나면 저녁에 당도할 수 있게 잇닿아 있으니 위급한 일을 함께 타개할 수 있습니다. … 이른바 친밀하게 지낸다는 것은 겉치레나 하는 형식적인 것이 아닙니다. 반드시 서로 성의를 다해 관계하며 두 나라가 한마음이 되어 피차간

에 서로 믿으면 어떤 일이건 해결하지 못할 것이 없습니다. 더구나 중국이 성원하면 외부의 침입이 생길 수 없으므로 얼마든지 생각을 가다듬어 정사를 잘하여 나라의 부강을 도모할 수 있을 것인데 무슨 이롭지 못할 일이 있겠습니까?

10. 외교를 조심하는 문제 : 외교란 만국의 이목이 관심을 가지는 것으로서 또한 나라의 중요한 일이니 외서外署들이 성실하게 하도록 해야 합니다. 밖으로는 예의를 다하고 안으로는 믿음을 보여야 우의友誼를 오랫동안 두텁게 하여 각기 서로 편안히 지내게 됩니다. 만일 명령이 한결같지 않고 정사도 여러 갈래로 나온다면 각국의 웃음거리로 될 뿐 아니라 앞으로 외인에 의심을 사게 될 것입니다. 그뿐 아니라 불측한 심보를 가진 나쁜 놈들이 사단을 빙자하여 우롱해서 집어삼킬 흉악한 계책을 실현하게 될 것이니 이것은 난리를 초래하는 길이 됩니다. … - 고종 23년(1886) 7월 29일

이 상소에서 원세개는 "김옥균을 일본에서 찾아내려고 할 필요가 없으며 조선 안에서 생겨나는 김옥균을 막아야 한다"라고 강조하였다.

고종이 원세개에게 회답을 하였다. " … 근래에 이 나라의 정령이 하나도 집행되지 못하고 있는 것은 사실 암둔한 내가 똑똑치 못해서 일처리를 잘하지 못하고 안팎의 여러 신하는 우물쭈물하면서 말하지 않기 때문입니다. 그런데 족하(足下 : 원세개)만은 간곡하게 일깨워주며 당대의 폐단을 명확하게 논하여 황제까지 보도록 했으

니, 이것은 암둔한 나를 도와서 스스로 날로 새롭게 하는 성과를 거두게 해 주자는 것입니다. 그러니 감히 마음과 뜻을 깨끗하게 씻고 새로운 정치를 도모함으로써 고심어린 족하의 기대에 부합되게 하지 않을 수 있겠습니까? … "라는 내용이었다.

미국에 대한 문답

고종 26년(1889) 7월 24일 임금은 미국 주재 전권대신으로 있다가 돌아온 박정양朴定陽과 만나서 미국의 사정을 물었다.

"그 나라 면적이 일본에 비하여 몇 배나 되는가?"

"면적은 우리나라에서 거리를 재는 법으로 계산하면 동서가 8천550리이고 남북이 4천800리입니다. 이것은 세계 지도를 보고 안 것이고, 그 나라 사람을 만날 때마다 들어보니 강역疆域의 넓이는 아세아주의 중국이나 구주歐洲의 러시아보다 작지 않다고 했습니다."

"그 나라에 주재해 있을 때 대통령이 접대하는 절차는 어떠했으며 접견할 때마다 악수로 인사를 하던가?"

"그들이 접대하는 절차는 기타 각 나라들과 같았으며 극히 친절했습니다. 서양 풍속에서는 악수하는 것을 접견할 때의 예절로 여기기 때문에 신臣도 그 나라에 들어가서는 그 인사법을 따라 악수로 인사를 했습니다."

"그 나라는 매우 부강하다고 하는데 과연 그렇던가?"

"그 나라가 부강하다는 것은 비단 금이나 은이 풍부하다거나 무기가 정예하다는 것뿐만이 아닙니다. 그것은 전적으로 내부를 정비하고 실리에 힘쓰는 데 있으며, 재정은 항구세를 가장 기본으로 하고, 그 다음은 담배와 술이고, 그 다음은 토지세이며 기타 잡세도 적지 않다고 합니다. 근년에 한 해의 수입은 거의 3억7천여만 원을 넘고 한 해의 지출은 2억6천790만 원이니 지출과 수입을 대비할 때 남는 것이 4분의 1이나 됩니다. 때문에 어떤 사람들은 각 항구에 들어오는 물건의 세를 줄이자고 논의하기도 하고, 또 어떤 사람들은 각 항구에 들어오는 물건의 세를 줄인다면 다른 나라에서 명주, 비단, 도구 같은 물건 등의 수입이 날로 증가하여 들어오고 그에 따라 값이 싸지면 백성들은 사서 쓰기를 좋아하면서 만들려고 하지 않을 것이니, 백성들이 자연 게을러지고 나라가 빈약하게 될 것이라고 합니다. 그리하여 세를 줄이자는 논의는 결국 시행되지 못했으니, 그 나라가 부유해진 이유를 이미 알 만하고, 재정을 넉넉하게 하는 방법도 이를 미루어 알 수 있습니다.

대개 그 나라 재정의 원천이 이와 같은데도 오히려 비용을 절약하고 낭비하지 않기 때문에 날로 부유하여 각국의 으뜸이 되었으니, 그 나라가 부유하게 된 요점은 전적으로 비용을 절약하는 데 있고, 비용을 절약하는 요점은 전적으로 규모에 달려 있습니다. 그 나라의 규모가 주도면밀하여 일단 정한 규정이 있으면 사람들이 감히 어기지 못합니다."

"그 나라의 규모가 매우 주도면밀하다고 했는데 과연 어떠한가?"

"관리로 말하면 나랏일을 자기 집안일과 같이 여기며 각각 자기 직책의 정해진 규정을 지키고 한마음으로 게을리하지 않으며, 백성으로 말하면 사농공상이 각각 자기 일에 종사합니다. 전국을 통계해도 놀고먹는 백성이 드물기 때문에 재정이 이로 인하여 부유하고 규모가 이로 인하여 주도면밀한 것입니다."

"그 나라가 다른 나라보다 가장 부유한 것은 실로 규모가 주도면밀한 데 원인이 있겠지만, 인심이 순박하기도 각국에서 첫째라고 하는데 과연 그러한가?"

"각국의 인심을 다 알 수 없으나 미국은 독립한 지 100여 년에 불과하여, 토지는 아직 개간하지 않은 곳이 많으므로 전적으로 백성들을 모집하는 일에 힘쓰고 있습니다. 그리고 교육에 대한 문제를 나라의 큰 정사로 삼기 때문에 인심이 자연 순박합니다."

"그 나라에 주재하고 있을 때 어느 나라 공사와 가장 친밀했는가?"

"공사들의 교섭에서는 서로 좋게 지내기에 힘쓰기 때문에 별로 친소親疎의 차이가 없었습니다만, 우리나라와 조약을 맺은 나라의 공사와 더욱 친밀하게 지냈습니다."

"일본 사람들은 각국에 왕래하면서 좋은 제도를 많이 모방하여 법률을 고치기까지 하였다고 하는데 과연 그런가?"

"일본 사람들이 각국에 왕래하면서 정치와 법률에서 단점을 버리고 장점을 취하여 모방한 것이 많습니다."

"미국이 재정이 풍부하고 제도가 주도면밀하다는 것은 정말 소문대로이다. 그런데 전적으로 농사일에 힘을 쓴다고 하는데 과연 그렇던가?"

"농사만이 아닙니다. 사농공상이 각각 자기 일에 힘쓰고 있는데, 미국의 남쪽 지방에서는 농사에 가장 힘쓰고 있습니다."

"미국은 나라를 세운 지 얼마 되지 않는데 그 정치 제도가 이러하고, 사농공상이 모두 자기 일을 잘하고 있으니 영국보다 우세할 것 같다. 그런데 영국은 상업만을 위주로 한다고 하던데 과연 그런가?"

"영국은 땅이 좁고 인구가 많아서 무역에만 의존하기 때문에 자연 상인이 많으니 당연한 일입니다."

"그 나라에서는 항구세를 많은 경우 100분의 5를 받는다고 하는데 과연 그런가?"

"미국의 항구세는 수출세를 낮게 하여 주민들이 생산에 힘쓰도록 장려하고, 수입세를 높여 외국 물품이 백성들의 돈을 거둬 내가는 것을 억제하고 있습니다. 그래서 혹 100분의 5도 받고 혹 100분의 10도 받는데, 그것은 그 물품에 따라서 백성들에게 유리한 것은 세를 가볍게 하여 들여오도록 하고 백성에게 해로운 것은 세를 무겁게 하여 막아 버립니다. 명주, 비단, 담배, 술 같은 것들은 관세가 원가보다 높은 것이 있으므로, 다른 나라에서 처음 오는 상인들은 가끔 세금이 원가에 맞먹는다고 말합니다.”

“그 나라는 면적이 그렇게 넓고 백성들의 집도 크고 화려하지만 대통령의 관청은 별로 화려하지 않다고 하던데 과연 그런가?”

“대통령의 관청은 백성들의 개인집과 구별이 없으며 부유한 백성들의 집에 비교하면 도리어 미치지 못할 정도로 매우 검소합니다. 그러나 개인집과 다른 것은 건물을 전부 흰 칠을 했기 때문에 나라 사람들이 ‘백옥’이라고 합니다.”

“그 나라는 남쪽으로 칠레와 브라질을 이웃하고, 북쪽으로 영국, 러시아 등에 속한 땅과 경계를 하고 있는데 이것이 북미국北美國인가?”

“남북의 경계는 과연 전하의 하교와 같은데 비록 북미합중국이라고는 부르지만 아메리카 주 전체를 놓고 말한다면 미국은 그 복판을 차지하고 있습니다.”

“그 나라는 해군, 육군의 제도가 그다지 정비되지 못하였다고 하는데 과연 그러하며, 또 상비병, 예비병, 후비병(後備兵 : 병역 대상자가 예비역을 마친 후에 복무하던 병역)이 있는가?”

“그 나라에 상비 육군은 3만 명에 불과한데 각 진영에 배치했으며, 현재 워싱턴에 주둔하여 있는 군사는 몇백 명에 불과합니다. 그 나라의 크기에 비하여 군사를 보면 그리 많지 않았지만, 그 밖에 또 민병이라고 부르는 것이 각 지방, 각 촌락에 있고 군사 학교가 있어서 백성들에게 훈련을 가르치는데 정부에서 군량을 대주지 않아도 나라에 변란이 있을 때마다 천만 명의 정예병을 선 자리에서 동원시킬 수 있습니다. 이것이 이른바 '군사를 백성에 부속시킨다'라고 하는 것인데, 나라를 위하는 마음은 관리나 백성이나 차이가 없습니다."

"군사 학교는 공립인가, 사립인가?"

"공립도 있고 사립도 있습니다."

"오가는 길에 단향산檀香山이 있다고 하던데 그것은 어떤 곳인가?"

"그것은 하와이에 속하는 섬입니다."

"하와이는 작은 나라이다. 오가는 길에 과연 두루 보았겠는데 그 면적은 얼마나 되던가?"

"하와이는 바로 태평양 가운데 있는데 여러 섬이 모여 한 나라를 이룬 것으로서 오키나와나 우리나라 제주에 비교하여도 많이 크지 않을 것 같습니다. 신이 미국으로 갈 때에 배가 그 경계에 닿았으나 밤이 깊어서 육지에 내리지 못하여 자세히 보지 못했습니다. 그런데 항구와 수도는 매우 영락되어 있었습니다. 40년 전에 천연두가 유행하여 사람이 많이 죽었기 때문에 근래에 구라파, 아시아 각 주의 백성들을 모집하여 겨우 모양을 갖추었다고 합니다."

"하와이는 한 개의 섬나라인데 미국과 영국이 그전에 서로 분쟁한 일이 있었다고 하니 무슨 까닭이었는가?"

"영국에서 하와이를 병탄하려고 하므로 하와이는 그 침략에 견딜 수 없어 미국에 속하기를 원했으니 그것은 대체로 영토가 가깝기 때문이었을 것입니다. 그러나 미국은 본래 남의 땅에 욕심이 없었기 때문에 속국이 되겠다는 그 나라의 소원을 승인하지 않고 그대로 자주 독립하게 하여 지금까지 보호하고 있습니다."

"우리나라에 주재하는 미국 공사 딘스모어[丹時謨 : Dinsmore]는 이미 그만두었지만 새로 임명된 공사도 곧 그만두려고 한다는데 무슨 까닭인지 모르겠다. 그리고 딘스모어의 말을 들어보면 우리나라에서 새 공사를 파견한 후에 미국의 새 공사도 파견되어 온다고 하는데 과연 그런가?"

"미국은 자체의 실력을 기르는 데만 힘쓰고 외교는 부차적인 일로 여기기 때문에 사신으로 나가는 사람들의 봉급이 서양 여러 나라에 비하여 좀 적습니다. 그래서 원하지 않는 사람도 있습니다. 이는 민주국이기 때문에 사람들이 각각 자유로운 권리를 가지고 있는 만큼 정부에서 강요할 수 없습니다. 우리나라에 새 공사를 파견하는 문제에 대해서는 딘스모어의 말이 이상할 것이 없습니다. 어느 나라를 막론하고 다른 나라에 사신을 내보내는 것은 다 다른 나라의 사신이 자기 나라에 와서 주재하기를 원하기 때문이며, 또 등급이 높은 관리를 원하는 것은 다른 나라가 자기 나라를 우대하기를 요구하기 때문입니다. 이것은 물론 요즘 각각 외교의 일반적인 추세입니다."

"다른 나라에 오가면서 오늘에 이르기까지 노고는 비록 많았지만 각국 사람들의 말을 들을 때마다 사신의 임무를 잘 처리했다고 하니 이것은 다행한 일이다."

"사신으로 가는 의리가 중한데 어떻게 감히 노고에 대하여 말하겠습니까? 학식이 부족하여 자연 잘못하는 일이 많았으니 황송하여 주달할 바가 없습니다."

대왕대비 승하

고종 27년(1890) 4월 17일 대왕대비가 경복궁 흥복전興福殿에서 별세했는데 나이는 83세였다. 대왕대비였던 신정왕후(조대비)는 고종의 법적 어머니였다. 임금은 경복궁 태원전泰元殿을 빈전으로 하라고 전교하였다. 산릉은 동구릉에 있는 익종의 수릉綏陵에 합장하기로 정하였다. 8월 29일 대왕대비의 영가(靈駕 : 죽은 사람의 혼)가 산릉으로 떠났다. 임금과 왕세자는 광화문 밖에 나아가 하직하였다.

8월 30일 독판내무부사 조강하趙康夏가 지어 올린 대왕대비의 행장(行狀 : 사람이 죽은 뒤에 그 사람의 평생의 행적을 기록한 글)은 다음과 같다.

왕후의 성姓은 조씨趙氏이고 본관은 풍양豐壤이며 ⋯ 기묘년(1819)에 순조가 익종을 위해 배필을 선택했는데 왕후가 이때 12세로 선발이 되어 겨울 10월에 왕세자빈으로 책봉되고 혼례를 거행하였다. ⋯ 익종이 정해년(1827)에 세자로 정사를 대리할 때에 그의 숨은 공적과 부드러운 덕화에는 왕후의 도움이 실로 컸다. 7월

에 헌종이 출생하니 가르치고 인도하는 데는 의리로써 하고 바야
흐로 학문을 장려하고 덕을 기르게 하면서 늘 성인이 되기를 기대
하였다. … 경인년(1830) 5월에 익조가 홍서(薨逝 : 신분이 높은 사람
의 죽음)하자, 왕후는 상선常膳을 들지 않고 밤낮으로 슬피 우니 곁
에서 차마 우러러볼 수 없었으나, 걱정스러운 한 가지 생각은 오직
두 전하를 받들어 위로하는 데 있었다. … 갑오년(1834) 11월에 순
조가 승하하니 규례에 벗어날 정도로 너무 슬퍼하였다. 헌종이 왕
위를 잇자 익종을 추존하여 왕후로 삼으니 왕대비에 올랐다. … 기
유년(1849) 6월에 헌종이 상빈(上賓 : 임금이 죽음)하니 왕후의 성덕
은 사리에 어긋날 정도로 슬픔이 더하여 하늘의 보답을 실로 헤아
리기 어려웠다. … 계해년(1863) 12월에 철종이 빈천(賓天 : 임금의
죽음)하고 종묘사직이 의탁할 데가 없으니, 전교하기를, '이 끝없이
슬픈 때를 당하여 나라의 운명은 한시가 급하다'하고, 흥선군의 적
처 소생의 둘째 아들을 들이어 익종 대왕의 대통을 잇게 하였다. …
왕후는 어린 임금이 처음 정사政事를 하게 된 만큼 현재 어려운 일
이 많다는 것을 걱정하여 마지못해 수렴청정을 윤허하고 … 주상
을 존대하고 예우하여 주상이 진현(進見 : 임금을 만남)할 때마다 비
록 뜻밖이더라도 반드시 일어나 앉았으며 80세 노인으로서 몸이 편
안치 않은 중이라도 그렇게 했으니, 이것은 왕후의 공경이었다. …
막상 정사에서 손을 놓고 일을 거둔 후에는 음성이 병풍 안에서 나
오지 않았지만, 만일 사방에서 수재水災와 한재旱災와 기근에 대한
보고가 있으면 걱정하고 불안해하면서 마치 자신의 아픔과 같이 여

겼다. … 신하들이 청하기도 전에 용단을 내려 수렴청정을 그만둔 공명정대한 처사는 또한 선인 태후도 능히 미칠 수 없는 일이었으니, 아! 훌륭하시다.

아들 한 분을 두었는데 헌종대왕이고 그 왕비인 효현왕후孝顯王后 김씨는 영돈녕부사 영흥부원군永興府院君 김조근金祖根의 딸이다. 계비인 왕대비 전하 홍씨洪氏는 영돈녕부사 익풍부원군 홍재룡洪在龍의 딸이다. 지금의 우리 주상 전하가 들어와 대통을 이어 익종대왕의 아들이 되었다. …　　　– 고종 27년(1890) 8월 30일

상중이었던 고종 27년(1890) 5월 20일 임금은 안민윤음安民綸音을 내렸다. " … 나라에 백성이 있는 것은 사람에게 사지四肢가 있는 것과 같다. 사지가 편안해야 몸이 편안할 수 있고 백성이 편안해야 나라가 편안할 수 있다. 근래 백성들의 고통은 한 혈맥이나 한 손가락에만 병든 것이 아니라 털끝까지도 모두 병이 들었다. 폐해가 이렇게 심하게 되었으니 역시 백성이 없게 될 것이고 나라가 백성이 아니면 나라 노릇을 못하게 될 것이다. 뿐만 아니라 의연히 번잡하게 거두어들이니 1년 내내 힘들게 농사를 지어도 항아리에는 남아 있는 곡식이 없고, 긁어가고 못살게 구니 파산하고 집을 망치게 되었지만 끝없는 탐욕을 채울 수가 없는 것이다. 게다가 흉년이 들어 가난한 백성들은 길가에서 울부짖고 생업을 잃은 무뢰한 무리가 서로 불러 모아 약탈을 하니 행상들이 낮에도 다닐 수 없고, 마을에서는 야경夜警을 도니 원망하고 한탄하는 소리가 대

궐 안에 사무치는 것 같다. … 아! 대행 대왕대비大行大王大妃께서 평소에 나에게 간곡하게 가르친 것은 '백성을 편안하게 하라[安民]'라는 두 마디 말이었다. 내가 왕위를 이은 이후부터 밤낮 조심하며 힘쓰며 걱정하면서 자리에 누워서도 백성을 위한 대책을 찾아 있는 힘을 다하지 않은 적이 없었으나, 정사가 뜻대로 되지 않고 일만 복잡하며 번영하게 하려는 것이 도리어 군색하게 만들고, 혹 사랑을 베푼다는 것이 도리어 방자하게 만들었으니, 아무리 생각하여도 방책이 없을 것 같다. … 아! 통탄할 일이다. 백성들 중에는 더러 가혹한 착취에 견디지 못하여 서로 모여 소란을 일으키고 임명한 관리를 모욕하는 경우가 있는데 이것은 역시 심히 놀라운 일이다. 그런데 관리가 백성을 학대하는 것은 이미 해당한 법조문이 있으나, 백성으로서 관리를 모욕하는 것은 더욱 용서할 수 없는 죄에 속하는데 분풀이를 하다가 스스로 형벌을 받으니, 아! 슬픈 일이다. … 이제부터는 엄하게 규정을 밝히어 관리로서 제 구실을 못하여 백성들과의 관계에서 본분을 어기는 자가 있으면 나는 반드시 용서치 않을 것이다. … "라는 내용이었다. 또 대신들에게 종전의 폐단을 철저히 없애도록 전교하였다.

동학란

고종 30년(1893) 2월 28일 의정부에서 동학東學의 무리를 처벌할 것을 아뢰었다. " … 간사한 무리가 자칭 동학이라고 하면서 함부로 주문呪文과 부적을 만들어 사람을 꾀고 감히 참위설(讖緯說 : 미래의 길흉에 대한 예언을 믿는 사상)에 의탁하여 선동하고 현혹하니, 바로 음흉하고 요사스러우며 황당하고 괴이하며 법도에 어긋나는 말일 뿐입니다. 나라에서는 응당 금지하여야 할 것이고 법으로는 용서하지 말아야 할 것이니, 응당 직위에 구애되지 말고 논의하는 일과 법을 밝히는 조치가 있어야 할 것입니다. 참으로 그들이 사악한 괴수의 신원(伸冤 : 억울하게 뒤집어쓴 죄를 풀어줌)을 위해 대궐 문 앞에 와서 호소한 행적을 보면 무엄하고 거리낌이 없었으니, 더욱 지극히 통탄스럽습니다. 모조리 죽여도 아까울 것이 없으니, 징계하기에 여념이 없어야 할 것입니다. … 속히 서울과 지방에 통지하여 이른바 소두(疏頭 : 상소에 가장 먼저 이름을 올린 사람)를 며칠 안으로 체포하고 엄하게 조사하여 실정을 캐내야 합니다. 그들의 괴수는 전형典刑을 밝혀 바로잡고, 잔당들은 특별히 잘 깨우쳐서 잘못을 깨닫고 귀화하게 하소서. 만약 가장 심하게 물들어서 끝내 깨닫지 못하는 자가 있으면, 속히 해당 법률을 시행함으로써 나라의 법을 엄하게 하고 민심을 안정시키는 것이 어떻겠습니까?"라는 내용이었다. 임금은 그렇게 하도록 윤허하였다.

3월 25일 임금은 영의정 심순택沈舜澤, 좌의정 조병세趙秉世, 우의정 정범조鄭範朝 등과 함께 동학난에 대한 대책, 공정한 수령 임명, 군사 양성 문제 등에 대해 대화를 나누었다.

" … 요즘 동학당의 소란은 몹시 놀랍고 통분할 일이다. 지난번에 이 무리가 상소를 올린다고 할 때에 즉시 엄하게 징계하였으면 혹 오늘날같이 창궐하는 폐단은 없지 않았겠는가?"

"지난번에 설사 엄하게 징계하였다고 하더라도 반드시 오늘날처럼 패거리를 불러모았을 것입니다. 이것은 전적으로 관리들이 탐오한 짓을 자행하여 그 침해와 학대를 견디지 못해서 그런 것입니다. … 군제軍制를 단속하고 군량을 비축하여 사전 준비를 빈틈없이 하는 것은 조금도 늦출 수 없는 일인데, 오직 각 수령들을 적임자로 고르지 못하여 청렴하다는 소문은 전혀 없고 탐오하는 기풍만 성행하여, 억울한 원망은 펼 수 없고 강제로 거두어들이는 것을 견뎌내지 못하게 되었습니다. 그러니 난을 일으킨 백성들이 죄를 범하게 되고 허망한 무리가 구실을 대는 것은 대개 이에 기인하지 않은 것이 없습니다. 이것이 어찌 수령들이 자기 한 사람의 욕심만 채우고 나라에 해독을 끼치는 것이 아니겠습니까? 그런데도 도신은 규제하여 경계하지 않고 전조의 관리는 도리어 직위가 오르게 하니, 만일 이와 같이 하기를 그치지 않는다면 나라는 나라 구실을 못하고 조정의 끝없는 걱정은 이루 다 말할 수 없게 될 것입니다. … "(조병세)

"만일 백성을 사랑하려면 반드시 먼저 탐오하는 자들을 징계해야 한다고 아뢴 바가 절실하니, 엄하게 신칙하는 것이 좋겠다."

"지금 서북 지방에서 백성들의 소요가 그치지 않고 호남에서 불순한 무리가 계속 일어나 그 세력이 서울 부근에서 멀지 않은 곳까지 와서 모였으니, 도로는 계속 소란하고 민심은 흉흉합니다. … 나라가 나라 구실을 하게 되는 것은 법과 기강에 달려 있을 뿐인데, 법과 기강이 이와 같으니 나라가 어떻게 나라 구실을 하겠습니까? 법은 저절로 서는 것이 아니라 반드시 사람에 의해 시행되기 때문에 나라를 운영함에 있어서는 수령을 신중히 잘 고르는 것보다 우선하는 일이 없습니다. … 대개 탐오하는 관리를 징계하고 기강을 세우며 수령을 잘 선택하고 관방을 맑게 하는 것은 오직 성상께서 실천에 옮기는 과정에서 어떻게 조치를 취하는가 하는 데 달려 있을 뿐입니다. … "(정범조)

"진달한 바가 간절한데 어찌 마음에 새겨두지 않겠는가? 기강을 세우는 것은 윗사람과 아랫사람이 함께 힘을 써야 할 문제가 아니겠는가?" …

"지난번 임술년(1862)에 소요를 진정시킬 때에는 특별히 윤음을 내리고 선무사(宣撫使 : 큰 재해나 난리가 일어났을 때 민심을 가라앉히고 주민을 안정시키기 위해 왕명을 받고 파견되던 관리)를 보냈습니다. 이번에도 특별히 선유사(宣諭使 : 나라에 병란이 있을 때 임금의 명령을 받들어 백성을 타이르는 임시 벼슬)를 파견하여 계속 윤음을 내리면 이는 곧 거듭 타이르는 것입니다. 이렇게 하여도 오히려 강경하다면 죄에 대한 성토와 엄한 처벌을 미루어서는 안 될 것입니다."
(정범조)

"그러면 선유사로 임명해야 하겠는가, 선무사로 임명해야 하겠는가? 어윤중이 이미 내려갔으니, 그에게 그대로 그 임무를 맡기는 것이 좋겠는가? 다른 사람을 임명하여 보내는 것이 좋겠는가?"

"임술년에는 선무사로 차하하였으니, 이번에도 지나간 관례대로 선무사라고 칭하는 것이 합당할 듯합니다."(심순택) …

"지난번에 청주의 군사를 총제영總制營에 옮겨 배치하고 남은 인원이 아직 청주에 있으므로 무기를 모두 다 그대로 두게 하였다."

"무기가 있고 또 남은 군사가 있으니 오히려 다행한 일입니다. 방어하는 일은 잠시도 늦출 수 없습니다."(심순택)

"요충지의 길은 대체 몇 곳인가?"

"수원과 용인은 바로 직로입니다."(심순택)

"안성도 직로이고 큰 길로써 광주廣州와 용인이 서로 접해 있는 곳입니다."(정범조)

"심영(沁營 : 강화 진무영)과 기영(箕營 : 평안도감사가 직무를 맡아보는 관아)의 군사를 우선 수원과 용인 등지에 나누어 주둔시키고 서울의 군사는 형편을 보아가며 관리를 뽑아서 등용하는 것이 좋겠습니다."(심순택)

"서울의 군사는 아직 파견해서는 안 될 것이다. 다른 나라의 군사를 빌려 쓰는 것은 역시 각 나라마다 전례가 있는데, 어찌 군사를 빌려다 쓰지 않는가?"

"그것은 안 됩니다. 만일 쓴다면 군량은 부득이 우리나라에서 제공해야 합니다."(심순택)

"군사를 빌려 쓸 필요는 없습니다."(조병세)

"군사를 빌려 쓰는 문제를 어찌 경솔히 의논할 수 있겠습니까?"

(정범조)

"중국에서는 일찍이 영국 군사를 빌려 쓴 일이 있다."

"이것이 어찌 중국 일을 본받아야 할 일이겠습니까?"(정범조)

"여러 나라에서 빌려 쓰려는 것이 아니라 청나라 군사는 쓸 수 있기 때문에 말한 것이다."

"청나라 군사를 빌려 쓰는 것은 비록 다른 여러 나라와는 다르다고 하여도 어찌 애초에 빌려 쓰지 않는 것보다 더 나을 수 있겠습니까?"(정범조)

"타이른 후에도 흩어지지 않으면 토벌해야 할 자들은 토벌하고 안착시켜야 할 자들은 안착시켜야 하니, 묘당에서 회의하되 시임 및 원임 장신들과도 의논하는 것이 좋겠다. … "

– 고종 30년(1893) 3월 25일

4월 5일 보은군報恩郡에 모였던 동학의 무리가 다 해산했다는 보고를 받고 뒤처리 문제를 논의하기 위해 임금은 영의정 심순택沈舜澤과 판중추부사 김홍집金弘集, 좌의정 조병세趙秉世, 우의정 정범조鄭範朝 등을 만났다. 대신들은, 속임수에 넘어가서 잘못을 저지르기도 하고 혹 화를 당하는 것이 두려워 어리석은 백성들이 양심을 잃고 저도 모르는 사이에 반역의 길에 함께 빠지고 스스로 죄를 범한 데 불과하니 용서해 주기를 청하였다. 또 뒤끝을 잘 마무리하는 방책으로 환란이 발생하는 원인을 따져서 다스리며, 청렴하고 사리에 밝은 사람을 구하여 각 고을에 두도록 청하였다.

고종 31년(1894) 2월 15일 고부의 민란이 계속되는 가운데 고부의 백성들이 폐단을 설명하고 수령의 죄를 물어 파직하고 잡아들이며, 해당 관속(官屬 : 지방 관청에 속한 아전과 하인)들에 대해 범죄 사실 진술을 받아 처리해 달라는 요청을 담은 소장을 올렸다.

　고부 백성들의 소란은 이른바 동학당란의 시초였다. 동학당은 원래 경주 견곡면見谷面 용담리龍潭里 사람인 최제우崔濟愚로부터 비롯되었다. 최제우의 어릴 때 이름은 복술福述이고 호는 수운재水雲齋이다. 순조 갑신년(1824)에 태어나서 목면 파는 것을 업으로 삼고 경주와 울산 사이를 왕래하였다. 하루는 하늘에 정성을 다하여 제사를 지내고 상제上帝의 신탁을 받았다고 하고는, 주문을 만들어 퍼뜨리기를, "나의 교敎를 믿는 사람은 재난을 면할 수 있고 오래 살 수 있다"라고 하였다.

　이때 천주교가 점점 성해지자 포교하는 글을 지었는데, "서교西敎는 우리의 옛 풍속과 오랜 습관을 파괴하니, 만일 그것이 퍼지도록 내버려둔다면 장차 나라를 잃고 백성이 망하게 될 것이다. 이것을 빨리 막아야 하겠는데 유교는 힘이 약하니 임무를 감당할 수 있는 것은 우리 교이다"라 하고는, 그 교를 '동학東學'이라고 불렀다. 이것은 서학西學에 상대하여 이른 말이다. 고종 42년(1905)에 교敎의 이름을 '천도교天道敎'라고 고쳤다.

　그 교의敎義는 유교, 불교, 도교 세 교의 내용을 취하여 덧붙여 꾸미고 또 상제가 우주를 주관한다는 기독교의 주장을 취하여 상제가 인간의 화禍와 복福을 실제로 맡고 있다고 하여, 시골 백성들이 많이 믿었다. 신도들은 밤이면 반드시 맑은 물을 떠놓고 보국안민輔國安民을 빌었으며 밥을 지을 때에는 쌀 한 숟가락씩을 덜어내어 '성미誠米'라고 하면서 교주에게 바쳤다.

몇 해 사이에 신도가 점점 많아지니 정부에서는 그것이 이단이고 사설邪說이라고 해서 금지하였다. 옛날 철종 계해년(1863)에 최제우를 체포하여 대구부의 옥에 가두었다가 이듬해 고종 갑자년(1864)에 저자에서 참수하였다. 그의 제자인 최시형崔時亨이 그 뒤를 이어 제2세 교주가 되어 포교하는 데 힘쓰면서《동경대전東經大全》을 간행하였다. 그 후 최시형의 제자인 손병희孫秉熙가 뒤를 이어 제3세 교주가 되었다. 이때에 주군州郡에서 동학을 금지한다고 하면서 때때로 그들을 박해하니 교도들이 분노하여 모여 상소를 올려 교조(敎祖 : 최제우)가 억울하게 죽은 일을 하소연하고 탐오하는 관리들의 포학상을 호소하였다. 이에 그들은 더욱 굳게 단합되고 신도가 더욱 많아져서 곳곳에서 소동을 피웠다.

정부에서는 전라감사 김문현金文鉉과 경상감사 이용직李容直에게 타일러 해산시키도록 명령하였다. 또 어윤중魚允中이 양호兩湖 선무사로 임명되어 충북 보은군에 가서 그 신도를 모아놓고 타일렀으나 모두 따르지 않았다. 갑오년(1894) 2월 전라북도 고부 백성들이 군수 조병갑趙秉甲의 탐오와 횡포에 견딜 수 없어 모여서 난을 일으켰다. 정부에서는 장흥부사 이용태李容泰를 안핵사按覈使로 삼아 그로 하여금 진정시키고 타이르게 하였는데 이용태는 그 무리가 많은 것을 꺼려서 병을 핑계대고 머뭇거리며 도리어 이

기회를 이용하여 백성의 재물을 약탈하니 민심이 더욱 격화되었다. 고부 사람 전봉준全琫準이 떨쳐 일어나 동학당에 들어가니 각지의 폭도들이 소문만 듣고도 호응하였으며, 김해 백성들은 부사 조준구趙駿九를 내쫓았다.

고종 31년(1894) 2월 22일 임금은 동학난과 관련한 윤음을 팔도에 내렸다. " … 혹 탐욕스러운 관리들의 침해에 시달려서 생업을 잃고 가산을 탕진하여 떠돌아 이미 안착하여 살 수 없게 되면, 문득 무리를 지어 소란을 일으키고 관장(官長 : 고을의 수령)을 억누르게 되니, 대저 백성들이라고 또한 어찌 분수를 어기고 규율을 위반하는 것이 무거운 죄가 된다는 것을 몰라서 법에 저촉되는 짓을 하겠는가? 거기에는 반드시 부득이한 사정이 있을 것이다. 또 혹시 한 사람이 한 가지 원한이 있어 한 고을을 선동하여 폐단을 바로잡는다고 말한다면 이것은 바로 분풀이를 하는 것이다. 심지어 고약하고 교활한 무리가 사실을 과장하여 거짓말을 퍼뜨리고 이웃 고을 사람들을 부추기며 부랑배들이 관령官令을 무시하고 마구 날뛰니 이것이 난민이 아니고 무엇이겠는가? 나라에 떳떳한 법이 있는 이상 용서할 수 없는 것이다. … 돌이켜보면 나는 덕이 없어 비록 밤낮 백성을 위하고 나라를 위하여 힘쓰지만 정사가 뜻대로 되지 않고 규율이 해이해져서 백성들에게 위신이 서지 못할 뿐만 아니라 심지어는 벼슬아치까지도 거만하여 조심하지 않으니 나라에 법이 있다고 말할 수 있겠는가? 이제 이렇게 신칙하고 칙유(勅諭 : 임금이 몸소 가르침)한 이후에 혹시 이전 버릇을 고치지 않고 다시 그런 행동을 되풀이한다면 한결같은 법으로 처단하고 반드시 용서하지 않을 것이다. … ”라는 내용이었다.

2월 26일 전라도 관찰사와 안핵사에게 고부의 난민을 효유하도록 명하였다. 4월 2일 동학 무리의 정형이 갈수록 더욱 예측할 수 없으니 전라병사 홍계훈洪啓薰을 양호초토사兩湖招討使로 임명하고 당일 중에 내려 보내어 진압하고 '쓸어버리게'하자는 내무부의 청에 고종은 그렇게 하도록 윤허하였다.

4월 4일 동학란 뒤처리에 대해 판부사 심순택沈舜澤, 좌의정 조병세趙秉世, 판부사 김홍집金弘集, 판부사 정범조鄭範朝 등 대신들과 의논했다.

“전라도에서 온 전보를 연이어 보니, 저 무리가 경군(京軍 : 서울에서 임금을 호위하던 군사)을 차출해 보낸다는 말을 듣고 이미 많이 도망쳐 흩어졌다고 하는데 이것도 이미 짐작한 일입니다. 지금은 비록 도망쳐 흩어졌지만 마음을 놓을 수는 없습니다. 그들로 하여금 다시 모이지 못하게 하는 것은 전적으로 뒤처리를 잘하는 데 달렸으니 이것이 심히 걱정스럽습니다.”(심순택)

“저 무리는 모였다가 흩어졌다 하는 것이 일정함이 없어서 오늘 흩어진 것은 기뻐할 것이 못되고 내일 모일 것을 걱정하지 않을 수 없습니다. 대저 백성들의 형편이 쪼들리고 억울하여 무리 지어 호소하려던 것이 점점 이렇게까지 된 것인데 언제 한 가지 폐단이라도 제거하고 한 가지 고통이라도 바로잡아서 백성의 실정에 부응한

적이 있습니까?"(조병세)

"이것은 전적으로 탐욕스럽고 포악한 정사를 견뎌내지 못하여 그런 것이다. 수령을 각별히 가려서 추천하여 폐단을 영구히 고쳐서 바로잡은 다음에야 불쌍한 저 백성들이 안착할 수 있을 것이다."

"남도에서 온 전보를 보니, '금산에서 보부상들이 비적을 때려죽였다'라고 합니다. 비록 당장에는 시원한 일이 되겠지만 관령을 받지 않고 저들끼리 함부로 싸웠으니 또한 법에 어긋나는 일입니다."(김홍집)

"오늘 백성들의 실정은 극히 불쌍합니다. 네 칸짜리 초가집이 있는 사람은 1년에 100여 냥의 돈을 바치고 대여섯 마지기 토지를 가진 사람은 네 석이 넘는 조세를 바치니 입에 풀칠도 할 수 없게 되어 궁색하기 짝이 없습니다. 백성들이 만일 안착하여 생업을 즐기게 된다면 어찌 뛰어다니며 소란스럽게 호소하는 지경에 이르겠습니까? 만일 크게 고치고 크게 조치를 시행하지 않으면 결국 실제 효과가 없을 것입니다."(조병세)

"백성들이 소란을 일으키기 시작한 것은 관리들이 잔인하고 포악하고 탐욕을 부려 살아갈 수 없기 때문에 그런 것인데 동학당의 비적들이 이 기회를 타고 세력을 합쳐 이렇게 점점 뻗어나게 된 것입니다. 이번에 쓸어버린 후 폐단을 바로잡고 돌보아주는 정사를 조금도 소홀히 해서는 절대 안 되니 그것은 진실로 적임자를 가려서 임명하는 데 달렸습니다."(정범조)

"동학당의 두목이 이미 성명이 드러났으니 반드시 체포하여 처단해 버린다면 위협에 못 이겨 추종한 사람들은 마땅히 돌아가 농사를 지으면서 다 평민이 될 것이니 돌보아 안착시킬 방책을 더 잘 강구하여야 할 것입니다."(조병세)

"두목 몇 놈은 기한을 정하고 체포하지 않을 수 없지만 한 명이라도 혹시 평민이 뜻밖에 걸려든다면 이것이 어찌 말이 되겠습니까?"(심순택)

"만일 한 사람의 백성이라도 뜻밖에 걸려든다면 이것이 어찌 백성을 위하여 폐해를 제거하는 뜻이 되겠는가? 묘당에서 각별히 더 신칙하라."

"전라도에서 온 전보에, '지금 감영 군사와 고을 포수를 동원한다'라고 하였습니다. 이미 이런 군사들이 있는데 무엇 때문에 경군을 자꾸 청하는 것입니까?"(조병세)

"저들이 오면 무서워서 떨고 저들이 흩어지면 어물어물 지내니 이것이 매우 답답한 노릇입니다. 두목을 체포하는 것도 반드시 적임자를 구한 다음에라야 도모할 수 있습니다."(김홍집)

"체포하건 무마하건 어느 것이나 다 적임자를 고른 뒤에 할 일입니다."(조병세)

"초토사가 오늘 신시에 배로 출발하면 언제 군산에 도착하는가?"

"모레 아침에는 도착할 수 있을 듯 합니다."(김홍집)

"저들이 다 흩어지면 상륙할 필요가 있겠는가?"

"상륙할 필요가 없지만 또한 선뜻 돌아오기도 어렵습니다. 마땅

히 형편에 따라서 행동해야 할 것입니다."(조병세)

- 고종 31년(1894) 4월 4일

　4월 18일 고종은 초토사를 보낸 것에 대한 전교를 하였다. 또 백성을 안정시키는 방법과 호남의 민란의 원인을 규명하도록 명하였다. 전교는 " … 흉악하고 해로운 것을 제거하여야 백성들이 편안할 수 있게 된다. 가령 한 사람이 고약한 짓을 하여 한 마을이 걱정하게 되면 오히려 징계하여 단속할 수 있는데 혹 한 사람을 차마 처벌하지 못한다면 또한 장차 수십 수백 명을 차마 징계해야 할 것이다. 이 때문에 이번에 초토사를 파견한 것이다.

　근래에 백성들이 수심에 싸여 안착하지 못하는 것은 진실로 수령들이 자신의 아픔처럼 여기고 어린애를 보살피듯이 하는 나의 지극한 뜻을 체득하지 못하여 잔인하고 가혹한 정사로 하지 않는 것이 없다 보니 백성들이 살아갈 수 없게 된 데서 빚어진 것이다. … 오직 저 난민들 중에서 간사하고 떳떳하지 못한 말로 어리석고 무지한 백성들을 부추기고 무리를 모아 날뛰며 억울한 사정을 하소한다는 핑계 아래 사실은 딴 마음을 품으며 무리가 많다는 것을 믿고 순전히 약탈만 일삼으며 심지어 관장을 협박하고 마을 사람들을 해치는 등, 형적이 사나운 자들에 대해서는 그저 난민으로만 논할 수 없는 것이다.

　대저 살기를 좋아하고 죽기를 싫어하는 것은 사람의 일반 인정인데 그 누가 안착하여 생업을 즐기는 것을 버리고 죽을 곳으로 나가 용서받지 못할 죄를 선뜻 범하고 싶겠는가? 마구 거두어들이는 것에 지친 나머지 편안히 살 수 없고 위협에 핍박당해 덩달아 나섰다는 것을 내가 어찌 모르겠는가? … 만일 여전히 항거하고 무리를 모아 물러가지 않는 자들에 대해서야 어찌 정상적인 백성으로 대할 수 있겠는가? 또한 떳떳한 법이 있는 만큼 용서할 수 없으니 일체 초토사에게 맡겨 법으로 다스리게 할 것이다. …"라는 내용이었다.

4월 27일 전주의 전라 감영이 동학 무리에게 함락되었다. 이때 감사는 성에서 나와 서울로 피하고 전주판관이 조경묘와 경기전(肇慶廟와 慶基殿 : 전주 이씨 시조와 태조 이성계를 모신 사당)의 영정을 위봉산성威鳳山城에 옮겨 모셨다. 동학군은 먼저 전신국을 부수어 서울과의 통신을 끊고 성곽을 나누어 지켜 관군을 막았다. 내무부에서 "경군을 출동시킨 지 벌써 수십 일이 지났건만 즉시 소멸하지 못하여 도적에게 느긋하게 대처하고 있으니 참으로 해괴한 일"이라며 이미 파견한 경군과 강화도의 군사도 함께 지휘하여 상황에 따라 적절하게 대처하게 할 것을 청하였고 임금이 이를 윤허하였다.

전주가 함락되고 동학군의 세력이 성해지니 정부에서 비밀리에 원세개袁世凱와 의논하고 청나라 조정에 구원을 청하였다. 청나라는 인천과 한성에 와서 청나라 상인을 보호한다는 명분으로 군함 두 대를 파견하였다. 또 제독 섭지초葉志超와 총병 섭사성聶士成은 군사 1천500명을 인솔하고 5월 1일 아산牙山에 와서 상륙하였다.

5월 4일 고종은, 죄인 조병갑이 단지 횡령하는 죄만 범한 것이 아니라 백성을 학대한 일도 많아서 남도의 소요가 이 지경에 이르게 하였으니 일반적으로 처리하여서는 안 된다며 다시 엄하게 한 차례 형장을 치고 속히 원악도(遠惡島 : 멀고 험한 섬)에 안치하되 당일로 압송하라고 전교하였다.

5월 12일 임금은 호남과 호서의 백성들에게 다시 윤음을 내렸다. " … 백성의 성품은 다 착한 것이다. 혹시 혼미하여 착란되었다 하더라도 비유컨대 둑이 터져서 순리대로 나아가도록 유도하여 물이 그 본성을 되찾듯이 하루아침에 활짝 깨닫고 본래의 양심을 회복하게 된다. … 그러나 만일 천도는 어기고 간사하고 망령된 행동을 하면서 죽어도 깨달아 뉘우치지 않는 사람은 바로 조수鳥獸 중에 들어있는 효경(梟獍 : 아비를 잡아먹는 맹수)이니 초목에 싹트는 움 같은 존재로 모두 죽여서 제거하고 베어서 없애지 않으면 끝내 일반 백성을 교화시킬 수 없다. 이것은 나라의 정사에서 부득이한 일이지만 역시 측은하고 불쌍하지 않을 수 없다.

저 어리석은 백성들이 허황한 말에 속기도 하고 위협에 겁을 먹기도 하면서 처음에는 탐욕스러운 관리들 때문에 소요를 일으켜서 나중에는 횡포하게 날뛰는 지경까지 이르렀다. 이것은 처음에는 단지 한두 명의 불순한 무리에게 속은 것에 불과했는데 그것으로 하여 고을을 침범하고 무기를 휘두르면서 관군을 죽이고 부의 성에 침입하니 조경묘와 경기전의 신주와 영정을 옮기게 되고 백성들도 휩쓸리게 되었다. … 이에 엄중한 법으로 그들을 처벌하고 화를 미치지 않게 하며 저 죄 없는 백성들이 함께 화를 입는 것을 불쌍히 여겨 의당 위협에 못 이겨 추종한 자는 다스리지 않겠노라. …

간절한 신칙을 여러 번 하였건만 관리들은 하찮은 일로 여기고 태만히 처리하며 두려워하고 경계하지 않으니 이것은 기강이 해이해지고 법령이 시행되지 않기 때문이며 또한 내가 인도하고 바로잡는 책임을 잘하지 못해서 그런 것이다. 그러니 나는 조심하며 깊이 반성하고 크게 자세를 바꿀 것이며 감사나 수령들 중에 혹시 백성을 침탈하고 포악하게 구는 자가 있으면 나는 법으로 처단하고 결코 용서하지 않겠다. …

아! 너희 백성들은 장차 어떤 조처가 내려지는지 보라. 나쁜 습속에 젖었더라도 씻어버리면 새로워지고 가산이 탕진된 살림이라도 수습하면 안주할 수 있으니 각각 자기 고장으로 돌아가는 것을 주저하지 마라. 대체로 큰 병을 앓은 뒤끝에는 몸조리하는 것이 더욱 어려운데 백성을 위로하는 것은 수령들에게 달렸다. 소란을 겪은 각 고을에서 농민들이 농사철을 놓친 것은 더 말할 것도 없지만 지금 묵은 곡식은 모두 없어지고 보리는 익지 않은 때이니 먹을 것이 없어서 얼굴이 누렇게 뜬 모습은 눈앞에 보이는 듯하고 아파서 신음하는 소리는 지척에서 들리는 듯하다.

수령이 소재한 해당 각 고을에서 특별히 구제하게 하되 집이 없는 사람은 살 곳을 마련하게 하고, 토착민은 안착하게 하며 하급 관리와 병졸과 평민으로서 죽은 자는 묻게 하고 생전의 노역, 환곡, 군포는 면제하며 의지할 데 없는 고아나 과부는 모두 더 잘 돌보아 주고 묵은 논밭에 대해서는 조세를 적당히 감면하라. 만약 한 사람의 지아비나 부녀자라도 거처가 없고 먹을 것이 없어서 살아갈 수 없게 된다면 내가 과연 비단옷에 쌀밥을 먹은들 마음이 편안하겠는가? … "라는 내용이었다.

5월 16일 흩어져 갔던 잔당들이 가지고 있던 총포를 버리거나 바치고는 거의 다 농사지으러 돌아갔다는 초토사 홍계훈洪啓薰의 전보에 강화도의 군사는 당분간 전주부에 머물러 민심을 안정시키게 하고 초토사는 철수하게 하였다.

7월 9일 호서 이인역利仁驛에 모인 동학의 무리를 타일러 각각 돌아가 생업에 안착하게 하였다. 그러나 7월 30일 다시 동학의 무리 수천 명이 성안에 난입하여 무기고를 부수고 보관하고 있던 무기는 물론 장교들이 차고 있던 환도와 민가의 세간 도구, 관리들의 공금까지 빼앗아가는 일이 발생했다. 고종은 해당 고을과 진鎭들에 기한을 정하여 비적들을 체포하여 먼저 머리를 베고 나중에 보고하도록 엄히 경계하게 하였다.

고종 31년(1894) 9월 22일에는 남원부에 모인 비적이 5, 6만 명이나 되는데 각각 무기를 가지고 날뛰고 있고, 전주와 금구에 모인 도당들은 일단 귀순하였다가 이내 다시 배반하였다는 보고를 받았다. 이에 호위부장 신정희申正熙를 양호도순무사兩湖都巡撫使로 임명하여 비적들을 토벌하거나 무마하게 하였다. 이 무렵 난군은 영남, 관동, 경기, 해서 등 거의 전국에 퍼져 있었다.

9월 26일 고종은 민란을 적극적으로 토벌할 것을 선언하였다. 이와 관련하여 다음과 같이 전교하였다.

민란이 일어난 것은 관리들이 탐욕을 부리고 포악하게 구는 고통을 견디지 못한 데서 비롯된 것으로 그 정상이 불쌍하므로 나라에서는 차마 토벌하지 못하고 오로지 무마하는 데만 힘썼다. 지금 듣건대, 이 무리가 도처에서 변란을 주동하면서 요사스런 말로 대중을 부추기고 현혹시키며 무기를 훔쳐내 성城을 공격하고 백성의 재물을 약탈하면서 전혀 거리낌이 없다고 한다. 지난번 선무사를 나누어 보내고 계속해서 포고하였으나 미련하고 완고한 것들이 허물을 고치지 않고 고약한 반역 행위가 날로 심해지니, 이것은 양민으로 볼 수 없는 것들이다.

이제 장수에게 출사를 명하여 요사스러운 기운을 깨끗이 없애버리려 한다. 만일 해당 비적들이 무기를 버리고 귀순하여 각각 자기 생업으로 돌아가거나 혹은 그 두목을 잡아서 바치는 자는 죽이지 않고 상을 주겠지만, 만일 여전히 무리가 많다는 것을 믿고 복종하지 않고 감히 임금의 명령을 거역하거나 혹은 겉으로는 고치는 체하고 속으로는 고치지 않으면서 대중없이 이랬다저랬다 하는 자는 모두 사정없이 처단하겠다. … 요즘 비적들이 더욱 소란을 피우는 것은 전에 없던 변고이다. 임금의 명령을 거역하면서도 의로운 군사라고 일컫고 있으니, 이런 짓을 한다면 무슨 짓을 차마 하지 못하겠는가? … 만일 이런 수상한 무리로서 혹은 밀지密旨라고 하거나 혹은 분부라고 일컬으면서 백성들을 선동하고 수령들을 위협하는 자가 있으면 즉시 체포하여 먼저 목을 베고 뒤에 보고하라. 만일 혹 망설이면서 결단을 내리지 못하고 덮어둔 채 보고하지 않았다가 발각되는 날에는 마음대로 놓아준 죄를 면할 수 없을 것이다. …

– 고종 31년(1894) 9월 26일

10월 13일 고종은 삼남(三南 : 충청도, 전라도, 경상도)에 다시 윤음을 내렸다. " … 지난날 나라에 혼란이 많다 보니 비적들이 때를 타서 일어났건만 나는 백성들이 죄 없이 전란에 말려드는 것을 참을 수 없어서 여러 번 무마하고 타일렀다. 그런데 끝내 허물을 고칠 줄을 모르고 날로 더욱 창궐하고 심지어 관리를 죽이고 백성을 해치며 고을을 피폐하게 만들기까지 하므로 조정과 민간에서 다 같이 분격하면서 모두 토벌하지 않고서는 악한 자들을 징계할 수 없다고 말하였다. 그래서 군사를 일으켜 가는 곳마다 적을 쓸어버리되 그 괴수는 죽이고 협박에 의하여 추종한 자들은 풀어주라고 명령하였으니, 그것은 살리기 위한 방도로 마지못해 사람을 죽이는 것으로써 어찌 그만둘 수 있었겠는가? … 전날의 나쁜 물이 든 버릇을 다 같이 고쳐 새롭게 하고 나의 백성들로 하여금 호랑이의 입에서 벗어나 부모의 품으로 들어오듯이 하게 해야 할 것이다. … "라는 내용이었다.

11월 3일 양호 도순무영 兩湖都巡撫營에서 "지난 10월 23일에 비적 전봉준 全琫準이 옥천의 비적들을 대교 大橋에 모았다고 하였기 때문에, 그 말을 듣고 가보니, 숲 기슭에 모여서 기旗를 세우고 둘러선 자가 족히 수만여 명이 되었습니다. 몰래 뒤쪽으로 가서 먼저 숲에 의지한 적을 습격하여 총을 쏘며 추격해서 20여 명을 죽이고 여섯 놈을 사로잡았는데, 마침 해가 저물어서 군사를 공주에 머물게 하였습니다. 위에 든 여섯 놈은 효수하여 많은 사람을 경계하였고, 노획한 군수 물자는 책으로 만들어 올려 보내겠습니다"라고 보고했다. 또 다음 날 "지난 10월 26일에 일본군 대대 및 진남영의 군사들과 합세하여 진격해서 회덕懷德 지방에 이르니, 비적 수천 명이 강 건너에 진을 치고 있기에 한바탕 혼전을 벌인 끝에 수십 명을 추격하여 죽이고 박성엽朴聖燁 등 일곱 명을 사로잡아 그 자리에서 쏘아 죽였습니다. 나머지 무리는 사방으로 흩어져 도망쳤으며, 총알·깃발·북 등의 물건과 소와 말 서른 필을 획득하였습니다. …"라고 보고하였다.

12월 6일 태인泰仁에서 비적 두목 김개남金介男을, 9일 비적의 괴수 전봉준全琫準을 사로잡았다는 보고가 올라왔다.

12월 27일 고종은, 호서와 호남에 군사를 출동시킨 지 벌써 여러 달이 지났고, 또 같이 토벌한 일본 군사들이 추운 계절에 고생할 것을 생각하면 편안히 잠들 수 없다며 일본 병관, 군사들과 각 진의 선봉 부대, 중앙과 지방의 장수들과 군사들을 위문하고 음식을 베풀어 위로할 관리를 파견하게 하였다.

고종 32년(1895) 3월 12일 "호남의 비도匪徒의 소요가 고부에서 처음 일어난 것은 그때 군수 조병갑의 탐욕스럽고 포악한 불법 때문이었습니다. 지금 비도의 우두머리가 차례로 잡혀 조사하여 처리되고 있습니다. 고금도에 안치한 죄인 조병갑을 압송하여 올려 보내도록 하여 조사하는 것이 어떻겠습니까?"라는 총리대신 김홍집金弘集과 법무대신 서광범徐光範의 청에 그리하도록 하였다.

3월 29일 비적 무리인 전봉준全琫準, 손화중孫化中, 최경선崔慶善, 성두한成斗漢, 김덕명金德明 등을 교형(絞刑 : 교수형)에 처하도록 하였다.

고종 35년(1898) 7월 18일 동학의 2대 접주 최시형崔時亨을 교형에 처하도록 하였다. 최시형의 공초에는, " … 포장회布帳會를 설치하였는데 모인 무리가 수천 수만 명을 헤아릴 정도였으며 최제우의 원통함을 푼다고 하였습니다. 지난 계사년(1893)에 그 도제 수천 명과 함께 대궐에 나아가 상소하고 곧바로 해산하였으며, 또 보은의 포장회 안에 많은 무리가 모였을 때는 순무사의 선유로 인하여 각각 스스로 흩어져 갔습니다. 갑오년(1894) 봄에 전봉준이 고부 지방에서 패거리를 불러 모아서 기회를 틈타서 관리를 살해하고 성城과 진鎭을 함락시키는 바람에 호서와 호남 지방이 결딴이 나고 뒤흔들리는 지경에 이르렀습니다. 피고(최시형)가 지시하고 화응한 일은 없지만 따져 보면 그 변란이 일어나게 된 근원은 피고가 주문과 부적으로 백성들을 현혹시킨 데 있습니다. 피고 최시형은 … 거짓으로 착한 일을 닦는다는 명목으로 백성들을 현혹시키는 데에서 우두머리가 된 자에 대한 형률에 비추어 교형에 처할 것입니다"라고 쓰여 있었다.

그러나 이로써 동학란이 완전히 끝난 것은 아니다. 고종 41년 (1904) 9월 22일 고종 황제는 다시 각도 관찰사 등에게 동학도를 체포하도록 명하였다. 어전히 고을과 촌락들에 노여 부기를 휘두르며 곳곳에서 소란을 피우면서 황제가 행차할 때 시위를 할 것이라는 성명을 냈다고 들었기 때문이다.

대한제국 때인 고종 44년(1907) 7월 11일 동학의 거두 최제우와 최시형의 죄명을 취소하게 하였다. 한성부 미동美洞에 사는 박형채朴衡采가 "지난 갑자년(1864)에 동학의 우두머리로 사형을 당한 최제우와 무술년(1898)에 죽음을 당한 최시형은 정도正道를 어지럽히고 사악하게 하였기 때문에 사형을 당하였으니 시기에 맞는 법을 시행한 결과였습니다. 그러나 그 후 뜻있는 선비들이 이따금 그의 학문과 연원을 탐구해보니 사실은 서학에 대조하여 동학이라고 칭하였고, 그 도를 앞을 다투어 숭상하여 동쪽에서 서쪽으로 점차 퍼지기를 마치 우체소를 설치하고 명령을 전달하듯이 되어 지금 그 학문을 받들고 그 도를 지향하는 사람이 200여만 명이나 됩니다. 다행히 하늘의 도가 순환해서 교화의 문이 크게 열리게 되었으니, 환히 살펴보신 다음에 최제우, 최시형을 속히 죄인 대장에서 없애버리고 오랜 원한을 풀어줌으로써 여러 사람의 억울한 마음에 부합되게 하여주기 바랍니다'라는 청원서를 올렸는데 이를 고종 황제가 받아들인 것이다.

갑오개혁

고종 31년(1894) 5월 25일 영의정 심순택沈舜澤, 좌의정 조병세趙秉世, 우의정 정범조鄭範朝, 판중추부사 김홍집金弘集을 만난 자리에서 임금은 '경장(更張 : 새롭게 고침)'의 필요성을 강조하며 대신들의 의견을 물었다.

"경장하라는 하교를 연이어 받았습니다. 대체로 '경장'이라는 것은 바로 정사에 병폐가 있을 때 알맞게 변통한다는 것으로써 다시 말하면 때에 맞게 조처한다는 뜻입니다. … 지난번에 비적의 소란이 있은 이후로 덕음(德音 : 임금의 말)을 여러 번 내리고 가르침이 매우 간곡하였으니 보고 듣는 모든 사람 치고 누군들 감격하여 외우지 않겠습니까? 그러나 아직까지 세금 한 가지를 줄이거나 민폐 하나를 고칠 것에 대해 명확히 지적하여 말하는 것을 듣지 못하였으니 아무리 경장하려 한들 될 수 없습니다. 반드시 먼저 혜택을 베풀어 믿음을 보이고 민심을 수습한 다음에야 비로소 경장을 논의할 수 있을 것입니다. … "(김홍집)

"일체 시행할 만한 것이면 묘당에서 협의하고 관리들 속에 만일 받아들일 만한 의견이 있으면 일에 따라서 처리하는 것이 좋겠다."

"요즘 민심이 동요하여 스스로 보전하지 못할 것처럼 여겨지니 걱정되는 바는 나라가 유지되느냐 망하느냐 하는 위급한 때라고 해도 지나친 말이 아닐 것입니다. … 지금 백성들의 마음이 흩어지고 고통스러운 형편에서 우선 민심을 결속하여 안착시킨 연후에 백성들을 보존할 수 있습니다. 만약 대뜸 경장을 논의하려 한다면 한층 더 소요를 일으키기 쉬우니 단지 백성에게 절박한 것만을 골라서 한 가지 폐해를 제거하고 한 가지 폐단을 줄이면서 점차 풀어나간다면 이것은 경장한다는 명색을 내세우지 않고도 자연스럽게 경장이 될 것입니다."(정범조)

"민심이 동요하니 과연 심히 답답하다. 바로잡아야 할 모든 사안을 묘당에서 하나하나 충분히 토의하여 정하는 것이 좋겠다."

— 고종 31년(1894) 5월 25일

한 달 후인 6월 25일 고종은 판중추부사 김홍집金弘集을 영의정으로 삼았다. 군국기무처軍國機務處를 만들고 그 회의 총재는 영의정 김홍집이 맡게 하였다. 6월 27일 영의정 김홍집, 영돈녕부사 김병시金炳始, 좌의정 조병세趙秉世, 우의정 정범조鄭範朝 등과 함께 군국기무처 업무 진행에 대하여 논하였다.

"회의처(군국기무처)의 세부 내용을 토의하여 결정하였는가?"

"회의는 이미 시작하였고 장정(章程 : 여러 조목으로 나누어 정한 규정)과 과조(科條 : 곁가지 조목)는 지금 토의하여 결정하고 있습니다. 신이 외람되게 총재의 임무를 맡은 것은 감히 조금이라도 감당할 수 있다고 생각하여 그런 것이 아닙니다. 나랏일이 이 지경에 이른 형편에 제 몸이 제 소유가 아니라는 의리에 부쳐서 그렇게 한 것이

지만, 견문이 고루하여 감당할 수 없으니 더없이 황송하여 아뢸 바를 모르겠습니다."(김홍집)

"각국에서는 회의할 때에 임금이 참석한다는데, 그런가?"

"각국에서 그렇게 한다고 합니다."(김홍집)

"지금 힘들고 걱정스러운 때를 당하여 이렇게 경장하자면 역시 일심으로 하여야만 시행할 수 있을 것입니다."(조병세)

"나라의 제도와 문물을 하루아침에 경장하자면 반드시 잘 변경한 연후에야 역시 효과가 있을 것입니다."(정범조)

"어떻게 경장하는지 신은 알 수 없지만, 나랏일이 이처럼 어수선한 때에 신은 어리석고 미련하여 임금이 욕을 당하면 신하는 죽어야 한다는 의리를 전혀 모르는 것 같으니, 통한의 마음만 간절할 뿐 우러러 아뢸 말씀이 없습니다."(김병시)

"이제 만일 잘 경장한다면 실로 오늘날의 다행이 될 것이다."

– 고종 31년(1894) 6월 27일

고종 31년(1894) 6월 28일 군국기무처에서 다음과 같은 의안을 올렸고 임금은 모두 윤허하였다.

1. 이제부터는 국내외의 공문서 및 사문서에 개국기년開國紀年을 쓴다.
1. 청국과의 조약을 개정하고 각국에 특명전권공사를 다시 파견한다.

1. 문벌, 양반과 상인常人들의 등급을 없애고 귀천에 관계없이 인재를 선발하여 등용한다.

1. 문관과 무관의 높고 낮은 구별을 폐지하고 단지 품계만 따르며 서로 만나는 절차를 따로 정한다.

1. 죄인 본인 외에 친족에게 연좌 형률을 일체 시행하지 않는다.

1. 처와 첩에게 모두 아들이 없을 경우에만 양자를 세우도록 그전 규정을 거듭 밝힌다.

1. 남녀 간의 조혼早婚을 속히 엄금하며 남자는 20세, 여자는 16세 이상이라야 비로소 혼인을 허락한다.

1. 과부가 재가再嫁하는 것은 귀천을 막론하고 자신의 의사대로 하게 한다.

1. 공노비와 사노비에 관한 법을 일체 폐지하고 사람을 사고파는 일을 금지한다.

1. 비록 평민이라도 나라에 이롭고 백성에게 편리한 의견을 제기할 것이 있으면 군국기무처에 글을 올려 회의에 붙인다.

1. 각 관청의 조례(早隷 : 하인)들은 참작하여 더 두거나 줄인다.

1. 조정 관리의 의복 제도는 임금을 뵐 때의 차림은 사모(紗帽 : 관리들이 쓰던 검은 예모)와 장복(章服 : 깃이 둥글고 소매가 좁은 옷), 품대(品帶 : 관리의 공복에 갖춘 허리띠)와 화자(靴子 : 가죽신)로 하고 한가히 지낼 때의 사복은 칠립(漆笠 : 옻칠을 한 갓), 탑호(搭護 : 반소매에 덧입는 겉옷), 실띠로 하며 선비와 서인의 의복 제도는 칠립, 두루마기, 실띠로 하고 군사의 의복 제도는 근래의 규례를 따르되 장수와

군사의 차이를 두지 않는다.   – 고종 31년(1894) 6월 28일

또 7월 1일 소매 넓은 옷을 입지 못하게 할 것과 군국기무처의 의논 안건을 빨리 활판 인쇄로 찍어내 널리 공포하도록 결정하였다. 7월 2일에는 "대소 관원들이 공무나 사적인 일로 다닐 때 말을 타거나 보행하거나 간에 구애 받지 말고 편리한 대로 하되 평교자(平轎子 : 종일품 이상 관리가 타던 가마)와 초헌(軺軒 : 종이품 이상 관리가 타던 외바퀴 수레)은 영원히 폐지하며 공사公私를 막론하고 출입하는 재상을 부액(扶腋 : 부축)하는 규례는 영영 폐지하되 노병老病으로 몸을 가누지 못하는 사람은 이 규례에 포함되지 않는다. 대소 관원과 선비, 서인庶人이 상관의 말이 지나가기를 기다리는 규정은 일체 없애버리고 고관을 만났을 경우에는 단지 길만 양보한다. 일체 관리로서 친척끼리 같은 곳에서 벼슬하는 것을 피하는 규정에서는 아들과 사위, 친형제, 아저씨와 조카 외에는 일체 구애되지 말며 사사로운 의리로 혐의를 대고 사양하는 풍습은 일체 영원히 폐지한다. 조정 관리의 품계는 1품부터 2품까지는 정正, 종從의 구별이 있고 3품부터 9품까지는 정, 종의 구별을 없앤다. 역졸이나 광대, 갓바치들에게 모두 천인의 신분을 면해준다. 비록 높은 관리를 지낸 사람이라 하더라도 벼슬을 그만 둔 후에는 마음대로 상업을 경영하게 한다"라는 등의 의안에 임금은 모두 윤허하였다. 7월 11일에 도량형을 개정하고 새로운 자[장척 : 丈尺], 말[두곡 : 斗斛], 저울[평형 : 秤衡]을 반포하여 통일시켜 문란한 폐단을 막게 하였다.

또 '신식 화폐 발행 장정'을 다음과 같이 만들었다.

　제1조 새 화폐는 네 가지 종류로 나누는데 첫째는 은전銀錢이고 둘째는 백동전白銅錢이고 셋째는 적동전赤銅錢이고 넷째는 황동전黃銅錢이다.

　제2조 화폐의 최저 단위는 분分으로 하고 10분을 1전錢으로, 10전을 1냥兩으로 한다.

　제3조 화폐는 5등급으로 나누는데 최저 단위인 1분分짜리는 황동黃銅으로 만들고, 그 다음 5분짜리는 적동赤銅으로 만들고, 그 다음 2전錢 5분짜리는 백동白銅으로 만들고, 그 다음 1냥짜리와 5냥짜리는 은銀으로 만든다.

　제4조 5냥짜리 은전銀錢을 기본 화폐로 삼고, 1냥짜리 은전 이하는 모두 보조 화폐로 삼는다. …

　제5조 새 화폐와 그 전 화폐를 똑같이 통용하여 널리 유통하게 하되 그 비율은 다음과 같다.

　황동전黃銅錢 1분分은 구식 화폐 1닢[枚]에 해당한다.

　적동전赤銅錢 5분分은 구식 화폐 5닢에 해당한다.

　백동전白銅錢 2전錢 5분分은 구식화폐 25닢에 해당한다.

　은전銀錢 1냥은 구식 화폐 100닢에 해당한다.

　은전銀錢 5냥은 구식 화폐 500닢에 해당한다. …

　제7조 새 화폐를 많이 주조하기 전에는 당분간 외국 화폐를 섞어 쓸 수 있으나, 다만 본국 화폐와 질, 양, 값이 같은 것이라야 통

용될 수 있다.　　　　　　　　　　　　 – 고종 31년(1894) 7월 11일

　7월 16일에는 '관원 복무 기율', '관원 징계례', '관질(官秩 : 관리)의 품봉월표(品俸月表 : 품계에 따른 월급표)' 등을 결정했다. 11월 20일 을미년(1895) 역서曆書를 개국 기원으로 간행하고 전 해 동지冬至부터는 종묘와 사직, 전殿과 궁宮, 각 릉陵과 각 원園에 지내는 제사의 축문 규례를 모두 이에 의거하여 바로잡도록 하였다.

　고종 31년(1894) 12월 12일 고종과 왕세자는 종묘에 나아가 홍범洪範 14조를 고하였다.

　▶ 홍범 14조

　1. 청나라에 의존하는 생각을 끊어버리고 자주 독립의 터전을 튼튼히 세운다.

　1. 왕실의 규범을 제정하여 왕위 계승 및 종친과 외척의 본분과 의리를 밝힌다.

　1. 임금은 정전正殿에 나와서 나랏일을 보되 정무는 직접 대신들과 의논하여 결정하며 왕비나 후궁, 종친이나 외척은 정사에 관여하지 못한다.

　1. 왕실에 관한 사무와 나라 정사에 관한 사무는 반드시 분리시키고 서로 뒤섞지 않는다.

　1. 의정부와 각 아문의 직무와 권한을 명백히 제정한다.

　1. 백성들이 내는 세금은 모두 법령으로 정한 비율에 의하고 함

부로 명목을 더 만들어 불법적으로 징수할 수 없다.

1. 조세나 세금을 부과하는 것과 경비를 지출하는 것은 모두 탁지아문에서 관할한다.

1. 왕실의 비용을 솔선하여 줄이고 절약함으로써 각 아문과 지방 관청의 모범이 되도록 한다.

1. 왕실 비용과 각 관청 비용은 1년 예산을 미리 정하여 재정 기초를 튼튼히 세운다.

1. 지방 관제를 빨리 개정하여 지방 관리의 직권을 제한한다.

1. 나라 안의 총명하고 재주 있는 젊은이들을 널리 파견하여 외국의 학문과 기술을 전습 받는다.

1. 장관(將官 : 군 간부)을 교육하고 징병법을 적용하여 군사 제도의 기초를 확정한다.

1. 민법과 형법을 엄격하고 명백히 제정하여 함부로 감금하거나 징벌하지 못하게 하여 백성들의 생명과 재산을 보호한다.

1. 인재 등용에서 문벌에 구애되지 말고 관리들을 조정과 민간에서 널리 구함으로써 인재 등용의 길을 넓힌다.

— 고종 31년(1894) 12월 12일

다음 날 고종은 관리와 백성들에게 윤음을 내렸다. " … 지금 각국과 외교 관계를 맺고 조약을 지켜나가면서 오직 실질적인 독립을 위하여 힘쓰고 있는데 실질적인 독립은 내정을 바로잡은 데서 시작된다. 우리나라의 독립을 공고히 하려면 그것은 사실 오랜 폐단을 바로잡고 실속 있는 정사를 잘하여 나라를 부강하게 하는 데 있다. 이에 나는 마음속으로 크게 경계하고 조정에 문의하니 오직 개혁뿐이라고 한다. … 일체 백성에게 고통을 주는 일은 크고 작은 것을 물론하고 전부 없애버려서 백성들을 세우고 위아래가 협력하여 그 말을 실천에 옮기고 그 실천이 실지 효과를 이룩하게 한다.

… 아! 너희 일반 백성은 실로 나라의 근본이다. 자주自主도 백성에게 달렸고 독립도 백성에게 달렸다. 임금이 아무리 자주를 하려고 해도 백성이 없으면 무엇에 의거하며, 나라가 아무리 독립을 하려 하여도 백성이 없으면 누구나 더불어 하겠는가? 너희 일반 백성은 한결같은 마음으로 나라를 사랑하고 한결같은 정신으로 임금에게 충성하라. 진실로 이렇게 한다면 짐은 적개심이 있다고 할 것이고 나는 외적을 막을 수 있다고 할 것이로다. … 등용하여 쓸 것이니 너희 서민들은 자신을 수양하라. 너희 백성들의 생명과 재산을 짐은 보호하고 안전하게 할 것이니 법이 아니고서는 너희를 형벌에 처하거나 죽이지 않을 것이고, 법이 아니고서는 너희에게 세금을 부과하며 너희에게서 거두지 않을 것이다. 너희의 생명과 너희의 재산은 오직 법으로 보호할 것이니 너희는 힘써라. 나라가 부유하지 않고 군사가 강하지 않고서는 아무리 자주요, 독립이요 하여도 실속이 없을 것이다. …"라는 내용이었다.

12월 16일 고종은 의정부를 대궐 안 수정전修政殿으로 옮기고 내각으로 부를 것, 의복 규정, 지방 제도의 개정 등을 명하였다. 12월 17일에는 왕실의 존칭을 새 규례로 갖추었다. 주상 전하를 대군주大君主 폐하로, 왕대비 전하를 왕태후 폐하로, 왕비 전하를 왕후 폐하로, 왕세자 저하를 왕태자 전하로, 왕세자빈 저하를 왕태자비 전하로 바꾸어 부르고 전문(箋文 : 길흉사가 있을 때 왕, 왕후, 세자에게 아뢰던 글)을 표문(表文 : 임금에게 올리던 글)이라 하기로 정했다.

고종 32년(1895) 1월 5일 내무아문에서 자주 독립의 큰 사업을 함께 지킬 것을 '내무아문령'으로 포고하였다. " … 대체로 우리 대조선국은 본래 당당한 자주 독립국이었는데 중간에 청나라의 간섭을 받아 나라의 체면이 차차 손상되고 나라의 권위가 점점 손괴되었다. 그래서 우리 성상 폐하는 세상 형편을 살피고 분연히 결단을 내려 나라를 중흥하는 사업으로 자주 독립하는 큰 기초를 굳건히 세워서 청나라에 추종하던 옛 습관을 끊어 버렸으니, 나라의 경사와 신하들과 백성들의 영광은 더없이 큰 것이다.

국시國是가 이로 말미암아 역시 하나로 정해지니, 다른 논의가 없어야 할 것이다. 그런데 불량한 무뢰배들이 나라의 큰 뜻을 망각하고 아직도 청나라를 사모하여 근거 없는 거짓말을 꾸며내서 민심을 현혹하고 국시를 흔들어 놓는다. 이는 우리 성상 폐하에게 충성스럽지 못하고 공경스럽지 못한 신하와 백성이다. 이러한 무리는 드러나는 대로 붙잡아 부도덕한 국가의 역적으로 처벌할 것이다. … "라는 내용이었다.

3월 25일 내각 관제官制, 외교관 및 영사관 관제, 중추원 관제와 사무장정 등을 반포하였다. 중추원은 내각의 자문에 응하여 법률, 칙령안 등을 심사하고 토의 결정하는 곳이다.

4월 5일에는 의복 제도에 대하여 고시하였다. " … 이제부터 공사公私 예복 중에서 답호(褡護 : 반소매로 된 도포)를 없애고 대궐로 들어올 때에는 모帽, 화靴, 사대絲帶를 하며 주의(周衣 : 두루마기)는 관리와 백성들이 똑같이 검은색으로 하라고 하였다. 이것은 우리 대군주 폐하가 관리와 백성을 똑같이 보는, 넓게 공정하고 사사로움이 없는 신성한 덕으로, 의복 제도에서조차 관리와 백성들의 차별을 두지 않는 것이며 또한 검은색으로 한 것은 백성들의 편의를 위한 신성한 뜻이다. … "라는 내용이었다.

고종 32년(1895) 5월 10일 임금은 독립 경축일을 정할 것을 명하는 조령을 내렸다. 그 주요 내용은 "짐은 개국 503년 12월 12일에 종묘와 사직에 맹세하여 종래의 청국의 간섭을 끊어버리고 우리 대조선국의 고유한 독립 기초를 굳건히 하며 또한 이 마관조약(馬關條約 : 일본과 청나라 사이의 시모노세키 조약)을 통하여 세계에 표창하는 빛을 더 드러내는 것이다. … 연례로 할 독립 경축일을 정하여 영구히 우리나라의 하나의 경사스러운 큰 명절로 삼음으로써 … "라는 것이었다.

윤5월 20일 임금은 원구단圜丘壇을 건축하라고 명하였다. 7월 16일에는 경복궁 경회루에 나아가서 개국 기원절에 즈음하여 각국 공사들과 여러 칙임관에게 연회를 열어주고 칙어와 축사를 내렸다. 왕태자도 함께 참가하였다.

청일전쟁

지난번 청나라 원병이 아산에 주둔했는데, 일본 공사 오토리 게이스케[大鳥圭介]는 마침 본국으로 돌아갔다가 변고를 듣고 고종 31년(1894) 5월 7일에 조선으로 돌아왔다. 일본 정부에서는 곧바로 제물포조약에 의하여 공관을 보호한다는 이유로 군사를 출동시켰다. 이렇게 되자 청나라 공사 원세개는 5월 16일에 경성을 떠나 본국으로 돌아갔다.

5월 23일 오토리 게이스케 공사는 고종을 알현하고 세계의 대세를 논하고 내정을 개혁할 의견을 진술한 다음 다섯 개 조항으로 된 안案을 올렸다. 그 글에 " … 생각건대 우둔한 남도 백성들이 교화에 순종하지 않고 감히 해당 관리와 맞서 한때 창궐하였으므로 나라의 군사를 동원하여 크게 징벌하였습니다. 그러나 이들을 소멸하는 것이 아침밥 먹는 것처럼 쉽지 않다는 사실을 다시 생각하고 결국 이웃 나라의 원병을 청하는 조치가 있었습니다. 우리 정부에서는 이 소식을 듣고 일이 비교적 중요하다고 여겨 천황 폐하의 논지를 받들어 사신(오토리 공사)으로 하여금 군사를 거느리고 폐하 앞에 돌아와 공사관과 우리나라 상인들을 보호하는 동시에 귀국의 안위와 관계된다는 점에서 요청한다면 겸하여 조금이라도 도와 이웃 나라의 우의를 두터이 하려고 생각하였습니다.

사신이 명을 받고 서울에 도착하였을 때 마침 전주성을 회복하고 잔당은 도망쳐 물러갔다는 소식을 들었는데 군사를 철수하며 뒤처리도 점차 잘 되어가고 있으니 이는 모두 폐하의 덕에 의해 이루어졌으니 실로 안팎에서 다 같이 경하드릴 일입니다. 우리 일본 국과 귀국은 모두 동양 한쪽에 위치하고 있으며 강토가 아주 가까워서 실로 서로 의지하고 견제하는 정도만이 아닌데 더구나 서로 신뢰하고 화목하게 지내면서 사신과 예물이 오가는 것은 예나 지금이나 변함이 없는 바 이것은 역사책을 보더라도 역력히 상고할 수 있습니다. … 삼가 바라건대 폐하께서는 밝은 안목으로 칙령을 내려 판리교섭대신이나 전임대신에게 사신과 회동하여 충분히 의논하게 함으로써 우리 정부가 이웃 나라에 대한 의리를 깊이 생각하는 지극한 뜻을 저버리지 않게 한다면 대세를 위하여 다행스럽겠습니다. … ”라고 쓰여 있었다.

6월 14일 임금은 충청감사 이헌영李鏸永에게 “청나라 군사들이 아산 등지에 진을 치고 있는데, 이렇게 무더운 때에 사람과 말이 많이 상하였다고 하니 매우 염려된다. 비적 무리가 아직까지 겁 없이 싸움을 끝내지 않고 아무 때나 모였다 흩어졌다 하니, 내려간 뒤 명을 받들어 그들을 무마하여 귀화시켜 각각 자기 생업에 안착하도록 하라”라고 하교하였다. 이헌영이 “ … 청나라 군사들이 요즘 과연 아산에 주둔하고 있어 그들의 접대에 드는 허다한 비용이 실로 민폐가 되는데, 비단 아산만이 아니라 그 인근의 여러 고을도 마찬가지인 듯하니, 이것이 걱정됩니다”라고 우려하니 고종은 명목 없는 잡세를 모두 혁파하고 빨리 바로잡을 계책을 도모하라고 명하였다.

고종 31년(1894) 6월 21일 새벽에 일본 군사들이 대궐로 들어왔다. 일본군 2개 대대가 경복궁 영추문迎秋門으로 들어오자 시위 군사들이 총을 쏘면서 막았지만 임금이 중지하라고 명하였다. 일본 군사들이 궁문을 지키고 오후에는 각영에 이르러 무기를 회수하였다. 이날 대원군이 명을 받고 입궐하여 개혁을 실시할 문제를 주관하였다. 일본 군사가 회수해 갔던 무기는 뒷날 모두 반환하였다.

다음 날 고종은 경복궁 함화당咸和堂에서 일본 공사 오토리 게이스케를 접견하였다.

"놀라신 뒤인데 감히 문안하러 왔습니다."

"다치지는 않았소."

"이제부터 개화開化하면 두 나라의 교린 관계가 전날에 비하여 더욱 돈독해지고 좋아질 것입니다."

"두 나라가 서로 한 나라처럼 여기면서 함께 교린의 정의를 닦아 나간다면 실로 서로 돕고 서로 의지하는 방도가 될 것이오."

"일전에 아뢴 다섯 조목을 마땅히 유의하여 시행하는 것이 매우 좋을 것입니다."

"우리 왕가에 원래 옛 법과 제도가 있지만, 논의한 다섯 조항도 매우 좋소."

"옛 법과 새 법을 고르게 나라를 다스리는 근본으로 삼는다면 실로 억만 년토록 무궁할 공고한 기반이 될 것입니다."

— 고종 31년(1894) 6월 22일

이날 고종은, 모든 서무는 긴중한 문제가 생기면 먼저 대원군 앞에 나아가 질정(質定 : 헤아려 정함)을 받으라고 전교하였다. 또 각 국의 사례를 보면 군무軍務는 다 친왕親王의 관할로 되어 있으니, 우리나라의 해군과 육군의 사무를 대원군 앞에 나아가 질정하여 결재를 받으라고 하였다. 이 전교는 같은 해 10월 25일에 거둬들였다.

7월 1일 "일본 군사가 각 지방에 주둔하고 있는 것은 청나라 군 사를 막는 데서 나온 것으로 조금도 악의가 없으니 모든 우리 백성 은 각각 잘 이해하고 아무 일이 없으니 안심하라"라는 뜻을 전국 에 알리도록 하였다.

고종 31년(1894) 7월 22일 조일동맹조약이 체결되었다. 그 내용 은 대략 다음과 같다.

대조선국과 대일본국 정부는 조선력으로 개국 503년 6월 23일, 일본력으로 명치明治 27년 7월 25일 조선국 정부에서 청나라 군사 를 철퇴시키려는 문제를 조선국 경성 주재 일본국 특명전권공사에 게 위탁하여 대신 힘써 주도록 약속한 이래 두 나라 정부에서 청나 라에 대한 공격과 방어에 서로 도와주는 입장에 서게 되었다. 이와 관련하여 관계되는 사항을 명백히 밝힘과 아울러 두 나라가 일을 함께 이루어 갈 것을 기약한다. …

제1조 이 동맹 조약은 청나라 군사를 조선 국경 밖으로 철퇴시키 고 조선국의 독립과 자주를 공고히 하며 조선과 일본 두 나라가 누

릴 이익을 확대하는 것을 기본으로 삼는다.

제2조 일본국이 청나라에 대한 공격과 방어 전쟁을 담당할 것을 승인했으므로, 군량을 미리 마련하는 등 여러 가지 일에 돕고 편의를 제공하기에 힘을 아끼지 말아야 한다.

제3조 이 동맹 조약은 청나라와 평화 조약이 체결되는 날에 가서 폐기한다. 이를 위하여 두 나라 전권대신들은 이름을 쓰고 도장을 찍어서 증빙 문건으로 삼는다.   - 고종 31년(1894) 7월 22일

9월 5일 우호 관계를 두터이 하기 위해 의화군 이강을 일본에 보빙대사(報聘大使 : 답례하기 위해 외국에 방문하는 대사)로 보냈다. 10월 20일 일본에 다녀온 의화군이 복명(復命 : 결과를 보고함)하였다.

10월 23일 각 아문의 대신들이 모인 자리에서 일본 공사 이노우에 가오루[井上馨]가 개혁안 20개 조목을 제출하였다. 그 내용은 1. 정권은 모두 한곳에서 나오게 하여야 한다. 2. 대군주에게는 정무를 직접 결재할 권한이 있고 또 법령을 지킬 의무가 있다. 3. 왕실의 사무는 나라의 정사와 분리시켜야 한다. 4. 왕실의 조직을 정해야 한다. 5. 의정부와 각 아문의 직무와 권한을 정해야 한다. 6. 조세는 탁지아문에서 통일하게 하고 또 백성들에게 부과하는 조세는 일정한 비율로 하는 외에는 어떤 명목과 방법을 물론하고 징수하지 않는다. 7. 왕실과 각 아문의 비용을 미리 정해야 한다. 8. 군사에 관한 정무를 정해야 한다. 9. 모든 일에서 허식을 없애고 사치한 폐단을 바로잡아야 한다. 10. 형률을 제정하여야 한다. 11. 경찰

권은 한곳에서 행사하여야 한다. 12. 관리의 복무 규율을 세워 이를 엄격히 집행하여야 한다. 13. 지방관의 권한을 제한하여 이것을 중앙 정부에서 장악하여야 한다. 14. 관리를 등용하고 파면하는 규정을 만들어 개인의 의사로 등용하거나 파면시키지 못하게 하여야 한다. 15. 권세를 다투거나 또는 남을 시기하거나 이간시키는 나쁜 폐단을 철저히 없애고 정치상 복수하는 관념을 가지지 않게 하여야 한다. 16. 공무工務아문은 아직 필요하다고 인식하지 않는다. 17. 군국기무소의 기구와 권한을 개정하여야 한다. 18. 노련한 고문관을 각 아문에 초빙하여 써야 한다. 19. 유학생을 일본에 파견하여야 한다. 20. 국시國是를 일정하게 하는 것이 필요하다는 등이었다. 고종은 이 내용들을 긍정적으로 받아들였다.

11월 4일 의정부에서는 임금의 뜻을 받들어 관리들과 백성들에게 포고하였다. " … 일본 국가는 우호 관계가 중요하다는 것을 생각하고 앞장서 힘쓰면서 작은 혐의를 피하지 않고 우리에게 자립하고 스스로 강하게 될 방도를 권하였으며 그것을 세상에 천명하였다. 우리나라에서는 그 뜻을 잘 알고 이제 기강을 크게 떨쳐 함께 일어나서 동양의 판국을 안전하게 하려고 하니, 지금이야말로 간고한 형편에서 나라를 일으켜 세울 기회이고 위기를 전환시켜 안전하게 만들 때이다. 그런데 어찌하여 민심이 안정되지 않고 거짓말을 퍼뜨리며 심지어는 의로운 거사라는 핑계 아래 감히 난리를 일으키기까지 하는가? 이것은 단지 이웃 나라를 원수로 보는 것일 뿐 아니라 바로 우리나라를 원수로 보는 것이다. … 지난번에 우리 정부에서 일본 군사의 원조를 요청하여 세 방면으로 진격하였는데, 그 군사들은 분발하여 자신을 돌아보지 않고 적은 수로 많은 적을 친 결과 평정될 날이 그리 멀지 않았다. 일본으로서는 절대로 다른 생각이 없고 순전히 우리를 도와 난리를 평정하고 정치를 개혁하며 백성들을 안정시켜 이웃 국가와의 우호 관계를 돈독하게 하려는 호의라는 것을 명백히 알 수 있다. 너희 지방 관리들과 높고 낮은 백성들은 이런 뜻을 확실히 알고 무릇 일본 군사가 가는 곳에서 혹시라도 놀라서 소요를 일으키지 말고 군사 행동에 필요한 물자를 힘껏 공급함으로써 전날 의심하던 소견을 없애고 백성을 위하여 한데에서 고생하는 수고에 감사하도록 하라. … "라는 내용이었다.

고종 32년(1895) 2월 6일 고종은 "일본국의 군사들이 개선凱旋하니 짐은 매우 기쁘다. 군무아문에 명하여 음식을 내려주어 짐의 간곡한 뜻을 표시하라"라는 조령을 내렸다.

고종 32년(1895) 3월 23일 일청日淸 양국의 교전에서 일본국이 승리하고 일본 전권대신 이토 히로부미, 무쓰 무네미쓰[陸奧宗光]와 청나라 전권대신 이홍장李鴻章, 이경방李經芳이 시모노세키에 모여서 강화조약을 체결하였다. 그 제1조에, "청나라는 조선이 완전 무결한 자주 독립 국가라는 것을 인정하며 그전에 청나라에 공납을 바치던 규정 등은 다 자주 독립에 해로운 것이므로, 앞으로 모두 폐지한다"라고 실었다.

5월 23일 내각 총리대신 박정양朴定陽과 외부대신 김윤식金允

植이 "일본국에서 작년 6월 이래로 본국을 도와준 것이 매우 많은 바, 이제 일청평화조약이 성사되었으니 대사를 빨리 파견하여 후한 성의에 사례하는 것이 어떠하겠습니까?"라고 청하자 임금은 "좋다"라는 제칙을 내렸다. 5월 27일 의화군 이강을 특파대사로 삼아서 일본국에 가도록 명하였다.

을미사변과 을미개혁

고종 32년(1895) 3월 5일 국고의 고갈로 일본 은행에서 300만 원元의 차관借款을 받기로 하였다. '차관조약借款條約'의 주요 내용은 "제1조 대일본제국 일본 은행에서 돈 300만 원을 대조선국 정부에 대여한다. 일본 은행에서는 차관액 가운데서 150만 원은 은화銀貨로, 150만 원은 당해 은행의 태환은권(兌換銀券 : 화폐로 바꿀 수 있는 증서)으로 하되, 대일본 역曆 명치 28년 7월 31일까지 모두 대조선국 인천항에 주재하는 당해 항구의 대조선국 감리사무에 넘겨준다. 제2조 이 차관의 이자율은 대일본 역으로 1년에 원액元額의 100분의 6으로 정하고(즉 매년 원금 100원에 이자가 6원임) 차관을 받은 날부터 상환하는 날까지 대일본 역으로 6월과 12월 두 번에 걸쳐 대조선국 정부에서 매번 반년분의 금액을 대일본제국 일본 은행에 상환한다. … " 등이었다.

고종 32년(1895) 8월 20일 묘시에 왕후가 곤녕합坤寧閤에서 세상을 떠났다. 이보다 앞서 훈련대 병졸과 순검이 서로 충돌하여 양 편에 다 사상자가 있었다. 19일 군부대신 안경수安駉壽가 훈련대 를 해산하자는 의사를 밀지로 일본 공사 미우라 고로[三浦梧樓]에게 가서 알렸으며, 훈련대 2대대장 우범선禹範善도 같은 날 일본 공사 를 가서 만나보고 알렸다. 이날 날이 샐 무렵에 전 협판 이주회李 周會가 일본 사람 오카모토 류노스케[岡本柳之助]와 함께 공덕리孔 德里에 가서 대원군을 호위해 대궐로 들어오는데 훈련대 병사들이 대궐문으로 마구 달려들고 일본 병사도 따라 들어와 갑자기 변이 터졌다. 시위대 연대장 홍계훈洪啓薰은 광화문 밖에서 살해당하고 궁내대신 이경직李耕植은 전각 뜰에서 해를 당했다. 난동은 점점 더 심상치 않게 되어 드디어 왕후가 거처하던 곳을 잃게 되었는데, 이날 이때 피살된 사실을 후에야 비로소 알았기 때문에 즉시 반포 하지 못하였다.

8월 22일 고종은 왕후 민씨를 서인庶人으로 강등시킨다는 조령 을 발표하였다. 그 내용은 다음과 같다.

짐이 보위에 오른 지 32년에 정사와 교화가 널리 펴지지 못하고 있는 중에 왕후 민씨가 자기의 가까운 무리를 끌어들여 짐의 주위 에 배치하고 짐의 총명을 가리며 백성을 착취하고 짐의 정령政令을 어지럽히며 벼슬을 팔아 탐욕과 포악이 지방에 퍼지니 도적이 사방 에서 일어나서 종묘사직이 아슬아슬하게 위태로워졌다.

짐이 그 죄악이 극대하다는 것을 알면서도 처벌하지 못한 것은 짐이 밝지 못하기 때문이기는 하나 역시 그 패거리를 꺼려하기 때문이기도 하였다. 짐이 이것을 억누르기 위하여 지난해 12월에 종묘에 맹세하기를, '후빈과 종척이 나라 정사에 간섭함을 허락하지 않는다'라고 하여 민씨가 뉘우치기를 바랐다. 그러나 민씨는 오래된 악을 고치지 않고 그 패거리와 보잘것없는 무리를 몰래 끌어들여 짐의 동정을 살피고 국무대신을 만나는 것을 방해하며 또한 짐의 나라의 군사를 해산한다고 짐의 명령을 위조하여 변란을 격발시켰다. 사변이 터지자 짐을 떠나고 그 몸을 피하여 임오년(1882)의 지나간 일을 답습하였으며 찾아도 나타나지 않았다. 이것은 왕후의 작위와 덕에 타당하지 않을 뿐만 아니라 그 죄악이 가득 차 선왕들의 종묘를 받들 수 없는 것이다. 짐이 할 수 없이 짐의 가문의 고사를 삼가 본받아 왕후 민씨를 폐하여 서인으로 삼는다.

– 고종 32년(1895) 8월 22일

다음 날 왕태자가 민씨의 폐서인 처분을 말리는 상소를 올렸다. 이에 고종은 "너의 정리情理를 내가 어찌 모르겠는가? 응당 처분을 하겠다"라고 비답하며, 왕태자의 정성과 효성, 정리를 고려하여 폐서인 민씨에게 빈嬪의 칭호를 특사한다는 조령을 내렸다.

이날 고종은 " … 당파가 마구 일어나는 것은 나라의 복이 아니며 또 그 주견主見을 제각기 내세우는 이 당파나 저 당파나 모두 짐의 신하와 백성이므로 짐은 똑같이 본다. 그래서 당파의 다른가 같은가, 좋아하는가 싫어하는가 하는 것을 가지고 표창과 처벌을 하지 않겠다. 너희 신하와 백성도 각기 짐의 뜻을 새겨서 옛날의 사사로운 원망과 편벽된 혐의를 서로 잊어버리고 나라 운수가 힘들고 어렵다는 것을 함께 생각하여 개혁하는 큰 계책을 한마음으로 도움으로써 모두 함께 유신하고 큰 도道에 함께 이르라”라는 내용의 조령을 내렸다.

8월 25일 의화군 이강을 특파대사에 임용하고 이어 영국, 독일, 러시아, 이탈리아, 프랑스, 오스트리아 각국을 답례 방문하라고 명하였다. 다음 날 고종은 “왕후의 자리가 하루도 없어서는 안 되니 간택하는 절차를 거행하라”라고 명하였다. 9월 7일 “15세부터 20세까지의 처녀들의 명단을 바쳐라”라는 제칙을 내렸다.

9월 9일 양력 사용을 명하였다. 이와 관련하여 “삼통(三統 : 정삭을 동짓달, 동지 다음 달, 동지 다음 다음 달로 쓰는 세 가지 역법)의 삭일(朔日 : 음력 초하룻날)을 교대로 쓰는 것은 때에 따라 알맞게 정한 것이니 정삭(正朔 : 정월 초하루)을 고쳐 태양력을 쓰되 개국 504년 11월 17일을 505년(1895) 1월 1일로 삼으라”라는 조령을 내렸다.

10월 10일 왕후 민씨의 위호(位號 : 벼슬의 등급)를 회복시키라고 명하였다. 이날 내각에서 “8월 20일 사건(을미사변)은 고금 이래로 없던 큰 변고입니다. 그때 분수를 어긴 여러 흉악한 자들을 즉시 조사하여 처리해야 할 것입니다. 그러나 급한 변을 당하여 오늘까지 천벌을 아직 내리지 않았으므로 귀신과 사람의 분노가 더욱 들끓고 울분해하니, 그날 전각으로 올라간 흉적들을 법부로 하여금 기한을 정하고 잡아서 엄격히 신문하여 죄상을 밝히고 형벌을 결정하는 일"을 청하자 임금이 윤허하였다.

10월 12일 내부內部에서 "지난 새벽에 반란 무리가 대궐에 침범하였는데 그 의도를 헤아리기 어려웠으나 다행히 종묘사직에 있는 영혼의 도움으로 숙위하는 장졸들이 충성을 바쳐 즉시 진정하여 궁내가 편안하니 백성들은 경동하지 말고 각기 생업에 안착하여야 할 것이다"라고 고시하였다.

고종 32년(1895) 10월 15일 왕후의 승하를 반포하였다. 고종은 "지난번 변란 때에 왕후의 소재를 알지 못하였으나 날이 점차 오래되니 그 날에 세상을 떠난 증거가 정확하였다. 개국 504년 8월 20일 묘시에 왕후가 곤녕합에서 승하하였음을 반포하라"라는 조령을 내렸다. 빈전은 경복궁 태원전泰元殿으로, 혼전은 문경전文慶殿으로 정하였다.

11월 3일 만수 성절(萬壽聖節 : 황제의 탄생일)인 임자년(1852) 7월 25일을 양력 9월 8일로, 왕태후의 경절(慶節 : 경사스러운 탄생일)인 신묘년(1831) 정월 22일을 양력 3월 6일로, 왕태자의 경절인 갑술년(1874) 2월 8일을 양력 3월 25일로, 왕태자비의 탄일인 임신년(1872) 10월 20일을 양력 11월 20일로, 종묘에 다짐하고 고한 날인 12월 12일을 양력 1월 7일로 만들어 신력(新曆 : 새 역법)에 따라 시행하자는 제칙을 내렸다. 11월 15일에는 "정삭을 이미 고쳐 태양력을 쓰도록 한 만큼 개국 505년부터 연호를 세우되 일세일원(一世一元 : 한 임금의 재위 중에 하나의 연호만을 사용한다는 말)으로 정하여 만대토록 자손들이 조심하여 지키게 하라"라고 명하였다.

11월 14일 피고인 박선朴銑, 이주회李周會, 윤석우尹錫禹 등의 모반 사건에 대한 판결이 내려졌다. 판결 선고문은 다음과 같다.

피고인 박선, 이주회, 윤석우 등의 모반 사건에 대하여 검사의 공소에 의하여 심리하였다. 피고 박선은 본래 머리를 깎고 양복 차림을 하고는 일본 사람이라고 거짓말하여 행색이 수상하였다. 개국 504년 8월 20일 새벽에 일어난 사변(을미사변) 때에 피고가 일본 사람과 함께 반란 무리 속에 섞여 광화문으로 돌입할 때 홍계훈이 문을 막고 역적이라고 소리치자 검劍으로 그의 팔을 치고는 곧바로 전각의 방실에 이르러 왕후의 처소에 달려들었다. 손으로 달비채를 휘어잡고 마루 끝까지 끌고 가서는 검으로 가슴을 찌른 후에 검은 빛깔의 천으로 말아서 석유를 붓고는 불태워버렸다. 이렇게 시역 (弑逆 : 왕이나 왕비를 살해함)한 절차를 손으로 형용하는 것이 뚜렷하다는 김소사金召史의 고발에 의하여 피고를 잡아다 신문했더니, 피고는 줄곧 거부하였지만 궁중 인원들의 많은 눈을 가리기 어렵고 증인들이 분명하게 단언하였다.

피고 이주회는 이해 8월 20일 새벽에 일어난 사변 때에 영추문으로 들어와 장안당에 곧바로 이르러서는 왕태자 전하와 왕태자비 전하를 보호하고 즉시 물러나갔다고 한다. 그러나 피고의 첫 공술에서 총소리가 대궐 안에서 일어나는 것을 갑자기 듣고 평상시의 옷차림으로 광화문으로 향하니 굳게 닫혔으므로 영추문으로 옮겨가서 들어갔는데, 병정의 파수가 인적이 드물고 여러 합문에도 단속이 전혀 없었다고 하였다. 그런데 그날 변란의 원인을 깊이 따져보건대 소동을 일으킨 무리의 일 처리와 계획을 한 것이 이처럼 허술하였다는 것은 이치에 닿지 않는 말이다. 두 번째 공술에서는 대궐 안으로 돌입할 때 신거문辰居門에 이르니 무예별감 10여 명이 변란을 일으킨 군사들의 핍박을 당하여 늘어선 총구멍 아래에서 위험에 처한 것을 마침 보고는 고함을 치면서 손을 흔들었더니 그들이 무예별감들을 즉시 놓아주고 다른 곳으로 흩어져 달아났다고 하였다. 그런데 저 무리가 마구 날뛰는 그 마당에서 피고에게 무슨 재주가 있어서 한 번의 손짓과 한 번의 호령으로 흉악한 무리를 이처럼 쉽사리 막아낼 수 있었겠는가? 그 이유를 따져보면 흉악한 무리와 결탁된 진상을 가릴 수 없는 것이다. 세 번째 공술에서는 흉악한 무리가 피고의 호령을 기꺼이 받아들이고 흩어져 간 것은 일이 공교롭게 꼬여서 공모한 흔적을 면하기 어렵게 되었으니 이것은 바로 자신의 목숨이 끊어질 때라고 자복하였다.

피고 윤석우는 이해 8월 20일 오전 네 시에 대대장 이두황李斗璜과 중대장 이범래李範來, 남만리南萬里의 야간 훈련을 하라는 명령을 받들어 거느리고 있는 군사를 이끌고 동별영東別營으로 출발하여 태화궁太和宮에 가서 지키다가 춘생문春生門으로 들어가서 강녕전康寧殿 뜰에 이르러 병정을 각 곳에 파견해 보내고는 광화문과 건춘문建春門을 순찰하던 중 녹산鹿山 아래에 이르러 시체 하나가 불타는 것을 보고 하사 이만성李萬成에게 자세히 물었더니 나인의 시체를 태운다고 하였다. 그런데 그 이튿날인 21일에 궁중에서 떠도는 말을 듣건대 그날 밤 변란 때 중궁 폐하가 옮겨갈 겨를이 없었고 궁녀 중에도 피해당한 자가 없는 것으로 보아 녹산의 연기 나던 곳은 결국 구의산九疑山이라고 하였다. 그래서 그날 밤에 대대장 우범선과 이두황에게 청하고 불타다 남은 시체에서 하체만 거두어서 오운각五雲閣 서쪽 봉우리 아래에 몰래 묻어버렸다고 하였다. 피고가 그날 밤에 군사를 이끌고 대궐로 들어간 것이 비록 장수의 명령대로 한 것이라고는 하지만 진상이 여러 가지로 의심스러울 뿐더러 녹산 아래의 시체를 피고가 이미 충분히 알고 있었으니 더없이 중하고 존엄한 시체에 거리낌 없이 손을 대어 제멋대로 움직인 것은 스스로 크게 공경스럽지 못한 죄를 지은 것이다. 이상 피고들의 범죄 사실은 피고들의 각각의 공술과 김소사의 고발, 대질 공술, 이갑순李甲淳 · 김명제金明濟 · 이민굉李敏宏의 공술을 증거로 하여 의심할 바 없이 확실하다. 그러므로 이것을 모반에 관한 법조문에 적용시켜 피고 박선, 이주회, 윤석우를 모두 교형에 처한다.

— 고종 32년(1895) 11월 14일

고종 32년(1895) 11월 15일 "짐이 머리를 깎아 신하와 백성들에게 우선하니 너희 대중은 짐의 뜻을 잘 새겨서 만국과 대등하게 서는 대업을 이룩하게 하라"라는 조령으로 단발령을 내렸다. 같은 날 연호를 건양建陽으로 정하였다. 11월 15일 의복 제도를 공포하였다. 내부는 "이제 단발은 몸과 마음을 건강하게 함에 유익하고 일하는 데에 편리하기 때문에 우리 성상 폐하가 정치 개혁과 민국의 부강을 도모하며 솔선궁행하여 표준을 보인 것이다. 무릇 우리 대조선국 민인은 이러한 성상의 뜻을 우러러 받들되 의관 제도는 아래와 같이 고시한다.

1. 나라의 상사(喪事 : 초상)를 당하였으니 의관은 나라의 거상 기간에는 그전대로 백색白色을 쓴다. 1. 망건(網巾 : 상투 튼 사람이 머리에 두르는 그물 같은 띠)은 폐지한다. 1. 의복 제도는 외국 제도를 채용하여도 무방하다"라고 고시하였다.

11월 16일 학부대신 이도재李道宰가 사직을 표하며 상소를 올렸다. " … 지금 내란이 빈번하고 나라의 형편이 위태로우며 백성이 쪼들리고 강한 이웃 나라가 으르렁대며 엿보는 형편에서 설사 위아래가 한마음으로 서둘러 실속 있는 일에 힘쓰더라도 오히려 수습되지 못할까 두렵습니다. 연호를 정하는 등과 같은 일은 허명虛名이나 차리는 말단적인 일인 만큼 우선 몇 년을 두고 나라가 부유해지고 군사가 강해지기를 기다릴 것입니다. … 게다가 단발에 대한 논의는 더욱 전혀 옳지 않습니다. … 이제 만약 하루아침에 깎아버린다면, 4천 년 동안 굳어진 풍습은 변화시키기 어렵고 억만 백성의 흉흉해하는 심정을 헤아릴 수 없을 것이니, 어찌 격동시켜 변란의 계기가 되지 않을 줄을 알겠습니까? … 정말 나라에 이롭다면 신은 비록 목숨이 진다하더라도 결코 사양하지 않겠는데 더구나 감히 한 줌의 짧은 머리칼을 아껴서 나라의 계책을 생각하지 않겠습니까? 단지 여러 차례 생각해 보아도 그것이 이로운 것은 보이지 않고 해로운 점만 당장 보이므로 감히 마음을 속이고 따를 수는 없는 것입니다. 삼가 바라건대 폐하께서 이미 내린 명을 빨리 취소하시고 … ”라는 내용이었다.

고종 33년(1896) 1월 11일 정월 초하루를 양력으로 고치고 연호를 새로 정하였으며 의복 제도를 바꾸고 단발령을 명하는 조령을 내렸다. 조령에는 “ … 짐이 등극한 지 33년에 세계가 맹약을 다지는 판국을 맞아 정치를 경장하는 길을 가지 않을 수 없다. 이에 정삭을 고치고 연호를 정했으며 복색을 바꾸고 단발을 하니 너희 백성들은 내가 새 것을 좋아한다고 말하지 말라. 넓은 소매와 큰 관冠은 유래流來한 습관이며 상투를 틀고 망건을 쓰는 것도 일시의 편의로, 처음 시행할 때에는 역시 신규였다. 하지만 세상 사람의 취향과 숭상함에 따라 국가의 풍속 제도를 이룬 것이니, 일하기에 불편하며 양생에 불리한 것은 고사하고 배와 기차가 왕래하는 오늘에 와서는 쇄국하여 홀로 지내던 구습을 고수해서는 안 될 것이다. …

짐이 이번에 정삭을 고치고 연호를 세운 것은 500년마다 크게 변하는 시운에 대응하여 짐이 국가를 중흥하는 큰 위업의 터전을 마련하는 것이며, 복색을 바꾸고 머리를 깎는 것은 국인國人의 이목을 일신시켜 옛 것을 버리고 짐의 유신하는 정치에 복종시키려는 것이니, … 짐이 머리를 이미 깎았으니 짐의 신민인 너희 백성들도 어찌 받들어 시행하지 않겠는가? 나라는 임금의 명령을 듣고 가정은 가장의 명령을 들으니, 너희 백성들은 충성을 다하고 분발하여 짐의 뜻을 잘 새겨서 서로 알리고 서로 권하여 너희의 머리카락과 구습을 한꺼번에 끊으며 모든 일에서 오직 실질만을 추구하여 짐의 부국강병하는 사업을 도울 것이다. … ”라고 하였다.

고종 33년(1896) 4월 18일 피고 이희화李熹和를 교형에 처하도록 하였다. 이희화는 을미사변 때 대궐을 침범한 일본인들과 함께 직책 없이 입궐하여 곤녕합에 들어갔다가 왕후가 시해당한 뒤 얼마 안 되어 임금의 어전에 제멋대로 들어가서 임금의 판단에 의하지 않은 조칙 등을 썼다. 그때 흉기는 가지지 않았으나 시해를 행한 진상을 알았다는 사실이 뚜렷하므로 교형에 처한 것이다.

아관파천

고종 33년(1896) 2월 11일 고종과 왕태자는 대정동大貞洞의 러시아 공사관으로, 왕태후와 왕태자비는 경운궁에 이어하였다. 이날 임금은 “8월의 변고(을미사변)는 만고에 없었던 것이니, 차마 말할 수 있겠는가? 역적들이 명령을 잡아 쥐고 제멋대로 위조하였으며 왕후가 붕서하였는데도 석 달 동안이나 조칙을 반포하지 못하게 막았으니, 고금 천하에 어찌 이런 일이 있을 수 있는가? 어쩌다가 다행히 천벌이 내려 우두머리가 처단당한 결과 나라의 예법이 겨우 거행되고 나라의 체면이 조금 서게 되었다. 생각하면 뼈가 오싹하고 말하면 가슴이 두근거린다. … 사나운 돼지가 날치고 서리를 밟으면 얼음이 얼게 된다는 경계를 갑절 더해야 할 것이다.

모든 신하와 백성은 이 명령 내용을 명심해야 할 것이다. 을미년 (1895) 8월 22일과 10월 10일의 조칙(민씨의 폐서인과 위호 회복 관련)은 모두 역적 무리가 속여 위조한 것이니 다 취소하라"고 조칙을 내렸다.

같은 날 전 내각 총리대신 김홍집金弘集, 전 농상공부대신 정병하鄭秉夏가 백성들에게 살해되었다. 또 유길준 등을 기한을 정하여 체포하라고 명하였다. " … 우두머리 악한은 사실 몇 사람에 지나지 않는데 오늘 하늘의 이치가 매우 밝아서 역적의 우두머리는 처단되었다. 도망친 죄인 유길준俞吉濬, 조희연趙羲淵, 장박張博, 권영진權瀅鎭, 이두황李斗璜, 우범선禹範善, 이범래李範來, 이진호李軫鎬 등은 기일을 정해 놓고 잡아오며, 그 나머지는 당시에 부추김과 사주를 받았던 자라도 사세에 구애되거나 권력에 강요당했을 뿐이니 무슨 죄가 있겠는가? 일체 우리의 대소 신료와 중외의 군민은 각기 그 전과 같이 안착하고 의심을 품지 말라. … 이번에 춘천 등지에서 백성들이 소란을 피운 것은 단발 때문이 아니라 대체로 8월 20일 사변 때 쌓인 울분이 가슴에 가득 차서 그것을 계기로 폭발한 것을 묻지 않고도 분명히 알 수 있다. … 나라의 적을 잡아서 이미 중형에 처하였으니 귀신과 사람의 울분을 시원히 풀었다. 좌우 감옥서에 현재 갇혀 있는 죄인은 모두 즉시 석방하여 널리 용서하는 은전을 보여 주어라"라는 조령을 내렸다.

이어 2월 13일 고종은 백성들에게 윤음을 내렸다. " … 그저께 일은 차마 말할 수 있겠는가? 역적의 우두머리와 반역 무리의 흉악한 음모와 교활한 계책의 진상이 숨길 수 없게 되자 막아버리고 승복시키는 방도가 혹 허술한가 걱정하여 외국에서 이미 시행한 규례대로 임시방편을 써서 짐이 왕태자를 데리고 대정동에 있는 러시아 공사주관에 잠시 가 있는 뒤에 왕태후는 왕태자비를 데리고 경운궁으로 갔으며 짐은 유사에게 명하여 모든 범인을 잡게 하고 그들이 묶인 다음에 곧 돌아오려고 하였다. 그런데 범인을 묶을 때에 어리석은 백성들이 폭동하여 갑자기 살해하고 나머지 범인은 모두 다 목숨을 건지려고 도망쳐버리니 군중의 심리가 더욱 흉흉하여 안정되지 않고 있다. 이때를 당하여 짐이 있는 곳을 너희 백성에게 명백히 알릴 겨를이 없었는데 이제 대궐이 무사하고 민심이 여느 때와 같게 되었으니 짐이 경사스럽고 다행하게 여기는 바이다. 며칠 안으로 장차 대궐로 돌아가려고 한다. 그래서 명백히 알리니 너희 백성들은 각각 의심을 풀고 생업에 안착하라"라는 내용이었다.

2월 15일 고종은 다음과 같이 내각에 칙유(勅諭 : 임금이 몸소 말함)하였다.

이달 11일에 역모가 드러났는데 그 흉악한 무리는 모두 내각과 군부의 장관이다. 그중 몇 사람은 짐에 대해서 불충할 뿐만 아니라 바로 작년 8월 20일 왕후 살해 음모에 관계한 역괴임이 의심할 바 없으므로 즉시 엄령을 내려 그 역적의 이름을 공개하는 것이 합당하다. 그 역괴의 우두머리 중 조희연, 권영진, 이두황, 우범선, 이범래, 이진호 등은 모두 현직 혹은 교체된 무관과 경관이므로 참수를 명하였더니, 그 칙령이 해당 역괴들을 놀라게 하여 관할하던 마을을 떠나 도주하여 군사를 선동하거나 혹은 어긋나는 명령을 내리지는 못하였으나 또한 병사와 경관들의 짐에 대한 충성심도 변하지 않았다. 그래서 위에 든 엄한 명령을 그대로 적용할 필요가 없기 때문에 그날 저물녘에 해당 명령을 고쳐서 그 범인들을 생포하는 대로 법정에 보내라고 하였다. 이제 그 명령을 거듭 밝히니 만약 범인들이 혹 묶이면 상해를 가하지 말고 즉시 법정에 압송하고, 해당 법정에서는 공명정대한 공판으로 확증에 근거해서 적당한 형벌에 처하라. 김홍집과 정병하는 모두 내각대신이므로 잡아온 뒤에 공평한 재판을 하려고 하였는데 분격한 백성들이 그 범인들에게 손을 대어 살해하기까지 한 것은 탈옥할까 걱정한 것이고 또 쌓이고 쌓인 울분을 풀려는 것이었다. 그러나 이것은 법에만 어긋나는 것이 아니라 짐의 신민들이 공명정대한 재판을 받게 하려던 본의와도 어긋난다. 이 사건은 조사하여 바로잡아야 할 것이다. …

- 고종 33년(1896) 2월 15일

고종 33년(1896) 3월 29일 미국 사람 모오스[謨於時 : Morse, James R.(모르스)] 에게 경인京仁 철도 부설권을 허락하였다. 4월 17일에는 모오스에게 운산雲山 금광 채굴권을 허가하였다. 을미년(1895) 윤 5월에 허가하였다가 조금 뒤 취소하였는데, 이때 다시 허가한 것이다. 모오스는 이듬해 3월부터 철도 공사를 시작하였으나 자금

부족으로 그 해 5월에 이 철도 부설권을 일본 사람 시부자와 에이이치[涉澤榮一] 등의 경인 철도 인수 조합에 넘겨주었다.

4월 22일에는 러시아인 니시켄스키에게 경원慶源과 종성鐘城의 사금광 채굴을 허락하였다. 7월 3일 프랑스인(그리러 회사)에 경의京義 철도 부설권을 허락하였다. 9월 9일 러시아인 뿌리너의 합성 조선 목상 회사에 압록강 유역과 울릉도의 벌목과 아울러 나무를 기르고 가꾸는 권한을 허락하였다.

고종 34년(1897) 4월 12일 독일 사람 워르터[花爾德]에게 광산 채굴권을 허락하였다. 이날부터 시작하여 2년 이내에 적당한 광구鑛區 한 곳을 선정하고 나서 그 채굴을 허락하기로 약속하였다. 이듬해 7월 19일에는 워르터에게 강원도 금성金城 광산 채굴을 허락하였다.

고종 35년(1898) 8월 19일 정2품 브라운[柏卓安 : J. McLeavy Brown]에게 철도 사무를 감독하라고 명하였다. 8월 21일 국내의 철도 부설을 위해 브라운이 경성에서 목포까지, 경성에서 원산 · 경흥까지, 원산에서 평양을 거쳐 증남포까지, 경흥에서 의주까지 직접 다니며 부지를 정하게 하였다. 9월 8일 일본인이 설립한 경부 철도 회사의 대리인 사사키 기요마로[佐佐木淸麿]와 호시나가 지로[乾長次郎]에게 경부 철도 부설권을 허락하였다.

고종 33년(1896) 5월 14일 제1회 일로협상日露協商이 체결되었다. 우리나라 주재 일본 공사 고무라 주타로[小村壽太郎]와 러시아 공사 베베르[韋貝 : Waeber, K.]가 두 나라의 대표로 협정한 각서에는 대략 "양 대표는 조선 국왕에게 환궁을 충고할 것이다. 양 대표는 조선 국왕에게 온화한 인물로 각신을 임명하고 너그럽고 인자한 태도로 신하와 백성들을 대하도록 권고할 것이다"라는 내용이 담겨 있었다.

제2회 일로협상은 6월 9일 체결되었다. 일본국 특파대사 야마가타 아리토모[山縣有朋]와 러시아 외무대신 로바노무가 모여서 협상한 '조선 문제 의정서'의 주요 내용은 "일본과 러시아 양국 정부는 조선의 재정에 관하여 충고하고 합의하여 원조를 줄 것. 조선으로 하여금 스스로 질서를 유지할 수 있는 군대와 경찰을 창설하고 이것을 유지하게 할 것" 등이다.

고종 35년(1898) 4월 25일 제3회 일본과 러시아 협상이 이루어졌다. 일본 외무대신 사이토쿠 지로[西德二郎]와 러시아 특명전권공사 로젠 사이에 협상 결과 "일본과 러시아 두 나라는 한국의 내정에 관하여 직접 교섭하지 않는다. 한국의 요구에 응하여 군사를 훈련시키는 교관 또는 재정 고문을 임명하는 경우에는 일본과 러시아 두 나라가 미리 협상한다. 러시아는 일본과 한국 두 나라에 대한 상공업 발전을 방해하지 않는다"라는 조선 문제 의정서를 발표하였다.

고종 33년(1896) 5월 16일 임금은 경운궁에 나아가 일본 공사 고무라 주타로[小村壽太郎]를, 7월 16일에는 일본 특명전권공사 하라 다카시[原敬]를 접견하였다. 아관파천 중에도 경운궁에서 일본 외교관들과 만난 것이다.

8월 23일 명성황후의 빈전과 역대 임금들의 어진을 경운궁으로 옮길 날짜로 잡도록 하였다. 또 9월 24일 내각을 다시 의정부라고 고쳐 부르도록 하였다. 임금은 "지난번에 역적 무리가 나라의 권한을 농간질하고 조정의 정사를 뜯어고치면서 심지어는 의정부를 내각이라고 고쳐 부른 것은 거의 다 명령을 위조한 것이었다. 이 때문에 제도와 법이 무너지고 중앙과 지방이 소란해졌으므로 모든 관리와 만백성이 걱정하고 분해하며 통탄하고 놀라워한 지가 이제는 3년이 되었다. 국가의 오륭(汚隆 : 큰 모욕)에 관계되는 것이 역시 크니 이제부터 내각을 폐지하고 도로 의정부라고 고쳐 부를 것이다. … "라고 설명하였다.

11월 21일 독립협회에서 영은문迎恩門 곁에 독립문獨立門을 창건하려고 기공식을 행하였다.

고종 34년(1897) 1월 27일 법부대신 조병식趙秉式이, 김홍집을 극률로 다스리도록 청하였다. "역적의 괴수 김홍집은 대대로 벼슬살이를 한 집안의 신하로서 지위는 정승에 이르렀습니다. 그러나 갑오년(1894) 이후부터 외교를 빙자하고 임금의 권한을 빼앗았으며 패거리를 만들어 음모를 꾸몄습니다. … 대소 사무를 총리대신이 재결하도록 한다는 조서를 가지고 전하를 위협하여 급히 반포할 것을 청하였으며 제멋대로 행세하는 것이 끝이 없었습니다.

22일에는 난을 일으킨 군사를 부추겨 칼과 포를 들이대면서 몰래 합문을 둘러싸고 정병하로 하여금 불온한 말로 위협하여 왕후를 폐위시키는 내용의 조서를 빨리 내릴 것을 청하였습니다. 그는 유길준·조희연의 무리와 함께 건청궁 행각에서 거짓 조서를 자신들이 지어서 제멋대로 서명하고는 반포하였습니다. 당황하여 어찌하지 못하는 때에 스스로 왕비 간택의 주본을 가지고 궁내부에 가서 강제로 윤허를 청하였습니다.

11월 15일에는 지밀의 구역에 병사를 풀어 또 다시 대궐문에서 흉기를 휘두르게 하고 백방으로 위협하면서 침전에 곧바로 침입하여 전하의 머리카락을 억지로 잘랐습니다. … 8월 20일 대행 왕후가 화란을 피하려고 하자 길을 막고서 피하지 말도록 청하였습니다. 외국의 군사의 난입에 놀라자, '저 군대로 우리나라의 난군을 진압하였으니 애초에 악의가 없다'라고 교묘하게 말을 늘어놓으면서 오히려 흉계가 혹시 성사되지 못할까 두려워하였습니다. 외국 군사들이 와서 호위한다는 거짓 조서를 꾸며서 전준기全畯基로 하여금 가서 전하도록 하였으니 흉계에 호응한 정황이 명백하여 숨길 수 없습니다. … 신이 가만히 생각건대 두 역적이 죽던 날 일이 순식간에 벌어져서 미처 죄명을 명확히 밝히고 하늘을 대신하여 악한 자를 물리치는 일을 시원스레 행하지 못하였으니 형벌을 제대로 시행하지 못한 것이 큽니다. 법부에서 앞으로 사실을 밝혀내서 죄명을 바로잡으려 하니 극률(極律 : 사형에 해당하는 죄의 법률)을 뒤미처 시행하소서"라고 청하자 임금이 윤허하였다.

이런 역사 저런 역사

고종 34년(1897) 1월 18일 일본의 태후가 세상을 떠나니 다음 날인 19일부터 27일까지 9일 동안 행궁에서 상복喪服을 입었다.

환궁과 칭제(稱帝) 청원

고종 34년(1897) 2월 1일 유학 조성훈趙性薰이 환궁을 촉구하는 상소를 올렸다. 대략 " … 지난봄부터 겨울까지의 기간이 지났는데도 환궁이 아직도 지체되니 온 나라 신민들의 걱정과 의구심이 끝이 없습니다. 속히 경운궁에 환궁하시어 위로는 묵묵히 도와주시는 조종(祖宗 : 임금의 조상)의 영령을 안심시키며 아래로는 백성들의 위태로운 마음을 진정시켜 주소서. … "라는 내용이었다. 이에 임금은 " … 너희의 말은 지성에서 나온 것이니 매우 가상하다. 마땅히 유념하겠다"라고 비답하였다.

다음 날 임금은, 그 사이에 겨울 추위를 만나 공사를 끝마치지 못하고 봄철이 다가오고 있으니 특별히 감독하고 신칙하여 경운궁 공사를 빨리 준공하라고 독려하였다. 2월 9일 환궁에 관련된 조서를 내렸다. "궁궐에서 옮겨온 후 해가 지나도록 환궁하지 못하는 것은 부득이한 상황에서 나온 것이다. 대소 신민들이 근심하고 애태울 뿐만 아니라 이곳에 오래 있는 것을 짐 역시 하고 싶겠는가? 지난번에 겨울 추위를 만나 공사는 중지되었고 전각의 체제도 갖추어지지 못하여 지금까지 겨를이 없었던 것이다. 전후에 조정의 신하들이 상소한 것이 한두 번이 아니며 근간에 또 선비들이 대궐에 와서 호소하는 일이 많은데 이것은 나라를 근심하고 사랑하는 성의에서 나온 것이지만 실은 짐의 마음을 모르는 처사이다. 진실로 환궁하고자 한다면 어찌 이런 요청이 있을 때까지 기다리겠는가? 더구나 이것으로 뜬소리를 퍼뜨려 의심하지 말아야 할 것까지 의심하는 것은 더욱 옳지 않다. … 현재 봄의 해가 점점 길어지고 있으니 궁궐 공사도 가까운 시일 안에 끝날 것이고 궁궐로 돌아가는 것도 조만간에 이루어질 텐데 어찌 또 다시 의심하겠는가? … "라는 내용이었다.

이후 환궁을 촉구하는 상소가 빗발치자 그때마다 고종은 "거처를 옮긴 것은 부득이한 상황에서 나온 것이며 즉시 환궁하지 못하는 것 또한 그대들의 생각을 이해하지 못해서 그러하겠는가? 짐은 경들의 요청에 관계없이 환궁하고 싶지만 지금 공사가 끝나기만 기다리고 있다. 그러니 경들이 이해하고 다시 번거롭게 아뢰지 말라"라는 등의 비답을 내렸다.

고종 34년(1897) 2월 18일 "모레 경운궁으로 환어하겠다. 고포告布하는 절차는 규례대로 마련하라"라고 명하였다. 2월 20일 왕태자와 함께 경운궁으로 환어還御하였다.

3월 2일 대행 왕후의 시호를 '명성明成'으로 정했다. 사방을 밝게 내리 비치는 것을 '명明'이라고 하며 예법과 음악을 밝게 갖춘 것을 '성成'이라고 한다.

7월 3일 전라도의 목포木浦와 평안도의 증남포甑南浦를 통상 항구로 개항하기로 하였다.

8월 12일에는, 연호를 세우고 단발령을 내린 을미년(1895) 11월 15일의 조령과 조칙을 모두 취소하게 하였다.

이 무렵 황제로 칭할 것을 주청하는 상소가 줄을 이었다. 상소의 주요 내용과 그에 대한 고종의 비답은 다음과 같다.

··· 오늘날 자주 독립의 시대를 만나서 조서와 칙서로서 이미 황제의 제도를 시행하고 있는데, 아직도 군주의 지위에 있습니다. 군주와 황제는 바야흐로 지금 천하에 통용되는 규례이므로 살펴보면 그 법은 한 가지입니다마는, 본국의 신하와 백성들이 좁은 소견으로 모두 원하는 것은 제帝라고 칭하는 것만한 것이 없습니다. 그 까닭을 말씀드리면, 대체로 황皇이라는 글자와 제帝라는 글자의 뜻은 모두 크다는 것을 일컫기 때문입니다. ··· - 전 승지 이최영李㝡榮

그대들의 말은 매우 옳지 못하다. - 고종 34년(1897) 5월 1일

··· 사람의 마음은 곧 하늘의 마음입니다. 하늘이 도와주고 사람들이 돌아오니 제왕이 되실 차례가 성상께 있음을 밝히려고 하지 않아도 절로 명백해질 것입니다. 삼가 바라건대, 폐하께서는 하늘의 의사에 응하고 사람들의 마음에 순종하여 즉시 황제의 자리에

나감으로써 하늘과 사람들의 마음에 부응하소서.

– 의관議官 임상준任商準

여러 상소에 대한 비답을 보았을 터인데 이런 청을 하니 또한 매우 옳지 못하다.　　　　　　　　　　– 고종 34년(1897) 5월 16일

지금 서양의 각국에서는 황제나 대군주나 대백리(大伯理 : 대통령 혹은 총통)라는 호칭으로 부르는데, 그 사이에는 등급이 없다고 하지만 아세아의 판도 내에서는 역대 제왕에 대한 구별에 높고 낮은 차이가 있었습니다. 옛날에 왕의 아들은 작위를 군君으로 봉했으며 우리나라에서는 적자適子에 대하여 작위를 대군大君이라고 봉하였으니, 대군의 칭호는 왕과 비교해 볼 때 한 등급 낮은 것입니다. 그러니 지금 주主 한 글자를 첨가한다 하더라도 어찌 감히 비교하지 못할 지위에다 비교하겠습니까? … 다른 여러 나라 사람들은 자기 임금의 칭호를 높이고 있는데 우리나라 신하와 백성들만 임금을 높이는 도리를 다하지 않아서야 되겠습니까. …

– 유학 강무형姜懋馨

여러 차례 신칙하였는데도 이처럼 번거롭게 청하는 것은 또한 도리가 아니니, 즉시 물러가라.　　　– 고종 34년(1897) 5월 26일

8월 14일 연호를 '광무光武'로 정하고 이를 축하하는 큰 행사를 거행할 것을 명하였다. 8월 16일에 원구단, 사직단, 종묘, 영녕전, 경모궁에서 연호를 세운 것을 알리는 고유제告由祭를 지냈다.

이후 칭제를 청하는 상소가 다시 이어졌다.

　… 오늘날 임금들의 가장 높은 존호는 오직 '황제'라는 것뿐입니다. 오직 우리나라는 기자箕子 이래로 자강하지 못하였으니 대체로 제후국을 면하는 일이 매우 드물었습니다. … 자식으로서 부모를 공경하고 신하로서 임금을 높이는 것은 사람의 천성입니다. 더구나 오늘날에 폐하의 신민으로서 누군들 춤추며 기뻐하면서 우리 폐하에게 빛나는 극존의 칭호를 올리려 하지 않겠습니까? 폐하가 사양하여 즉시 받아들이지 않지만 신은 이 문제를 조금도 늦출 수 없다고 여깁니다. … 신은 예전에 정위량丁韙良이 번역한 《공법회통公法會通》을 읽었습니다. 그 제86장에는 '임금이 반드시 황제의 칭호를 가져야만 제국이라고 부르는 나라들과 나란히 나아갈 수 있는 것은 아니다'라고 하였는데 이것은 자주自主의 왕국을 가리켜 한 말입니다. 그런데 자주의 왕국이 아닌 우리나라에서 낡은 견해를 미련스럽게 고집하는 것은 무엇 때문입니까? 갑오경장 이후로 독립하였다는 명색은 있으나 독립의 실상은 없고 국시가 정해지지 않아서 백성들의 의혹이 마음속에 가득 차 있습니다. 이것은 무엇 때문입니까?

　… 〈만국공법〉 85장에는 '관할하는 지역이 한 개 나라나 본국에만 그치지 않고 지역이 넓은 경우에는 황제로 불러도 되겠지만 그렇지 않은 경우에는 분수에 넘치는 것 같다'라고 하였습니다. 신은 이를 통하여 황제의 칭호란 원래 정해져 있는 것이 아니라는 사실

을 알 수 있었습니다. 여러 나라를 겸하여 관할하고 있는 사실로 말하면 영국만한 나라가 없고 영토가 넓은 것으로 말하면 러시아만한 나라가 없는데 이런 나라들을 논함에서도 오히려 황제라고 부르는 것이 혹시 가능할 수 있다고 하였는데 '혹시'라고 한 것은 확실히 정해지지 않았다는 말입니다. 이어서 '그렇지 않은 경우에는 분수에 넘치는 것 같다'라고 하였는데 '같다'라는 것 역시 단정하지 않은 말입니다. … 이렇기 때문에 터키가 황제라고 부르는 것은 영토가 넓어서가 아니며 일본이 황제라고 부르는 것은 원래 유구국을 병합하기 전에 있었던 것입니다. 이것이 또한 될 수 있다는 것과 될 수 없다는 것을 단정하지 않은 명백한 증거입니다.

또한 그 제84장에는 '여러 나라가 일률적으로 존칭을 쓸 수 없으며 명분과 실제가 부합되어야 어울릴 수 있다'라고 하였으며 그 주석에는 '140년 전 러시아의 임금이 황제라고 칭호를 고쳤는데 처음에는 각 나라에서 좋아하지 않았으나 20여 년이 지나서 인정하였다'라고 하였습니다. 신은 이것으로 미루어서 보건대 각 나라가 인정하느냐 인정하지 않느냐 하는 것도 따질 것이 못되며 오직 우리나라에서 스스로 어떻게 하는가에 달려 있을 따름입니다. … 신의 좁은 소견으로는 공법에는 구애될 만한 내용이 없을 것 같습니다. …   − 농상공부협판 권재형權在衡

말이 근거가 있기는 하지만 어찌 이것을 가지고 논할 때이겠는가? 실로 그것이 합당한 지는 잘 모르겠다.

       − 고종 34년(1897) 9월 25일

… 구라파에서 황제라고 부른 것은 로마에서 시작되었으며 그 후 게르만과 오스트리아는 로마의 옛 땅으로서 황제라고 불렸던 것입니다. 독일은 게르만 계통을 이어 마침내 황제로 칭호를 정하였습니다. 우리나라의 의관과 문물은 모두 명나라의 제도를 따랐으니 그 계통을 이어서 칭호를 정한들 안 될 것이 없습니다. …

— 외부협판 유기환俞箕煥

그대의 말이 근거가 없다고 할 수는 없지만 이것은 부당한 일이니 굳이 이처럼 번거롭게 청하지 말라.

— 고종 34년(1897) 9월 26일

… 구라파의 각 나라는 우리와 문화나 제도가 같지 않지만 '황'과 '왕'의 구별이 있었습니다. 로마가 처음으로 황제의 칭호를 썼는데 게르만이 로마의 계통을 이어 그 칭호를 답습하여 썼고 오스트리아는 로마의 옛 땅에 들기 때문에 역시 황제라고 불렀습니다. 독일은 게르만의 계통을 이었으므로 극존의 칭호를 받았으며 러시아, 터키는 모두 자주의 나라이므로 다 가장 높은 칭호를 썼습니다. … 독립과 자주는 이미 여러 나라가 공인하였으니 당당한 존호에 거하는 것은 응당 실행해야 할 큰 법도인데 폐하께서는 무엇을 꺼려서 하지 않는 것입니까? 신 등이 〈공법公法〉을 가져다 상고하여 보니, 거기에 쓰여 있기를, '나라의 임금이 반드시 황제의 칭호를 가져야만 칭제하는 나라들과 평등하게 외교권을 행사할 수 있는 것은 아니다'라고 하였는데 신들은 이 말이 황제를 칭해서는 안 된다는 말

은 아니라고 생각합니다. 그럼에도 불구하고 우리나라에서는 그렇게 하지 않으니 어찌된 일입니까? … 또 논의하는 자들이 말하기를, '왕'이나 '군君'이라고 하는 것은 한 나라 임금의 칭호이며 '황제'라는 것은 여러 나라를 통틀어 관할하는 임금의 칭호이므로 넓은 영토와 많은 백성을 가지고 여러 나라를 통합하지 못하였다면 황제라고 불러서는 안 된다고 합니다. 그러나 우리나라는 삼한三韓의 땅을 통합하여 영토는 사천 리를 뻗어 있고 인구는 2천만을 밑돌지 않으니 폐하의 신민된 사람치고 누군들 우리 폐하가 지존의 자리에 있기를 바라지 않겠으며 지존의 칭호를 받기를 바라지 않겠습니까? …

— 봉조하 김재현金在顯 등 관원 716명의 연명 상소

지금 이 어려운 시기에 짐에게 무슨 일인들 권하지 못하겠는가마는 전연 당치 않는 칭호로 부르자고 말하는 것은 실로 경들에게서 기대하던 바가 아니니, 시국을 바로잡을 계책이나 강구하고 다시는 이에 대하여 번거롭게 하지 말라.   — 고종 34년(1897) 9월 29일

10월 1일 의정부 의정 심순택沈舜澤과 특진관 조병세趙秉世 등이 백관들을 거느리고 정청(庭請 : 궁정에서 큰일을 임금에게 아뢰고 명령을 기다리는 일)하여 칭제를 청하였다. " … 〈만국공법〉을 살펴보니, '자주권을 행사하는 각 나라는 자기 뜻대로 스스로 존호를 세우고 자기 백성들로 하여금 추대하게 할 수 있지만, 다른 나라로 하여금 승인하게 할 권리는 없다'라고 하였으며, 또 그 아래의 글에는 '어떤 나라에서 왕을 일컫거나 황제를 일컬을 때에는 자기 나라에

서 먼저 승인하고 다른 나라는 뒤에 승인한다' 하였습니다. … 남에게 요구할 권리가 없다고 해서 자기 스스로 존호를 세울 권리마저 폐했다는 말은 듣지 못하였습니다. 이 때문에 왕을 일컫거나 황제를 일컫는 나라는 다른 나라의 승인을 기다리지 않고 스스로 존호를 정하는 것입니다. … "라는 내용이었다. 이에 고종은 "어제 연석筵席에서 이미 짐의 뜻을 다 말하였는데, 또 이렇게 서로 이끌고 와서 호소하니, 실로 이해할 수 없다. 이것은 반드시 애써 따를 수 있는 일이 아닌데 줄곧 번거롭게 청하니, 그것이 온당한 것인지 모르겠다"라고 비답하였다.

대신들이 물러가지 않고 계속 정청하자 임금은 "하기 어려운 일을 억지로 하는 것은 옳지 않으며, 그만두어야 할 일을 그만두지 않는 것도 옳지 않다. 경들은 빨리 그만두도록 하라"라고 말했다. 정청하여 세 번째로 아뢰니 "서로 함께 힘써야 하는데 이것은 아닌 듯하다"라고 비답하였다.

다음 날 심순택과 조병세 등이 다시 백관을 거느리고 정청하였다. 대신들은 " … 우리나라가 경장을 한 뒤로 이른바 독립과 자주에 대해서는 이미 만국의 공인을 받았고 모든 의식 절차는 모두 천자의 전례典禮를 쓰고 있으며 머나먼 외국과 사신을 왕래할 때도 다 그렇게 하고 있습니다. 그런데도 옛 것을 답습하여 쇠퇴한 상태에 있어서 독립했다는 명분은 있으나 자주한 실상은 없고 지금까지도 황제의 대호大號를 널리 거행하여 만국에 공표하지 않고 있으니, 실로 천명을 대양하고 백성들의 표준이 되는 방도가 아닙다. 〈만국공법〉에 이미 '온 나라의 여론은 실로 막을 수 없다'라고 하였습니다. 폐하께서는 신들의 청을 굽어 살펴 따르소서"라고 청하였다. 고종은 "사양하는 것이 아니라 실로 마음에 부끄러운 바가 있어서 그러는 것이다. 경들은 어찌하여 이해해 주지 않는가?"라고 비답하였다. 재차 아뢰니 "매번 경들이 아뢴 것을 볼 때마다 더욱 스스로 부끄럽기 그지없다" 하였다. 세 번째 아뢰니 "다시 대응하는 것도 지겹다" 하였다. 네 번째로 아뢰니, "상하가 할 말이 없으니 이제 그만두는 것이 좋겠다" 하였다. 다섯 번째 아뢰니 "이처럼 서로 버티니 어쩔 수 있겠는가?" 하였다.

그 다음 날도 심순택과 조병세 등이 백관을 거느리고 정청하였다. 그들은 " … 나라가 자주自主한 이후로 모든 의문儀文이 황제의 나라에 걸맞지 않은 것이 없습니다. 그런데 유독 '황제' 두 글자로 더 높이자는 것에 대해서만은 이처럼 마다하고 있는데, 겉으로는 올리지 않았다고 하더라도 실상은 올린 것과 같으며, 다만 아직 만국에 공표하지 않았을 뿐입니다. … 공법을 참작하고 또 각 나라에서 스스로 일컫는 것을 살펴서 근거로 삼으면 지금 이렇게 올리는 것에 대해 누가 옳지 않다고 말하겠습니까? 이것은 곧 신들만 하는 말뿐만 아니라 또한 온 나라의 모든 군사와 만백성이 하는 말입니다. … 빨리 여론을 따라 황제의 대호를 받음으로써 종묘사직을 다행스럽게 해 주시기를 크게 바라마지 않습니다"라고 다시 청하였다. 고종은 "대궐 뜰에서 호소한 지 지금 여러 날이 되었는데도 아직까지 윤허하지 않는 것이 어찌 헤아려 생각하는 것이 없어서 그런 것이겠는가?"라고 하였다.

정청하여 다시 청하니 고종은 "짐이 덕이 없다 보니 보위에 오른지 34년간 어려운 일을 많이 만나다 못해 마침내 만고에 없는 변까지 있게 되었다. 또한 정사가 뜻대로 되지 않아 눈에 보이는 것이 모두 근심스러운 일이니 매번 생각할 때마다 부끄러워 등에 땀이 흐른다. 그런데 지금 막중한 대호를 걸맞지 않은 나에게 올리려고 관리들은 상소를 갖추어 청하고 대신들은 연석에 나와서 청하며 온 나라의 모든 군사와 백성은 대궐 문 앞에 엎드려 상소하며 청하여 상하가 서로 버티어 그칠 날이 없다. 온 나라의 같은 심정을 끝내 저버릴 수 없어서 곰곰이 이에 마지못해 애써 따르겠다. 이것은 중대한 일이니 마땅히 예의를 참작하여 행하도록 하라"라고 비답하였다.

고종 34년(1897) 10월 11일 의정 심순택沈舜澤, 특진관 조병세趙秉世, 궁내부대신 민영규閔泳奎, 장예원 경 김영수金永壽 등과 새 국호國號를 정하는 문제를 논의하였다.

"우리나라는 곧 삼한三韓의 땅인데, 국초에 천명을 받고 하나의 나라로 통합되었다. 지금 국호를 '대한大韓'이라고 정한다고 해서 안 될 것이 없다. 또한 매번 각국의 문자를 보면 조선이라고 하지 않고 한韓이라 하였다. 이는 아마 미리 징표를 보이고 오늘이 있기를 기다린 것이니, 세상에 공표하지 않아도 세상이 모두 다 '대한'이라는 칭호를 알고 있을 것이다."

"삼대三代 이후부터 국호는 예전 것을 답습한 경우가 아직 없었습니다. 그런데 조선은 바로 기자가 옛날에 봉해졌을 때의 칭호이니, 당당한 황제의 나라로서 그 칭호를 그대로 쓰는 깃은 옳지 않습니다. 또한 '대한'이라는 칭호는 황제의 계통을 이은 나라들을 상고해 보건대 옛것을 답습한 것이 아닙니다. 성상의 분부가 매우 지당하니, 감히 보탤 말이 없습니다."(심순택)

"각 나라의 사람들이 조선을 한韓이라고 부르는 것은 그 상서로운 조짐이 옛날부터 싹터서 바로 천명이 새로워진 오늘날을 기다렸던 것입니다. 또한 '한' 자의 변이 '조朝'자의 변과 기이하게도 들어맞으니 우연이 아닙니다. 이것은 만년토록 태평 시대를 열게 될 조짐입니다. 신은 흠앙하여 칭송하는 마음을 금할 수 없습니다."(조병세)

"국호가 이미 정해졌으니, 원구단에 행할 고유제의 제문과 반조문(頒詔文 : 나라에 경사가 있을 때 백성들에게 알리던 조서)에 모두 '대한'으로 쓰도록 하라."   – 고종 34년(1897) 10월 11일

4

대한제국 〈고종황제실록〉

황제 등극 ─────────────────────────────

고종 34년(1897) 10월 12일 임금이 황제의 자리에 오르는 것을 천지에 고하는 제사를 지냈다. 예를 끝내자 의정부 의정 심순택沈舜澤이 백관을 거느리고 청했다.

"고유제를 지냈으니 황제의 자리에 오르소서."

고종 황제는 신하들의 부축을 받으며 단壇에 올라 금으로 장식한 의자에 앉았다. 심순택이 나아가 열두 장문의 곤룡포를 황제에게 입히고 면류관을 씌웠다. 이어 옥새를 올리니 황제가 두세 번 사양하다가 마지못해 자리에 올랐다. 왕후 민씨를 황후로 책봉하고 왕태자를 황태자로 책봉하였다. 심순택이 백관을 거느리고 국궁(鞠躬 : 존경의 뜻으로 몸을 굽힘), 삼무도(三舞蹈 : 신하들이 무릎을 꿇고 세 번 뛰는 의식), 삼고두(三叩頭 : 머리를 세 번 조아리는 의식)의 예를 바쳤고, 산호만세山呼萬世, 산호만세, 재산호만세再山呼萬世를 창하였다.

10월 13일 경운궁 태극전太極殿에 나아가 백관들의 축하를 받았으며 전국에 대사령을 내렸다. 이날 황제는 국호를 대한으로 하고 임금을 황제로 칭한다고 선포하였다. 이날 반포한 반조문은 다음과 같다.

봉천승운황제(奉天承運皇帝 : 조서에 쓰는 황제의 자칭自稱. 천명에 따라 황제의 운運을 계승했다는 뜻)는 다음과 같이 조령을 내린다. ⋯ 짐이 덕이 없다 보니 어려운 시기를 만났으나 상제上帝가 돌봐주신 덕택으로 위기를 모면하고 안정되었으며 독립의 터전을 세우고 자주의 권리를 행사하게 되었다. 이에 여러 신하와 백성, 군사들과 장사꾼들이 한목소리로 대궐에 호소하면서 수십 차례나 상소를 올려 반드시 황제의 칭호를 올리려고 하였는데, 짐이 누차 사양하다가 끝내 사양할 수 없어서 올해 9월 17일 백악산의 남쪽에서 천지에 고유제를 지내고 황제의 자리에 올랐다. 국호를 '대한大韓'으로 정하고 이해를 광무光武 원년으로 삼으며, 종묘와 사직의 신위판을 태사太社와 태직太稷으로 고쳐 썼다. ⋯ 아! 애당초 임금이 된 것은 하늘의 도움을 받은 것이고, 황제의 칭호를 선포한 것은 온 나라 백성들의 마음에 부합한 것이다. 낡은 것을 없애고 새로운 것을 도모하며 교화를 시행하여 풍속을 아름답게 하려고 하니, 세상에 선

포하여 모두 듣고 알게 하라.　　　　- 고종 34년(1897) 10월 13일

　　12월 2일 궁내부대신 민영규閔泳奎가 임금이 황제로 즉위한 광무 원년 9월 17일을 계천 기원절繼天紀元節로 칭할 것을 청하니 황제가 윤허하였다.

　　고종 35년(1898) 5월 26일 성진城津, 군산群山, 마산馬山의 세 개 항구를 추가로 개항하였다.

　　6월 29일 각국 대원수大元帥의 예에 따라 황제가 직접 육군과 해군을 통솔하며 황태자를 원수로 삼아 일체 통솔하도록 할 것이라는 조령을 내렸다. 또 7월 2일에는 육군 10개 대대를 우선 증설하고, 해군의 상비常備해야 할 인원과 편제, 지원 계책을 강구하도록 하였다.

명성황후 국장

　　고종 34년(1897) 11월 21일 대행 황후의 영가靈駕가 산릉으로 떠났다. 고종 황제는 경운궁 인화문仁化門 밖에 나아가 곡하고 영결하였다. 황태자도 따라가 하직하였다.

　　다음 날 대행 황후의 지문誌文에 실릴 어제 행록御製行錄을 내렸는데, 대략의 내용은 다음과 같다.

대행 황후의 성은 민씨이고 본향은 여흥驪興이다. … 황후는 성품이 단정하고 아름답고 총명하고 인자하여 어려서부터 행동하는 것이 떳떳하였으며 과격하게 말하거나 웃는 일이 없었다. … 부친 순간공에게서 글을 배웠는데 두세 번만 읽으면 곧 암송하였다. 심오한 뜻의 어려운 것도 분별해서 대답하였고 조목조목 통달하였다. 또 기억력이 비상하여 심상한 사물이라도 한 번만 듣거나 보면 빠짐없이 모두 알았다. … 왕비의 자리에 올라서 도운 것이 많은 것은 평상시에 공부한 힘이다. … 집안에서 대대로 의리를 강론하니 황후가 어려서부터 배운 점이 있어서 착하고 간사한 것을 판별하고 옳고 그른 것을 밝혀내는 데는 과단성이 있었는데, 마치 못과 쇠를 쪼개는 듯이 하였고 슬기로운 지혜는 타고난 천성이어서 기미를 아는 것이 귀신같았다. 어려운 때를 만난 다음부터는 더욱 살뜰히 도왔으므로 짐의 기분이 언짢은 것이 있으면 반드시 아침까지 기다리고 앉아 있었으며 짐이 근심하고 경계하는 것이 있으면 대책을 세워 풀어 주었다. 심지어 교섭하는 문제가 제기되었을 때는 짐을 권해서 먼 곳을 안정시키도록 하니 각국에서 돌아온 사신들이 아뢰기를, '다른 나라 사람들이 모두 감복한다'라고 하였다.

　　황후가 일찍이 짐을 도와서 말한 것이 있는데 근년에 지내면서 보니 모두 황후가 일찍이 말한 것이 일마다 다 징험되어 딱딱 들어맞았다. 심원한 생각으로 미래에 대한 일을 잘 요량하는 황후의 통달한 지식은 고금에 따를 사람이 없으며 사람들이 미칠 바가 아니다.

임오군란 때 황후는 온화한 태도로 임시방편을 써서 그의 목숨을 보존하였다. 환어하자 혹자가 아뢰기를 군란을 일으킨 군사에 대해서는 깡그리 죄를 다스려야 한다고 말하였을 때 황후가 이르기를, '내가 덕이 없고 또한 운수에 관계되는 일이기 때문이다. 이것이 어찌 그 무리가 한 짓이겠는가?'라고 하였다. … 갑신년(1884) 적신 김옥균·박영효·홍영식·박영교가 난리를 일으켜 변란이 일어났다 거짓말을 하여 전궁殿宮이 파천하고 나라 형편이 위급하기가 호흡 사이에 있었다. 이보다 먼저 황후가 역적 박영효를 타일러 그 음모를 좌절시켰는데 그 세력이 확대되자 여러 역적이 각자 서로 서로 의심하며 도망쳤으므로 난리가 곧 평정되었다. 황후는 성의 동쪽에 피해 있으면서 자성(慈聖 : 임금의 어머니)을 호위하고 세자를 보호하였는데 황급한 와중에도 시종한 사람들이 한 명도 흩어져 떠나지 않았다. 이것은 황후가 평상시 은혜로 돌봐 주었기 때문에 어려운 때를 당해서도 용감한 사람이 있었던 것이다.

갑오년(1894)에 외국 군사가 대궐에 들어오므로 짐이 황후와 태자에게 건청궁으로 피신할 것을 권고하였는데 조금 있다가 도로 함화당에 돌아와 말하기를, '한 궁궐 안에서 가면 어디로 가겠습니까? 차라리 여기 있으면서 여러 사람의 심정을 안정시키겠습니다. 그리고 지금 칼자루를 잃어서 이미 역적의 머리를 베지 못할 바에야 우선 포용해서 그 흉악한 칼날을 늦추어 놓는 것이 낫습니다'라고 하였다.

… 짐이 일찍이 황후의 말이 정확한 것이라고 생각하지 않은 것

은 아니었으나 일찍 용단을 내려 김홍집, 유길준, 조희연, 정병하 네 역적을 제때에 처형하지 않았기 때문에 마침내 외국 군사를 몰래 불러들이게 하였으며 훈련대를 남모르게 사주하여 을미년(1895) 만고천하에 없었던 큰 변란을 일으키기까지 하였다. 아! 짐이 황후를 저버렸다. 황후는 짐을 간절한 일념으로 받들었다. 비록 문안하는 것과 같은 절차에 대해서도 오직 빠짐이 있을까봐 근심하여 성실하게 하였으나 짐은 황후의 몸을 궁궐에서 잘 보존하지 못하였다. 아! 내가 황후를 저버린 것이다. 지금 슬퍼하고 추모한들 후회와 여한을 어찌 그칠 수 있겠는가?

황후는 경복궁의 곤녕합에서 8월 20일 무자일 묘시에 세상을 떠났다. 나이는 45세이다. 이 날 새벽에 짐과 황후가 곤녕합 북쪽의 소헌小軒에 있을 때 흉악한 역적들이 대궐 안에 난입하여 소란을 피우니 황후가 개연히 짐에게 권하기를, '원컨대 종묘사직의 중대함을 잊지 말 것입니다'라고 하였는데 위급한 중에도 종묘사직을 돌보는 마음이 이와 같았다. 조금 후에 황후를 다시 볼 수 없었으니 오직 이 한 마디 말을 남기고 드디어 천고에 영원히 이별하게 되었다. 아! 슬프다. … 황후가 훌륭한 공덕으로 짐의 곁에서 잘 도와주었기 때문에 내가 정사를 잘 다스릴 수 있었다. 그런데 짐은 오늘날까지 남아 있으나 황후는 볼 수가 없으니, 아! 슬프다. 네 아들과 딸 하나를 낳았는데 황태자는 둘째 아들이다. … 맏아들과 셋째 대군, 넷째 대군, 그리고 딸 하나 공주는 모두 일찍 죽었다. … 아! 슬프다.   − 고종 34년(1897) 11월 22일 황태자도 다음과 같은 행록行錄을 지었다.

… 갑신년(1884) 역적의 무리가 변란이 있다고 거짓으로 말하니 임금의 행차가 파천하고 위기를 예측할 수 없었다. 소자가 신정왕후와 우리 어머니를 모시고 동성東城 밖으로 피난 갔는데 어머니가 소자에게 이르기를, '나는 진실로 이 무리가 거짓말을 하였다고 의심한다. 이 무리를 죽이면 저절로 무사하게 될 것이다'라고 하였는데 이윽고 역적이 과연 평정되었다.

갑오년(1894)에 여러 흉적이 조정을 뒤엎고 조종들이 이루어놓은 법을 다시 남겨두지 않았으며 크고 작은 제사에 이르기까지 모두 줄였다. 어머니가 눈물을 흘리며 말하기를, '때에 따라서 가감하는 것은 시대에 적절하게 하려는 것이며 일부러 바꾸어서 전과 다르게 하자는 것은 아닌데 지금 일체 변역하였으니 어찌 모두 실행하겠는가? 또한 제사는 천지와 조종을 섬기는 것이다. 흉악한 무리의 악행이 이미 가득 찼다. 원통하고 원통하다'라고 하였다.

을미년(1895) 8월 20일 사변은 만고천하에 없었던 것이다. … 어머니가 급히 피하려고 하니, 정병하가 길을 막으며 피하지 말 것을 주청하였다. 외국의 군대가 대궐에 난입하였는데 정병하가 이렇게 주청한 것은 우리의 난군을 중지시키려 한 것뿐이었다. 아! 네 흉적의 심보는 모두 한결같지만 그 중에서도 정병하는 더욱 극히 흉악하고 참혹한 자이다. 외국 군대가 와서 호위했다는 거짓 조서를 22일에 자기가 써서 임금에게 강제로 반포하게 하였으니 조서는 다

네 역적이 만든 것이다. 네 역적의 죄는 그 잔당을 남김없이 씨를 말린다 한들 어찌 소자의 끝없는 통한을 조금이나마 씻을 수 있겠는가? 김홍집과 정병하는 이미 처단하여 형률을 바로 적용하였지만 유길준과 조희연은 법망에서 새어나갔다. 내가 거상 중에 있으면서 군사와 나라를 위하여 흉적을 처단하지 못했으니 감히 한 하늘을 이고 살 수 없다. … 우리 어머니의 아름다운 말과 선행이 어찌 여기에 그치겠는가? 아! 슬프고 슬프다. – 고종 34년(1897) 11월 22일

11월 22일 일본국 특파공사 가토 마스오[加藤增雄]가 신임장을 바쳤다. 명성황후의 국장 의식에 참가하기 위해서였다.

고종 35년(1898) 1월 8일에는 여흥부대부인이, 2월 22일에는 흥선대원군興宣大院君이 세상을 떠났다.

황제 독살 미수 사건

고종 35년(1898) 8월 23일 "정2품 김홍륙金鴻陸은 말로써 일찍이 약간의 공로를 세웠기에 조정에서 그 벼슬을 높여주고 그 봉급을 후하게 한 것은 대체로 염치를 기르기 위해서였다. 그런데 교활한 성품으로 속임수가 버릇이 되어 공무를 빙자하여 사욕을 채우는 데에 온갖 짓을 다하였으니, 백성들의 마음에 울분이 오래도록 그치지 않고 있다. … "라며 유배형에 처하라는 조령을 내렸다.

9월 12일 궁내부대신 이재순李載純이 황제와 태자가 동시에 건강을 상하였다는 소식에 근본 원인을 철저히 조사하자고 청하자 황제는 "경무청으로 하여금 근본 원인을 엄히 밝혀내게 하겠다"라고 비답하였다.

음력으로 7월 10일 김홍륙이 유배 가는 것에 대한 조칙을 받고 그날로 유배지로 떠나는 길에 잠시 김광식金光植의 집에 머물렀는데, 가지고 가던 손 주머니에서 한 냥의 아편을 찾아내어 친한 사람인 공홍식孔洪植에게 주면서 임금에게 올리는 음식에 섞어서 올릴 것을 은밀히 사주하였다. 갑자기 흉역의 심보를 드러낸 것이다. 음력 7월 26일 공홍식이 김종화金鍾和를 만나서 김홍륙에게 사주받은 내용을 자세히 말하고 그 약물을 임금께 올리는 차에 섞으면 1천 원元의 은銀으로 수고에 보답하겠다고 하였다. 김종화는 일찍이 보현당(寶賢堂 : 임금의 후궁)의 고지기[庫直]로서 임금께 올리는 서양 요리를 만들었는데, 잘하지 못한 탓으로 쫓겨난 자였다. 그는 즉시 그 약을 소매 속에 넣고 주방에 들어가 커피 찻주전자에 넣어 끝내 임금에게 바치게 되었던 것이다.

9월 18일 전 부호군 현학표玄學杓 등이 이 사건에 대해 상소를 올렸다. 대략 " … 역적의 괴수 김홍륙이 그동안 몇 년 동안 외람되게 융숭한 은혜를 입은 것이 실로 어떠하였습니까? 그런데 도리어 헤아릴 수 없는 흉악한 심보를 품고 남몰래 반역을 꾀한 것이 이 지경까지 이른단 말입니까? 삼가 바라건대, 폐하께서는 군민을 많이 모이게 하여 그의 목을 베고 그 몸을 동강내서 온 나라의 백성들로 하여금 각자 그 살을 씹어 먹고 그 살갗을 깔고 자도 시원치 않은 통분한 심정을 조금이나마 풀게 해 주소서. 신들은 국모의 원수를 갚지 못하여 한창 절치부심하면서 피눈물을 흘리고 있었는데 또 군부君父를 해치려는 이 역적을 보니, 심장과 담이 모두 찢어지는 듯하고 손발이 떨려 차라리 죽을지언정 이러한 역적과는 같은 하늘 아래에 함께 서 있고 싶지 않습니다. … 서양 요리는 바로 서양 사람들이 먹는 것입니다. 우리나라 사람들의 장臟과 위胃는 서양 사람들과 달라서 보통 사람들도 마시거나 먹어서는 안 되는데 더구나 폐하께 진어할 수 있겠습니까? 삼가 원하건대, 폐하께서는 색다른 맛이 나는 특이한 음식을 드시지 마시고 정식으로 바친 것만 드신다면 비단옷과 맛있는 음식에 대한 근심이 조금 덜어지고 합문 안이 깨끗하고 엄숙해질 것입니다"라는 내용이었다. 고종 황제는 "성토한 것이 공분에서 나온 것이니, 끝부분에 진달한 것은 유념하겠다"라고 비답하였다.

9월 21일 의관議官 조병식趙秉式 등도 상소를 올렸다. " … 신의 어리석은 소견으로는 틀림없이 을미년(1895) 역도들 중 외국으로 도망한 자와 국내에 숨어 있는 자가 서로 연결하여 재앙의 싹을 빚어내고 틈을 엿보아 종사宗社를 위험에 빠뜨리려고 꾀한 지 이미 오래라고 생각합니다. 흉악하고 독살스런 심보로 못하는 짓이 없었는데 끝내 제대로 행해지지 않자 남몰래 이처럼 중독시키려는 계책을 꾸미기까지 하였던 것입니다. … 또다시 어떤 형태의 화의 기미가 어느 틈에 불쑥 튀어나올지 알 수 없습니다. 삼가 바라건대, 폐하께서는 궁궐을 엄숙히 하고 깨끗이 하여 간사한 무리로 하여금 폐하의 가까운 곳에 발을 들여놓지 못하게 하소서"라는 상소에 황제는 "궁궐을 엄숙히 하고 깨끗이 하는 데 대해 어찌 경들의 말을 기다리겠는가? 죄인들은 잡는 대로 응당 법대로 처형하겠다"라고 비답하였다.

고종 35년(1898) 10월 10일 반역 음모 죄인 김홍륙 등 세 명을 교수형에 처하도록 하였다.

10월 13일 고종 황제는 궁전 출입을 각별히 엄격하게 단속하도록 함으로써 난잡한 일이 생기지 않도록 하라는 조령을 내렸다. 또 궁궐의 담장을 쌓는 공사를 끝내는 것을 제외하고 궁궐 안 모든 곳의 토목 공사를 그만두라는 조령도 내렸다. 곤궁에 빠진 백성들의 생활이 오늘보다 심한 적이 없었으며, 나라의 경제가 또한 오늘보다 심하게 고갈된 적은 없는데 이런 때에 큰 공사를 벌인다는 것은 백성들을 편안히 하고 나라를 이롭게 하는 방도가 아니라는 이유 때문이었다.

독립협회와 황국협회

고종 35년(1898) 10월 4일 전 승지 이최영李㝡榮이 독립협회를 비난하는 상소를 올렸다. 대략 "우리나라의 독립회는 나라에 충성하는 성의로써 특별히 협회를 만들었으니, 단지 본국의 자주권을 위한 것입니다. 근래에는 회원들이 일체 이것을 가지고 논의하지 않고 단지 조정을 비방함으로써 가까이에서 모시며 직간(直諫 : 윗 사람의 잘못된 일을 직접 말함)하는 신하들을 제거하려고 하여 매번 핍 박하는 말을 한 경우가 많으니, 이것이 어찌 신하의 말투이고, 어 찌 신하의 분수에 맞는 도리라고 할 수 있겠습니까? … 이용익李 容翊으로 말하면 비록 논의가 시끄럽기는 하였지만, 이미 정부에 서 처단할 것을 상주하기로 의논되었으니, 정부에서 재량하여 처 리하기를 기다리는 것이 좋을 것입니다. 그런데 이것을 어찌 하지 않고 또 회會의 무리 수천 명을 집결시킨단 말입니까? … 폐하께 서는 과감하게 결단을 내리시어 즉시 이 회를 혁파시키고, 단지 독 립과 자주의 취지만을 살려두어 회민會民들의 경박하고 잡스러운 말을 엄히 금지시키소서. 그리고 최정식과 정교에 대해서 의정부 를 업신여긴 죄를 다스리고 황상께 핍박하는 말을 한 죄를 다스리 소서"라는 내용이었다.

같은 날 전 주사 김익로金益魯도 상소를 올렸다. " … 폐하께 핍 박하는 말을 한 일과 원로를 '놈'이라고 부른 일이 있다고 하는데, 이것으로 볼 때 임금을 무시하고 신하를 무시했음을 알 수 있습니 다. 또한 폐하께서 가장 믿는 신하들을 모조리 제거하고자 하였으 니, 이것이 진실로 무슨 심보란 말입니까? … 독립회라는 것은 또 한 폐하께서 그 창설을 도와서 임금에게 충성하고 나라를 사랑하 도록 한 것인데, 그 충성하고 사랑하는 방도에 있어서는 조정을 비 방했을 뿐입니다. … 계속 이렇게 나가다간 반드시 임금이 없고 신하도 없는, 백성을 위한 독립의 나라가 될 것이니, 안타까운 마음 이루 말할 수 없습니다. 그 행위를 돌아보건대 범을 길러 우환거리 를 만든 것과 다름이 없습니다. … ”라는 내용이었다.

10월 20일 고종 황제는 독립협회와 관련하여 다음과 같은 조령 을 내렸다.

듣건대 외국의 예에는 ‘협회’라는 것이 있고 ‘국회’라는 것이 있 다고 한다. ‘협회’라는 것은 백성들이 사적으로 설치한 것으로서 하 는 일은 공동으로 토론하는 일을 하는 것에 불과한 모임을 말하며, ‘국회’라는 것은 나라에서 공적으로 세운 것으로서 바로 국민들의 이해관계에 대해서 의논하고 결정하는 곳이다.

우리나라에도 백성들이 사적으로 설치한 협회라는 것이 있는데, 처음에 개명과 진보를 이룩하는 데 일조를 하지 않는 것은 아니다. 그러나 정령을 평론하고 관리를 가려 쓰는 데 참여하는 것은 원래 협회의 규정이 아니다. 심지어는 자리를 떠나 모임을 열며 상소를 올리고 난 후에도 대궐을 지키며 대신을 협박하는 등 전혀 제한을 받음이 없는 듯이 하니, 비록 국회라고 하더라도 이런 권한이 없는 것인데, 더구나 협회의 경우야 더 말할 것이 있겠는가? 생각이 이에 미치니 한심하기 그지없다.

오늘부터 시작하여 내부內部로 하여금 경무사와 각 지방관을 단 속하고 신칙하도록 해서 무릇 협회라고 이름 하는 것에 대해서는 이런 회건 저런 회건 간에 따질 것 없이 만약 규례에 의거하지 않고 전과 같이 제멋대로 쫓아다니면서 치안을 방해하는 자는 엄격히 금지시키도록 하라. 만일 명령을 따르지 않는 자가 있으면 나라에 규정된 법이 있는 만큼 이치상 용서받기 어려울 것이다. …

– 고종 35년(1898) 10월 20일

10월 23일 중추원 의관 윤치호尹致昊 등이 20일에 발표된 황제의 조령에 대한 반론의 상소를 올렸다. 대략 "신 등이 어제 조칙을 내린 것을 삼가 읽고서 처음에는 두렵고 떨렸으며 중간에는 근심하고 탄식하다가 마지막에는 분통이 치밀어 올라 피눈물을 흘렸습니다. … 저 배척을 당한 여러 신하가 아첨을 해서 오로지 폐하의 총명을 가려 버리기를 일삼음으로써 안으로는 민심의 불평을 자아내게 하고 밖으로는 이웃 나라에게 틈을 엿보도록 만들어 행정에는 규정을 지키지 못하도록 하였으며 송사訟事를 심리함에는 법률을 지키지 못하도록 만들었습니다. 그리하여 2천만의 인구는 굶어 죽어 구덩이를 메울 곤경에 빠지게 되고 삼천리 강토는 갈가리 찢겨질 근심이 있게 되었습니다. 신 등이 줄을 지어 회의를 열고 밀봉한 상소를 올려 대궐을 지키려 한 뜻은 오로지 임금께 충성하고 나라를 사랑하는 정성에서 나온 것입니다. … 그런데 폐하는 이 무리의 은근한 모함을 그릇되게 믿고서 이런 엄한 조령을 갑자기 내리니 폐하는 어찌하여 아첨하는 것을 좋아하고 바른 말을 미워합니까? …

외국의 실례로 말한다면 현재 허다한 민회民會가 있는데 정부의 대신들이 정사를 하는 데서 잘못하는 일이 있으면 전국에 알려 민중을 모아서 질문하고 잘못을 따집니다. 그런데 백성들이 승복하지 않으면 감히 물러가지 않을 수 없으니, 이것은 외국의 민회가 어찌 강연과 담화에 그친다고 할 수 있습니까? 돌아보건대 우리나라 협회는 독립을 기초로 하고 있으며 임금에게 충성하고 나라를 사랑하는 것을 목적으로 하고 있습니다. 그래서 황태자 폐하는 대궐 창고의 재물을 내려주어 돕고 현판을 내려주어서 그것을 내걸고 있으니 이것은 사설私設이 아니고 진실로 공인된 것입니다. … 사람들이 말하기를 민권이 커지면 군권君權이 적어진다고 하는데 이보다 더 무식한 말이 어디 있겠습니까? 이 민의가 없다면 오늘 정사와 법률은 그에 따라 허물어져 어떤 재앙의 기미가 어느 곳에서 일어날지 알 수 없을 것인데 유독 폐하만은 어째서 이에 대하여 생각이 미치지 못하는 것입니까? … "라는 내용이었다. 이에 황제는 "거듭한 말은 나랏일을 근심하고 임금을 사랑하는 데서 나온 것이라 하더라도 신칙하고 타일러도 끝내 물러가지 않음은 마치 명령에 항거하는 것과 같으니, 이것이 어찌 도리인가? 바른 말이 들어오는 길을 열고 진보를 이룩하도록 충고한 것과 같은 것은 이미 예정한 바가 있으니 잘 알고 물러가 기다리며 다시는 시끄럽게 하지 말라"라고 비답하였다.

고종 35년(1898) 10월 30일 의정부 참정 박정양朴定陽 등이 관민공동회에 참가하고 와서 다음과 같이 보고하였다.

이달 29일에 백성들이 종로 거리에 크게 모여 '관민공동회'라 일

컬으며 나라의 폐단과 백성들의 고통에 대해 의논하여 제거할 것이 있다고 하면서 의정부의 여러 신하가 함께 모임에 참가할 것을 요구하였습니다. 신들이 삼가 생각건대 관리와 백성의 협상이 비록 처음 있는 일이기는 하지만 백성들이 이미 나라의 폐단과 백성들의 고통에 대해 의논하여 제거할 것이 있다고 말하였기 때문에 의정부의 직책에 있으면서 도리상 배척해버리기가 곤란하여 회의에 갔습니다. 회의에 참가한 백성으로서 여섯 가지 조항의 강령으로 된 의견을 올린 사람이 있었는데 모두 다 일제히 좋다고 외쳤으며, 또한 신들에게 이것을 상주할 것을 요구하였습니다. 신들이 생각건대 그 여섯 가지 조항은 바로 나라의 체면을 존중하고 재정을 정돈하며 법률을 공평하게 하고 규정을 따르는 문제로서 모두 응당 시행해야 할 것들이었습니다. 그러므로 삼가 열거하여 아룁니다.

첫째, 외국인에게 의지하지 말고 관리와 백성들이 마음을 함께 하고 힘을 합쳐 전제 황권을 굳건히 한다.

둘째, 광산, 철도, 석탄, 산림 및 차관借款, 군사를 빌리는 일은 정부가 외국인과 조약을 맺는 것이니, 만약 각 부의 대신들과 중추원 의장이 합동하여 서명하고 날인한 것이 아니면 시행할 수 없다.

셋째, 전국의 재정은 어떤 세금이든지 막론하고 모두 다 탁지부에서 관할하고, 다른 부府와 부部 및 사적인 회사에서 간섭할 수 없으며, 예산과 결산을 사람들에게 공포한다.

넷째, 이제부터 중대한 범죄에 관계되는 것은 특별히 공판을 진행하되 피고에게 철저히 설명해서 마침내 피고가 자복한 후에 형을 시행한다.

　다섯째, 칙임관(勅任官 : 임금이 임명하는 벼슬)은 대황제 폐하가 정부에 자문해서 과반수의 찬성에 따라 임명한다.

　여섯째, 규정을 실지로 시행한다. 이상입니다.

- 고종 35년(1898) 10월 30일

　이에 고종 황제는 "의정부로 하여금 조처하도록 하겠다"라고 비답하였다.

　하지만 11월 4일 황제는 독립협회와 여러 회를 해산하고 의정부 참정 박정양 등 당시 6개 조항을 논한 상소를 올리는 데 찬성한 대신을 모두 파면하라고 명하였다. 이와 관련하여 "지난번에 독립협회에 관해 한계를 정하고 그 이상 활동하지 못하도록 신칙한 것은 … 깨우쳐 인도하는 지극한 뜻에서 나온 것인데, 발길을 돌리지 않고 그 자리에서 패거리를 모아 더욱 위세를 부리고 명령을 거역함이 갈수록 방자해져서 심지어는 조정을 꾸짖고 대신을 쫓아내는 데까지 이르렀다. … 마지막에는 바로 폐단을 수습한다고 빙자하여 네거리에 목책을 치고 백성들을 지휘하여 움직여서 높은 벼슬아치를 위협하고는 결재할 것을 청하도록 다그쳤다. 그리하여 난리의 싹과 재앙의 기미가 당장 나타나게 되었다. 생각이 이에 미치게 되니 나도 모르게 한심하다. 이것을 심상히 처리해서는 안 될 것이니, 이른바 협회라고 이름한 것은 모두 혁파하라. … 해당 관원은 높고 낮음을 막론하고 만일 털끝만치라도 인정에 끌려서 용서해 주고 숨겨주는 폐단이 있으면 보고되는 대로 범한 모든 죄를 결단코 용서하지 않을 것이다. … 일전에 관민회에서 여섯 가지 조항을 논하여 진술한 것은 아닌 게 아니라 뽑아 쓸 만한 것이 있으며, 또한 조목별로 나눈 규정 중에도 있다. 대신은 이미 직책상 알지 못할 리가 없으나 잘못을 충고하는 의리로 볼 때 혼자서 보고하거나 여러 명이 연명으로 상소를 올려도 안 될 것이 없는데, 민회로부터 재촉을 받고 나서 손 가는 대로 옳다고 쓰고 갑자기 결재할 것을 청하였으니, 짐에게 불안한 점이 있다. 이에 그대로 둘 수 없으니, 당시의 시임 대신을 모두 본관에서 파면시키도록 하라"라는 조령을 내렸다.

11월 13일 정3품 박유진朴有鎭 등은 황국협회에 대해 상소를 올렸다. " … 황국협회皇國協會를 세우고 황실을 숭상하고 임금에게 충군 애국하는 것을 목적으로 하였습니다. 또한 계속해서 상무 규칙을 농상공부에 청원하여 인가받는 데 이르렀습니다. … 그러나 일전에 협회를 혁파하라는 칙령을 내리셨고 경무청으로부터는 농상공부의 인가를 환수 당했습니다. 신 등은 서로 돌아보며 황급해서 몸 둘 바를 몰랐습니다. … 협회를 혁파하라는 명령을 빨리 철회하시고 상무국을 다시 설치하라는 명령을 내려 … "라는 내용이었다. 이에 황제는 "충애하고 위를 향하는 것은 회會를 두는가 없애는가에 달려 있는 것이 아니다. 상무 규칙의 인가 여부는 농상공부 자체에 있는 만큼 시끄럽게 굴지 말고 물러가라"라고 비답하였다.

11월 17일 종2품 고영근高永根이 민회 개최 승인을 촉구하는 상소를 올렸다. 민회는 나라를 다스리는 데 원기를 돋우는 약으로서 많이 쌓을수록 더욱 자세해질 것이고 시끄럽게 떠들수록 더욱 효험이 있을 것이라는 근거를 들었다. 또 협회에 대해서 징계를 하며 반드시 법을 정하여 속박하고 단속하려는 이유는 그 힘이 커지고 그 효과가 나타나는 것이 두려워서라고 지적했다. 그러자 황제는 "범위를 정하는 것은 언로를 막는 것이 아니고 회규를 정하려는 것이다. 어찌 규칙 없는 회가 있을 수 있겠는가?"라고 답하였다.

11월 22일(1898) 황제는 백성들의 희망에 따라 독립협회를 다시 설치하게 하였다.

11월 26일 황제는 독립협회와 백성들에게 " … 너희가 대부분 따르지 않고 밤새도록 대궐문에서 부르짖었으며 네거리에 가설로 문을 설치하고 제 마음대로 도리에 어긋나게 사나운 짓을 하면서 사람들의 가산을 파괴하는 데까지 이르렀다. 이것이 어찌 500년간 전제 정치의 나라에 마땅히 있어야 할 일이겠는가? … 나라에 떳떳한 법이 있는 만큼 중형에 처해져야 할 것이다. 그러나 짐이 나라를 다스린 이래로 정사가 뜻대로 되지 않아 점차 소동을 일으키게 되었는데 오직 너희 만백성의 죄는 나 한 사람에게 있다는 것을 오늘 바로 크게 깨닫고 짐은 매우 부끄러워한다. … 새벽 이전까지의 일에 대해서는 죄가 있건 죄가 없건 간에 경중을 계산하지 않고 일체 용서해 주며 미심스럽게 여기던 것을 환히 풀어주어 모두 다같이 새롭게 나갈 것이다. 아! 임금은 백성이 아니면 누구에게 의지하며 백성은 임금이 아니면 누구를 받들겠는가? 이제부터 권한의 범위를 넘어서거나 분수를 침범하는 문제는 일체 철저히 없애도록 하라. … 민회의 사람들과 상인들은 모두 짐의 적자赤子이다. 지극한 뜻을 잘 받들어 자애롭고 사이좋게 손을 잡고 함께 돌아가 각기 생업에 안착하라"라고 타일렀다.

같은 날 보부상들에게도 칙어勅語를 내렸다. " … 너희는 무엇하러 왔는가? 백성들이 대궐문에서 떠들며 밤새도록 시끄럽게 한 것은 너희 보고 듣기에도 놀라운 일인데 조령을 듣지 않고 제멋대로 소란을 피우며 여염을 선동을 하였으니 죄가 아니고 무엇이겠는가? 이치상 중한 형벌에 넘겨 처단하여야 하겠지만 백성들의 고통을 짐이 상한 것과 같이 여기고 어린아이를 보호하는 것과 같이 돌보아야 할 의리에 있어서 진실로 차마 법에 의해 처리할 수 없다. 이에 대궐 전각 아래에 불러다 직접 나와서 효유하는 바이다. … 무릇 백성들에게 죄가 있고 없건 간에 오늘부터 시작하여 일체 다 용서할 것이니 각각 서로 이끌고 물러가서 각기 상업에 안착하여 더욱 충애하는 데 힘써라. 만일 이전의 습성을 다시 되풀이한다면 나라에는 떳떳한 법이 있는 만큼 너희는 삼가야 할 것이다. … "라는 내용이었다.

12월 6일 종2품 고영근高永根 등이 보부상을 없애자는 상소를 올렸다. '한산하게 지내는 무뢰한들이 몇백 몇천 명씩 무리를 지어 동에 번쩍 서에 번쩍 하면서 수도 안에 따로 소굴을 만들고 저마다 뜬소문을 내서 인심을 현혹'하고 있기 때문이라 하였다. "너희는 어째서 직업에 안착되지 못하고 또 이렇게 시끄럽게 구는가? 상인을 단속하는 문제는 해당 부서가 원래 있다"라는 황제의 비답에 이틀 후 고영근 등은 다시 상소를 올렸다. " … 위에서는 조정의 간사하고 흉악한 자들이 나라를 팔아먹을 꾀를 쓰고 있고 아래에서는 민간의 백성들이 매우 두려워하고 있으니, 신 등이 장차 어디에서 생업에 안착하겠습니까? … 보부상과 상민은 그 구별이 아주 현저합니다. 상민은 곧 폐하의 네 부류의 백성 중의 하나이고 보부상이란 곧 오늘의 반란의 무리입니다. … 오늘 등한히 볼 것 같으면 본래 간악하고 흉한 패거리인지라 저것들은 제 마음대로 패악한 짓을 자행하여 어떤 형태의 재앙이 아침과 저녁 사이에 닥치게 되는지 알 수 없는 일입니다. … "라는 내용이었다. 황제는 "다 알았으니 물러들 가라" 하였다.

12월 9일 전 참서관 안태원安泰遠이 민회에 대해서, 오늘의 이른바 민회라는 것은 저잣거리 장사치의 자식들에 지나지 않는데, 더러는 외국의 종교에 젖고 더러는 권세가의 집에 드나드는 자들로서 서로 모여 당黨을 결성한 것이라며 비난하는 상소를 올렸다. 다음 날에는 의관 이남규李南珪도 상소를 올려 민회를 규탄했다.

12월 10일 찬정 최익현崔益鉉은 다음과 같이 열두 가지 조항을 갖추기를 원하는 상소를 올렸다. 그 열두 가지 조항은 경연을 열어 성상의 학문을 도울 것, 음식을 삼가 옥체를 보호할 것, 사사로이 황제를 만나는 자들을 물리쳐 궁궐 안의 출입에 대한 단속을 엄숙하게 할 것, 인재를 가려서 등용하여 조정을 바로잡을 것, 백관을 감독하여 실질적인 일에 힘쓰도록 할 것, 법률을 바로잡아 기강을 세울 것, '민당'을 혁파하여 변란의 발판을 막을 것, 기복(起復 : 부모의 상중에 벼슬자리에 나아가는 것)을 금지하여 풍속을 바로잡을 것, 쓸데없는 낭비를 절약함으로써 국가의 재용을 넉넉하게 할 것, 군법을 바로 세워 군사와 관련한 준비를 철저하게 할 것, 원수와 역적을 토죄하여 대의를 밝힐 것, 중화中華와 이적(夷狄 : 오랑캐)을 구분하여 큰 한계를 세울 것 등이었다.

12월 13일 독립협회 승인 철회를 청하는 전 사과 김석제金奭濟 등의 상소에 황제는 "말이 이치에 맞는 듯하니 조처하는 데 반드시 방도가 있을 것이다"라고 하고, 12월 24일 보부상 혁파를 촉구하는 종2품 고영근高永根 등의 상소에는 "이미 조칙으로 유시하였다. 알았으니 물러가라"라고 비답하였다.

고종 35년(1898) 12월 25일 고종 황제는 민회에 다음과 같이 칙유하였다.

… 아! 너희의 죄는 너희 자신이 알고 있을 것이다. 관소를 이탈하여 모임을 개최하는 데 대해서 이미 금령이 있었는데도 도처에서 모여들며 전혀 그만둘 줄 모르는 것이 첫 번째 죄이고, 독립협회에 대해서는 이미 승인하였는데 '만민 공동'이라는 명목을 마음대로 내건 것이 두 번째 죄이고, 신칙하기도 하고 비지를 내리기도 하여 물러가도록 타일렀는데 줄곧 명령에 항거하면서 갈수록 더욱 심해지는 것이 세 번째 죄이고, 쥐를 잡으려다 그릇을 깰까 염려하는 것은

옛사람들이 경계하던 것인데 대신을 능욕하는 것을 다반사로 여기는 것이 네 번째 죄이고, 임금의 잘못을 드러내는 것은 사람으로서 감히 할 수 없는 일인데 외국 공관에 투서를 하여 스스로의 죄를 숨기려고 한 것이 다섯 번째 죄이고, 백성과 관리는 체모가 원래 다른데 관리를 위협하여 억지로 모임에 나오도록 한 것이 여섯 번째 죄이고, 부府와 부部의 행정은 어떤 경우에도 비워서는 안 되는데 관청에 난입하여 사무를 보지 말라고 외친 것이 일곱 번째 죄이고, 재판 사건은 힘 겨루는 일이 아닌데 소송할 것이 있다는 핑계를 대고 무리를 지어 사단을 일으킨 것이 여덟 번째 죄이고, 군병을 파견하여 문을 막으라는 명령이 원래 있었는데 분풀이로 돌을 던져 중상을 입힌 것이 아홉 번째 죄이고, 여러 차례 불렀으므로 즉시 와서 대령했어야 하는데 요사스러운 말로 선동하며 줄곧 명을 거역한 것이 열 번째 죄이고, 도망간 역적은 용서할 수 없으며 사람마다 누구나 죽일 수 있는데 많은 사람이 모인 자리에서 말을 꺼내어 임용할 것을 기도한 것이 열한 번째 죄이다. 기타 자질구레한 범죄는 일일이 셀 수 없을 정도이다. … 짐은 너희의 부모로서 단지 너희가 처음에 착했던 것만을 알 뿐이다. 그러므로 너희가 그동안 저지른 모든 죄를 일체 너그럽게 용서할 것이니, 너희는 더 머뭇거리지 말고 서로 이끌고 물러갈 것이다. …　　　　　- 고종 35년(1898) 12월 25일

같은 날 고종 황제는, 거리에서 모임을 열려고 하는 자, 방청한다는 핑계로 빙 둘러서서 구경하는 자, 행동거지가 수상한 자들을

엄격히 단속하도록 명하였다.

고종 36년(1899) 1월 1일 유학 정종락鄭鍾洛은, 독립협회가 입으로는 충성을 떠벌이면서 속으로는 반역을 품은 지 오래되었다며 그들의 악한 뿌리를 끊어내고 어진 선비들을 널리 불러들여 관직에 앉혀야 한다는 상소를 올렸다. 이에 황제는 "그대들의 말이 실로 합당하다"라고 비답하였다. 같은 날 전 주사 김돈희金敦熙가, 민회의 안건을 제기하거나 찬성하고 공문을 돌린 의관議官들을 모두 재판에 회부하자고 청하자 황제는 "모두 울분에 북받쳐서 나온 간절한 말이니, 매우 기꺼이 받아들이겠다"라고 하였다. 이날 전 도사 박동진朴東鎭의 독립협회를 규탄하는 상소에도 황제는 "그대의 말에 도리에 맞는 것이 많다"라고 답하였다.

다음 날 진사 이범철李範喆은 "이른바 '민회'라는 것은 독립협회와 같은 조항으로 일관되어 있으며 겉으로는 임금에게 충성하고 나라를 사랑하는 마음에서 나온 것으로 표방하고 속으로는 사실 변란을 일으켜서 망명한 대역을 벼슬에 임명하려고 기도하였던 것"이니 일일이 적발하여 같은 법률로 다스릴 것을 청하였다. 황제는 "그대의 말에는 헤아릴 만한 것이 많다"라고 긍정적으로 받아들였다.

고종 41년(1904) 9월 24일 황제는, " … 요즘 이른바 민회라고 하는 것이 무리를 모아 결속하여 허튼 말을 선동하고 서울과 지방에 호소하여 어리석은 무리를 구름처럼 모아 가지고 조정을 비방하고 대신을 멸시하는 것이 점점 걷잡을 수 없는 지경에 이르렀다.

그런데도 법 맡은 관청에서는 잘못을 규찰하지 않고 경무관은 기미를 살피지 않고서 수수방관하며 통제하지 못하고 있다. 법과 기강이 해이해진 것이 자못 한심한 일이나 그 이유를 따져 보면 결국 누구의 책임이겠는가? 의정부와 내부로 하여금 경무청과 각 지방에 신칙하여 규정을 세워 잘 살피고 충분히 효유하게 함으로써 모두 해산하여 돌아가 생업에 안착하게 하라. … "라는 조령을 통해 민회를 해산하라는 명령을 내렸다.

새로운 질서의 쇄도

고종 36년(1899) 4월 27일 황제는 유교를 장려할 것에 대한 명령을 내렸다.

6월 11일 상인 박기종朴琪宗에게 경성, 원산, 경흥 사이의 철도 부설을 승인해 주었다. 7월 3일 프랑스 그리러 회사의 경의 철도 부설권을 박탈하였다. 건양 원년(1896) 7월에 허락하였는데 이 회사에서 3년이 지나도록 착공하지 않았기 때문에 이때에 와서 취소한 것이다.

7월 27일 최정식崔廷植과 이승만李承晚의 형벌을 결정하였다. 음력으로 전 해(1898) 12월 최정식과 이승만은 육혈포(六穴砲 : 권총)를 각각 한 자루씩 가지고 함께 도망갈 때 최정식이 세 차례 총을 발사하여 관리 김윤길金允吉의 등에 상처를 입혔다. 이승만은 그 자리에서 병정에게 잡혔고 최정식은 배재학당培材學堂으로 들어갔다가 다른 곳으로 달아났다. 그 후 최정식은 증남포에서 잡혀 압송되었다. 두 사람은 탈옥을 했다가 붙잡힌 것이고, 최정식이 총을 쏘아 사람을 다치게 한 사실에 대해서는 여러 사람의 증언이 있었다. 따라서 최정식은 《대명률大明律》 '포망편捕亡編'에 비추어 교수형에 처할 것이며, 이승만은 같은 조문의 '위종자률爲從者律'에 비추어 태형笞刑 100대와 종신 징역에 처하도록 하였다.

고종 36년(1899) 8월 17일 황제는 " … 우리나라에 아직도 일정한 제도를 반포한 바가 없는 것은 결함이 되지 않을 수 없다. 법규 교정소法規校正所로 하여금 나라의 제도를 잘 생각하여 세워서 짐의 재가를 받도록 하라"는 조령을 내렸다. 이날 법규 교정소 총재 윤용선尹容善은 다음과 같은 〈대한국 국제大韓國國制〉를 올리고 황제의 의견을 물었다. 황제는 다 읽어본 후 "이 글에 대해서 여러 사람의 의견이 같으며 외국인의 의견 역시 옳다고 하는가?"라고 물었다. 윤용선이 "여러 사람의 의견이 모두 같으며 외국인들의 의견도 같습니다"라고 하자 황제는 "이번에 정한 제도를 천하에 반시(頒示 : 법령 따위를 세상에 널리 펴서 알림)하라"라고 명하였다.

대한국 국제大韓國國制

- 제1조 대한국大韓國은 세계 만국에 공인된 자주 독립한 제국이다.
- 제2조 대한제국大韓帝國의 정치는 과거 500년간 전래되었고, 앞으로 만세토록 불변할 전제 정치이다.

- 제3조 대한국 대황제는 무한한 군권君權을 지니고 있다. 공법에 이른 바 정체政體를 스스로 세우는 것이다.

- 제4조 대한국 신민이 대황제가 지니고 있는 군권을 침해하는 행위가 있으면 이미 행했건 행하지 않았건 막론하고 신민의 도리를 잃은 자로 인정한다.

- 제5조 대한국 대황제는 국내의 육해군을 통솔하고 편제를 정하며 계엄과 해엄(解嚴 : 계엄을 해제함)을 명한다.

- 제6조 대한국 대황제는 법률을 제정하여 그 반포와 집행을 명하고 만국의 공통적인 법률을 본받아 국내의 법률도 개정하고 대사大赦, 특사, 감형, 복권을 한다. 공법 이른바 율례를 자체로 정하는 것이다.

- 제7조 대한국 대황제는 행정 각부各府와 각부各部의 관제와 문무관의 봉급을 제정 혹은 개정하며 행정상 필요한 각 항목의 칙령을 발한다. 공법에 이른바 치리(治理 : 어떤 지역이나 나라를 맡아 다스림)를 자체로 행하는 것이다.

- 제8조 대한국 대황제는 문무관의 출척과 임면任免을 행하고 작위, 훈장 및 기타 영전(榮典 : 공적을 세운 사람에게 치하하기 위해 주는 벼슬)을 수여 혹은 박탈한다. 공법에 이른바 관리를 자체로 선발하는 것이다.

- 제9조 대한국 대황제는 각 조약국에 사신을 파송 주재하게 하고 선전宣戰, 강화講和 및 제반 약조를 체결한다. 공법에 이른바 사신을 자체로 파견하는 것이다.　　　　　- 고종 36년(1899) 8월 17일

9월 27일 영국 사람인 목이탁[木爾鐸]에게 광산 채굴권을 허락해 주었다.

● 이런 역사 저런 역사

> 고종 36년(1899) 3월 29일 러시아 사람 '헨리 게제린그'에게 경상도 울산포, 강원도 장진포, 함경북도 진포도를 고래잡이 근거지로 허락해 주었다.

고종 36년(1899) 12월 22일 태조 고황제를 추존하여 하늘과 함께 제사 지내고, 이어 원구단에서 배천대제 겸 동지대제冬至大祭를 지냈다. 다음 날 경운궁 중화전에 나아가 하례를 받고 사면령을 반포하였다. 이날 황제는 " … 부덕하고 암둔한 짐이 여러 사람의 의사에 몰려서 외람되게 황제의 자리를 차지한 지가 오늘까지 3년이 되었다. 하지만 무슨 덕이 있어서 하늘의 명령을 크게 받을 수 있었겠는가? … 생각해 보건대 만물은 하늘에 근본을 두고, 사람은 조상에게 근본을 두는 만큼 근본에 보답하려면 조상을 높이고, 조상을 높이려면 하늘을 섬기지 않을 수 없는 것이다. … 이에 이번 음력 11월 17일에 모든 신하를 거느리고 종묘에 나아가 태조대왕太祖大王은 태조 고황제太祖高皇帝로, 신의왕후神懿皇后와 신덕왕후神德皇后도 고황후高皇后로, 고조 할아버지 장종대왕莊宗大王은 장조 의황제莊祖懿皇帝로, 고조 할머니 헌경왕후獻敬王后는 의

황후懿皇后로, 증조 할아버지 정종대왕正宗大王은 정조 선황제正祖宣皇帝로, 증조 할머니인 효의왕후孝懿王后는 선황후宣皇后로 높였다. 할아버지 순조대왕純祖大王은 순조 숙황제純祖肅皇帝로, 할머니인 순원왕후純元王后는 숙황후肅皇后로 높였다. 아버지 익종대왕翼宗大王은 문조 익황제文祖翼皇帝로, 어머니인 신정왕후神貞王后는 익황후翼皇后로 높였다. … "라는 조문을 반포하였다.

고종 37년(1900) 4월 27일 '외국에 의뢰하여 나라의 체통을 손상시킨 자의 처단례 개정에 관한 안건'을 반포하였다. 대략 "관인 또는 평민을 막론하고 외국인에게 빌붙어 의뢰하여 나라의 체통을 손상하고 국권을 잃게 한 자는 모두 본 법률에 적용시킨다. 다음의 범죄자는 이미 저질렀건 미수이건을 막론하고 《대명률大明律》'적도편賊盜編 모반조謀反條'에 의하여 처단한다. 1. 외국 정부에다가 본국의 보호를 몰래 요청하였다가 적발된 자. 2. 본국의 비밀 정황을 외국인에게 누설하여 적발된 자. 3. 외국인에게 병사의 고용 및 공용公用하는 차관 배의 임대 등의 일을 외부와 정부의 준허를 거치지 않고 함부로 주장하였거나 또는 중간에서 통변한 자. 4. 외국인의 소개를 통하여 관직을 얻으려다가 적발된 자. 5. 외국의 정황을 가지고 본국에서 공포를 느끼게 하고 중간에서 협잡한 자. 6. 각국 조약 내에 허가한 지역을 제외하고 농토와 삼림, 시내와 연못을 외국인에게 잠매하거나 외국인에게 빌붙어 이름을 빌어 거짓 인정하게 하거나 또는 이름을 빌어 거짓 인정하게 하는 자의 사정을 알면서도 고의로 판 자"의 내용이었다.

5월 16일 마갱 회사摩賡會社 대리인인 영국인 허치슨[轄治臣 : Hutchison, W. du. F.]에게 은산殷山 금광 채굴권을 허가하였다. 8월 16일 일본인 시부자와 에이치[澁澤榮一], 아사노 소이치로[淺野總一郎]의 광산 조합과 직산군稷山郡 금광 채굴에 대한 합동 조약이 체결되었다. 10월 3일 일본인의 어업 구역을 종래의 전라, 경상, 강원, 함경 4도 외에 다시 경기도를 추가하도록 허락해 주었다.

8월 8일 둘째 황자 의화군의 봉호에는 '의義' 자를 쓰고 셋째 황자의 봉호에는 '영英' 자를 쓰도록 하였다. 8월 17일 중화전에 나아가 황자를 책봉하였다. 이강李堈은 의왕義王으로 삼고 이은李垠은 영왕英王으로 삼았다.

11월 12일 경인철도합자회사에서 경성·인천 간 철도 개통식을 행하였다. 예전 경인 철도를 인수한 조합에서 해당 철도 부설권을 영국인 모오스[謨於時 : Morse, James R.]에게서 사들여 그 조직을 변경하고 명칭을 경인철도합자회사라고 하였다. 일본 사람 남작 시부자와 에이치가 사장이 되어 공사를 진행하였고 이때에 와서 한강 철교가 완공되자 경인 철도가 비로소 통하게 된 것이다.

8월 24일 홍릉洪陵을 묘적산 금곡金谷으로 천봉하기로 정하였다. 12월 19일 홍릉의 옛 능을 열었다. 고종 38년(1901) 5월 6일 홍릉의 산릉의 공사를 명하였다. 오른쪽 자리를 비워 황제 자신이 묻힐 자리를 마련하도록 하였다.

고종 38년(1901) 2월 12일 '화폐 조례'를 반포하였다. 본위 화폐는 금화 20환圜, 10환圜, 5환圜의 3종이고, 보조 화폐는 은화 반환半圜, 20전錢, 백동화白銅貨 5전錢, 적동화赤銅貨 1전錢으로 정했다.

3월 23일 벨기에와 '한비수호통상조약韓比修好通商條約'을 체결하였다. 고종 39년(1902) 7월 15일 한국과 덴마크 간의 수호통상조약이 체결되었다.

6월 7일 프랑스인 쌀달앨(살타렐)[薩泰來 : Saltarel, P.M.]에게 평안북도 창성군昌城郡의 금광 채굴권을 허락하여 주었다.

8월 20일 경부철도주식회사가 북부행 철도 기공식을 영등포에서, 9월 21일에는 남부행 철도 기공식을 부산의 초량草梁에서 행하였다.

이런 역사 저런 역사

고종 36년(1899) 5월 27일 임금은 "전차電車를 운행할 때 백성들 중 사상자가 많다고 하니, 매우 놀랍고 참혹하다. 내부內部에서 낱낱이 찾아내어 구휼금을 넉넉히 지급함으로써 조정에서 근심하고 측은하게 여기는 뜻을 보여 주도록 하라"라고 조령을 내렸다. 또 의정부에서는 전차를 운전할 때 반드시 사람들이 철길에 들어오지 않았는가 살펴서, 다시는 차에 치어 다치는 폐단이 없도록 하라고 해당 부서에 경계하였다. 이달 17일 한성전기회사漢城電氣會社에서 전차 개통식을 하고 운행을 시작하였는데, 26일 전차가 종로鐘路 거리를 질주할 때 다섯 살 난 아이가 치어 죽었다. 이에 여러 사람이 격노하여 차체를 파괴하고 기름을 뿌려 불태워버렸다. 또 전차가 전복되어 죽거나 다친 사람이 몇 명 있었다. 이런 사건 때문에 내려진 조령이다.

5월 30일에 의정부 참정 신기선申箕善이 " … 대저 전차의 철로는 운반을 편리하고 빠르게 하여 백성과 나라에 이익을 주자는 것입니다. 지금 붐비는 복잡한 거리에 가로질러 설치하고, 또 앞을 잘 살피면서 운행을 하지 못하고 속도를 내어 몰아댄 결과 사람을 치어 죽게 하였으니, 이 어찌 나방이 스스로 불속에 뛰어들어 죽은 것일 뿐이라고 핑계 댈 수 있겠습니까? 일을 그르쳐 백성들을 상하게 한 죄는 따지지 않을 수 없으니, 해당 사장을 법부法部로 하여금 잡아다 징계하여 처벌하도록 하고, 제대로 신칙하지 못한 농상공부대신 민영기閔泳綺에게도 견책을 시행하는 것이 어떻겠습니까?"라고 아뢰니 그리 하도록 하였다.

고종 39년(1902) 1월 27일 국가國歌를 제정하도록 명하였다. 백성들의 마음을 분발시키고 선비들의 기풍을 격려시켜서 그것으로 충성을 떨치고 나라를 사랑하게 하고자 함이었다.

2월 14일 귀국한 프랑스 주재 공사 김만수金晩秀를 만난 황제는 프랑스에 대해 여러 가지를 물어보았다.

"무사히 돌아왔다. 갔다 오는데 지금까지 몇 달이나 걸렸는가?"

"실로 6개월이 걸렸습니다."

"물산의 풍족한 정도가 독일국과 비교해 어떻던가? 우리나라 사람들이 더러 있던가?"

"물화가 풍족한 것은 독일국과 마찬가지입니다. 우리나라 사람이라고는 공사 일행 외에 사는 사람이 더는 없습니다."

"경비가 궁색하지나 않았는가?"

"절약해서 간신히 댈 수 있었습니다."

— 고종 39년(1902) 2월 14일

고종 40년(1903) 7월 22일 러시아 사람들에게 무산 산림 채벌권을 허락하였다. 8월 11일 시찰관 이범윤李範允을 관리로 임명하여 북간도北間島에 주재시키도록 하였다. 북간도는 대한제국과 청나라의 경계 지대인데 수백 년 동안 비어 있다가 수십 년 전부터 북쪽 변경 주변의 고을 백성들이 이주하여 살기 시작했다. 인구가 1만3천여 호, 십여만 명이 되었는데 청인들의 학대가 심했으므로 우리 백성을 보호할 관리가 필요했던 것이다.

고종 43년(1906) 4월 3일 경의 철도가 완전히 개통되었다. 고종 37년(1900) 3월에 일본국 임시군용철도감부에서 공사를 착수하여 이듬해 4월에 용산, 신의주 간의 열차 운행을 시작하였으며 그 후에 선로를 보수하고 다리를 놓아 이때에 이르러 완전히 준공되었다.

　　고종 37년(1900) 11월 30일 회계원 경 민치헌閔致憲이 과부의 개가를 허락해달라는 상소를 올렸다. 대략 "생각건대 혼인은 사람에게 있어서 큰 윤리입니다. 옛 임금이 예법을 제정하면서 군자君子는 부부가 한 생을 함께 늙고 열녀는 두 번 시집가지 않는다고 하였으니 이는 만 대를 두고 어길 수 없는 정상적인 법인 것입니다. ⋯ 과히 멀지 않은 옛날에 개가한 어머니에게서 난 아들은 청환(淸宦 : 학식과 문벌이 높은 사람들에게 주던 홍문관, 규장각 등의 벼슬)을 하지 못하게 한 것은 당시 사대부들이 예의를 숭상하고 벼슬자리를 중하게 여겼기 때문이고, 여자의 행실을 가르치는 것도 원칙만 알고 임시적인 변통은 몰랐기 때문입니다. 이것이 항간의 보통 사람들에게까지 미쳐서 그들도 절개를 지키지 않는 데 대해서는 말하기도 부끄러워하여 드디어 재가는 나라의 큰 금기로 되었습니다. ⋯ 그러나 당초에 법을 세운 뜻은 역시 형벌을 주어 재가를 엄격히 방지하자는 것이 아니었습니다. 애처롭게도 청춘 나이에 하늘처럼 믿던 남편을 갑자기 잃고 보니 한창 나이의 처지가 가련하게 되었습니다. 낮에도 혼자서 우두커니 있는 모양과 밤에 잠자리에 들어도 시름겨워 탄식하는 소리를 보고 듣는 사람은 창자가 찢어지고 뼈가 저려옵니다. 새도 쌍이 있고 신도 짝이 있는데 사람으로서 그렇지 못하기에 억울한 생각이 쌓여 화기和氣를 손상시키는 것이 이보다 심한 것이 없습니다. 남편이 없는 늙은

이에 대해서도 나라의 정사에서 마땅히 먼저 돌보아주고 있는데 더구나 젊은이에 대해서야 말할 것이 있습니까? 개혁 이후로 사리를 아는 사람들은 먼저 개가하는 길을 열어 주는 것을 확고한 논의로 삼고 있으면서도 형식을 차리는 것이 버릇으로 되고 옛 풍습에 얽매여서 애통하게 울부짖던 여인을 다시 아내로 데려갔다는 말을 듣지 못하였습니다. 혹시 데려간 사람이 있는 경우에도 남들이 침 뱉고 꾸짖을까봐 두려워서 예의로 맞아들이지 못하고 담을 넘어가 끌어오는 짓을 면치 못하고 있으니 역시 예의와 풍속에 어그러지는 것이 아니겠습니까? 신의 어리석은 생각에는 이제부터 집에 젊은 나이의 과부가 있으면 반드시 좋은 날을 받고 납폐納幣하는 것을 일체 혼인 의식대로 하되 15세부터 20세까지는 첫째 혼인 예식으로 짝을 만들고 30세부터 40세까지는 두 번째 혼인 예식 또는 세 번째 혼인 예식으로 짝을 만들 것이며 이것을 넘긴 자는 때를 놓친 것으로 내버려두며 이것을 어긴 사람에 대해서는 다른 풍속이라고 배척해야 할 것입니다. 혹시 부모가 권하고 동네에서 깨우쳐 주어도 끝내 고집하면서 다른 사람에게 시집가지 않으면 꼭 그 뜻을 빼앗지는 말고 칠거지악七去之惡을 엄격히 밝혀 주고 강제로 시집보내는 것을 엄금해야 할 것입니다. 그리하여 온 고을에서 행해지고 온 국가에서 본받게 되어 안에는 원망하는 여자가 없고 바깥에는 홀아비가 없게 된다면 기막힌 운명도 좋은 인연을 맺을 수 있고 우울하게 지내던 것도 도리어 경사스럽게 되어 이 세상이 화목한 지역이 될 것입니다. … "의 내용이었다. 임금은 청한 대로 의정부와 중추원에서 품처하게 하라고 명하였다.

탄신 50주년, 즉위 40주년

고종 38년(1901) 2월 19일 중화전에 나아가 황제가 50세, 명헌태후(明憲太后 : 헌종비)가 71세가 된 것에 대하여 축하받고 사령을 반포하였다. 5월 11일 명헌태후의 생신을 맞아 진찬(進饌 : 의식이 간단한 궁중의 잔치) 준비할 것을 명하였다. 6월 16일 황태자가 황제의 50세 된 해를 축하하는 연회를 베풀 것을 청하는 상소를 올렸다. 이런 상소는 이때 처음이 아니었고 이전에도 여러 차례 거듭되었다. 고종 황제는 "네가 해마다 간절히 청한 지가 이미 여러 번이 되지만, 짐이 타이른 것도 역시 여러 차례이다. 짐의 의사를 순순히 따라서 우선 그만두리라고 여겼는데, 어찌하여 또 이렇게 거듭 제기하는가? 네가 이같이 하는 것도 마땅하지 않고 짐도 도모하는 바가 아니다. 경사를 축하하는 연회는 편안하고 한가한 때에도 지나친 일인데, 하물며 이러한 때에 의심할 겨를이 있겠는가? 여러 말을 기다리지 않고도 이해할 수 있을 것이니 다시는 이 문제로 번거롭게 하지 말라"라고 비답하였다. 다음 날 황태자가 정청하여 연회 베풀 것을 다시 청하였다. 이에 황제는 "짐이 어찌 너의 심정을 이해하지 못하고 또한 어찌 조종의 전헌을 생각지 않겠는가마는 꼭 그렇게 하지 않을 사정도 있다. 조정에 있는 노숙한 신하들의 소견으로는 응당 말없이 이해해야 할 것인데, 또다시 이렇게 번거롭게 구니 참으로 할 일이 못 된다. 그리고 날씨가 한창 더운 때에 대궐 뜰에 서 있는 것이 민망스러우니 속히 그치도록 하여 짐의 마음을 편안하게 하라"라고 하였다. 같은 날 황태자가 다시 한번 정청하여 청하였다. 이에 황제는 "연회를 차리는 것은 한가한 놀음이다. 지금 걱정거리가 차서 넘치고 재물이 더욱 군색하며 백성들이 갈수록 곤궁에 빠져 짐이 밤낮으로 애쓰고 있는 형편에서 무슨 겨를에 이런 것까지 논의하겠는가? 하지만 네가 줄곧 극력 간청하여 마지 않으니 착실한 정성에 대해서 고려할 것이다. 그리고 온 조정이 이 일을 이런 때에 급한 것으로 여기는데 대해서는 심히 이해할 수 없지만, 여러 번 곰곰이 생각해 보고 부득이 마지못해 허락하니 제반 의식 물건을 되도록 간단히 하여 비용을 낭비하는 일이 없도록 해야 짐의 마음이 조금이라도 편할 것이다. 너는 그리 알도록 해라"라며 비로소 연회 베풀 것을 허락하였다.

6월 28일 경운당慶運堂에 나아가 명헌태후에게 진찬을 행하였다. 황제는 익선관에 황포黃袍 차림, 황태자는 익선관에 곤룡포 차림, 황태자비는 적의에 머리꾸밈 차림을 갖추고 배위(拜位 : 절을 하는 자리)에 들어갔다. 상의(尙儀 : 정5품 내명부)가 명헌태후에게 적의를 갖추고 임시 처소에서 나올 것을 청하고 앞에서 인도하여 보좌에 올라갔는데, 이때 음악이 연주되었다. 임금과 황태자, 군부인郡夫人, 좌우 명부左右命婦, 종친, 척신, 진찬소 당상과 낭관이 네 번 절하는 예를 마치자 음악이 멎었다. 찬안(饌案 : 잔치 때 임금에게 올리던 음식)과 시접(匙楪 : 수저를 담아내는 놋그릇)을 올릴 때 음악이 연주되었으며, 여집사가 임금과 황태자에게, 여관女官은 황태자비에게 꽃을 올리고, 전식(典飾 : 정8품 궁관직 내명부)은 군부인 이하에게 꽃을 나누어 주자 음악이 멎었다. 임금이 무릎을 꿇고 첫 번째 술잔을 올릴 때 음악이 연주되고, 안주를 몇 가지 올리자 음악이 멎었으며, 황태자가 무릎을 꿇고 두 번째 술잔을 올릴 때 음악이 연주되고, 안주를 몇 가지 올리자 음악이 멎었으며, 황태자비가 무릎을 꿇고 세 번째 술잔을 올리고 군부인이 무릎을 꿇고 네 번째 술잔을 올리자 그 때 음악이 연주되었으며, 치사(致詞 : 경사가 있을 때 올리는 덕을 기리는 인사)를 대신 올리는 여관이 앞에 나서서 그것을 읽은 다음 좌우 명부, 종친, 척신 대표가 차례로 잔을 바치자 음악이 멎었다. 여집사가 임금과 황태자를, 여관은 황태자비를 인도하여 자리로 가고, 전빈은 군부인, 좌우 명부, 종친·척신, 진찬소의 당상과 낭관을 인도하여 각각 제자리로 갈 때 음악이 연주되었다. 찬안을 올리고 여집사가 술을 따르자 명헌태후가 그 술잔을 받아서 상식(尙食 : 정5품 내명부)에게 건네주었으며, 상식은 무릎을 꿇고 임금에게 올린 다음 이어 안주 몇 가지를 올렸으며, 여집사가 황태자와 황태자비에게도 위와 같은 의절대로 진작하자 음악이 멎었다. 전찬(典贊 : 정8품 내명부)이 군부인 이하에게 술을 돌릴 때 음악이 연주되고, 상식이 명헌태후의 찬안을 물리자 음악이 멎었다.

8월 14일 황태자가 황제의 50세 됨을 축하하는 연회에 대해 다시 상소를 올렸다. 황제는 "너의 극진한 정성과 효성을 생각하지 않을 수 없어서 전날 진연 연회를 차리도록 허락하기는 하였지만, 짐은 마음이 석연치 않았다. 더구나 지금 가뭄 때문에 보이는 것마다 걱정거리이고 백성들의 농사와 나라의 재정 형편이 말이 아닌데, 이런 판에 이런 일을 한다는 것은 어찌 한갓 짐의 마음에만 불안할 뿐이고 너의 마음은 편안하겠는가? 전번에 내린 비답에서 이미 다 말했지만 모든 의식물儀式物을 다시 더 간소하게 해야 할 것이다. 치사에 대해서는 크게 벌려놓는 일이 아니므로 청한 대로 윤허한다"라고 비답하였다.

9월 8일 중화전에서 명헌태후를 위한 외진연(外進宴 : 외빈을 초대하여 베푸는 궁중 잔치)을 행하였다. 황제가 익선관에 황포를 입고 자리에 오르자, 음악이 연주되고, 황태자 이하 종친들과 칙임관 이상의 문무 관리들이 국궁 사배를 하자 음악이 멎었다. 큰 상을 올리고 찬안을 올린 다음 꽃을 담은 자기를 올리자 음악이 연주되었다. 그것이 끝난 다음 황태자가 첫 번째 술잔을 올리고, 이어 치사를 올리자 "술잔을 올리는 때이니 황태자와 경사를 함께 즐길 것이다"라고 제칙을 선포하였다.

등가(登歌 : 궁궐의 섬돌 위와 같이 높은 곳에서 연주하는 악대)가 노래하고, 무동이 들어와 '헌선도獻仙桃'를 추었다. 탕을 올리고 두어 가지 안주를 올리고 만두를 올리자 음악이 연주되었다. 반열의 우두머리인 의정 심순택沈舜澤이 두 번째 술잔을 올리고, 이어 치사를 올리니, 제칙을 선포하기를, "경들의 술잔을 삼가 들라" 하였다. 등가는 '풍운경회지악風雲慶會之樂'을 노래하고 황태자 이하 자리에 참석한 모든 사람이 국궁하고 세 번 춤추는 동작을 하였다. 찬의 (贊議 : 통례원의 정5품 관직)가 만세를 외치니 황태자 이하가 "만세"를 부르고, 다시 만세를 외치니 "만만세"를 부르자 음악이 연주되었다. 황태자가 자리에 나아가고 종친들과 문무 관리들도 각각 자리에 간 다음 전선(典膳 : 정7품의 내명부)이 황태자에게 위와 같은 절차대로 음식상을 올리자 등가가 '일중광지곡日重光之曲'을 노래하고, 화반을 올리자 음악이 멎었다. 집사가 종친들, 연회에 참가하게 된 문무 관리들의 음식상을 차린 다음 꽃을 뿌렸으며 또 모든 관리에게도 꽃을 뿌리니 음악이 연주되었다. 특진관 조병세趙秉世가 세 번째 술잔을, 영돈녕원사 윤용선尹容善이 네 번째 술잔을, 완평군 이승응李昇應이 다섯 번째 술잔을, 특진관 민영휘閔泳徽가 여섯 번째 술잔을, 농상공부대신 김규홍金奎弘이 일곱 번째 술잔을, 의정부 찬정 김성근金聲根이 여덟 번째 술잔을, 내부대신 이건하李乾夏가 아홉 번째 술잔을 올리자 음악이 멎었다. 찬안을 물리자 헌가(軒架 : 섬돌 아래인 당하에 위치하는 악대)가 '여민락與民樂'을 연주하니, 황태자 이하 자리에 있는 사람들이 국궁 사배를 하였다.

다음과 같은 악장문(樂章文 : 궁중에서 나라의 공식적 행사인 제향이나 연향 때에 쓰는 음악의 가사)이 연주되었다.

상서로운 날 금 누각 위에, / 화려한 연회를 벌였어라. / 이 달에 경사를 맞이했거니 / 옛 임금의 음악을 연주한다네. / 오운각과 봉래관(蓬萊觀)엔 / 빛나는 왕업과 크나큰 공이로니 / 50세 그 나이에 어울리도다. / 하늘이 만물을 내려줬기에 / 모든 관리가 절하며 인사드리며 / 황제에게 장수의 술잔 올리고, / 조정에 차고 넘친 모든 신하 / 거룩한 황제와 마주했도다. / 저 밝게 빛나는 곳을 보니, / 남극성이 떴도다. / 봉황새 날아오고 기린이 춤추며, / 훌륭한 세상을 밝게 비추었다네. / 기이한 상서로움으로 대화주 빚어내고, / 북두성 국자로 천만 년 장수를 따랐으니, / 흡사 만년환이 겹친 듯하도다.   – 고종 38년(1901) 9월 8일

다음 날 함녕전咸寧殿에서 내진연(內進宴 : 내빈을 모아 베푸는 궁중잔치)을 행하였다. 첫 번째 술잔은 황태자가, 두 번째 술잔은 황태자비가, 세 번째 술잔은 영왕 이은李垠이, 네 번째 술잔은 군부인(郡夫人 : 의친왕비) 김씨가, 다섯 번째 술잔은 좌명부 반열의 우두머리인 정경부인貞敬夫人 서씨가, 여섯 번째 술잔은 우명부 반열의 우두머리인 정경부인 곽씨가, 일곱 번째 술잔은 종친 반열의 우두머리인 완평군 이승응李昇應이 올렸다. 이 밖의 의식 절차는 외진연의 의식대로 하였다. 이어 야진연夜進宴을 행하였다.

10월 14일 순비淳妃 엄씨를 책봉하였다.

12월 23일 황태자는, 황제가 50세 맞은 때를 기념하여 존호를 올리고 장수를 축원하는 연회를 해야 한다고 다시 한번 상소하였

다. 다음 날엔 백관을 거느리고 정청하여 두 번째로 청하였다. 그러나 고종 황제는 " … 저축이 거덜 나고 경비를 마련하기도 어려워 눈앞의 급한 일도 수습할 방책이 없다. 더구나 그만두어도 되는 일이고 현행 정사에 별반 급하지도 않은 일이니 네가 아무리 번거롭게 간청하더라도 절대로 따를 수 없다. 너는 그리 알라"라고 다시 사양하였다. 12월 25일 황태자가 세 번째로 청했다. 이에 황제는, 간절히 청하는 효성을 생각하여 존호를 올리는 일은 마지못해 따르지만 연회 차리는 일은 다음 해 가을로 미루자고 답하였다.

고종 39년(1902) 2월 8일 황제가 51세가 되고 즉위한 지 40년이 된 것을 축하하며 대사령을 반포하였다. 4월 13일 황태자가 연회를 베풀 것을 청하는 상소를 다시 올렸다. 이에 황제는 "연회란 음식을 차려 놓고 즐기는 것에 지나지 않는 것이므로 이런 일을 거행하지 않더라도 반드시 전례典禮를 빠뜨리는 것은 아니므로 내가 그만두려고 하였다. 하지만 너의 효성이 간절하여 그것에 대하여 생각하지 않을 수 없으니 진연進宴을 베푸는 일을 마지못해 따른다. 효성이란 부모의 뜻을 받드는 것을 귀중하게 여기는 것이니 여러 가지 의장 물건은 모두 간소하게 마련하여 비용을 많이 들이지 않게 하여 나의 마음을 편안하게 해 주기를 심히 바란다"라고 비답하였다. 그러나 10월 3일, 황제는 백성들의 공납과 부역을 생각해서 연회 날짜를 다시 다음 해 봄으로 미루도록 하였다.

10월 19일 중화전에서 축하를 받고 대사령을 반포하였다. 경운궁 정전正殿 공사가 끝났기 때문이다.

10월 특진관 조병식趙秉式, 의정부 의정 윤용선尹容善 등이 순비(淳妃 : 엄비)를 황귀비皇貴妃로 올려 봉할 것을 청하는 상소를 올렸다. 또 특진관 이주영李胄榮 등은 황후로 책봉하기를 청하기도 하였는데 이에 대해서 황제는 "중대한 일이므로 선뜻 논할 수 없는 것인데 어째서 경솔하게 아뢰어 청하는가?"라고 비답하였다. 고종 40년(1903) 12월 25일 순비 엄씨를 황귀비에 책봉하였다.

❝ 이런 역사 저런 역사

고종 40년(1903) 3월 19일 다섯 방위의 큰 산, 진산, 바다, 큰 강을 봉하였다. 이전에 "천자天子만 천하의 명산과 대천大川에 제사를 지낼 수 있는데, 오악五嶽·오진五鎭·사해四海·사독四瀆을 아직까지도 미처 봉하지 못하여 사전(祀典 : 제사 지내는 예전)을 구비하지 못하였다. 장례원에게 널리 상고하여 제사 지낼 곳을 정함으로써 짐이 예로 신을 섬기려는 뜻에 부응하게 하라"라고 조칙을 내렸는데 이에 대한 조처였다.

오악五嶽 중 중악中嶽은 삼각산三角山, 동악東嶽은 금강산金剛山, 남악南嶽은 지리산智異山, 서악西嶽은 묘향산妙香山, 북악北嶽은 백두산白頭山이다. 오진五鎭 중 중진中鎭은 백악산白岳山, 동진東鎭은 오대산五臺山, 남진南鎭은 속리산俗離山, 서진西鎭은 구월산九月山, 북진北鎭은 장백산長白山이다.

또 사해四海는 동해東海, 남해南海, 서해西海, 북해北海이다. 사독四瀆 중 동독東瀆은 낙동강洛東江, 남독南瀆은 한강漢江, 서독西瀆은 패강浿江, 북독北瀆은 용흥강龍興江이다.

러일 전쟁

고종 40년(1903) 11월 23일 대한제국은 "장차 일본과 러시아가 전쟁을 할 때 우리나라는 관계하지 않고 중립을 지킨다"라고 각국에 선언하였다.

고종 41년(1904) 2월 23일 한일의정서韓日議定書가 체결되었다. 고종 37년(1900) 북청사변北靑事變 후 러시아는 만주 일대에 군사를 체류시킨 채 기한이 되도록 철수하지 않았다. 일본·영국 양국 동맹과 미국이 항의하였지만 러시아는 응하지 않았다. 그러다가 고종 40년(1903) 4월에 이르러 군사를 출동시켜 멋대로 대한제국의 용암포龍巖浦를 차지하였다. 일본은 한반도의 존망이 자신들의 안위와 관계된다고 여겨 몇 달을 절충하였으나 해결이 나지 않았다. 러시아가 도리어 군사 장비를 늘리자, 고종 41년(1904) 2월 6일 두 나라 사이의 국교가 단절되었다. 9일 일본 함대가 러시아 함을 공격하여 인천에서 두 척을 격파하자 러시아 함은 퇴각하다가 인천항에서 자폭 침몰하였다. 10일 일본이 러시아에 선전포고를 하였다. 12일 러시아 공사 파블로프[巴禹路厚 : A. Pavloff]가 서울을 떠나 러시아로 귀국하였다. 이에 이르러 국면이 크게 변하여 한일의정서를 다음과 같이 체결하게 된 것이다.

 … 제1조 한일 양국 사이의 항구적이고 변함없는 친교를 유지하고 동양의 평화를 확고히 이룩하기 위하여 대한제국 정부는 대일본제국 정부를 확고히 믿고 시정施政 개선에 관한 충고를 받아들인다.

 제2조 대일본제국 정부는 대한제국 황실을 확실한 친선과 우의로 안전하고 편하게 한다.

 제3조 대일본제국 정부는 대한제국의 독립과 영토 보전을 확실히 보증한다.

 제4조 제3국의 침해나 혹은 내란으로 인하여 대한제국 황실의 안녕과 영토의 보전에 위험이 있을 경우에는 대일본제국 정부는 속히 정황에 따라 필요한 조치를 취할 수 있다. 그러나 대한제국 정부는 위 대일본제국의 행동을 용이하게 하기 위하여 충분한 편의를 제공한다. 대일본제국 정부는 전항의 목적을 성취하기 위하여 군략상 필요한 지점을 정황에 따라 차지하여 이용할 수 있다.

 제5조 대한제국 정부와 대일본제국 정부는 상호간에 승인을 거치지 않고 뒷날 본 협정 취지에 어긋나는 협약을 제3국과 맺을 수 없다. …   - 고종 41년(1904) 2월 23일

3월 28일 의주군수 구완희具完喜를 북진하는 일본 군대 접대관

에 임명하였다.

4월 14일 경운궁에 화재가 나서 함녕전, 중화전, 즉조당, 석어당과 각 전각이 모두 불탔다. 함녕전의 구들을 고치고 불을 지피다가 화재가 났는데 바람이 사납게 부는 통에 일시에 불길이 번져버렸다. 다음 날 경운궁 중건 도감을 설치하고 며칠 내로 공사를 시작하도록 명하였다.

5월 4일 러시아 주재 공사 및 직원들이 멀리 페테르부르그[彼得堡]에 있는데, 러일 전쟁 때문에 길이 막혀서 공사의 일이 어렵게 되었다. 봉급과 경비를 보내는 것마저 어려우니 임시로 소환하였다가 일본과 러시아가 평화를 맺은 다음에 토의하여 다시 파견하도록 하였다. 5월 18일 러시아 수도에 있는 공사관을 철폐하고 공사 이범진李範晉을 소환하라고 명하였다. 9월 3일에는 러시아에 파견한 유학생을 모두 돌아오도록 하였다. 길이 막혀 학비를 보내기 어렵다는 이유에서였다.

5월 18일 외부대신이 칙선서(勅宣書 : 칙명으로 만든 문서)를 전국에 반포하였다. 대한 정부는 일본이 러시아에 대하여 전쟁을 선포한 것이 오직 대한국의 독립을 유지하여 동양 전체의 평화를 확고히 하는 데 있다는 것을 헤아려 이미 의정서를 체결하고 협력함으로써 일본이 교전하는 목적을 달성하는 데 편리하게 하였다. 또 러시아 주재 공사관을 철회하여 대한국과 러시아 간의 외교 관계가 단절되었다. 앞으로 대한국의 방향을 명백하게 하고 러시아가 조약 등의 조건을 핑계로 침략적 행위를 다시 못하도록 하기 위하여 만든 문서로 내용은 다음과 같다.

1. 이전에 한국과 러시아 두 나라 사이에 체결된 조약과 협정은 일체 폐기하고 전혀 시행하지 말 것이다.

1. 러시아의 관리와 백성들에게나 회사에 인준한 특허 합동 가운데 지금까지도 유효 기간이 있는 것은 이제부터 대한 정부가 무방하다고 인정하는 것이면 이전대로 그 인준해 준 것을 계속 누릴 수 있게 한다. 그러나 두만강, 압록강, 울릉도의 산림 채벌 및 식수植樹 특허권은 본래 한 개인에게 허락한 것인데, 실상은 러시아 정부가 자체로 경영할 뿐 아니라 당해 특별히 정한 규정을 지키지 않고 제멋대로 침략 점거 행위를 하였으니, 당해 규정을 폐지하고 전연 시행하지 말 것이다.　　　　　　　－ 고종 41년(1904) 5월 18일

고종 41년(1904) 7월 7일 의정부 참정 심상훈沈相薰이 "일본과 러시아 간에 전쟁이 시작된 이후 일본 군사들이 용맹을 떨쳐 육지와 해상에서 연전연승한다는 소식이 세상에 퍼져 각기 나라 사람들과 더불어 가서 관전하는 일이 많습니다. 원수부元帥府에서 장령과 위관을 해당 싸움터에 적절히 파견하여 관전하게 하는 것이 어떻겠습니까?"라고 청하자 그리하도록 윤허하였다. 7월 13일 '먼 땅에서 전쟁을 시작해 여러 달째 비바람을 맞고 있는 일본 군사들'을 친선 관계를 맺은 의리상 위문해 주기 위해 육군 부장 권중현權重顯을 위문사로 파견하게 하였다.

8월 4일 특별 대사령에 의해 징역 죄수 등을 놓아주었다. 그 가운데 징역 죄수 이승만李承晩도 포함되었다.

고종 41년(1904) 8월 22일 '한일협정서韓日協定書'가 다음과 같이 체결되었다.

　1. 대한 정부는 대일본 정부가 추천한 일본인 한 명을 재정 고문으로 삼아 대한 정부에 맞아들이고 재무에 관한 사항은 일체 그의 의견을 물어서 시행해야 한다.

　2. 대한 정부는 대일본 정부가 추천한 외국인 한 명을 외교 고문으로 삼아 외부外部에 맞아들이고 외교에 관한 중요한 사무는 일체 그의 의견을 물어서 시행해야 한다.

　3. 대한 정부는 외국과 조약을 체결하거나 기타 중요한 외교 안건 즉 외국인에 대한 특권 양여와 계약 등의 문제 처리에 대해서는 미리 대일본 정부와 상의해야 한다.　　- 고종 41년(1904) 8월 22일

고종 41년(1904) 12월 31일 일본군을 위문하고 돌아온 위문사 권중현을 만나 전쟁의 상황을 물어보았다.

"전쟁터에 가보니 그 형편과 병력이 어떠하던가?"

"요양遼陽과 봉천奉天 사이의 양국 병력은 서로 비슷합니다."

"여순旅順의 형편은 어떠하던가?"

"여순은 오래지 않아 틀림없이 함락될 것입니다. 그러나 그 곳은

한 쪽 모퉁이를 보장하는 것과 관련되어 있을 뿐이므로 그 곳을 얻는가 잃는가를 가지고 전체 러시아와의 승부를 대뜸 점칠 수는 없습니다."

"누구누구를 보았는가?"

"만주군 총사령관 육군 대장 오야마 이와오[大山巖]와 여순 연합함대 사령관 해군 대장 도고 헤이하치로[東郷平八郎], 여순 후면 제삼군사령관 육군 대장 노기 마레스케[乃木希典], 친왕 강인노미야[閑院宮]를 모두 만나 보았습니다."

"어느 지방에 진陣이 서로 대치되어 있던가?"

"요양遼陽과 봉천奉天 사이입니다."

"요양과 봉천 사이는 거리가 몇 리나 되는가?"

"100여 리가 되는데 양국 군의 전투 전선의 너비는 120리입니다."

"싸움하는 진들을 자세히 보았는가?"

"오야마 이와오가 '전쟁터가 매우 위험하므로 귀국 황제의 칙어는 내가 대신해서 각 장관들에게 전할 것이니 반드시 몸소 나가서 위문할 필요는 없습니다. 만일 반드시 전쟁 광경을 보아야겠다면 내가 인원을 파견해서 앞에서 인도하여 산에 올라가 멀리서 보는 것이 좋겠습니다'라고 하였습니다. 그래서 신臣이 그 의미를 곰곰이 생각해 보니 군사 비밀로 인해서 다른 사람에게 보여주지 않으려고 그러는 것 같아서 굳이 보지 않았습니다."

"여순의 전진戰陣은 자세히 보았는가?"

"봉황산 동쪽 기슭에 올라가 대포가 서로 몹시 요란한 소리를 내면서 폭발하는 것을 대략 보았습니다."

"여순은 어찌 할 수 없을 것이다."

"오늘날로써 말하면 러시아는 원래 천하의 강국이므로 비록 형세상 어찌 할 수 없다 하더라도 빨리 항복하지 않을 것이며 필경 전력을 다할 것입니다."

"러시아 군에 혹 땅을 판 진지가 있다고 들었는데 과연 그렇던가?"

"러시아 군은 모두 다 땅을 파고 철망을 늘어놓고 전기를 넣었기 때문에 사람들이 범접할 수 없습니다."

— 고종 41년(1904) 12월 31일

❞ 이런 역사 저런 역사

고종 41년(1904) 10월 31일 의정부 참정 신기선申箕善이 "몰래 훔치는 변고가 어느 시대엔들 없었겠습니까만, 어찌 요즘 유골遺骨을 도적질하는 것과 같이 극도로 흉하고 더 없이 괴이한 것이 있었겠습니까? 그것이 참혹하고 잔인하기로 말하면 무덤을 파헤쳐서 금붙이를 도적질하거나 사람을 죽여 재물을 절취하는 것보다 더 심합니다. 처음에는 시골의 부유한 집들의 시체에 손을 댔지만 최근에는 재상의 집들에서도 이런 재앙을 당한 것이 있다고들 합니다. 세상의 변고에 크게 관련되는 일로써 참으로 한심하기 그지없습니다.

대체로 이런 변을 당한 사람이 놀랍고 슬픈 나머지 어쩔 바를 몰라 할 것은 더 말할 것도 없습니다. 그러니 마땅히 관청에 알려 염탐하여 체포해가지고 유골을 도로 찾고 원수를 갚아야 할 따름입니다. 몰래 재물을 싣고 가서 애걸하면서 돌려주기를 비는 것으로 말하면 비록 본인의 인정과 도리상 어쩔 수 없는 데서 나온 것이기는 하지만 사실 나라의 법으로서는 허락하지 말아야 할 것입니다.

도적을 키우고 악을 자라게 하여 나중에는 그 화가 끝없이 퍼져 마침내 무덤 속의 유골을 모두 기이한 재물로 여기게 만들 것이니, 이것을 크게 금지하지 않을 수 없습니다. 한성과 각 도各道에 급히 명령해서 이런 재앙을 당한 사람들에게 청원대로 도적을 체포하도록 해 줄 뿐 혹시 재물을 싣고 가서 애걸하며 유골을 돌려 달라고 빈 자가 있으면 엄중한 법조문을 시행함으로써 뒷날의 폐단을 막는 것이 어떻겠습니까?"라고 아뢰었다. 이에 임금은 "아뢴 대로 하라. 나라의 법을 바로세우고 뒷날의 폐단을 방지하는 도리에서 볼 때 개인의 인정에 몰려가지고 공적인 원칙을 해치는 것을 내버려둘 수 없으니, 지금부터 엄하게 금지하도록 신칙하고 정식定式으로 삼으라"라는 제칙을 내렸다.

고종 42년(1905) 1월 7일 황제는 의정부 찬정 최익현崔益鉉을 만났다. 이 자리에서 최익현은 머리를 들어 황제의 얼굴을 보고자 청하여 황제가 이를 허락하였다. 최익현은 무릎을 꿇고 소매 속에서 한 통의 글을 꺼내서 황제에게 바쳤다. 예전에 올렸던 제언들이 잘 받아들여지지 않는 것들에 대한 촉구의 내용이었다. 읽기를 마친 후 황제와 최익현의 대화가 이어졌다.

"폐하께서 오늘날의 형세를 보시건대 앞으로 흥할 것 같습니까, 망할 것 같습니까? 신의 생각에는 태평 시대가 아니라 어지러운 시기와 흡사하다고 보입니다."

"과연 그렇다."

"폐하께서 어지러운 시기라는 것을 아신다면 어지럽게 된 원인도 아십니까? 오늘날 민회가 정부를 공격하니 패역으로 본다면 극도의 패역이며, 강한 이웃 나라를 끼고서 횡포를 자행하니 그 죄는 물론 처단을 면할 수 없는 것입니다. 그러나 민심이 이처럼 흩어진 것은 하늘을 섬기는 폐하의 성의가 극진하지 못해서입니까, 아니면 해당 관리들이 폐하의 덕을 받들어 나가지 못해서 그러는 것입니까?"

"짐으로서는 성의를 다해서 하늘을 섬긴다고 자부하였다. 그런데도 하늘의 도리가 이처럼 응해 주지 않는 것은 내가 똑똑치 못하여 신하들을 통솔해 내지 못하기 때문이다."

"저 백성들이 자기의 살점을 씹으면서까지 외국 사람들의 앞잡이 노릇을 하는 것은 물론 미련한 일이지만, 근원을 따져보면 관리들이 탐오하고 학대하여 민심을 잃어 그들이 본성을 잃고 이 지경에 이르게 된 것입니다."

"탐욕하고 포악한 관리들이 백성들을 못살게 한 결과이다. 짐이
철저히 금지한 바이건만 어째서인지 정사가 뜻대로 되지 않는다.
이것은 짐의 잘못이다. … 저 회민會民들도 다 나의 백성들이다. 짐
은 기어이 잘 타일러 그들의 본성을 되찾게 하려고 한다."

"오늘날 민심이 흩어진 것은 다 을미년(1895) 이후에 복수하는
조치가 없었기 때문이며 복수하는 조치가 없었던 것은 복수하려는
생각이 없었기 때문입니다. 만일 복수하는 조치가 있었거나 복수하
려는 마음이 있었더라면 민심이 자연히 굳어져 응당 오늘날의 난동
이 없었을 것입니다. 복수하는 행동은 고사하고 복수에 대해 말하
는 사람조차 없으니 어찌 통탄할 노릇이 아니겠습니까? 신은 요즘
조칙이 내려오는 것을 여러 번 보았는데 애통해하는 심정이 그 글
에 흘러넘치고 있었습니다. 폐하의 말씀은 간절하기 그지없건만 실
지 혜택이 아래에까지 미치는 것은 볼 수 없으니 이것은 무엇 때문
입니까? 이것은 폐하께서 그저 형식만을 일삼으면서 진실한 마음과
실질적인 노력이 없기 때문입니다. 원컨대 성심으로 하늘을 섬기
며 진심으로 백성들을 보살피소서. … 신은 폐하께서 태묘(太廟 : 종
묘)에 전알할 날이 없을까 두렵습니다."

"무슨 소리를 하는가?"

"듣자니 폐하께서 꺼리는 것이 많다고들 하기 때문입니다."

"무슨 말인가? 짐이 무슨 꺼려하는 것이 있겠는가? 더구나 조상
들의 영혼을 안치한 곳인데 어찌 꺼려하는 마음을 나타내겠는가?"

"신이 듣자니 일본 사령부의 이른바 고시告示라는 것이 있는데 무릇 경내에서의 경찰 사무를 스스로 담당한다고 하였다 합니다. 그러면 우리나라의 경무청이나 법부라는 것은 모두 쓸모없이 되어 버립니다. 아, 500년 동안이나 내려온 종묘, 사직과 삼천리 강토가 일본에 의해 망할지 누가 알겠습니까? 하지만 사람이란 반드시 제가 자신을 멸시한 다음에야 남이 멸시하는 법이니 어찌 전적으로 저들에게만 죄를 돌리겠습니까? 을미년에 큰 참변이 있은 이후부터 우리의 군신 상하 모두가 복수하지 않아서는 안 된다는 것을 조금이나마 알고서 좀더 분발하였더라면 오늘날 나라의 형편이 아마 이 지경에까지 이르지는 않았을 것입니다. 지금 온 나라의 신하와 백성들이 포로마냥 얽매어 도륙을 당하게 되었는데도 구해내지 못하니 아! 운명입니까, 시대의 탓입니까? 생각이 여기에까지 미치니 오로지 당장 죽어버려 살고 싶은 생각이 없습니다."

최익현은 목놓아 통곡한 후 다시 말을 이었다.

"이제는 나라가 망하게 되었으니 아무리 훌륭한 계책이 있은들 어디에 시행하겠습니까? 그렇지만 앉아서 망하기를 기다리는 것보다 시급히 깨닫고 해당한 대책을 조금씩 취해나가면서 다시 하늘의 명을 기다리는 편이 낫지 않겠습니까? 신이 처음에 올린 차자 안에 있는 다섯 가지 조항은 오늘날의 급선무들로서 외국 사람과 관계가 없는 것일 뿐만 아니라 정부의 도움을 구하는 것도 아닙니다. 모두 폐하께서 실행에 옮기는 데 달려 있는 것들이니 엎드려 바라건대 속히 처분을 내리소서."   - 고종 42년(1905) 1월 7일 고종 42년 1월 14일과 2월 3일 최익현은 다시 상소를 올렸다. 이에 고종 황제는 "말한 내용은 어느 것이나 절실한 것이어서 애초에 다 반성하면서 접수하였다. 그런데 오늘날 나라의 형세가 바로 서지 못하는 것으로 말하면 마치 오랫동안 고질병을 앓는 사람과 같은 만큼 오랜 기간이 걸려야 추세울 수 있지 한 알의 약을 써가지고 하루 만에 완전히 소생시킬 수는 없다. 방금 말을 하자마자 성과를 바라고 있으니 시기에 따르는 적절한 거조를 깊이 생각하지 못한 것 같다. 이 간고한 형편을 생각하고 애써 도와서 나라의 일을 함께 수습해 나가도록 하라", "진술한 말은 다 지극히 충성스러운 것 아님이 없다. 그러니 짐이 어찌 마음속에 새겨두고 시행하지 않겠는가? 그러나 자세히 헤아려보아야 할 것도 없지 않다. 화폐를 바로잡는 문제는 정부에서 사리에 맞게 처리하리라. 경은 그리 알고 집에 물러가 기다리라"라고 각각 비답하였다.

3월 16일 의양군義陽君 이재각李載覺을 특파대사로 명하여 일본국에 가서 전승을 축하하도록 하였다. 이달 10일에 일본과 러시아 양국의 군대가 봉천 부근에서 전투를 하였는데 일본군이 큰 승리를 거두어 전쟁의 국면이 완전히 결정되었기 때문이다.

4월 1일 '일한 통신기관 협정서日韓通信機關協定書'가 체결되었다. 주요 내용은, 한국 정부는 국내에 있는 우편, 전신, 전화 사업의 관리를 일본국 정부에 위탁한다는 것이다.

  고종 42년(1905) 7월 17일 한일협정서를 위반한 김한종金漢宗, 이세직李世稙 등을 벌하도록 하였다. 이세직李世稙은 제주도 종신 유배 죄인인데 도망을 쳐서 수도에 들어와 일본인 나레가와 요시노리[狎川芳義], 마쓰모토 시게히라[松本茂平], 이와모토 요시하루[巖本善治], 모리베 일쥬[毛利部寅壽] 등과 전국의 재산과 관계되는 23개조의 조약을 체결하였는데 봉시 김한종金漢宗, 사알 유명균劉命均도 이 일에 참여했다. 그가 비록 결코 사사로이 조약을 체결한 것이 아니라고 하더라도 애초에 정부의 인준이 없었으니 나라의 권위를 손상시킨 죄를 면할 수 없는 것이고 사본을 주고받았을 뿐 아직 조인하여 교환하지는 못했기 때문에 성사시키지 못한 사건인 것이다. 임금은 "한일협정서는 양국의 두텁고 친밀한 정의를 충분히 드러낸 것으로서 마땅히 서로 준수해서 영원히 변함이 없어야 할 것이다. 지금 막된 무리가 양국 정부의 지극한 뜻은 생각하지 않고 연줄을 놓고 간계를 써서 국교國交를 어지럽히고 있다니 보고를 듣고 몹시 개탄하는 바이다. 그들을 법부에 맡겨 정해진 법을 집행해서 간사한 싹을 잘라버릴 것이다. 너희 높고 낮은 모든 신하는 짐의 지극한 뜻을 알고 조금이라도 잘못됨이 없도록 하라"라고 제칙을 내렸다.

  같은 해 10월 22일 피고 이세직은 《형법대전刑法大全》 제200조 5항 각국 조약에서 허락한 부지 외에 관청 소유와 개인 소유의 일체 토지, 산림, 못, 가옥을 외국인에게 붙어서 이름을 빌려 사적으로 승인한 법조문, 제137조 미수범은 사형죄에서 한 등급 낮춘다는 법조문, 제133조 형기 내에 또 죄를 범한 경우 범한 죄가 서로 같으면 태형笞刑 100대를 쳐서 처음의 형벌을 그대로 적용한다는 법조문에 적용시켜 태형 100대를 쳐서 완도군 추자도楸子島에 종신 유배에 처하도록 하였다.

4월 25일 특파대사 이재각이 일본에 다녀온 보고를 하였다.

"몇 번 폐하(일왕)를 뵈었는가?"

"한 번 폐하를 뵈었는데 그길로 하직하였습니다."

"그 나라에서 방금 전쟁을 시작하였는데, 상황을 보니 과연 어떠하던가?"

"그 나라는 원래 규모가 있기 때문에 겉보기에는 편안한 것 같았습니다."

"각국의 공사들을 불러 만나보았는가?"

"신이 지리궁芝離宮에서 7일 간을 숙식하였는데 각국의 공사들도 와서 예를 갖추었습니다."

"이번 사신 길을 그토록 정성껏 접대하였다니, 매우 감사한 일이다."

"과연 정성껏 대접하였습니다. 이번에 사신으로 갔을 때 있었던 제반 일들은 하나의 책에 기록하여 후일에 여쭙겠습니다."

- 고종 42년(1905) 4월 25일

5월 25일 경부 철도 개통식 때 일본국 히즈야스 왕[博恭王]이 참석하므로 의양군 이재각에게 같이 참석하라고 명하였다. 고종 40년(1903) 11월에 경부철도주식회사가 경인철도합자회사를 사들여 경부선과 경인선 두 선로를 아울러 소유한 이후로 서울과 부산 간 선로 공사가 빨리 완공되어 1905년 1월 1일부터 개업을 하였는데 이때에 이르러 경성 남대문 정거장 구내에서 개통식을 거행한 것이다.

고종 42년(1905) 9월 5일 '일로강화조약日露講和條約'이 체결되었다. 일본국 특명전권공사 고무라 주타로[小村壽太郎]와 러시아 세루지우잇데 사이에 맺어진 이 강화조약의 제2조에는 "러시아 제국 정부는 일본국이 한국에서 정치상, 군사상, 경제상의 특별한 이권을 가질 것을 승인하고 일본 정부가 한국에서 필요하다고 인정하는 지도, 보호 및 감리의 조치를 취함에 대하여 이를 저해하거나 간섭하지 않을 것을 약속한다. 한국에 있는 러시아국 신민은 다른 나라의 신민들과 완전히 같은 대우를 받는다. 이것을 바꾸어 말하면 최혜국(最惠國 : 조약을 체결한 나라 가운데 가장 유리한 대우를 받는 나라)의 신민과 동일한 지위에 두는 것으로 인정한다. 조약을 체결한 두 나라는 일체 오해의 원인을 피하기 위하여 러시아와 한국 사이의 국경에서 러시아국 또는 한국의 영토 안전을 침해할 수 있는 어떠한 군사상 조치도 취하지 않을 것에 동의한다"라는 내용이 담겨 있다.

이런 역사 저런 역사

고종 42년(1905) 4월 17일 의정부 참정대신 민영환閔泳煥이 "무당이나 점쟁이 등의 잡술은 나라에서 철저히 금하는 바입니다. 그러나 요즘 법과 기강이 해이되어 그러한 무리가 서울과 지방에 출몰하면서 요사스러운 말과 요사스러운 술수로 백성들을 선동하며 심지어는 패거리를 지어 정사를 문란하게 만듭니다. 그들의 소행을 따져보면 실로 매우 한탄스러우니, 속히 법부와 경무청으로 하여금 일일이 붙잡아 법조문에 의거하여 죄를 주게 하는 것이 어떻겠습니까?"라고 아뢰자 임금은 윤허하였다.

국문(國文)을 정리하다

고종 42년(1905) 7월 8일 의학 교장 지석영池錫永이 국문(한글)을 새로 정리하고 편히 가르칠 수 있는 방법을 강구하자는 상소를 올렸다. " … 지금 세계의 각국은 모두 자기의 문자를 가지고 자기 나라에 통용하는데 대체로 자기가 주인이라는 뜻이 그 사이에 존재하기 때문에 다른 나라의 각종 문학을 모두 자기의 문자로 번역 출판하여 본국의 백성들을 가르치고 있습니다. 그러므로 오주五洲의 모든 백성이 누구나 글을 알고 시국을 통달하며 날이 갈수록 문명으로 전진하고 있습니다. 유독 우리나라만이 통상 후 몇십 년이 지났으나 어물어물 전진하지 못하고 있습니다. 그것은 해득하기도 어려운 한문에 인이 박혀 쉽게 이해되는 국문을 숭상하지 않기 때문입니다.

바라건대, 폐하는 교육을 담당한 신하에게 명하여 우선 서로 마음을 정하여 국문을 정리하는 동시에 편리한 방도를 취하여 백성들로 하여금 이해하도록 하고 경전 안에서 몇 편의 성인들의 가르침을 번역해서 어리석은 백성들에게 줌으로써 먼저 마음과 뜻을 인정하게 하고, 그 다음 최근 실무상 새로운 학문 가운데서 가장 중요한 것을 번역하여 민간에 널리 반포한다면 몇 년이 안 되어 사람마다 모두 충성하고 나라를 운영하는 데서 지켜야 할 것들을 알게 되어 점차 부강하게 되는 것은 기약하고 기다릴만 할 것입니다"라는 내용이었다. 이에 고종 황제는 "진술한 말은 참으로 백성을 교육하는 요점이다. 상소 내용을 학부에 명하여 자세히 의논하여 시행하게 하겠다"라고 비답하였다.

7월 19일 의정부 참정대신 심상훈沈相薰, 학부대신 민영철閔泳喆이 새로 고친 국문 실시안國文實施案을 다음과 같이 만들어 제출하였고 이에 황제가 "좋다"라고 제칙을 내렸다.

– 새로 고친 국문 5음의 상형변象形辨 : ㄱ(어금니 소리. 어금니 모양을 본뜬 것이다.), ㅋ(어금니 소리. 무거운 소리이다.), ㆁ(어금니와 목구멍 사이 소리. 후두선을 본뜬 것이다. 본래의 음을 잃었으므로 지금은 우선 뺀다.), ㄴ(혓소리. 혀의 모양을 본뜬 것이다.), ㄷ(혓소리. 혀의 흔든 모양을 본뜬 것이다.), ㅌ(혓소리. 무거운 소리이다.), ㄹ(반혓소리. 혀를 걷은 모양을 본뜬 것이다.), ㅁ(입술 소리. 입의 모양을 본뜬 것이다.), ㅂ(입술 소리. 입을 절반 연 모양을 본뜬 것이다.), ㅍ(입술 소리. 입을 벌린 모양을 본뜬 것이다.), ㅅ(잇소리. 이의 모양을 본뜬 것이다.), ㅈ(이와 혀의 사이 소리. 잇몸의 모양을 본뜬 것이다.), ㅊ(잇소리. 무거운 소리이다.), ㅿ(반잇소리. 이가 절반 열린 모양을 본뜬 것이다. 본래의 음을 잃었으므로 지금은 우선 뺀다.), ㅇ(얕은 목구멍 소리. 목구멍 모양을 본뜬 것이다.), ㆆ(목구멍과 이 사이에서 나는 소리. 목구멍과 잇몸의 모양을 본뜬 것이다. 본래의 음을 잃었으므로 지금은 우선 뺀다.), ㅎ(깊은 목구멍 소리이다.)

– 새로 고친 국문의 초, 중, 종 3성에 대한 풀이[新訂國文初中終三聲辨] : 'ㄱ, ㄴ, ㄷ, ㄹ, ㅁ, ㅂ, ㅅ, ㅇ' 여덟 자는 첫소리와 끝소리에 쓴다.(윽, 은, 귿, 을, 음, 읍, 읏, 응)

– 첫소리로만 쓰이는 여섯 자[初聲獨用六字] : ㅈ, ㅊ, ㅋ, ㅌ, ㅍ, ㅎ

– 가운뎃소리로만 쓰는 열한 자[中聲獨用十一字] : ㅏ, ㅑ, ㅓ, ㅕ, ㅗ, ㅛ, ㅜ, ㅠ, ㅡ, ㅢ(이와 으의 합친 음), ㅣ

– 새로 고친 국문의 합자 풀이[新訂國文合字辨] : 첫소리의 ㄱ자

와 가운뎃소리의 ㅏ자가 어울리면 '가'자를 이루고 끝소리의 ㅇ자
를 가자에다 합하면 '강'자가 되는 것이니 나머지는 이것과 같이 본
따서 한다.

- 새로 고친 국문의 높낮이 풀이[新訂國文高低辨] : 상성上聲, 거
성去聲은 오른쪽에다 점 하나를 쳐주고(우리나라 항간의 음에는 상
성과 거성이 별로 차이가 없다) 평성平聲과 입성入聲 두 소리는 점
을 치지 않으며, 무릇 말을 만드는 끄는 소리에도 점 하나를 쳐준
다.

- 자음 높낮이표[字音高低標] : 동(움직일 동動), 동(한가지 동
同), 어(막을 어禦), 어(고기 어魚)의 부류이니, 나머지도 이것과 같
이 본따서 한다.

- 말을 만드는 끝소리표[做語曳聲標] : 렴(발 렴簾), 족(발 족足),
렬(벌릴 렬列), 연(버릴 연捐)의 부류이니, 나머지도 이것과 같이 본
따서 한다.

- 새로 고친 국문에서 중첩음의 삭제 정정 풀이[新訂國文疊音刪
正辨] : 'ㄱ ㄴ ㄷ ㄹ ㅁ ㅂ ㅅ ㅇ ㅈ ㅊ ㅋ ㅌ ㅍ ㅎ' 열네 자가 '가 나
다 라 마 바 사 아 자 차 카 타 파 하' 자의 중첩음으로 쓰이므로 삭
제한다.

- 새로 고친 국문 겹소리 정정 풀이[新訂國文重聲釐正辨] : 'ㄲ,
ㄸ, ㅃ, ㅆ, ㅉ'는 'ㄱ, ㄷ, ㅂ, ㅅ, ㅈ'의 겹소리이다. 옛날에는 '까,
따, 빠, 싸, 짜'로 쓰이더니 최근에는 한문 중첩자의 'ㅅ'을 모방하여
'ㅺ ㅼ ㅽ ㅆ ㅉ'로 쓰는 것이 도리어 편의한데 이 '써 이[以]'자를

'뼈'로 풀이하는 것은 이유가 없기 때문에 'ㅅ'의 곁에 'ㅂ'을 겹쳐 쓰는 것은 폐지한다.　　　　　　　－ 고종 42년(1905) 7월 19일

● 이런 역사 저런 역사

　　고종 42년(1905) 8월 1일 임금은 멕시코로 이민 가서 고생하는 백성들이 돌아올 수 있도록 조치하라고 명하였다. 이와 관련하여 "요즘 멕시코에 이민 간 사람들의 형편을 듣고 그 참상에 대하여 참을 수가 없다. 오늘 세계 각국에서 사람들을 사서 노예로 만드는 것은 다 엄금되어 있는데 서로 팔고사고 한다니 어쩌면 이럴 수가 있는가? 처음에 식민회사에서 사들일 때 의정부에서 금지시키지 못한 것은 거기에 무슨 곡절이라도 있는가? 먹는 것을 하늘처럼 생각하는 이 무지몽매한 백성들이 위험을 겪으면서 수만 리 떨어진 이국땅에서 하소연할 곳 없이 서로 원망하게 된 것을 어찌 차마 들을 수 있단 말인가? 의정부에서 모호하게 그것을 덮어버리고 백성들이 암둔하고 깨치지 못하여 이 지경에 이르렀는가? 생각이 이에 미치니 어찌 이것을 참을 수 있겠는가? 이 1천여 명의 불쌍한 백성을 가엾게 여겨 소환할 것에 대해 의정부에서 충분히 토의하고 해당 회사에 교섭하여 기어이 빨리 생환하게 하되 날짜를 끌지 않도록 함으로써 밤낮으로 근심하는 짐의 마음을 조금이나마 위로하라"라고 조령을 내렸다.

한일협상조약 체결

    고종 42년(1905) 8월 12일 일본 특명전권공사 하야시 다다[林董]와 대영국 외부대신 란스타운 사이에 일영협약日英協約이 체결되었다. 협약 제3조에 "일본국은 한국에서 정치, 군사 및 경제적으로 특별한 이익을 가지고 있으므로 대영국은 일본국이 이 이익을 옹호 증진하기 위하여 정당하며 또 필요하다고 인정하는 지도, 감리 및 보호의 조치를 한국에서 취할 권리를 가진다는 것을 승인한다. 단, 이 조치는 언제나 여러 나라의 상공업에 대한 기회균등주의에 위반되지 않을 것을 요한다"라는 내용이 담겨 있다.

    같은 날 한일韓日 간에도 약정서가 체결되었다. 한국의 산업을 발전시키고 무역을 증진시키기 위하여 한국의 연해 및 영토 안의 강에 일본 선박이 항행하게 할 필요를 인정하여 대한제국 외부대신 이하영李夏榮과 일본국 특명전권공사 하야시 곤노스께[林權助]가 본국의 위임을 받아 약정한 것이다.

    11월 15일 일본 대사 이토 히로부미와 공사 하야시 곤노스께[林權助]가 고종 황제를 만나 협약문 초안을 제출하였다.

    고종 42년(1905) 11월 17일 한일협상조약韓日協商條約이 체결되었다. 그 내용은 다음과 같다.

    일본국 정부와 한국 정부는 두 제국을 결합하는 이해공통주의를 공고히 하기 위하여 한국이 실지로 부강해졌다고 인정할 때까지 이

목적으로 아래에 열거한 조관을 약정한다.

제1조 일본국 정부는 동경에 있는 외무성을 통하여 금후 한국의 외국과의 관계 및 사무를 감리 지휘할 수 있고 일본국의 외교 대표자와 영사는 외국에 있는 한국의 신민 및 이익을 보호할 수 있다.

제2조 일본국 정부는 한국과 타국 사이에 현존하는 조약의 실행을 완전히 하는 책임을 지며 한국 정부는 이후부터 일본국 정부의 중개를 거치지 않고 국제적 성질을 가진 어떠한 조약이나 약속을 하지 않을 것을 기약한다.

제3조 일본국 정부는 그 대표자로서 한국 황제 폐하 아래 한 명의 통감을 두되 통감은 오로지 외교에 관한 사항을 관리하기 위하여 경성에 주재하면서 직접 한국 황제 폐하를 궁중에 알현하는 권리를 가진다. …

제4조 일본국과 한국 사이에 현존하는 조약 및 약속은 본 협약의 조관에 저촉하는 것을 제외하고는 다 그 효력이 계속되는 것으로 한다.

제5조 일본 정부는 한국 황실의 안녕과 존엄을 유지함을 보증한다.

이상의 증거로써 아래의 사람들은 각기 자기 나라 정부에서 상당한 위임을 받아 본 협약에 기명 조인한다.

광무 9년 11월 17일 외부대신 박제순(朴齊純)

명치 38년 11월 17일 특명전권공사 하야시 곤노스께

ㅡ 고종 42년(1905) 11월 17일

다음 날 농상공부대신 권중현權重顯이 협약을 막지 못한 것을 한탄하며 사직을 원하는 상소를 올렸다. "이번에 한국과 일본 두 제국 사이에 새로 체결된 조약이 비록 추호도 황실의 존엄과 내정의 자주와 관계가 없는 것이기는 하지만 국권을 잃고 나라의 체면을 손상시킨 것으로 말하면 자못 이루 다 말할 수 없습니다. 그런데도 신은 시종 힘껏 저항하여 나라를 위해 목숨을 바치지 못하고 눈 깜짝할 사이에 상호간에 조약이 체결되는 것을 보았습니다. 신하의 명분에 비추어볼 때 무슨 죄를 받아야 하겠습니까? … "라는 내용이었다. 황제는, 굳이 그렇게 인책할 필요 없으니 사직하지 말고 공무를 행하라고 비답하였다.

11월 19일 궁내부 특진관 이근명李根命은 "신은 어제 정부가 조약을 체결한 일에 대해 너무나 놀랍고 의심스러워 줄곧 근심을 금할 수 없습니다. 이 일이 과연 얼마나 중대한 관계를 가지는 문제입니까? 조정에 물어서 협의하여 타당하게 처리하여야 할 것이었으나 바로 한밤중 대궐에서 그 누가 알까 두려워하면서 부랴부랴 회의를 열어 이렇듯 일을 크게 그르쳤습니다. 이것은 지금 모든 사람의 울분을 터뜨렸을 뿐 아니라 실로 천하의 영원한 죄인으로 되었으며 또 국법으로 볼 때 용납할 수 없는 것입니다. 황상께서는 빨리 처분을 내려 그날 회의한 대신들을 모두 법에 따라 처벌하심으로써 온 나라의 한결같은 울분을 풀어 주소서"라는 차자를 올렸다. 황제는 "대체로 경은 노숙한 사람으로서 나라 일을 우려하고 임금을 사랑하는 지성을 가지고 물론 이런 말을 할 수 있겠지만 또한 그 일에 어찌 헤아린 점이 없겠는가? 경은 이해하도록 하라"라고 답하였다.

11월 20일 이후 비서감 경 이우면李愚冕 등 여러 명이 협약을 무효로 돌리고 협약 체결에 관여한 대신들을 처벌할 것을 촉구하는 상소와 차자를 올렸다.

이에 고종 황제는 다음과 같이 각각 답하였다.

"이미 대신들이 올린 차자에 대한 비답에서 칙유하였다."

"조약을 약정하는 법은 그렇게 하는 것이 당연하지만 이번의 경우 또한 참작할 점이 있다."

"연이어 상소와 차자에 대한 비답을 내렸으니, 역시 그것을 보아야 할 것이다."

"임금에게 충성스럽고 나라를 사랑하는 마음이 절절한 경으로서 어찌 이러지 않을 수 있겠는가? 지난번의 일은 과연 졸지에 일어난 일이지만 어찌 조용히 좋은 방법이 없겠는가? 밤공기가 몹시 차서 실로 염려스러운데, 바라노니 경은 즉시 물러가서 나의 마음을 안심시키라."

"그대는 여러 상소문에 대한 비답을 보지 않았는가?"

"소란스러운 속에서 이 지경이 되었지만 또한 어찌 좋은 방편이 없겠는가?"

"이런 말은 하는 게 당연하지만 어찌 짐작하여 헤아린 것이 없겠는가?"

"그대들도 깊이 이해하는 것이 있어야 할 것이다."

"그대들의 말은 이미 이해하고 있는 것이니 거듭 번거롭게 굴 것은 없다."

"걱정스럽고 분해서 하는 말을 역시 어찌 이해하지 않겠는가?"

"바로잡을 방도는 참으로 너의 말과 같다."

"너의 충성심을 알겠으니 다시 상소할 필요가 없다."

"물론 이해가 가는 것이 있다."

"간절한 말이 필경 근심과 울분에서 나온 것임을 알겠다."

"어제 내린 비답에 이해할 만한 것이 있었는데, 이렇듯 재차 들고 나설 줄은 전혀 생각지 못하였다. 이처럼 크게 벌일 일이 아니고 또 요량해서 처분을 내릴 것이니 경들은 그리 알고 서로 거느리고 물러나 즉시 집으로 돌아들 가라."

"근심하고 분해 하는 말이라는 것을 이해하겠다."

"이미 여러 번 칙유하였으니 이해해야 할 것인데 왜 이렇게까지 번거롭게 구는가? 경들의 충성스러운 말을 왜 모르겠는가? 속히 물러가라. … 이미 거듭 타일렀는데도 지루하게구니, 자못 서로 믿는 마음이 없는 것이다."

"공공의 근심과 울분의 말을 또한 어찌 생각하지 않겠는가?"

"진달한 것이 절실하니 응당 유념하겠다."

"모두의 일치된 말로 공공의 울분에서 나왔다는 것을 알 수 있다."

"근심과 울분에 찬 경의 정성으로 본래 이런 말을 할 줄은 알았지만 또한 짐작하여 헤아릴 것도 있다. 대신들이 연명으로 올린 상소에 대한 비답을 보면 아마도 이해할 수 있을 것이다."

"그대가 진달한 말은 가상히 여기지만 전후로 여러 상소에 대한 비답들도 서로 참작해 보아야 할 것이다."

"충성을 위한 울분이 치밀어 올라 진실로 이와 같이 하였겠으나 여러 차례 칙유하는 비답을 내린 것에 대해서도 이해하여야 할 것이다."

"앞서 올린 상소에 진달한 것을 어찌 각성해서 보지 않았겠는가? 전에 내린 비답에 하유한 것 또한 이해해야 할 것이다. 이처럼 추운 날씨에 분주하게 길을 오자니 어찌 몸이 상하지 않았겠는가? 참으로 염려스럽다."

"당장의 위태로운 형편은 기울어져 엎어지기 쉽게 생긴 물그릇이나 물이 새는 배에 비길 정도가 아닌데 덕망이 있고 충성스러운 경이 어찌 이렇게까지 화락하지 못할 수가 있는가? 진달한 것은 기꺼이 받아들이겠지만 앞서 올린 상소에 대한 비답을 통해 거의 이해하였을 텐데 어찌하여 다시 제기하는가? 이처럼 극도로 어려운 때에는 더욱 잘 이끌어줄 훌륭한 사람이 그리우니, 원컨대 경은 속히 나의 뜻을 따를 것을 생각하고 한 번 조정에 모범을 보임으로써 옆자리를 비워놓고 간절히 기다리는 짐의 바람에 부응하라."

"진달한 것은 울분에서 나온 것이라고 이해한다. 말한 내용은 백성들의 소원이니 막을 수 없는 것이다. 경은 번거롭게 하지 말고 관찰사의 직책에 더욱 힘써라."

"여러 차례 비답으로 타일렀으니 이해했어야 할 것이다. 한갓 이렇게 번거롭게 반복하는 것은 서로 면려하고 마음을 가다듬어 성찰하는 것만 못하다. 힘쓸 것은 자강에 있으니 어찌 위험이 전환되어 안정될 날이 없겠는가? 짐이 참작하여 헤아린 점이 있다고 한 말도 또한 이해해야 할 것이다. 경들은 그리 알고 서로 이끌고 집으로 돌아가라."

"경들의 말에 대하여 짐이 어찌 이해하지 못하겠는가? 짐의 말에 대해서도 경들 역시 계속 생각하여 묵묵히 이해해야 할 것이다. 오늘날 난국을 타개할 대책은 요컨대 어제 내린 비답에서 벗어나지 않는다. 오직 군신 상하가 한 마음으로 면려하여 각기 자신의 일을 맡아서 극복을 도모하는 데 달려 있다. 꼭 대궐 뜰에 불러 모아 공연히 번거롭게 할 필요는 없다. 경들은 그리 알고 서로 이끌고 집으로 돌아가라."

11월 23일 중추원 의장 민종묵閔種默은 "의정부의 관제 가운데 군국에 관한 중요한 사안은 중추원에 자문하여 협의한 후에 황상께 상주한다는 것이 뚜렷하게 정식으로 정해져 있습니다. 일전에 정부에서 체결한 조약은 나라에 얼마나 중대한 일입니까? 그런데도 본원에 자문도 하지 않고 서두르며 혹시라도 체결이 늦어질까 걱정하여 한밤중에 비밀리에 의논해서 이처럼 전에 없던 일을 만든단 말입니까? 그날 회의에 참석한 신하들 역시 대한大韓의 신하들인데 어찌하여 갑자기 이런 일을 할 수 있습니까? … "라는 내용의 상소를 올렸다. 이에 황제는 "정식으로 말할 수 있으니 경들은 이렇게까지 심하게 혐의를 피하지 말아야 할 것이다"라고 하였다.

11월 25일 법부 주사 안병찬安秉瓚이 상소를 올렸다. 대략 " …
외부대신 박제순, 내부대신 이지용, 군부대신 이근택, 학부대신 이
완용, 농상공부대신 권중현 등 5적이 어찌 누구나가 다 처단할 수
있는 역적이 아니겠으며 다섯 대의 수레에 몸을 찢어 돌린들 어찌
그 죄를 다 적용한 것이라 할 수 있겠습니까? … 법이 시행되지 않
고 권세가 서지 않으면 아무리 임금의 자리라 하더라도 죽은 것과
같고 종묘와 사직이 옮겨지지 않았더라도 나라는 망한 것이나 다
름없습니다. 더구나 지금 이미 다른 나라 사람이 통감부를 만들어
서 군신과 백성들이 몽땅 사로잡혀 도마 위의 물고기 신세가 되는
참상을 당하게 되었으니 더 말할 나위가 있겠습니까? 이런데도 나
라가 망하지 않았다고 하겠습니까? … 폐하가 10여 년 동안이나 이
무리를 각별히 기른 보람이 이 지경으로 나타났으니 아! 폐하도 이
에 대해 뉘우치는 마음이 있어야 하지 않겠습니까? 의당 빨리 그들
의 머리를 베어서 조종에 사죄하고 인민들에게 사죄하기에 겨를이
없어야 함에도 불구하고 너그러운 마음으로 참고 관대하게 용납하
여 그들이 뜻을 굽히고 거짓을 꾸며 올린 상소문에 다시 비답을 내
려 사임하지 말고 공무를 보라고 권면하였습니다. … 이 무리는 곧
한 하늘을 이고 살 수 없는 폐하의 원수입니다. 그리하여 온 나라
의 신민들은 그들의 몸을 씹으려고 하는데 어째서 폐하는 유약하
게 참는 것이 이렇게 심한 지경에 이르렀습니까?

또한 저 외국인들도 우리의 역적들이 쉽게 제어당하리라는 것을

알았기 때문에 몇 시간이 안 되어 저들이 바라던 바를 성취할 수 있었습니다. 그러나 한 나라의 존망이 달려 있는 중대한 시기이니 비록 폐하라 할지라도 마음대로 허가하는 것이 부당하다는 사실이 분명합니다. 더구나 폐하가 불가하다고 했고 정부의 수석 대신이 불가하다고 했으며 온 나라 백성들도 몽땅 불가하다고 하였으니 저들이 얻은 것이란 어린애를 꼬여내어 가산을 빼앗은 것과 다름 없습니다. 수많은 사람의 눈으로 본 것을 어찌 타고앉아 옳다고 여기면서 스스로 저들의 물건이라고 인정할 수 있겠습니까?

오늘날을 위한 계책은 오로지 박제순 이하 5적의 머리를 빨리 잘라서 거리에 달아맴으로써 온 나라를 크게 각성시키는 데 있습니다. 또한 각국에 공문을 보내어 일본인들이 역적들과 함께 나라를 기만하여 약탈한 죄를 폭로하고 사람들을 크게 모아서 회의하여 억지로 만들어낸 가짜 조약문을 도로 가져다가 불속에 처넣어 우리 한국의 독립 자주권을 거듭 명백히 밝혀서 다시는 침해하는 폐단이 없게 만든 다음에야 법이 시행되고 권한이 서서 국내 정사와 외교에 비로소 두서가 잡힐 것입니다. 이렇게 하지 않고 그냥 이처럼 유약하게 참으면서 결단하지 못한다면 종묘사직은 폐허가 되고 백성들은 어육魚肉의 신세가 되며 폐하 자신도 갈 곳이 없게 됩니다. 아! 통탄스럽지 않겠습니까? … 만일 시행하지 않는다면 신은 이제 도끼를 가지고 와서 대궐에 엎드려 엄한 처분을 기다릴 것이니, 바라건대, 그 도끼로 속히 신의 머리를 잘라서 나라를 팔아먹은 여러 역적에게 사죄시킬 것입니다"라는 내용이었다. 이에 황제는 "여러 상소문에 내린 비답을 보고 이해되는 점이 있을 것이니, 즉시 물러나 그대의 직무를 수행하라"라고 비답하였다.

11월 26일 시강원 시독 박제황朴齊璜은 "대개 오늘 나라가 망하는가 망하지 않는가 하는 것은 오직 전하의 뜻이 견고한가 견고하지 못한가에 달려 있으며 전하의 뜻을 굳게 하는 것은 또 공법公法을 준수하며 나라의 법을 명백히 바로잡는 데 있을 뿐입니다.

고찰하건대 〈만국공법〉 제98장에는 '강대하고 횡포한 나라가 다른 나라의 자주권과 자립권을 침탈한 경우에 모든 나라가 함께 호응하여 떼로 일어나 구원한다'라고 하였으며, 제405장에는 '갑자기 조약을 의논해서 그 조약에 서명한 것을 모두 꼭 준수해야 할 책임이 없으며 반드시 국왕의 윤허를 받고서야 비로소 시행할 수 있으며 그 조약이 아직 비준되지 않았을 때에는 특별한 제한이 없다면 조약을 폐기하거나 완성시키는 것을 모두 해의 편의대로 한다'라고 하였습니다. 제406장에는 '해당 국가에서 후에 비준이 없으면 그 조약은 즉시 휴지가 된다'라고 하였으며, 제409장에는 '아무리 국왕의 친필 서명이 있더라도 다른 사람의 협박을 받아 자유 의사로 한 것이 아니라면 그 조약은 역시 폐지할 수 있다'라고 하였습니다. 제415장에는 '조약을 맺은 일이 만일 나라를 망치는 것과 같거나 혹은 해당 국가를 압박하고 통제하여 나라가 쇠약해지고 발전하지 못하게 만드는 것이라면 포기할 수 있다'라고 하였습니다.

아, 저들에 대하여 말한다면 횡포를 부리고 침탈하고 빼앗았으며 급박하게 시행하고 핍박하고 압제하는 등 못하는 짓이 없었으며 우리나라로 말하자면 임금의 윤허와 비준이 없고 또 임금의 친필 서명도 없으니 조약을 폐기하는 것에 대하여 다시 무엇을 의심하겠습니까? 각국이 들으면 반드시 떼지어 일어나 구원할 것입니다. 폐하께서는 조서를 내려 이른바 약관을 폐기하고 물리시기 바랍니다. 이것이 신이 이른바 공법을 준수해야 한다고 말한 것입니다. … 또 어전 회의로 말하면 참정대신과 외부대신이 연명으로 아뢰어 임금의 윤허를 받은 다음에야 열릴 수 있는데 이번에는 바로 외국 공사관에 모였다가 곧바로 어전에 들어왔으며 외인들도 뒤따라 난입하여 무기를 가지고 둘러싸고 시위하면서 협박하였으니 어찌 어전에서 이런 일이 있으며 이런 회의가 있겠습니까? … 역적들은 숱한 추종자들과 외국 군대까지 데리고 득의양양해서 길 위로 말을 달리고 있습니다. 상벌이 이와 같으니 망하지 않기를 어찌 바라겠습니까. … 폐하께서는 빨리 조칙을 내려 역적들의 죄상을 폭로하는 동시에 네거리에서 사지를 찢어 만백성으로 하여금 그 살을 잘라서 씹도록 하시기 바랍니다. … ”라는 상소를 올렸다. 이에 황제는 “모두 분통스럽게 여기는 말이니 또한 어찌 헤아리지 않겠는가?”라고 하였다.

11월 27일 황제는 “반복하여 타이른 것이 서너 번만이 아니었으니 응당 타이르는 말을 받아들이는 것이 있어야 할 것이다. 그럼에도 불구하고 더욱더 굳게 고집하기 때문에 이렇듯 지리하게 되었으니 사리와 체면으로 보아 자못 온당치 못하다. 특진관 조병세 ·

이근명에 대해 모두 궐문 밖으로 내쫓는 조치를 취하라"라는 조령을 내렸다.

11월 27일 시골에 사는 신하 최재학崔在學은 이전에 일본과 대한제국의 독립을 인정했던 조약 내용을 열거하며 이번 조약이 무효임을 강변하는 상소를 올렸다. 대략 "지난 병자년(1876)에 일본 전권대신 구로다 기요타카와 이노우에 가오루가 우리나라 대신 신헌申櫶·윤자승尹滋承과 강화부에 모여 의논하고 맺은 조약에는 '조선은 자주국으로서 일본과 더불어 평등한 권리를 보유한다. 이제부터 두 나라가 실제로 화친하려고 하면 반드시 서로 동등한 예를 가지고 대할 것이며 털끝만큼도 침략의 혐의가 있어서는 안 된다'라고 하였습니다. 일본과 청나라 사이의 '마관조약馬關條約' 제1조에는 '조선의 독립과 자주를 두 나라가 명백히 인정하여 털끝만 한 침범도 있어서는 안 된다'라고 하였습니다. 고종 41년(1904) 3월 일본과 러시아 간의 전쟁이 개시되었을 때 일본 정부가 여러 나라에 보낸 성명서에는 '원래 한국의 독립과 영토와 주권을 보호하는 것이 전쟁의 목적이다'라고 하였습니다.

아, 일본이 우리 한국에 대하여 털끝만 한 권리나 한 조각의 영토라도 빼앗는다면 그 신의를 배반하고 맹약을 저버린 데 대하여 다른 나라들이 시비할 뿐만 아니라 또한 하늘과 사람들의 처벌을 면치 못할 것입니다. … "라는 내용이었다. 이에 황제는 "역시 온 나라 사람들이 느끼는 공분公憤이다"라고 답하였다.

11월 28일 황제는 한일협상조약 관련 상소에 대해 "하는 말들이 일치된 공론에서 나온 것이니 연이어 글을 올리는 것이야 도리에 어긋날 걱정이 뭐 있겠는가마는, 대궐 안에 머물러 있은 지 이미 이틀째이니 이것은 국조 이래 없었던 해괴한 일이다. 누차 타일렀음에도 불구하고 아직 물러가지 않는데 신하의 분수로 보아 어찌 이런 것이 용납되겠는가? 소두(疏頭: 상소의 맨 위에 이름을 올린 사람) 이하를 모두 법부에서 잡아 징계 처분하게 하라"라는 조령을 내렸다.

고종 42년(1905) 11월 30일 시종부 무관장 육군 부장 민영환閔泳煥이 새로운 한일조약에 분개하여 칼로 자살하였다. 이 소식을 들은 황제는 "이 중신은 타고난 성품이 온후하고 의지와 기개가 바르며, 왕실의 근친으로서 곁에 가까이 있으면서 보좌한 것이 많았고 공적도 컸다. 짐이 일찍부터 곁에 두고 의지하며 도움 받던 사람인데, 이 어려운 때에 괴로운 심정이 절절하여 분연히 제 몸을 돌보지 않고 강개하고 격렬해져 마침내 자결하였으니, 충성스럽고 의로운 넋은 해와 별을 꿰뚫을 만하다. 짐의 마음의 비통함이 어찌 다함이 있겠는가? … 졸한 육군 부장 민영환의 노모老母의 정리가 가련하니 중사(中使: 왕명을 전하던 내시)를 보내 위문하라"라는 조령을 내렸다. 역시 새로운 한일조약의 소식을 듣고 비분강개하여 영국에서 자결한 주영駐英 서리 공사 이한응李漢膺에 대해서도 "명을 받든 지 여러 해 동안 성과가 많았는데 이국땅에서 죽었으니 매우 가엾다. 증직贈職하는 은전을 베풀고 지방관을 보내 장사를 지내게 하라"라는 조령을 내렸다.

12월 1일에는 특진관 조병세趙秉世가 한일조약에 분개해서 약을 먹고 죽었다. 고종 황제는 " … 짐은 큰집을 버텨주는 기둥과 대들보처럼 의지했었고 이 어려운 때에 직면하여서는 더욱 마음을 의탁했었는데 갑자기 이처럼 부고가 이르렀다. 굳은 충성심을 가지고 나라를 위해 목숨을 바친 충정은 후세에 빛날 것이지만 짐의 슬픈 심정을 어찌 다 말할 수 있겠는가? … "라며 앞의 두 대신과 마찬가지로 후히 장례를 치러주도록 하는 조령을 내렸다.

12월 4일 학부 주사 이상철李相哲, 상등병 김봉학金奉學도 울분을 이기지 못해 목숨을 끊었다. 이들의 장례도 지원하도록 하였다. 12월 14일에는 전 찬정 홍만식洪萬植이 약을 먹고 죽었다. 황제는 "이 재신은 과묵한 자품과 신중하고 성실한 뜻을 지녔는데 시국이 위태로워짐으로 인하여 근심하고 통분한 마음으로 강개하여 마침내 자살하였으니 매우 애통스럽다. … "라며 장례비와 시호를 내리도록 하였다.

조병세는 유서를 겸한 상소를 다음과 같이 남겼다.

신이 늘그막에 죽지 못하여 국가의 망할 위기가 목전에 임박한 것을 목격하고, 병든 몸을 끌고 도성에 들어와 상소와 차자를 올려 여러 번 번거롭게 해드리면서 그칠 줄을 모른 것은 혹시 일말이나마 나라를 구원할 수 있으리라 기대했기 때문입니다. … 신은 비단 폐하의 죄인일 뿐 아니라 절개를 지키고 죽은 신 민영환의 죄인이기도 합니다. 신이 무슨 낯으로 다시 천지 사이에 서겠습니까? 신은 죄가 중하고 성의가 얕아, 살아서는 폐하의 뜻을 감동시켜 역신들을 제거하지 못하고 강제 조약을 파기하지 못한 만큼 죽음으로 나라에 보답하지 않을 수 없기 때문에 감히 폐하와 영결합니다.

신이 죽은 뒤에 진실로 분발하고 결단을 내려, 박제순·이지용·이근택·이완용·권중현 5적을 대역부도의 죄로 논하고 코를 베서 처단함으로써 천지와 신인神人에게 사례해야 할 것입니다. 그리고 곧 각국의 공관과 교섭해서 허위 조약을 회수해 없앰으로써 국운을 회복한다면 신이 죽은 날이 태어난 날과 같을 것입니다. 만일 신의 말이 망녕된 것이라고 생각된다면 신의 몸을 가지고 젓을 담가 역적들에게 나눠주소서. … 신은 피눈물이 흐르고 목이 메는 것을 금치 못하며 삼가 자결한다는 것을 아룁니다.

― 고종 42년(1905) 12월 1일

고종 42년(1905) 12월 1일 외부대신 서리 협판 윤치호尹致昊가 상소를 올렸다. 대략 "지난 갑오경장 이후로 자주권과 독립의 기초를 남에게 의지한 적 없이 여유 있게 지켜온 지 이제 10년이 되었습니다. 그런데 내정이 잘 다스려지지 않아 하소연할 데 없는 백성들이 모두 죽음의 구렁텅이에 빠졌고 외교를 잘못하여 조약을 체결한 나라와 동등한 지위에 설 수 없게 되었습니다. 이것은 폐하께서 하찮은 소인들에게 눈이 가리어졌기 때문입니다. 궁실을 꾸미는 데 힘쓰게 되니 토목 공사가 그치지 않았고, 기도하는 일에 미혹되니 무당의 술수가 번성하였습니다. 충실하고 어진 사람들이 벼슬을 내놓고 물러나니 아첨하는 무리가 염치없이 조정에 가득 찼고, 상하가 잇속만을 추구하니 가렴주구하는 무리가 만족할 줄을 모른 채 고을에 널렸습니다. 개인 창고는 차고 넘치는데 국고는 고갈되었으며 악화惡貨가 함부로 주조되고 민생은 도탄에 빠졌습니다. 그리하여 두 이웃 나라가 전쟁을 일으키고 우리나라에 물자를 자뢰(資賴 : 밑천으로 삼음)하니 온 나라가 입은 피해는 실로 우리의 탓이었습니다. 심지어 최근 새 조약을 강제로 청한 데 대하여 벼슬자리를 잃을까 걱정하는 무리가 끝끝내 거절하지 않고 머리를 굽실거리며 따랐기 때문에 조정과 재야에 울분이 끓고 상소들을 올려 누누이 호소하게 되었습니다. … 만일 지금이라도 든든히 가다듬고 실심으로 개혁하지 않는다면 종묘사직과 백성들은 필경 오늘날의 위태로운 정도에 그치지 않을 것입니다. … 오늘날의 급선무는 일을 그르친 무리를 내쫓음으로써 민심을 위로하고 공명정대한 사람들을 조정에 불러들여 빨리 치안을 도모하며, 토목 공사를 정지하고 간사한 무당들을 내쫓으며 왕실의 사재 축적을 엄하게 징계하고 궁인들의 청탁으로 벼슬길에 나서게 되는 일이 없게 할 것입니다. 자강의 방도와 독립의 기초가 여기에 연유하지 않은 것이 없으니, 삼가 바라건대 폐하께서는 힘쓰고 힘쓰소서"라는 내용이었다. 황제는 이에 "진달한 내용이 종합적이고 자세하며 시의 적절한 것들이다"라고 비답하였다.

12월 7일 궁내부 특진관 이근명李根命이 백관을 거느리고 정청하며 조약을 철회하고 5적을 효수할 것을 청하였다. 황제는 "여러 번 거듭 하유하였는데도 또 이처럼 지나친 태도를 보이니, 이것이 어찌 위아래가 서로 믿어주는 도리이겠는가? 경들은 노숙한 신하로서 어찌 짐의 심정을 이해하지 못하는가? 아뢴 것은 내가 자세히 생각해 볼 것이니, 경들은 이를 헤아리고 서로 이끌고 집으로 돌아가서 다시는 번거롭게 하지 말라. … 조금 전에 칙유하는 비답을 내려 남김없이 모두 일러주었는데 어찌하여 이해하지 못하고 이처럼 번거로움을 되풀이하는가? 경들이 쇠약한 몸으로 추운 곳에 있기 때문에 마음이 몹시 편치 않다. 속히 서로 이끌고 집으로 돌아가서 다시는 번거롭게 하지 말라"라고 비답하였다.

12월 14일 한일협상이 체결되었으니 각국에 주재하고 있는 대한제국 공사를 모두 즉시 소환하도록 하였다. 다음 날 고종 황제는 "군인軍人이 정치에 관여하는 것을 허락하지 않는 것은 대체로 병서兵書에만 전념하게 함으로써 위급한 때에 쓰려는 것이다. 근래에 군기軍紀가 해이해져서 군인들이 본분을 지키지 않고 망녕되게 조정의 잘잘못을 논의하니, 입법의 본의에 크게 어긋난다. 이제부터 정부에 책임 있는 군부대신을 제외하고 안으로는 시종무관侍從武官 배종무관陪從武官으로부터 밖으로는 부대의 장졸에 이르기까지 분쟁을 일으키거나 시비하지 말라. … "라는 조령을 내렸다.

12월 16일 학부대신 이완용, 참정대신 박제순, 내부대신 이지용, 농상공부대신 권중현, 군부대신 이근택 등이 한일의정서를 조인한 전후 사정을 다음과 같이 상소하고 사직을 청하였다.

… 신들이 버젓이 묘당에 있는 것은 염치가 없기 때문이 아닙니다. 시국을 보건대 또한 어찌할 수 없는 경우가 있는 것입니다. 신들이 요즘 상소들을 보았는데 거기에서 탄핵하고 진술을 늘어놓은 것들은 신들이 스스로 폄하한 것과 크게 다르니 어찌된 일입니까? 그들은 국가가 이미 망하고 종사가 존재하지 않으며 인민들은 노예로 되고 강토는 영지領地로 되었다고 인정하는데 이렇듯 이치에 어긋나는 말이 한두 가지가 아니니, 저 무리가 과연 새 조약의 본 뜻을 이해할 수 있겠습니까? 신들은 이것이 모두 어리석은 사람들이 흐리멍덩하게 하는 말이니 상대할 것이 못된다고 생각하지만, 국가가 이미 망하고 종사가 존재하지 않는다고까지 말하고 있으니 철저하게 힘껏 해명하지 않을 수 없습니다.

새 조약의 본 뜻으로 말하면, 독립이라는 칭호가 바뀌지 않았고 제국이라는 명칭도 그대로이며 종사는 안전하고 황실은 존엄한데, 다만 외교에 대한 한 가지 문제만 잠깐 이웃 나라에 맡겼으니 우리나라가 부강해지면 도로 찾을 날이 있을 것입니다. 더구나 이것은 오늘 처음으로 이루어진 조약이 아닙니다. 그 원인은 지난해에 이루어진 의정서와 협정서에 있고 이번 것은 다만 성취된 결과일 뿐입니다. 가령 국내에 진실로 저 무리처럼 충성스럽고 정의로운 마음을 가진 자들이 있다면 마땅히 그때에 자기 의견을 고집하여 다퉜어야 했고 그래도 안 되면 들고 일어났어야 했으며, 들고 일어나도 안 되면 죽어버렸어야 했을 것인데 일찍이 이런 의거를 한 자를 한 사람도 보지 못하였습니다. 어찌하여 중대한 문제가 이미 결판

난 오늘날에 와서 어떻게 갑자기 후회하면서 스스로 새 조약을 파기하고 옛날의 권리를 만회하겠다고 할 수 있단 말입니까? 일이 성립될 수 없다는 것은 오히려 말할 것도 없고 나중에는 국교 문제에서 감정을 야기하지 않을 수 없을 것이니, 어찌 염려하지 않을 수 있겠습니까?

조약 체결의 전말에 대하여 말한다면, 일본 대사 이토 히로부미가 서울에 올 때에 아이들과 어리석은 사람들까지도 모두 중대한 문제가 반드시 있으리라는 것을 알았습니다. 과연 11월 15일 두 번째로 폐하를 만나본 뒤에 심상치 않은 문제를 제출하니, 폐하께서는 즉시 윤허하지 않으시고 의정부에 맡기셨습니다. 이튿날 16일 참정대신 한규설, 탁지부대신 민영기, 법부대신 이하영 및 신 이지용, 권중현, 이완용, 이근택은 대사가 급박하게 청하여 한데 모였고, 경리원 경 심상훈도 그 자리에 있었으며, 박제순은 주둔한 공사 하야시 곤노스께의 급박한 요청에 의하여 혼자서 대사관에 갔습니다. 그런데 모두 어제 제출한 문제를 가지고 문답을 반복하였으나 신들은 끝내 허락할 수 없다는 뜻을 보였습니다. 밤이 되어 파하고 돌아와 폐하의 부름을 받고 나아가 뵙고 응답하였는데 문답한 내용을 자세히 아뢰었고 이어 아뢰기를, '내일 또 일본 대사관에 가서 모여야 하는데 만약 그들의 요구가 오늘의 이야기를 계속하는 것이라면 신들도 응당 오늘 대답한 것과 같이 물리쳐버리겠습니다'라 하고는 물러 나왔습니다.

이튿날 17일 오전에 신 등 8인이 함께 일본 대사관에 모였는데, 과연 이 안건을 가지고 쟁론한 것이 복잡하였습니다. 권중현은 '이 문제는 비록 대사가 폐하께 아뢰었고 공사가 외부에 통지하였지만 우리는 아직 외부에서 의정부에 제의한 것을 접수하지 못하였으니 지금 당장 의결할 수 없으며 또 중추원의 새 규정이 이미 반포된 만큼 반드시 여론을 널리 수렴해야만 비로소 결정할 수 있는 것입니다'라고 하였습니다. 일본 공사는 언성을 높여 말하기를, '귀국貴國은 전제 정치인데 어찌하여 입헌 정치의 규례를 모방하여 대중의 의견을 수렴합니까? 나는 대황제의 왕권이 무한하여 응당 한마디 말로써 직접 결정하는 것이지 허다한 모면하려는 법을 쓸 필요가 없다는 것을 알고 있습니다. 내가 이미 궁내부대신에게 전통(電通 : 전화 통신)을 하여 곧바로 폐하를 만나볼 것을 청하였으니, 여러 대신은 함께 대궐로 나아가는 것이 좋겠습니다'라고 하였습니다. 신들이 여러모로 극력 반대하였으나 끝내 말을 듣지 않았기 때문에 할 수 없이 먼저 의정부 내의 숙직을 하는 곳에 와서 기다렸으며, 일본 공사는 관원을 데리고 뒤따라와서 휴게소에서 기다렸습니다.

조금 있다가 신들이 폐하께 나아가 각기 경위를 진달하였던 것입니다. 이때에 폐하께서는 몹시 괴로워하시며 이후의 조처에 대해 여러 번 신중히 하문하셨으나, 신들은 다만 절대로 허락할 수 없다는 말로써 대답하였을 뿐입니다. …   −고종 42년(1905) 12월 16일

상소에 의하면 이후 고종 황제와 대신들 사이에 다음과 같은 논

의가 이어졌다.

"감정을 가지게 할 수는 없으니 우선 늦추는 것이 좋겠다."

"이 일은 나라의 체통과 관련되는데 폐하의 조정을 섬기는 사람으로서 누가 감히 허락하는 것이 좋다고 말하겠습니까? 다만 군신의 관계는 부자父子의 관계와 같으니 품고 있는 생각이 있으면 숨김없이 다 진달하여야 할 것입니다. 지금 대사가 찾아온 것은 전적으로 이 때문이며 공사가 와서 기다리는 것도 이 때문입니다. 이 안건의 결정이 눈앞에 닥쳤는데도 군신 간에 서로 묻고 대답하는데 다만 안 된다는 한 마디 말로 다 밀어치우니, 사체를 가지고 논한다면 합당하지 않음이 없겠지만 이 또한 형식상 처리하지 않을 수도 없는 것입니다. 우리 여덟 사람이 아래에서 막아내는 것이 과연 쉬운 일이겠습니까? 그러나 지금 일본 대사가 폐하를 나아가 뵐 것을 굳이 청하는데 만약 폐하의 마음이 오직 한 가지로 흔들리지 않는다면 국사國事를 위하여 진실로 천만다행일 것이지만, 만일 너그러운 도량으로 할 수 없이 허락하게 된다면 어떻게 하겠습니까? 이런 부분에 대하여 미리 대책을 강구해야 할 것입니다."(이완용)

이때 황제와 여러 대신은 입을 다물고 아무 말도 하지 않았다. 그러자 이완용이 다시 나섰다.

"신이 미리 대책을 강구하려는 것은 다른 것이 아닙니다. 만일 할 수 없이 허용하게 된다면 이 약관 가운데도 첨삭하거나 개정할 만한 매우 중대한 사항이 있으니, 가장 제때에 잘 헤아려야 할 것이며 결코 그 자리에서 구차스럽게 할 수는 없다는 것입니다."(이완용)

"이토 히로부미 대사도 말하기를, 이번 약관에 대해서 만일 문구를 첨삭하거나 고치려고 하면 응당 협상하는 길이 있을 것이지만, 완전히 거절하려고 하면 이웃 나라간의 좋은 관계를 아마 보존할 수 없을 것이라고 하였다. 이것을 가지고 미루어 보면, 그 약관의 문구를 변통하는 것은 바랄 수도 있을 듯하니 학부대신의 말이 매우 타당하다."

"지금 이 학부대신이 말한 것은 꼭 허락해 주겠다는 말이 아니라 한 번 질문할 말을 만들어서 여지를 준비하는 데 불과할 뿐입니다."(권중현)

"이런 것은 모두 의사議事의 규례이니 구애될 것이 없다."

이때 여러 대신이 권중현과 비슷한 말을 했다.

"그렇다면 이 조약 초고草稿는 어디 있으며 그 가운데서 어느 것을 고치겠는가?"

이하영이 품속에서 일본 대사가 준 조약문을 찾아내어 황제에게 바쳤다.

"신의 어리석은 소견으로는 이 조약 제3조 통감의 아래에 외교라는 두 글자를 명백히 말하지 않았는데, 이것이 훗날 끝없는 우환거리가 될 것이라고 봅니다. 또 외교권을 도로 찾는 것은 우리나라에 실지 힘이 있고 없고와 이름과 늦음에 달렸다고 하였는데 지금

그 기간을 억지로 정할 수 없지만 모호하게 하고 지나갈 수는 없는 것입니다."(이완용)

"그렇다. 짐도 고쳐야 할 부분이 있다고 생각하는데 첫머리의 글 가운데서 '전연 자행(全然自行: 완전히 스스로 함)'이라는 구절은 지워버려야 할 것이다."

"신이 외부에서 얻어 본 일본 황제의 친서 부본에는 우리 황실의 안녕과 존엄에 조금도 손상을 주지 말라는 말이 있었는데 이번 약관은 나라의 체통에 크게 관련되지만 일찍이 여기에 대해서는 한 마디의 언급도 없습니다. 신의 생각에는 부득이해서 첨삭하거나 고치게 된다면 이것도 응당 따로 한 조목을 만들어야 하리라고 봅니다."(권중현)

"그건 과연 옳다. 농상공부대신의 말이 참으로 좋다."

이에 여러 대신 가운데는 황제의 하교가 지당하다고 하는 사람, 이완용의 주장을 찬성하는 사람, 권중현의 주장을 찬성하는 사람, 또 모두 찬성하는 사람도 있었다. 회의가 거의 끝날 무렵에는 여덟 사람이 똑같이 말했다.

"이상 아뢴 것은 실로 미리 대책을 강구하는 준비에 불과할 뿐입니다. 그러나 신들이 물러나가 일본 대사를 만나서, 안 된다는 한 마디 말로 물리쳐야겠습니다."

"그렇기는 하지만 조금 전에 이미 짐의 뜻을 말하였으니 잘 조처하는 것이 좋겠다."

"신들은 한 사람은 수석 대신이고 한 사람은 주임 대신으로서

폐하의 하교를 받들어 따르는 데 불과합니다."(한규설과 박제순)

여덟 명의 대신이 물러나 오는데 한규설과 박제순은 황제의 부름을 받들고 도로 들어가서 비밀리에 칙령을 받고 잠시 후에 다시 나와 모두 휴게소에 모였다. 그곳에는 일본 공사가 기다리고 있었다.

"어전에서 회의한 것이 어떻게 결정되었습니까?"(하야시 곤노스께)

"우리 황상 폐하께서는 협상하여 잘 처리하라는 뜻으로 하교하셨으나, 우리 8인은 모두 반대하는 뜻으로 의견을 냈습니다."(한규설)

"귀국은 전제국이니 황상 폐하의 대권으로 협상하여 잘 처리하라는 하교가 있었다면 나는 이 조약이 순조롭게 이루어질 것으로 알지만 여러 대신은 정부의 책임에 대해서 전혀 알지 못하여 한결같이 임금의 명령을 어기는 것을 주로 삼으니 어찌된 일입니까? 이러한 대신들은 결코 묘당에 두어서는 안 되며 참정대신과 외부대신은 더욱 사람을 바꿔야 하겠습니다."(하야시 곤노스께)

한규설이 몸을 일으키면서 말했다.

"공사가 이미 이렇게 말한 이상 나는 태연스럽게 이 자리에 참석할 수 없습니다."

여러 대신이 만류하면서 해명하였다.

"공사의 한 마디 말을 가지고 참정대신이 자리를 피한다면 그것은 사체에 있어 매우 온당치 못합니다."

한규설은 다시 제자리에 가서 앉았다. 조금 뒤에 대사 이토 히로부미가 군사령관 하세가와[長谷川]와 함께 급히 도착하였고, 헌병 사령관과 군사령부 부관이 뒤따라 왔다. 일본 공사가 대사에게 전후 사연을 자세히 이야기하니 대사가 궁내부대신 이재극李載克에게 황제를 접견하고 싶다는 의사를 전하도록 여러 번 요구하였다. 이재극이 돌아와서 '짐이 이미 각 대신에게 협상하여 잘 처리할 것을 허락하였고, 또 짐이 지금 목구멍에 탈이 생겨 접견할 수 없으니 모쪼록 잘 협상하라'라는 황제의 뜻을 전하였다.

이토가 곧 참정대신에게 토의를 시작하자고 요청하니, 한규설이 여러 대신에게 각기 자기의 의견을 말하라고 하였다. 대사가 참정대신을 향하여 말하였다.

"각 대신들은 어전 회의의 경과만 말하는 것이 좋겠습니다. 내가 한 번 듣고자 합니다. 참정대신은 무엇이라고 아뢰었습니까?" (이토 히로부미)

"나는 다만 반대한다고만 상주上奏하였습니다."(한규설)

"무엇 때문에 반대한다고 말하였는지 설명하여야 하겠습니다." (이토 히로부미)

"설명할 만한 것이 없지만 반대일 뿐입니다."(한규설)

이토는 다시 외부대신에게 어떻게 했는가를 물었다.

"이것은 명령이 아니라 바로 교섭이니 찬성과 반대가 없을 수 없습니다. 내가 현재 외부대신의 직임을 맡고 있으면서 외교권이 넘어가는 것을 어찌 감히 찬성한다고 말할 수 있겠습니까?"(박제순)

"이미 협상하여 잘 처리하라는 폐하의 명령이 있었으니 어찌 칙령이 아니겠습니까? 외부대신은 찬성하는 편입니다."(이토 히로부미)

다음으로 민영기에게 물었다.

"나는 반대입니다."(민영기)

"절대 반대입니까?"(이토 히로부미)

"그렇습니다."(민영기)

"그렇다면 탁지부대신은 반대하는 편입니다."(이토 히로부미)

다음으로 이하영에게 물었다.

"지금의 세계 대세와 동양의 형편 그리고 대사가 이번에 온 의도를 모르는 바가 아닙니다. 우리나라가 외교를 잘하지 못하였기 때문에 귀국이 이처럼 요구하는 것이니, 이는 바로 우리나라가 받아들여야 할 문제입니다. 그러나 이미 지난해에 이루어진 의정서와 협정서가 있는데 이제 또 하필 외교권을 넘기라고 합니까? 우리나라의 체통에 관계되는 중대한 문제이니 승낙할 수 없습니다."(이하영)

"그렇지만 이미 대세와 형편을 안다고 하니, 또한 찬성하는 편입니다."(이토 히로부미)

이완용에게 물었다. 이완용은 '협상하여 잘 처리하라는 폐하의 하교에 대하여 이미 참정대신의 통고가 있었으니 이 안건의 요지가 이미 판결된 셈이다'라고 속으로 생각하고 있었다.

"나는 조금 전 연석에서 여차여차하게 아뢴 바가 있을 뿐이고 끝

내 찬성한다는 말은 하지 않았습니다."(이완용)

"고칠 만한 곳은 고치면 그만이니 이 또한 찬성하는 편입니다."
(이토 히로부미)

다음으로 권중현에게 물었다.

"나는 연석에서 면대하였을 때에 대체로 학부대신과 같은 뜻이었습니다. 그런데 한 가지 딴 의견은 바로 황실의 존엄과 안녕에 대한 문구였습니다. 그러나 찬성과 반대 사이에서 충신과 역적이 즉시 판별되기 때문에 참정대신이 의견을 수렴하는 마당에서는 반대한다는 한 마디로 잘라 말하였던 것입니다."(권중현)

"황실의 존엄과 안녕 등에 대한 문구는 실로 더 보태야 할 문구이니 이 또한 찬성하는 편입니다."(이토 히로부미)

심근택에게도 물었다.

"나도 연석에서 학부대신과 같은 뜻이었으나 의견을 수렴하는 마당에서는 충신과 역적이 갈라지기 때문에 농상공부대신과 같은 뜻으로 말하였습니다."(심근택)

"그렇다면 이 또한 찬성하는 편입니다."(이토 히로부미)

다음으로 이지용에게 물었다.

"나 또한 연석에서 학부대신과 같은 뜻이었습니다. 또 내가 일찍이 작년 봄에 하야시 곤노스께 공사와 의정서를 체결하였는데 이 조약의 약관 중 독립을 공고히 하고 황실을 편안히 하며 강토를 보전한다는 등의 명백한 문구가 있으니, 애당초 이 사안에 대하여 가부를 물을 필요도 없는 것입니다."(이지용)

"이 또한 찬성하는 편입니다."(이토 히로부미)

이토 히로부미는 이재극에게 "이미 삼가 협상하여 잘 처리하라는 폐하의 칙령을 받들었기 때문에 각 대신에게 의견을 물었더니 그들의 논의가 같지는 않지만 그 실제를 따져보면 반대한다고 단정할 수는 없습니다. 그 가운데서 반대한다고 확실히 말한 사람은 오직 참정대신과 탁지부대신 뿐입니다. 주무대신에게 성지를 내리시어 속히 조인하기 바랍니다"라고 전해달라고 요구하였다. 이때 한규설이 의자에 앉아서 두 손으로 얼굴을 가리고 우는 모양을 지으니 이토가 제지하면서 "어찌 울려고 합니까?" 하였다.

한참 있다가 이재극이 돌아와서 황제의 칙령을 전했다.

"협상 문제에 관계된다면 지리하고 번거롭게 할 필요가 없다. 또 이하영에게 전하라. 약관 중에 첨삭할 곳은 법부대신이 반드시 일본 대사, 공사와 교섭해서 바르게 되도록 하는 것이 좋겠다."

각 대신 중 오직 한규설과 박제순이 입을 다물고 말하지 않았다. 이지용, 권중현, 이완용, 심근택 및 민영기, 이하영은 모두 자구字句를 첨삭하는 마당에서 변론하는 것이 있었으나 이때 한규설은 몸을 피하기 위하여 머리에 갓도 쓰지 않고 지밀한 곳으로 뛰어들었다가 외국인에게 발각되어 곧 되돌아왔다.

마침 그때 양편에 분분하던 의견이 조금 진정되어 이토 히로부미가 직접 붓을 들고 대신들이 말하는 대로 조약 초고를 개정하고 곧 황제에게 보고하도록 하여 모두 통촉을 받았다. 이후의 상소는 다음과 같이 계속되었다.

… 우리나라가 부강해진 다음에는 이 조약이 당연히 무효로 되어야 하니 이러한 뜻의 문구를 따로 첨부하지 않을 수 없다는 문제에 대하여 다시 폐하의 칙령을 전하니 대사가 또 직접 붓을 들어 더 적어 넣어서 다시 폐하께서 보도록 하였으며, 결국 조인하는 데 이르렀던 것입니다. 이 자리에서의 사실은 단지 이것뿐입니다. 그런즉 신들이 정부의 벼슬을 지내면서 나라의 체통이 손상되는 것을 생각하지 않고 죽음으로 극력 간쟁하지 않았으니 신하의 본분에 비추어 볼 때 어찌 감히 스스로 변명할 바가 있겠습니까? 그러나 탄핵하는 사람들이 이 조약의 이면을 따지지 않고 그날 밤의 사정도 모르면서 대뜸 신 등 5인을 '나라를 팔아먹은 역적'이요, '나라를 그르친 역적'이라고 하는데 이것은 크게 잘못된 것입니다. 만일 이 조약에 대한 죄를 정부에다 돌린다면 8인에게 모두 책임이 있는 것이지 어찌 꼭 5인만이 전적으로 그 죄를 져야 한단 말입니까?

한규설로 말하면 수석 대신이었습니다. 만일 거센 물살을 견디는 지주(砥柱 : 난세에 절개를 지키는 선비)와 같은 위의와 명망, 하늘을 덮을 만한 수단이 있었다면 비록 자기 혼자서라도 앞장서 밤새도록 굳게 틀어쥐고 갖은 희롱을 막는 등 술수가 없는 것을 근심할 것이 없겠지만, 연석에서 면대할 때에는 전적으로 상(上 : 황제)의 재가만 청했고 외국의 대사와 문답하는 자리에서는 '협상하여 잘 처리하라'라는 말이 성지였다는 것을 성대하게 말함으로써 전제하는 데 구실이 되게 하였습니다. 여러 대신의 숱한 말이 무력한 지경에 똑같이 귀결되게 하고 빈 말로 반대한다고 하면서도 울고 싶고 도망치고 싶다고 하며 거짓으로 명예를 꾀하지 않음이 없었습니다. 그 대의가 이미 결정됨에 미쳐서 조약 초고를 찢어 버리거나 인신印信을 물리칠 수 없었으니 신 등 5인과는 애당초 같다 다르다 말할 만한 것이 없었습니다. … 그 밖에 반대한다고 말한 대신들로 말하면, 처음에는 비록 반대한다고 말하였지만 끝내는 개정하는 일에 진력하였으니, 또한 신 등 5인과 고심한 것이 동일하며 별로 경중의 구별이 없습니다. 그런데 무슨 연유로 걸핏하면 5인을 들어 실제가 없는 죄명을 신들로 하여금 천지 간에 몸 둘 곳이 없게 하는 것입니까? 신 등 5인은 스스로 목숨을 돌볼 겨를이 없이 하였건만 당당한 제국의 허다한 백성들 속에 깨닫고 분석하는 사람은 한 사람도 없이 마치 한 마리의 개가 그림자를 보고 짖으면 모든 개가 따라 짖듯이 소란을 피워 안정되는 날이 없으니 이 어찌 한심한 부분이 아니겠습니까? … 무릇 위 항목의 일들은 폐하께서 환히 알기 때문에 곡진하게 관대히 용서하고 차마 신들에게 죄를 더 주지 않았으며, 파면시켜 줄 것을 아뢸 때에는 사임하지 말라고 권했고, 스스로 인책할 때에는 인책하지 말라고 칙유하셨습니다. …

– 고종 42년(1905) 12월 16일

이에 고종 황제는 "나라를 위해서 정성을 다하고 국사에 마음을 다하는 것은 신하라면 누군들 그렇게 하지 않겠는가마는, 혹 부득이한 상황으로 해서 그렇게 하지 못할 수도 있는데 여론이 당사자에게 책임을 돌리고 또한 해명을 하는 것을 용납하지 않는다. 지금

처럼 위태로운 때에는 오직 다 같이 힘을 합쳐서 해나가야 될 것이니, 그렇게 한다면 위태로움을 안정으로 돌려놓을 수도 있을 것이다. 경들은 각기 한층 더 노력함으로써 속히 타개할 계책을 도모하라"라고 비답하였다.

이틀 뒤 황제는 완순군完順君 이재완李載完을 일본국 보빙대사로 임명하라는 조령을 내렸다.

고종 43년(1906) 1월 13일 경운궁의 정전인 중화전을 중축한 것과 관련하여 축하 행사를 하고 대사령을 반포하였다.

1월 18일 경연관 송병선宋秉璿을 만났다. 그가 간절히 원하는 상소를 올렸기 때문이다. 이 자리에서 황제와 송병선은 대략 다음과 같은 문답을 주고받았다.

"나라에는 법이 있는데도 역적 신하들이 제멋대로 조약을 체결하였으니, 그 죄는 이미 극도에 달하였습니다. 그리고 그들이 변명하는 상소에서 거리낌 없이 폐하를 협박하였습니다. 안중에 성상이 있다면 어찌 감히 이럴 수가 있었겠습니까? 우선 처단하는 것이 국법에 맞을 것 같은데 아직도 윤허하는 명을 내리지 않고 있으니, 나라의 법을 어디에 쓰겠습니까? 현재 나라의 안위安危는 어떻게 역적을 엄하게 토벌하느냐에 달려 있습니다."

"일이 중대한 문제와 관련되는 만큼 다른 문제를 결속지은 다음에 즉시 변통할 것이다. 그리고 경의 말에 대하여 누가 옳지 않다고 할 사람이 있겠는가? 짐도 생각하는 것이 있다. 차자를 자세히

본 다음에 또한 속으로 생각해 볼 것이니, 물러가서 기다리는 것이 좋겠다."

"보빙報聘을 들여보내는 일은 무엇 때문입니까? 저들이 우리를 노예나 첩으로 만들고 있는 판에 우리가 이번에 보빙하는 일에 대하여 신은 수치로 여깁니다."

"이 일은 각 나라들에서 이미 공통적인 규례로 하고 있기 때문에 보내는 것이다."

"우리나라의 현임 대관들과 유생들이 상소를 올릴 때마다 저들이 반드시 위협하고 잡아 가두는데, 이것이 어찌 만국의 공법이겠습니까? 무례하기가 이보다 심한 것이 없는데 어찌하여 엄하게 금지하지 않습니까? 현재 시급한 문제로는 역적을 토벌하는 것보다 더 급한 것이 없습니다. 다른 일들을 돌아볼 겨를이 없습니다."

"아뢴 문제에 대해서는 응당 유념하겠다."

– 고종 43년(1906) 1월 18일

2월 2일 송병선이 약을 먹고 죽었다. 이 소식을 들은 황제는 " … 한 번 조정에 사표가 될 만한 인물을 만나보는 기쁨을 누릴 수 있었는데 어렵고 위태로운 때를 만나 울분이 치밀어 시골로 돌아가 마침내 스스로 목숨을 끊고 말았다. 어두운 거리에 등불이 꺼졌으니 어찌 애통한 마음을 이길 수 있겠는가? … 제문은 직접 지어서 내릴 것이다"라며 후히 장사를 지내주라는 조령을 내렸다. 송병선은 목숨을 끊기 전 유서를 겸한 상소를 남겼다. " … 신은 역적을 처단하고 조약을 폐지하는 일로 상소문과 차자문을 올리고 삼가 처분을 기다린 지 이미 며칠이 되었고 그간 여러 번 청대하였으나 성상의 체후가 편치 않다고 하기에 대궐문에서 명령을 기다렸습니다. 경무사 윤철규尹喆圭가 신에게 와서 권고하기를, '만약 합문에 나아가 엎드려 있고자 한다면 앓은 몸으로는 근력이 스스로 버티기 어려울 것입니다'라고 하더니, 신의 몸을 부축하여 교자에 태우는 것이었습니다. 교자의 문이 내려지고 눈 깜짝할 사이에 성 밖에 당도하였는데 순검과 일본 순사들이 칙명으로 보호한다는 핑계 아래 신의 몸을 수색하고 갖은 욕을 보이더니, 강제로 기차에 태워 곧장 공주公州의 태전太田에 도착하여 신을 고향으로 쫓아버렸습니다. 그때에는 죽을래야 죽을 수가 없었습니다. 신의 몸이 모욕을 당한 것은 진실로 애석해할 것도 못되지만 조정에 치욕을 끼친 것은 어찌하며, 시골에 묻혀 사는 선비들에게 수치를 끼친 것은 어찌한단 말입니까?

아! 여러 역적을 처단하지 않고 강제로 체결된 조약을 폐기하지 않는다면 5백 년 종묘사직은 지금 멸망할 것이고 삼천리 강토는 오늘 없어질 것이며, 수백만 백성은 지금 멸망할 것이고 5천 년을 내려오던 도맥道脈이 오늘 끊어질 것이니, 신이 오늘날 산다 한들 무엇하겠습니까? … "라는 내용이었다.

고종 43년(1906) 2월 1일 일한협상조약 제3조에 의거하여 일본이 경성에 통감부를 설치하였다. 후작 이토 히로부미가 전해 12월 21일 통감으로 임용되었으나 아직 부임하지 않았다. 이날 임시 통감 대리 육군 대장 하세가와 요시미치[長谷川好道]가 통감부 개청식을 진행하였다.

2월 9일 보빙대사로 일본에 갔다 돌아온 완순군 이재완李載完을 만나 대화를 나눴다.

"일본 천황을 몇 번이나 만나 보았으며, 접대는 과연 어떠하던가?"

"한 번 접견하였는데 같이 모시고 식사하였으며 접반관 두 명이 교대로 와 있었습니다. 대체로 겉보기에는 상당히 환대하였습니다."

"개선하는 장수와 군사들은 다 귀국하였던가?"

"아직 전부 돌아오지는 못했고 한창 배와 차로 계속 들어오고 있는데 도착하는 즉시 연회를 베풀어 위로하려 하는데, 양력 4월까지 다 돌아온다고 하였습니다. 신이 보건대 그 나라의 영토가 우리나라보다 조금 크다고는 하지만 역시 바다 밖의 한 작은 섬에 불과한데, 최근에 여러 나라에게 부강하다고 일컬어지는 것은 다름이 아니라 온 나라의 남자와 여자, 어른과 아이 할 것 없이 밤낮으로 부지런히 일하니, 이것이 그들이 개명開明하게 된 중요한 원인입니다. 우리나라도 일심으로 전력하여 근면을 위주로 한다면 진보와 발전은 머지않아 이룩할 수 있을 것입니다."

"나라를 잘 다스리는 방도는 부지런함보다 앞서는 것이 없다. 나라에 놀고먹는 백성들이 없이 끊임없이 전진하고 발전시켜 확대해

나간다면 어찌 나라가 부강해지지 않음을 근심하겠는가? 백성들의 마음을 고무하고 진작시키는 데는 학교를 세우는 것이 근본이다."

"학교를 보았는데 여자들도 체조를 하며 남자들은 체조 외에 또 유술柔術과 격검擊劍하는 재주가 있었습니다."

– 고종 43년(1906) 2월 9일

6월 9일 황제는 의병에 참가한 선비들에게 그만둘 것을 명하는 조령을 내렸다. " … 이전부터 의거를 행한다 하면서 감히 제멋대로 날뛰는 자는 모두 불량한 무리였다. … 근래 듣자니 각 지방에서 의병들이 꼬리를 물고 일어나고 의리를 대충 아는 선비들도 그 속에 있다고 하니 짐은 심히 의혹을 가진다. 진실로 참된 학문에 종사하여 실지의 이치를 강구하였다면 어찌 이런 일이 있겠는가? … 아! 너희 무리는 속히 마음을 고쳐 깨닫고 즉시 해산하여 학업에 더욱 힘쓰라. … "라는 내용이었다.

❞ 이런 역사 저런 역사

고종 43년(1906) 4월 24일 미국 샌프란시스코 지방에 지진이 나자 위문할 것을 명하였다. 이에 대해 임금은 "들건대 미국의 샌프란시스코 지방에서 대지진이 일어나 지축이 흔들리고 구릉이 함몰되어 죽은 사람이 셀 수 없다고 하니 짐의 마음에 측은하게 느껴지고 순식간에 벌어진 참상이 눈앞에 보이는 듯하다. 그 지방에 교포로 머물고 있던 우리나라의 사람들도 집이 무너지고 물에 잠기는 재난을 많이 당하였다고 한다. 내가 다친 것처럼 여기면서 어린아이를 보호하듯이 하는 뜻에서 볼 때 애처롭게도 큰 바다 멀리에서 무고하게 죽음을 당하였으니 더욱 가련하다. 위로하고 구휼하는 모든 조치와 본국에 있는 처자들을 구제할 방도에 대해서 의정부로 하여금 상의하여 조처하도록 하라"라고 조령을 내렸다.

황태자 가례와 대리청정

고종 43년(1906) 3월 16일 대신들과 황태자의 가례嘉禮에 대하여 논의하였다. 순명비純明妃가 세상을 떠난 후 황태자비의 자리가 3년 동안이나 비어 있었으니 서둘러 가을과 겨울 사이에 정하여 거행하도록 하였다. 간택을 위해 13세부터 20세까지의 처자에 대해 금혼령을 내렸다. 예식원 장례경 김사철金思轍이 금혼령에서 제외되는 대상에 대해 다음과 같은 별단別單을 만들어 올렸다.

1. 동성(同姓 : 전주 이씨)

1. 본이 다른 이씨 성李氏姓

1. 황태자와 이성異姓인 친척으로 후에 꼭 혼인을 하게 될 자 8

촌까지

　1. 순명비와 동성은 7촌까지, 이성은 6촌까지

　1. 부모가 모두 살아 있지 않은 자. – 고종 43년(1906) 3월 16일

　3월 28일 황태자비에 대한 간택 단자를 내는 날짜의 마감일이 닥쳤는데 여덟 장의 단자만이 접수되었다. 이에 황제는 "서울에서 단자를 거둬들이는 것이 정한 날짜에 이르렀는데도 봉입한 것이 열 장도 되지 않으니, 도리상 어찌 이럴 수 있단 말인가? 내부대신을 우선 먼저 견책할 것이며, 처녀가 있으면서도 단자는 올리지 않은 자에 대해서는 탐문하여 가장을 벌할 것이며, 특별히 더욱 엄하게 신칙하여 일일이 단자를 봉입하게 하라"라는 제칙을 내렸다.

　4월 9일 의친왕 이강李堈을 육군부장에 임용하고 대훈위금척대수훈장을 수여하였다. 4월 15일 의왕義王 이강李堈에게 일본국에 나아가 관병식觀兵式에 참가하라고 명하였다.

　4월 28일까지도 처녀들의 단자 거둬들이는 일이 제대로 되지 않아 황제가 매우 개탄스럽다며 다시 조령을 내렸다. " … 내부대신은 우선 엄중하게 견책을 시행하고 또다시 계속 지체시킨다면 엄하게 처벌하는 것을 면하기 어렵다. 간혹 덮어두는 가장家長에 대해서는 특별히 논죄하고 5년 동안 금혼시킬 것이니, 이런 내용을 잘 알고 명심하여 거행할 것이며 며칠 안으로 일제히 단자를 받아들이라는 내용으로 분부하라"는 명이었다.

　7월 4일 황태자비의 초간택初揀擇을 실시하고 혼례 도감을 설

치하였다.

8월 28일 학부대신 이완용李完用에게 훈장을 주었다. 교육에 관한 정사에 부지런히 힘써 영재가 많아지게 한 공로였다.

12월 31일 태자비를 총판 윤택영尹澤榮의 집안으로 정하고 이듬해 1월 24일 윤씨를 황태자비로 책봉했다. 1월 27일에는 혼례를 축하하며 대사령을 반포하였다. 고종 44년(1907) 3월 11일에는 영친왕英親王의 관례를, 그 다음 날에는 영친왕 부인의 초간택을 행하였다.

고종 44년(1907) 7월 18일 황태자에게 나라와 군사의 큰일을 대리하라고 명하는 조령을 내렸다. "아! 짐이 역대 임금들의 크나큰 위업을 계승하고 지켜온 지 이제 44년이 되었다. 여러 차례 큰 난리를 겪으면서 정사가 뜻대로 되지 않아 인재 등용이 더러 적임자로 되지 못하여 소란이 나날이 심해지고 조치가 시기에 대부분 맞지 않아 근심스러운 일이 급하게 생겼다. 백성들의 곤궁과 나라의 위기가 이보다 심한 때가 없어서 두려워하는 것이 마치 얇은 얼음을 건너는 듯하다. 다행히 황태자의 덕스러운 기량은 하늘이 준 것이고 훌륭한 명성은 일찍부터 드러났다. … 짐이 가만히 생각하건대 황위를 물려주는 것은 원래 역대로 시행해오는 규례였고, 또한 우리 선대 임금들의 훌륭한 예의를 옳게 계승해야 할 것이다. 짐은 지금 군국의 대사를 황태자로 하여금 대리하게 하노니 … "라는 내용이었다.

다음 날 황태자는 대리청정을 사양하는 상소를 올렸다. 이에 고종 황제는 "이번의 이 중대한 조치는 실로 우리 열성조의 고사故事를 본받은 것이다. 이렇듯 위태로운 때에 정세를 유지하고 종묘사직을 공고히 하여 끝없이 터전을 이어나가는 것이야말로 네가 효도하는 길이다. 지금 겸손히 사양하며 형식적인 예를 차릴 겨를이 없으니, 너는 깊이 헤아리고 번거롭게 굴지 말라"라고 비답하였다. 다시 상소를 올리자 "효도는 부모의 뜻에 순종하는 것이 가장 우선이고 의리는 난국을 타개하는 것이 가장 큰 것이다. 이미 마음속의 말을 털어 놓았으니, 마땅히 체득하고 헤아려야 할 것이다. 그런데 또 이렇게 거듭 아뢰는 것이 효성과 의리에 옳은 것인지 모르겠다. 절대로 들어줄 리 없으니, 다시는 번거롭게 제기하지 말라"라고 하였다.

7월 19일 당일로 황태자의 대리청정 의식을 거행할 것을 명하였다. 의식은 권정례(權停例 : 조정의 예식에 임금이 나오지 않은 경우, 임시 방편으로 거행하는 예식)로 행하도록 하였다.

⦂ 이런 역사 저런 역사

1863년 고종이 즉위했던 해 12월 29일에 한성부에서 보고한 인구의 수數는 오부五部와 팔도八道를 합하여 682만8,521구口였다. 이중 남자가 342만2,665구이며 여자가 340만5,856구였으며 159만6,448호戶였다. 오부는 한성부를, 팔도는 지방을 가리키며 구口는 명수를 나타내는 단위였다.

고종 10년(1873)의 오부와 팔도의 대장에 오른 총 호수는 159만3,965호이고 남자는 335만4,258명이며 여자는 331만6,189명이었다. 이 해 제주의 대장에 오른 총 호수는 12,169호이고 남자는 39,965명, 여자는 47,962명이었다.

　　고종 22년(1885)의 오부, 팔도, 제주 등 세 고을의 총 호구 수는 179만3,922호이고, 인구는 남녀 합하여 671만7,453명인데 그 중 남자가 337만5,572명이고 여자가 334만1,801명이었다.

　　고종 28년(1891)의 오부와 팔도 및 제주 등 3읍邑의 원호元戶는 도합 157만6,672호이고 남자와 여자를 모두 합해서 663만3,166구이며 그 중 남자는 334만6,827구, 여자는 328만6,339구이었다. 즉위 초에 비해 점차 인구가 감소했음을 알 수 있다.

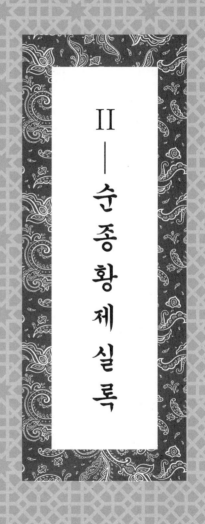

II
—
순
종
황
제
실
록

1

〈순종황제실록〉 총서

순종문온무녕돈인성경純宗文溫武寧敦仁誠敬 효황제의 이름은 척坧이고, 자字는 군방君邦이며, 호號는 정헌正軒이다. 고종 태황제의 둘째 아들이다. 어머니는 명성 태황후 민씨明成太皇后閔氏로서 첨정인 증 영의정 여성부원군驪城府院君 순간공純簡公 민치록閔致祿의 딸이다. 갑술년(1874) 2월 8일 신사일辛巳日에 창덕궁의 관물헌에서 출생하였다. 을해년(1875)에 왕세자로 책봉되었고 임오년(1882)에 입학하고 관례를 행하였다. 광무 원년(1897) 10월 12일에 황태자로 책봉되고 광무 11년 7월 19일에 명을 받들어 청정聽政하였으며 이어서 황제의 자리를 이어받았다. 같은 달 22일에 황제로 높여 불렀으며, 8월 2일에 연호를 융희隆熙로 고쳤다. 같은 달 27일에 경운궁의 돈덕전惇德殿에서 즉위식을 거행하고, 융희 4년(1910) 8월 29일에 황제의 자리에서 물러났으니, 재위 기간은 4년이었다. 1924년 3월에 기로소耆老所에 들어갔으며, 1926년 4월 25일에 창덕궁의 대조전大造殿에서 승하하였는데 춘추가 53세였다. 유릉裕陵에 합장하였다.

황후는 경현성휘순명효황후敬顯成徽純明孝皇后 민씨閔氏이다. 행 좌찬성인 증 영의정 여은부원군驪恩府院君 충문공忠文公 민태호閔 台鎬의 딸이다. 임신년(1872) 10월 20일 신미일에 양덕방陽德坊의 사가에서 출생하였고, 임오년(1882)에 세자빈으로 책봉되었으며, 광무 원년(1897) 10월 14일에 황태자비로 책봉되었다. 광무 8년 (1904) 11월 5일에 경운궁의 강태실康泰室에서 승하하였는데 춘 추가 33세였다. 융희 원년(1907) 8월 27일에 추후하여 황후로 책 봉되었고 1928년에 추후로 '경현성휘敬顯成徽'라는 존호를 올렸다. 유릉裕陵에 장사 지냈다. 광무 9년(1905) 1월 4일에 처음에는 양주 군楊州郡 용마산龍馬山 내동內洞에 장사 지내고 유강원裕康園이라 고 불렀으나 추후에 유릉이라는 이름을 올렸다. 1926년 6월 5일에 여기에 이장移葬하였다.

계후繼后는 윤씨尹氏이다.(본향은 해평海平이다.) 영돈녕사사 해풍부원군海豊府院君 윤택영尹澤榮의 딸이다. 갑오년(1894) 8월 20일 갑자일에 양근楊根 서종면西宗面 문호리汶湖里 외가집에서 출 생하였다. 광무 11년(1907) 1월 24일에 황태자비로 책봉되었고, 융 희 원년(1907) 8월 27일에 황후로 올려 책봉되었다.

〈순종황제실록〉 편찬위원의 명단은 다음과 같다.

- 위원장 이왕직 장관 종3위 훈勳 1등 법학박사 시노다 지사쿠[篠田治策]

- 부위원장 이왕직 차관 종3위 훈 1등 남작 이항구李恒九

- 감수위원 경성제국대학 교수 종3위 훈 3등 오다 쇼고[小田省吾]

- 감수위원 경학원 대제학 종4위 훈 6등 정만조鄭萬朝

- 감수위원 중추원 참의 정4위 훈 3등 박승봉朴勝鳳

- 감수위원 이왕직 촉탁 나리타 세키나이[成田碩內]

- 감수위원 원 이왕직 사무관 종7위 김명수金明秀

- 감수위원 원 궁내부 비서원 승 서만순徐晩淳

- 편찬위원 중추원 참의 종4위 훈 3등 서상훈徐相勛

- 편찬위원 원 중추원 참의 종4위 훈 3등 남규희南奎熙

- 편찬위원 원 궁내부 종정원 경 이명상李明翔

- 편찬위원 원 궁내부 봉상사 제조 조경구趙經九

- 편찬위원 원 조선 총독부 군수 종7위 홍종한洪鍾瀚

- 편찬위원 원 조선 총독부 군수 정8위 권순구權純九

- 사료수집위원 이왕직 사무관 종5위 훈 5등 박주빈朴冑彬

- 사료수집위원 원 이왕직 사무관 정5위 훈 6등 이원승李源昇

- 사료수집위원 원 조선 총독부 편수관 정5위 훈 6등 이능화李能和

- 사료수집위원 원 대륙통신사 사장 기쿠치 겐조[菊池謙讓]

- 서무위원 이왕직 사무관 종4위 훈 4등 스에마쓰 구마히코[末松熊彦]

- 서무위원 이왕직 사무관 종4위 훈 5등 시가 노부미쓰[志賀信光]

- 회계위원 이왕직 사무관 정6위 훈 5등 사토 아키미치[佐藤明道]
- 감수 보조위원 원 조선 총독부 군수 종5위 훈 6등 김석빈金碩彬
- 감수 보조위원 원 조선 총독부 이사관 정7위 훈 8등 에하라 젠쓰이[江原善槌]
- 감수 보조위원 원 궁내부 비서원 승 김영진金寧鎭
- 감수 보조위원 원 이왕직 속 종7위 훈 8등 최규환崔奎煥
- 편찬 보조위원 원 조선 총독부 도경시 정7위 훈 7등 하마노 쇼타로[濱野鐘太郞]
- 편찬 보조위원 원 궁내부 비서원 승 이병소李秉韶
- 편찬 보조위원 원 이왕직 속 이풍용李豐用
- 편찬 보조위원 원 조선 총독부 군서기 미즈바시 후쿠히코[水橋復比古]
- 편찬 보조위원 원 농상공부 주사 이준성李準聖
- 편찬 보조위원 원 법부 주사 김병명金炳明
- 편찬 보조위원 원 궁내부 수륜과 주사 홍명기洪明基
- 사료수집 보조위원 원 경성고등상업학교 촉탁 기타지마 고조[北島耕造]

2

대한제국 〈순종황제실록〉

등극과 황태자 책봉

순종 즉위년(1907) 7월 19일 명을 받들어 대리청정하였다. 선위
禪位하였다. 다음 날 일본국 일왕이 축하 전보를 보냈다. 7월 21일
대행 황제를 태황제로 높이 받드는 의식 절차를 궁내부의 장례원
에서 도감을 설치하여 거행하도록 하였다.

7월 22일 내각 총리대신 이완용李完用, 내부대신 임선준任善準,
탁지부대신 고영희高永喜, 군부대신 이병무李秉武, 법부대신 조중
응趙重應, 학부대신 이재곤李載崑, 농상공부대신 송병준宋秉畯이
"이달 18일에 내린 태황제의 조지(詔旨 : 임금이 내리는 명령)에 우
리 폐하께서 군국 서정庶政을 대리하여 이미 '짐'이라 칭하고 '조
(詔 : 알림)'라고 칭하게 하였으며 태황제를 높이 받드는 절차도 이

미 마련하였습니다. 큰 덕을 지닌 분은 반드시 해당한 이름을 가지는 것이니 이제부터 조서, 칙서, 아뢰는 글들에 '대리'라는 칭호는 '황제'라는 대호大號로 높여 부르는 것이 실로 하늘의 뜻과 백성들의 마음에 부합되므로 신들은 같은 말로 호소합니다"라며 황제로 높여 부를 것을 청하였다. "대조(大朝 : 태황제)의 처분을 받들어 힘써 따르겠다"라며 이를 받아들였다. 다음 날 순명비純明妃 민씨를 황후로 추봉하고 비妃 윤씨를 황후로 높였다. 8월 2일 태황제궁을 덕수德壽로 정하였다. 같은 날 연호를 융희隆熙로 개정하도록 하였다.

8월 7일 순종 황제는 황태자 책봉에 대해 대신들과 의논하였다.

" … 국가의 영원한 계책은 바로 나라의 대를 이을 사람을 일찌감치 정하는 데 있다. 그러나 짐은 나이가 마흔에 가까운 데다가 겸하여 또 병이 많아 뒤를 이을 아들을 볼 가망이 점점 없어져간다. 그러므로 이미 태황제에게 여쭈어 공손히 처분을 받았다. 장차 황태자를 세워 종묘사직에 관한 큰 계책을 정하려고 하는데, 경들의 의견은 어떠한가? … 짐이 벌써 헤아린 것이 있으니 경들은 고집할 필요가 없다. 국조의 고사를 살펴보면 어진 이를 택하는 예가 있었다. 지금 두 친왕親王 가운데서 어진 이를 택하여 황태자로 정해야 하겠으니, 경 등은 모름지기 어진 이를 택해서 보고하라."

"아들을 알고 신하를 아는 데에는 임금과 아버지보다 나은 사람이 없으니, 폐하께서 태황제에게 여쭈어 간택하여 하교하기를 간

절히 바랍니다."(이완용)

"오직 성상의 뜻에 달려 있는데 신이 어찌 감히 망령되게 대답하겠습니까?"(이근명)

"덕량德量과 기량器量이 어떤가에 대해서는 반드시 먼저 굽어 살피고 계실 것이니, 어진 이를 선택하는 것은 오직 폐하의 간택에 달렸습니다."(민영규)

이날 태황제는 "영왕英王은 타고난 자질이 의젓하고 효성과 우애가 일찍이 소문났으며 나라 사람들도 다 기대하고 있으니 지금 황태자로 정할 수 있다"라고 하교하였다. 이에 황제는 "옛날 정종 조定宗朝에도 태종대왕을 세자로 책봉하였으니 마음으로 전수하는 법을 징험할 수 있다. 지금은 영왕을 황태자로 책봉하는 것이 좋겠다"라고 결정하였다.

이 소식을 들은 영왕 이은李垠이 사양하는 상소를 올렸다. 대략 " … 신은 외람되이 친왕의 반열에 끼어 있으면서 나이가 13세도 되지 않았는데도 갑자기 벌써 관례를 치렀습니다. 그러나 사리에 어둡고 미개하여 아직도 과일이나 달라고 조르는 수준이며 게으르고 장난이 버릇이 되어 시서詩書를 가까이하지 않고 있습니다. … 그런데 천만 뜻밖에 갑자기 삼가 황태자로 책봉하는 명을 받들었으니 신은 놀라고 두려워 이것이 꿈인지 생시인지 몰라 몸 둘 바를 모르겠습니다. … 폐하께서 황제의 자리에 오른 지 아직 며칠 되지 않았고 연세도 지금 한창 때인데 무엇 때문에 황자가 태어나기를 기다리지 않고 갑자기 비상한 명을 나이 어린 소신에게 내리는 것입니까? 설사 신이 나이 들고 학식이 있어서 나라 사람들의 기대에 만족할 수 있을지라도 오히려 감히 이 자리를 감당할 수 없을 터인데, 더구나 아예 근사하지도 않은 일개 어린 아이인 데야 더 말할 것이 있겠습니까? … 반복해서 생각해봐도 차라리 명을 어긴 데 따른 주벌을 받을지언정 결코 분수에 맞지 않는 자리를 차지할 수 없습니다. … ”라는 내용이었다. 순종 황제는 “대를 이을 사람을 반드시 일찌감치 정하는 것은 예로부터 나라의 근본을 든든하게 하기 위한 큰 계책이 되어 왔는데, 더구나 오늘이야 더 말할 나위가 있겠는가? 짐은 병이 있어 아들을 볼 가망이 아직 보이지 않고 선대 조종조의 고사를 준수하여 법으로 삼을 만하니, 너는 다시 사양하지 말고 짐의 뜻을 잘 체현하라”라고 비답하였다.

다음 날인 8월 8일 영왕은 “ … 친왕의 반열에 있어서도 순서가 첫째가 아니니 책봉 명령이 어떻게 신에게 미칠 수 있겠으며, 신도 어떻게 감히 염치없이 태연히 받겠습니까? … 신의 말을 형식적인 사양으로 여기지 말고 종묘사직의 대계를 생각하여 철회하는 하교를 내리소서”라며 다시 상소를 올렸다. 순종 황제는 “네가 아무리 여러 모로 사양하려 해도 짐의 뜻은 벌써 정해졌고 대조의 처분도 벌써 받들었다. … 국가의 큰 계책에 관계되니 너의 사양을 절대로 들어줄 수 없다. 너는 빨리 상소를 올리는 것을 그만두고 명을 정중히 받으라”라고 비답하였다.

8월 15일 순종 황제는 즉위식 날에 머리를 깎고 군복을 입겠다는 조서를 내렸다. 이제 개선하기 위한 정사를 베풀어서 한 세상을 유신하고자 하는데 반드시 황제 자신부터 시작해야 하겠다는 의지를 보인 것이다. 또 즉위식 행사도 '안팎의 사례를 참조하여' 신식으로 하도록 명하였다. 다음 날 황태자를 육군 보병 참위에 임명하였다.

8월 24일 장례원 경 이중하李重夏가 "축문의 간지 아래 '태황제 신 아무개는 나이 많아서 황제의 자리를 물려주었으므로 뒤를 이은 황제인 신 아무개는 감히 밝게 고합니다'라고 말을 만드는 것이 어떻겠습니까?"하니 "아뢴 대로 시행하라" 하였다.

8월 27일 경운궁 돈덕전惇德殿에서 황제의 즉위식을 거행하였다. 축하를 받고 대사령과 조문을 반포하였다.

9월 6일 김홍집金弘集, 정병하鄭秉夏, 조희연趙義淵, 유길준俞吉濬, 장박張博, 이두황李斗璜, 이범래李範來, 이진호李軫鎬, 조희문趙義聞, 권동진權東鎮 등의 죄명을 모두 씻어주라는 조령을 내렸다. 개국 504년 8월에 일어난 사변(을미사변)의 실제 범인은 벌써 사형 당했고 그 밖의 여러 사람은 사실 죄가 없다는 것을 명확하게 알고 있기 때문이라 하였다.

9월 7일 영왕 이은李垠을 황태자로 책봉하였다. 축하 행사는 권정례로 하고 대사령을 반포하였다. 9월 13일 흥선대원군을 왕王으로 추봉하고 시호를 '헌의獻懿'로 하였으며, 여흥부대부인을 비妃로 추봉하고 시호를 '순목純穆'으로 정하였다. 또 태황제의 서장자 완화군 이선李墡을 왕으로 추봉하였다.

순종 1년(1908) 5월 11일 진종대왕(眞宗大王 : 영조의 맏아들 효장세자)은 '소황제昭皇帝'로, 효순황후孝純皇后는 '소황후昭皇后'로, 헌종 대왕은 '성황제成皇帝'로, 효현황후孝顯皇后와 효정황후孝定皇后는 '성황후成皇后'로, 철종대왕은 '장황제章皇帝'로, 철인황후哲仁皇后 는 '장황후章皇后'로 존호를 올리게 하였다.

헤이그 밀사 사건

순종 즉위년(1907) 7월 19일 순종 황제가 내린 첫 조령은 "이상 설李相卨, 이위종李瑋種, 이준李儁의 무리는 어떤 흉악한 성품을 부 여받았으며 어떤 음모를 품고 있었기에 몰래 해외에 달려가 거짓 으로 밀사라고 칭하고 방자하게 행동하여 사람들을 현혹시킴으로 써 나라의 외교를 망치게 하였는가? 그들의 소행을 깊이 연구하 면 중형에 합치되니 법부에서 법률대로 엄히 처결하라"라는 내용 이었다.

7월 21일 헤이그 밀사 사건에 관련하여 " … 근래에 와서 어떤 사람은 통분하다고 핑계하고 어떤 사람은 충의에 빙자하여 곳곳 마다 떠들썩하게 와전되어 모든 일이 듣기에도 놀랍기 때문에 칙 유를 여러 번 내려 진정을 펴보였으나 미욱하게도 그치지 않고 줄 곧 허망한 고집을 부리니 안타까움을 견딜 수 없다. 아! 너희 민중 은 쇄국하여 혼자 살던 옛 버릇을 고수하지 말고 천시天時를 고찰 하고 인사를 생각해서 세계 만방이 제때에 조치한 원칙에 적합하게 하여 왕업의 중흥을 열어 시작하게 하라. … "라는 내용의 조령을 내렸다.

8월 8일 이상설, 이위종, 이준 등이 거짓되이 밀사라고 칭한 죄에 대하여 교형에 처하도록 하였다. 당시 이들은 종적이 묘연하여 붙잡을 수가 없었다. 그러나 그대로 내버려둘 수 없으므로 피고들을 체포한 다음 이상설은 《형법대전》 제352조의 사신使臣 명령을 받은 관리라고 사칭한 자를 다스리는 법조문을 적용하여 교형에 처하고, 이위종과 이준은 같은 조목, 같은 법조문에 해당되나 《형법대전》 제135조의 추종한 범인은 주범의 법조문에서 한 등급을 낮춘다는 조문을 적용하여 종신 징역에 처한다는 선고서를 작성하도록 윤허하였다.

한일신협약

순종 즉위년(1907) 7월 24일 한일협약韓日協約이 체결되었다. 내용은 다음과 같다.

일본국 정부와 한국 정부는 속히 한국의 부강을 도모하고 한국 국민의 행복을 증진시키려는 목적으로 이하의 조관을 약정한다.
제1조 한국 정부는 시정施政 개선에 관하여 통감의 지도를 받을 것이다.

제2조 한국 정부의 법령의 제정 및 중요한 행정상의 처분은 미리 통감의 승인을 거칠 것이다.

제3조 한국의 사법 사무는 일반 행정 사무와 구별할 것이다.

제4조 한국의 고등 관리를 임명하고 해임시키는 것은 통감의 동의에 의하여 집행할 것이다.

제5조 한국 정부는 통감이 추천한 일본 사람을 한국의 관리로 임명할 것이다.

제6조 한국 정부는 통감의 동의가 없이 외국인을 초빙하여 고용하지 말 것이다.

제7조 명치 37년 8월 22일에 조인한 한일협약 제1항을 폐지할 것이다.

이상을 증거하기 위하여 아래의 이름들은 각각 본국 정부에서 해당한 위임을 받아서 본 협약에 이름을 적고 조인한다.

광무 11년 7월 24일 내각 총리대신 훈 2등 이완용李完用

명치 40년 7월 24일 통감 후작 이토 히로부미

— 순종 즉위년(1907) 7월 24일

'명치 37년(1904) 8월 22일에 조인한 한일협약 제1항'은 "대한 정부는 대일본 정부가 추천한 일본인 한 명을 재정 고문으로 삼아 대한 정부에 맞아들여 재무에 관한 사항은 일체 그의 의견을 물어서 시행해야 한다"이다.

7월 31일 군대를 해산하였다. 이와 관련하여 순종 황제는 "짐이 생각하건대 국사가 다난한 때를 만났으므로 쓸데없는 비용을 극히 절약해서 이용후생의 일에 응용함이 오늘의 급선무이다. 가만히 생각하면 현재 우리 군대는 용병으로 조직되었으므로 상하가 일치하여 나라의 완전한 방위를 하기에는 부족하다. 짐은 이제부터 군사 제도를 쇄신할 생각 아래 사관을 양성하는 데에 전력하고 뒷날에 징병법을 발포發布하여 공고한 병력을 구비하려고 한다. 짐은 이제 유사有司에게 명하여 황실을 호위하는 데에 필요한 사람들을 뽑아두고 그밖에는 일시 해산시킨다. … 군대를 해산할 때 인심이 동요되지 않도록 예방하고 혹시 칙령을 어기고 폭동을 일으킨 자는 진압할 것을 통감에게 의뢰하라"라는 조령을 내렸다.

10월 29일 한국에 있는 일본인에 대한 경찰 사무를 집행하는 것에 관하여 협정서를 체결하였다. "한국 정부와 통감부는 일본국 정부가 명치 40년 7월 24일에 체결한 일한협약 제5조에 의하여 임명한 한국 경찰관으로써 당해 일본 관헌의 지휘 감독을 받아 한국에 있는 일본 신민에 대한 경찰 사무를 집행하게 할 것을 약정한다"라는 내용이었다.

11월 19일 이토 히로부미를 태자태사에 임명하였다. 이와 관련하여 " … 대를 이을 사람을 육성하는 데는 일찍 가르치는 것을 근본으로 삼으나 교육에는 옛날과 지금의 차이가 있다. 세계가 서로 통하는 이때에 지식을 개발하고 문무를 다 통달하려면 다만 태자 시강원과 서연에서 한두 명이 강의하는 것으로만 가르쳐서는 안 된다. 반드시 먼 곳에 유람하면서 널리 배워야만 재능과 덕성을 성취하여 정치의 방도를 밝게 연마할 수 있다. 그러므로 서양 여러 나라의 태자들도 대부분 어린 시기에 외국에 유람하였으며, 심지어는 벼슬하여 군대에 들어 간 사람도 있었다. 우리 황태자는 영특하고 슬기로움이 일찍이 이루어져서 실로 태자다운 덕이 있으므로 일찌감치 유학을 보내야 하고 깊숙한 태자궁에만 있게 해서는 안된다. 그래서 태자태사인 통감 공작 이토 히로부미로 하여금 일본에 데리고 가서 도와주고 깨우쳐주게 하며, 교육하는 방도에 관계되는 모든 것을 전적으로 대일본 대황제에게 의론하여 꼭 성취시키도록 하려고 한다. … "라고 신민들을 칙유하였다.

❙ 이런 역사 저런 역사

순종 즉위년(1907) 12월 29일 종1품 조정희趙定熙가 자신의 조카인 법부대신 조중응趙重應의 일본인 아내에 관하여 상소를 올렸다. 대략 "신의 종질從姪이며 법부대신인 조중응은 지금으로부터 10년 전에 아내 최씨崔氏에게 장가들었으나 미처 데려오기도 전에 일이 있어 외국에 가서는 귀국할 길이 없었습니다. 곤궁해도 몸을 의지할 곳이 없고 병들어도 목숨을 의탁할 사람이 없이 기나긴 세월에 떠돌며 고독하게 지냈습니다. 일본국의 여자 미쓰오카[光岡]씨가 그의 고독함을 불쌍히 여겨 집에 머물게 하고서 곤궁하고 병든 것을 딱하게 여겨 간호하느라고 온갖 곤란을 겪으면서도 정성을 다하였습니다. 사람이

목석이 아닌 이상 어떻게 궁지에 빠진 사람으로서 감동이 없을 수 있었겠습니까? 신의 종질이 한번 외국에 나간 이후 당시의 정황으로는 귀국할 가망이 영영 끊어졌던 것입니다. 뿐만 아니라 본처 최씨는 소식이 통하지 않고 죽었는지 살았는지 전혀 모르게 되었습니다. 그래서 마침내 미쓰오카 씨와 언약하고 맹세한 다음 부부의 관계를 맺은 지가 몇 해가 되었고, 근래에는 하늘의 해가 어두운 곳도 비춰 주어서 다 죽어가던 사람이 다시 살아나게 되었으니 감격스럽고 황송한 일입니다. 그가 자기 집에 돌아와서 보니 그의 처 최씨는 그가 고국을 떠난 날부터 와서 시부모를 봉양하면서 며느리의 도리를 다하였고, 신의 사촌형의 상사 때에는 상복을 예법대로 입었으며, 신의 사촌 형수는 앓지 않는 날이 없었지만 지금까지 10여 년 동안 시종 한결같이 정성을 다하여 간호하였으니, 그 정조와 그 효성은 진실로 이론의 여지가 없습니다.

미쓰오카 씨로 말하면 의리와 약속을 지켜 바다를 건너 멀리 따라왔으니, 그의 굳은 지조는 사람을 감동시킬 만합니다. 그 역시 조강지처인 만큼 신의 종질의 처지로서는 참으로 오늘의 안락 때문에 차마 지난날의 곤경을 잊고 의리와 언약을 저버리면서 그를 내쫓아버릴 수 없게 되었습니다. 그러나 신은 가문의 어른으로서 정상적인 규례에 벗어나는 일이므로 감히 제 마음대로 처리할 수 없기에 이제 무례하다는 혐의도 피하지 않고 외람되지만 꼭 고해야 한다는 의리에 의하여 천지

부모 같은 폐하 앞에서 우러러 아뢰는 것입니다. 삼가 바라건
대 자애로우신 성상께서는 불쌍히 굽어 살피시어 특별히 처분
을 내리셔서 곡진히 이루어 주시는 은택을 입게 하소서"라는
내용이었다. 이에 임금은 " … 우리 왕조에도 근거할만한 특전
이 있는 만큼 미쓰오카 씨와 최씨를 똑같이 본처로 삼고 아내
로 맞이하되 선후 관계로써 좌우의 명칭을 붙이고, 두 사람 모
두에게 종부從夫의 직첩을 하사하도록 하라"라고 비답하였다.
엄격한 일부일처제 사회였던 조선에서 예외를 인정한 것이다.

순종 1년(1908) 3월 20일 한일 양국 정부는 두 나라 사이의 협
약에 기초하여 한국의 정사를 개선할 경비에 충당하기 위하여 다
음의 연차순과 조건에 의해서 일본 정부로부터 대부금을 들여오기
로 계약을 체결하였다.

제1조 일본국 정부는 돈 1,968만2,623원을 한도로 하여 다음 각
년에 나누어 한국 정부에 대여한다. … 제2조 전조의 대부금에 이
자를 붙이지 않는다. 제3조 위 대부금을 갚는 기한은 특별히 협정하
지 않으나 한국 정부는 될수록 빨리 재정을 정리하여 당해 대부금
을 갚는다. …   – 순종 1년(1908) 3월 20일

3월 23일 외교 고문 스티븐스[須知分 : Stevens, D.W.]가 휴가를 받

고 본국으로 돌아가다가 샌프란시스코에서 전명운田明雲과 장인환張仁煥에게 살해되었다. 이때에 스티븐스가 일본의 보호 정치를 찬양한 담화가 샌프란시스코의 신문지상에 게재되었는데, 이것이 미국에 있는 교포들의 마음을 격노케 하여 이러한 사건을 빚어낸 것이었다.

순종 1년(1908) 8월 26일 '동양척식주식회사법東洋拓殖株式會社法'을 비준·반포하였다. "토지를 개척하고 주민을 이주하는 사업을 경영할 목적으로 설치하여 본점을 서울에 두고 지점을 일본 동경과 그 밖의 지역에 둔다. 영업 과목은 1. 농업 2. 토지의 매매 및 대차 3. 토지 경영 및 관리 4. 건축물의 축조와 매매 및 대차 5. 한국과 일본 이주민의 모집 및 분배 6. 이주민 및 농사짓는 사람에 대하여 토지 개척과 이주에 필요한 물품의 공급과 그 생산물, 획득한 물품의 분배 7. 토지 개척과 주민 이주에 필요한 자금의 공급. … " 등의 내용이었다.

순종 2년(1909) 9월 4일 간도間島에 관하여 일청협약이 체결되었다. 대략의 내용은 다음과 같다.

제1조 일청 양국 정부는 도문강을 청국과 한국의 국경으로 하고 강 원천지에 있는 정계비定界碑를 기점으로 하여 석을수石乙水를 두 나라의 경계로 함을 성명한다.

제2조 청국 정부는 본 협약이 조인된 뒤에 되도록 빨리 다음의 각지를 외국인의 거주 및 무역을 위하여 개방해야 한다. 일본국 정

부는 이 지방에 영사관 혹은 영사관 분관을 설치할 수 있으나 개방하는 날짜는 별도로 정한다.

제3조 청국 정부는 이전과 같이 도문강 이북의 개간지에 한국 국민이 거주하는 것을 승인한다. 그 지역의 경계는 별도로 이를 표시한다.

제4조 도문강 이북 지방의 잡거 구역 안에 있는 개간지에 거주하고 있는 한국 국민은 청국의 법적 권한에 복종하고 청국 지방관의 관할 재판에 귀속한다. 청국의 관헌은 이상의 한국 국민을 청국 국민과 똑같이 대우하여야 하며 납세 그 밖의 일체 행정상의 처분도 청국 국민들과 똑같이 하여야 한다. …

제5조 도문강 이북의 잡거 구역 안에 있는 한국 국민 소유의 토지와 가옥은 청국 정부로부터 청국 국민들의 재산과 똑같이 완전히 보호하여야 한다. 또한 당해 도문강 연안에는 장소를 선택하여 나룻배를 놓고 두 나라 국민들이 자유롭게 오갈 수 있게 하여야 한다. 단, 병기를 휴대한 사람은 공문이나 또는 여권이 없이는 국경을 넘을 수 없다. 잡거 구역 안에서 나는 곡식을 한국 국민이 가져다 파는 것을 허락하되 심한 흉년이 들었을 때에는 금지할 수 있으며 땔나무는 이전대로 장만할 수 있다. …   – 순종 2년(1909) 9월 4일

황제의 외출과 황태자의 유학

순종 즉위년(1907) 10월 16일 일본의 황태자 요시히도[嘉仁] 친왕이 대한제국을 방문하였다. 순종 황제는 황태자와 함께 인천항으로 마중을 나갔다. 10월 20일 황제는 남대문 정거장에서 기차를 타고 인천항에 가서 본국으로 돌아가는 일본 황태자를 배웅했다.

11월 2일 일본 황태자의 방문과 관련하여 양국 황실의 우호를 다짐하는 조서를 내렸다. "이번에 일본국 황태자가 한국에 건너온 것은 바로 우리 한국 역사에 있지 않은 성대한 일이다. 여러 해 동안 의심하고 막혔던 두 나라의 관계와 사람들의 많은 감정이 일시에 얼음이 풀리듯이 풀리고 성심으로 맞이하면서 환영하는 소리가 우레와 같으니, 민심이 대동大同함을 알 수 있었다. 이제부터 두 황실 간의 화목한 우의는 예를 갖추어 방문하거나 맹약을 하지 않고도 더욱더 좋아질 것이고 두 나라 사람들의 친밀한 정분은 권고하지 않고도 더욱더 굳어질 것이다. … 너희 대소 신민은 짐의 말이 속마음에서 나온 것임을 잘 알고 다른 생각 없이 깊이 믿고 영원불변하기를 꾀하라"라는 내용이었다.

11월 13일 황실 가족이 창덕궁으로 이어하였다.

11월 19일 황태자에게 태자태사 이토 히로부미와 함께 일본으로 갈 것을 명하였다. 이와 관련하여 " … 짐은 세계의 대세와 나라의 영구한 계책을 깊이 생각하여 장차 문명한 교육을 황태자에게 실시하려고 하였는데, 사와 부의 책임을 맡길 사람을 얻기가 실로 어려웠다. 안팎으로 널리 찾았다가 이제 대훈위 통감 공작 이토 히로부미를 특별히 선발하여 태자태사로 삼아서 태자를 바르게 이끌 책임을 맡긴다. 이토 통감은 덕과 공로가 높고 학문은 고금을 통달하였으며, 우리나라에 대해서는 실로 크게 떠받들고 지탱하여 준 공로가 있기에 짐은 언제나 존중하는 사람이다 … ”라고 조령을 내렸다. 12월 5일 황태자가 일본으로 떠났다.

11월 26일 완흥군完興君 이재면李載冕을 특별히 대사로 임명하여 일본에 가게 하였다. 이웃 나라와의 교제가 더욱 두터워져가니 예의상 답례를 해야 할 것이라는 이유에서였다.

순종 2년(1909) 1월 4일 황제는 직접 국내를 순시하면서 지방의 형편을 시찰하고 백성들의 고통을 알아보겠다는 조령을 발표하였다. 1월 7일 덕수궁에 나아가 태황제에게 문안하고 남대문 정거장에 가서 기차를 타고 남쪽 순행 길을 떠났다. 통감인 공작 이토 히로부미와 함께였다. 다음 날 일왕에게서 전보가 왔다. 일본 함대에 명하여 부산에 회항하게 하였으니, 항구 내의 기함(旗艦 : 사령관이 타고 있는 군함)에 행차해달라는 내용이었다. 순종 황제는 1월 11일 일본 제1함대의 기함 향취호香取號를 돌아보고 “짐이 부산에서 귀 천황 폐하의 친절한 의사를 받들기 위하여 제2함대를 친히 찾아가 굉장한 것을 목격하고 오늘 또 마산에서 제1함대에 직접 와서 굉장히 우수한 군대의 위용을 보았다. 이것을 미루어 일본 해군의 세력이 어떠한가를 충분히 알 수 있으며, 이제 경들과 한 상에서 술을 마시게 되니 마음이 더욱 기쁘다. … ”라는 조령을 내렸다.

1월 13일 남쪽 지방 순행에서 돌아왔다. 1월 27일 남문역南門驛에서 기차를 타고 다시 서쪽 순행을 떠났다. 위화도威化島와 만월대滿月臺 등 고려 옛 궁궐의 유적을 둘러본 후 2월 3일 환궁하였다.

11월 1일 창경궁昌慶宮 내에 동물원과 식물원을 설치하고 개원식을 한 후 일반 사람들에게 관람을 허락하였다.

이토 히로부미 암살

순종 2년(1909) 10월 26일 일본에 유학 간 황태자로부터 직접 전보가 왔다. "이토 태사가 오늘 오전 아홉 시에 하얼빈 역에 도착하여 우리나라 사람의 흉악한 손에 의하여 피살되었으니 듣기에 놀랍기 그지없습니다. 세상을 떠났다는 보도는 아직 하지 않고 있는데 영구가 돌아온 뒤에 공포한다고 합니다. 일본 황실에서 시종무관과 시의侍醫를 파견하기 때문에 신도 김응선金應善을 파견하려고 합니다. 황실에서 일본 황실에 직접 전보를 보내어 위문하기 바랍니다"라는 내용이었다. 범인 안중근安重根은 진남포鎭南浦 사람이었다. 순종 3년(1910) 2월 14일에 관동 도독부 지방 법원에서 사형을 선고하여 같은 해 3월 26일에 집행하였다.

10월 26일 순종 황제는 일왕에게 "바로 오늘 이토 공작이 하얼빈에서 흉악한 역도에게 화를 당하였다는 보고를 받고 놀랍고 통분한 마음을 금할 수 없습니다. 이에 삼가 똑같은 마음으로 지극한 뜻을 표시하는 바입니다"라고 직접 전보를 보냈다. 또 이토 공작 부인에게도 위로의 전보를 보냈다. 다음 날 내각 총리대신 이완용李完用이 정부 대표로 대련大連에 가서 이토 태사를 조문하였다. 10월 28일 이토 히로부미가 죽은 것과 관련하여 조령을 내렸다.

태자태사 이토 히로부미는 뛰어난 기질에 세상을 구제할 지략을 지녔고, 시대의 운수를 만회시키고 문명을 발전시키는 일에 수고를 아끼지 않았으며, 자신의 한 몸을 아랑곳하지 않고 스스로 맡아 나섬으로서 단연 동양의 지주가 되었다. 일찍이 평화로운 큰 국면을 이룩하는 것을 기본으로 삼았으며 더욱이 한국과 일본과의 관계에 대하여 주의를 돌렸다. 그리하여 일찍부터 우리나라에 왕래하면서 위태롭고 어려운 국면을 부지하고 수습하여 나갔으니, 그것은 전적으로 그의 큰 계책에 기인한 것이었다.

지난번에 통감으로서 대궐에 상주하여 있으면서 수시로 만나 정성을 다하여 인도하였으며 태사의 임무를 맡아 우리 태자를 보좌하고 인도하여 … 노령老齡에도 불구하고 먼 길을 동반하여 순행하였으며 휴식할 사이도 없이 계속하여 만주로 행차하였다. 속히 무사히 돌아오면 길이 의지하려고 하였는데 뜻밖의 변고가 생겨 놀라운 기별이 문득 올 줄을 어찌 생각이나 하였겠는가? 놀랍고 아픈 마음 끝이 없다. 고 이토 태사의 상喪에 특별히 의친왕 이강李堈을 보내어 치제하고 장사 지내는 자리에 참가하게 하며, 장사에 소용되는 물품을 궁내부宮內府로 하여금 실어 보내주게 하라. 특별히 문충文 忠이라는 시호를 추증하라. 　　　　　－ 순종 2년(1909) 10월 28일

　　10월 28일 이토 히로부미가 세상을 떠난 데에 대한 조의를 표시 하기 위하여 사흘 동안 한성 안에서 음악과 노래를 금하고 시장의 문을 닫을 것을 명하였다. 10월 29일 궁내부대신 민병석閔丙奭을 조문 특사로 보내 이토의 장례식에 참가하게 하였다. 또 의친왕 이 강李堈을 보내 미리 도쿄에 가서 일왕의 마음을 위로하게 하는 동 시에 이토의 영전에 가서 제사를 지냄으로써 평소 서로 좋게 지냈 던 황제의 정을 표시하게 하였다. 같은 날 황태자에게 스승과 제자 사이의 예의에 따라 석 달 동안 상복을 입는 규례를 따르도록 하였 다. 11월 4일 이토 히로부미의 국장일에 황족, 궁내관, 각부의 관리 및 인민들이 함께 장충단奬忠壇에서 추도회를 열었다.

　　11월 4일 이토 히로부미가 피살된 것과 관련하여 순종 황제는 백성들에게 조서를 내렸다. " … 요즘 안팎의 정세가 어수선하여 국운의 흥망에 대하여 예견할 수 없고 짐의 나라 형편이 외로우며 허약하여 일본의 보호에 의거하지 않으면 어떻게 그 존립을 보장 할 수 있겠는가? … 태자태사 이토 공작은 정성을 다하여 일본 중 흥의 큰 위업을 도왔으며 지금까지 대신의 중책을 지닌 40여 년 동 안 그는 크게 법률을 제정하고 큰 계책을 세우며 늘 중요한 요직에 있으면서 항상 동양의 평화로 일관하고 대명大命을 받들었다. … 생각건대, 그는 일본 제국의 기둥과 주춧돌이 될 뿐 아니라 진실로

짐의 국가의 사표師表로 그의 공훈과 덕행은 지난 옛적에도 비길
만한 사람이 없었다.

그런데 지난번에 우리나라 국경을 벗어나서 도중에 하얼빈을 지
나다가 짐의 고약한 백성의 흉측한 손에 상하여 갑자기 세상을 떠
날 줄을 어찌 생각하였겠는가? 이제 그의 장사하는 날을 당하고 보
니 마음이 더욱 아프다. 생각건대, 그와 같은 고약한 도당이 세계
형세에 어두워서 이따금 일본의 두터운 우의를 무시하려고 하다가
마침내는 전에 없던 변괴를 빚어냈으니 이는 바로 짐의 국가와 사
직을 해치는 자이다. 짐의 신민으로서 나의 이 뜻을 어기고 흉악한
짓을 더 발생시키는 자가 있으면 민중들이 어떻게 편안하게 살며
국시國是가 어떻게 공고해질 수 있겠는가? … "라는 내용이었다.

한일합병조약

순종 2년(1909) 12월 4일 일진회장一進會長 이용구李容九가 100
만 회원의 연명으로 된 일한합방 성명서日韓合邦聲明書를 발표하였
다. 그 성명문의 내용은 다음과 같다.

… 갑오년(1894)에 일본은 일청전쟁을 일으켜 거액의 전비戰費
를 소모하고 수만 명의 군사를 희생시켜 가면서 청나라의 굴레에
서 벗어나게 하고 우리 한국의 독립을 확고히 해 주었다. 그런데도

정사를 어지럽히고 호의를 배격하여 이 만대의 기초를 능히 지키지 못한 것은 우리 한국 사람들 스스로가 초래케 한 것이다. 마침내 일로전쟁의 인과를 초래하여 일본의 손해는 갑오년의 열 배나 되었으나 우리를 러시아 사람들의 범 아가리에 한 덩어리의 고기로 먹히게 되는 것을 면하게 하고 온 동양 판도의 평화를 유지하는 데에 노력하였다.

이런데도 불구하고 이 선린주의에 즐거이 따르지 않고 도리어 이 나라에 붙었다 저 나라에 붙었다 하는 폐단을 만들어내어 마침내는 외교권을 남에게 넘겨주고 보호조약을 체결함에 이른 것도 또한 우리 한국 사람들 스스로가 초래한 것이다. 일본과 한국의 관계가 이미 밀접해졌으니 감정을 풀고 기술을 배우며 문명의 모범을 점차 조금씩이라도 받아들여야 하겠는데 도리어 헤이그 문제를 만들어내어 일대 정국의 변동을 일으키고 7조약을 계속하여 체결하게 된 것도 우리 한국 사람들 스스로가 초래한 것이다.

… 이토 태사가 백성들을 보살펴주고 동궁을 이끌어주며 우리 한국을 위하여 수고를 다한 것은 잊기 어려운 것이다. 그런데도 해외의 하얼빈에서 변괴가 생긴 것으로 인하여 일본 전국의 여론이 물 끓듯하여 한국에 대한 정책을 근본적으로 해결해야 한다고 주장하고 혹은 어떠한 위험을 불러일으킬지 모르게 된 것도 우리 한국 사람들 스스로가 채택한 것이다.

… 오늘날이 어떠한 때인가? 외교권 한 가지를 이미 넘겨준 결과로 재정이 우리에게 있는가, 군기軍機가 우리에게 있는가? 통신

이 우리에게 있는가, 법률이 우리에게 있는가? 이른바 조약이라는 것은 하나의 무용지물이 되고 나라의 기백과 백성의 목숨은 빠르게 죽음의 구렁텅이로 떨어져가고 있다. 오늘에 지난날이 다시 오지 않고 내일에 오늘이 다시없는 것이다. 그렇다면 어제 오늘을 알지 못하는 만큼 오늘에 내일을 대처하지 않을 수 없는 것이다.

아! 우리 2천만 국민의 머리속에 충만된 조국 정신을 떨쳐내어 큰 소리로 외쳐서 지금 일본의 여론이 주창하는 근본적으로 해결해야 할 문제에 대하여 그 파란을 안정시키면서 우리 황제 폐하와 일본 천황 폐하가 하늘까지 통할 하나로 뭉친 정성으로 애달프게 호소하여 우리 황실을 만대에 높일 수 있는 기초를 공고히 하고 우리 백성들에게 일등 대우의 복리를 누리게 하며 정부와 사회가 더욱더 발전하게 할 것을 주창하여 일대 정치적 기관을 이룩하도록 하는 것이 곧 우리 한국을 보호하는 것이다. …

– 순종 2년(1909) 12월 4일

이들은 " … 일본과 한국이 나라를 합쳐서 하나의 큰 제국을 새로 만들어야 한다는 의논이야말로 2천만 동포로 하여금 죽을 곳에서 살아날 구멍을 새로 얻게 된다는 것을 비로소 알게 하는 것입니다. … 우리나라가 청나라에 망하지 않은 것이 어찌 천황의 덕이 아니며 우리나라가 러시아에 먹히지 않은 것이 또한 어찌 천황의 인덕이 인한 것이 아니겠습니까? 그런데도 불구하고 우리나라에는 아직도 왜인을 배척하는 기풍이 없어지지 않고 있어서 매번 은 덕에 원망으로 갚으면서 일본을 배척하는 것만 일삼고 있으니 돌이켜 생각해본다면 어찌 짐승 같은 마음이 아니겠습니까? 다행히 지금 합방해야 한다는 것으로 우리의 여론이 기울어지고 있는데 여기에서 백성들의 양심이 제 얼굴에 침 뱉는 격이라고 점차 깨닫게 된 것을 볼 수 있습니다. … 지극히 어진 일본 천황 폐하인 데야 더 말할 것이 있겠습니까? 우리 2천만 동포를 교화시키고 양육하여 동등한 백성으로 잘 만들 것입니다. … 사건이 나기 전에 미리 대책을 세우지 않고 머뭇거리면 후회막급하게 될 것이니 폐하께서는 2천만 백성들의 운명을 위하여 속히 결단을 내려서 큰일을 실행하시기 바랍니다. … "라는 내용의 상소도 올렸다.

또 내각 총리대신 이완용李完用에게도 "우리나라 사직과 백성을 영원히 보전할 수 있는 길은 오직 실로 일본과 한국이 합방하는 데 달려 있을 뿐"이라는 내용의 글을 보냈다. 일본 통감 소네 아라스케[曾禰荒助]에게도 청원서를 낸 사실이 알려져 사람들을 격분하게 하였다. 내각에서는 일진회一進會의 상소와 편지들을 물리쳐버렸다.

순종 2년(1909) 12월 22일 내각 총리대신 이완용李完用이 칼에 찔려 중상을 입어 치료를 받았다. 이날 이완용은 종현鍾峴 천주교당에서 열린 벨기에 황제 레오폴드 2세 추도회에 참석하고 돌아오던 길에 해를 입었다. 범인 이재명李在明은 평양 사람으로 다음 해 5월 18일 경성 지방 재판소에서 '모살 미수 및 고살인故殺人' 율문을 적용하여 교수형을 선고받았고 9월 13일에 집행되었다.

순종 3년(1910) 6월 24일 경찰 사무를 위탁하는 한일약정각서韓日約定覺書가 성립되었다. 한국의 경찰 제도가 완비되었다고 인정될 때까지는 한국 정부는 경찰 사무를 일본국 정부에 위탁한다는 내용이었다.

8월 22일 한일합병조약안韓日倂合條約案에 대하여 국무대신 외에 황족 대표자 및 문무 원로의 대표자들이 회동하여 어전회의를 열었다. 그 회의에서 한일합병조약을 맺도록 결정하였다. 황제는 이와 관련하여 "짐이 동양 평화를 공고히 하기 위하여 한일 양국의 친밀한 관계로 피차 통합하여 한 집으로 만드는 것은 상호 만세의 행복을 도모하는 까닭임을 생각하였다. 이에 한국 통치를 들어서 이를 짐이 극히 신뢰하는 대일본국 황제 폐하에게 양여하기로 결정하고 이어서 필요한 조장(條章 : 여러 조목으로 나눈 규정)을 만들어 장래 우리 황실의 영구 안녕과 생민의 복리를 보장하기 위하여 내각 총리대신 이완용에게 전권위원을 임명하고 대일본제국 통감 데라우치 마사타케와 회동하여 상의해서 협정하게 하는 것이니 여러 신하 또한 짐의 결단을 체득하여 봉행하라"라는 조령을 내렸다.

일한병합조약의 내용은 다음과 같다.

한국 황제 폐하 및 일본국 황제 폐하는 양국 간의 특별히 친밀한 관계를 고려하여 상호 행복을 증진하며 동양의 평화를 영구히 확보하기 위하여, 이 목적을 달성하려고 하면 한국을 일본국에 병합하는 것 만한 것이 없음을 확신하여 이에 양국 간에 병합조약을 체결하기로 결정한다. …

　제1조 한국 황제 폐하는 한국 전부에 관한 일체 통치권을 완전히 또 영구히 일본 황제 폐하에게 양여한다.

　제2조 일본국 황제 폐하는 전조에 게재한 양여를 수락하고 또 완전히 한국을 일본 제국에 병합하는 것을 승낙한다.

　제3조 일본국 황제 폐하는 한국 황제 폐하, 태황제 폐하, 황태자 전하와 그 후비 및 후예로 하여금 각각 그 지위에 따라 상당한 존칭, 위엄 및 명예를 향유케 하고 또 이를 보존·유지하는 데 충분한 세비歲費를 공급할 것을 약속한다.

　제4조 일본국 황제 폐하는 전조 이외에 한국의 황족 및 후예에 대하여 각각 상당한 명예 및 대우를 향유케 하고 또 이를 유지하는 데 필요한 자금을 공여할 것을 약속한다.

　제5조 일본국 황제 폐하는 훈공이 있는 한인韓人으로서 특히 표창하는 것이 적당하다고 인정되는 자에 대하여 영예 작위를 주고 또 은금恩金을 준다.

　제6조 일본국 정부는 앞에 적은 병합의 결과로 한국의 시정을 전적으로 담임하여 그 지역에 시행할 법규를 준수하는 한인의 신체 및 재산에 대하여 충분히 보호하고 또 그 복리의 증진을 도모한다.

　제7조 일본국 정부는 성의 있고 충실히 새 제도를 존중하는 한국인으로서 상당한 자격이 있는 자를 사정이 허락하는 범위에서 한국에 있는 제국의 관리에 등용한다.

　제8조 본 조약은 한국 황제 폐하 및 일본국 황제 폐하의 재가를

경유한 것이니 반포일로부터 이를 시행한다. 이를 증거로 삼아 양
전권위원은 본 조약에 기명記名하고 조인한다.

　　융희 4년 8월 22일 내각 총리대신 이완용

　　명치 43년 8월 22일 통감 자작 데라우치 마사타케

　　　　　　　　　　　　　　　　 - 순종 3년(1910) 8월 22일

　8월 24일 통감부 경무 총감부의 명령으로 정치와 관련 집합, 야
외 집합 금지령을 공포하였다. 같은 날 내장원 경 최석민崔錫敏 등
20여 명의 관리의 품계를 올리도록 하였다. 규장각 제학 박영교朴
泳敎 등 여섯 명에게 시호를 내렸다. 다음 날에는 승지 고故 지천
석池天錫 등 전 관리 40여 명에게 벼슬을 추증하고 시호를 내렸다.
또 장례원 경 성기운成岐運 등 10여 명에게 훈장을 주었다. 8월 26
일에는 내각 총리대신 이완용李完用, 내부대신 박제순朴齊純 등 10
여 명에게 훈장을 주고 세상을 떠난 경시 김원흥金元興 등도 추증
하고 훈장을 수여했다. 서훈과 표창, 품계를 올리는 일은 8월 29
일까지 계속되었다.

　순종 3년(1910) 8월 29일 일본국 황제에게 한국 통치권을 양도
하였다. 이날 황제는 다음과 같이 말했다.

　"짐이 덕이 없어 몹시 어려운 업을 이어받아 임금의 자리에 오른
이후 오늘에 이르도록 정령을 유신維新하는 것에 관하여 누차 도모
하고 갖추어 시험하여 힘씀이 이르지 않은 것이 아니로되, 원래 허

약한 것이 쌓여서 고질이 되고 피폐가 극도에 이르러 시일 간에 만회할 시책을 행할 가망이 없으니 한밤중에 우려함에 선후책이 망연하다. 이를 맡아서 지리함이 더욱 심해지면 끝내는 저절로 수습할 수 없는 데 이를 것이니 차라리 대임大任을 남에게 맡겨서 완전하게 할 방법과 혁신의 보람이나 효과를 얻게 함만 못하다. 그러므로 짐이 이에 결연히 스스로 돌이켜 보고 확연히 스스로 결단을 내려 이에 한국의 통치권을 종전부터 친근하게 믿고 의지하던 이웃 나라 대일본 황제 폐하에게 양여하여 밖으로 동양의 평화를 공고히 하고 안으로 팔역(八域 : 전국)의 민생을 보전하게 하니 그대들 대소 신민들은 나라의 형편과 사정을 깊이 살펴서 번거롭게 소란을 일으키지 말고 각각 그 직업에 안주하여 일본 제국의 문명한 새 정치에 복종하여 행복을 함께 받으라.

짐의 오늘의 이 조치는 그대들 민중을 잊음이 아니라 참으로 그대들 민중을 구원하려고 하는 지극한 뜻에서 나온 것이니 그대들 신민들은 짐의 이 뜻을 능히 헤아리라." – 순종 3년(1910) 8월 29일

3

〈순종황제실록〉 부록

합방과 이왕가(李王家)

순종 3년(1910) 8월 29일 한일합병에 대해 일왕이 조서를 내렸다. 다음과 같은 내용이었다.

짐이 동양의 평화를 영원히 유지하여 제국의 안전을 장래에 보장하는 필요를 생각하며, 또 항상 한국韓國이 화란의 근원됨을 돌아보아 지난번에 짐의 정부로 하여금 한국 정부와 협정하게 하고 한국을 제국의 보호 하에 두어서 화의 근원을 두절하고 평화의 확보를 기하였다. 그 이래 4년 남짓 경과하여 그 사이 짐의 정부는 한국 시정의 개선에 확고한 의지로 노력하여 그 성적이 또한 볼 만한 것이 있으나, 한국의 현 제도는 아직 미완의 다스림의 지탱을 완전하게 하는 데에 충분하지 못하니 의구의 염이 늘 국내에 충일하여 백성이 그 울타리에서 편안치 못하니 공공의 안녕을 유지하여 민중의 복리를 증진함을 위할진대 현 제도의 혁신을 피하지 못함이 뚜렷이 이르렀다.

짐은 한국 황제 폐하와 더불어 이 사태를 보고 한국을 들어서 일본 제국에 병합하여 이로써 시세의 요구에 응함이 부득이한 것이 있음을 생각하여 이에 영구히 한국을 제국에 병합케 한다. 한국 황제 폐하 및 그 황실 각 사람은 병합 후라도 상당한 예우를 받을 것이며, 민중은 직접 짐의 위무 아래에서 그 강복康福을 증진할 것이며, 산업 및 무역은 평온한 통치 아래에서 현저한 발달을 보이기에 이를 것이니, 동양의 평화가 이에 의하여 더욱 그 기초를 공고하게 함이 짐이 믿어 의심치 아니하는 바이다.

짐은 특히 조선 총독을 두고 짐의 명을 받아서 육해군을 통솔하며 제반 정무를 모두 관할케 하니 조정의 관리들은 충분히 짐의 뜻을 체득하고 일에 종사하여 제도 등을 설치함의 완급이 마땅함을 얻어서 사람들로 하여금 영원히 평온한 통치의 경사에 의뢰하게 함을 기하라.

짐이 영원무궁한 큰 토대를 넓게 하고 국가의 비상한 예의를 마련하고자 하여 전 한국 황제를 책봉하여 왕王으로 삼고 창덕궁 이왕李王이라 칭하니 이후 이 융숭한 하사를 세습하여 종실의 제사를 받들게 하며, 황태자 및 장래 후손을 왕세자로 삼으며, 태황제를 태왕太王으로 삼아 덕수궁 이태왕李太王이라 칭하고, 각각 그 배필을 왕비, 태왕비 또는 왕세자비로 삼아 모두 황족의 예로써 대하여 특히 전하라는 경칭을 사용하게 하니, 대대로 따르는 도리에 있어서는 짐이 마땅히 법도와 의례를 따로 정하여 이가李家의 자손으로 하여금 대대손손 이에 의지하고 복되고 영화로운 삶을 더욱 편안히 하여 영구히 행복을 누리게 한다. 이에 대중에게 널리 알려서 특별한 법을 밝힌다.

짐이 생각건대, 이강李堈 및 이희李熹는 이왕李王의 가까운 친지로 명성이 일찍부터 두드러졌고 전국이 우러러 보고 있으니 마땅히 특별한 대우를 추가로 내려 그 의칭儀稱을 풍부하게 해야 할 것이다. 이에 특히 공公을 삼고 그 배필을 공비公妃로 삼고 모두 황족의 예로써 대하고 전하라는 경칭을 쓰게 하여 자손으로 하여금 이 영광의 하사를 세습하여 영구히 아끼는 영광을 누리게 한다. 짐이 생각건대, 통치의 대권에 말미암아서 이에 시작하여 통치의 교화를 조선에 베풂은 짐의 무수한 백성을 위무하고 편안히 하여 백성을 가엾게 여기는 뜻을 밝힘에 앞서는 것이 없으니 따로 정하는 바에 의하여 조선에서 예전의 형벌의 제반 죄수 중에 상황이 가엾게 여길만한 자에 대하여 특히 대사를 행하며, 여러 해의 세금 및 금년의 조세는 감면하여 짐의 백성의 사정을 걱정하는 바를 모두 알게 한다.　　　　　　　　　　　　　– 순종 3년(1910) 8월 29일

다음은 한일합방에 관련한 일왕의 칙령들이다.

칙령 제318호 한국韓國의 국호를 고쳐 지금부터 조선朝鮮이라 칭한다.

칙령 제319호 조선에 조선 총독부를 설치한다. 조선 총독부에 조선 총독을 두어 위임의 범위 내에서 육군과 해군을 통솔하여 일체의 정무를 모두 거느려 다스리게 한다. …

칙령 제334호 구 한국 훈장 및 기장記章은 당분간 패용할 수 있다.

일왕이 다시 조령을 내리기를, "짐이 생각건대, 이가李家의 의친 및 그 방가邦家의 큰 공로가 있는 자는 마땅히 우대하는 반열에 올리고 서용하여 조선 귀족으로 삼아 아끼는 영광을 보일 것이니, 이에 옛 덕과 이전의 공의 등급을 매기며 작위 세습의 법을 정하여 조선 귀족령이라 하고 재가하여 반포하게 한다"라고 하였다.

조선 귀족령

- 제1조 본령에 의하여 작위를 준 바가 되거나 혹은 작위를 세습한 자를 조선 귀족으로 삼는다. 작위 소유자의 부인은 조선 귀족의 족칭族稱을 누린다.
- 제2조 작위는 현재 이왕의 혈족으로서 황족의 예우를 누리지 않는 자 및 문벌이나 혹 공로가 있는 조선인에게 준다.
- 제3조 작위는 공公 후侯 백伯 자子 남男의 5등급으로 한다. …
- 제6조 작위 소유자의 부인은 그 남편의 작위에 상당한 예우 및 명칭

을 누린다. 작위 소유자의 과부가 그 집에 있을 때에는 특히 귀족의 족칭을 보유하게 하여 종전의 예우 및 명칭을 누리게 한다.

■ 제7조 작위 소유자의 가족으로서 다음에 게시하는 자는 귀족과 동일한 예우 및 귀족의 족칭을 누린다.

1. 증조부, 조부, 부父.

2. 작위를 세습할 수 있는 상속인 및 그 적장남자. 적출의 남자가 없을 때에는 그 서장남자庶長男子.

3. 앞 2호에 게시한 자의 배우자. …

■ 제10조 작위는 집안의 남자 상속인으로 하여금 세습하게 한다. …

■ 제17조 작위 소유자가 다음 각호의 하나에 해당하는 때에는 작위를 반납하게 하거나 혹 예우를 정지하거나 또는 금지한다.

1. 귀족의 체면을 더럽힌 실수가 있는 자.

2. 귀족의 품위를 지키지 못한 자.

3. 충성과 순종을 결한 행위가 있는 자.

4. 궁내 대신의 명령이나 혹 가범에 위반하여 정상情狀이 무거운 자. …　　　　　　　　　　　　　　　 − 순종 3년(1910) 8월 29일

순종 3년(1910) 8월 29일 통감부 자작 데라우치 마사타케[寺內正毅]도 포고문을 발표했다. 대략 " … 무릇 강역이 서로 접하고 기쁨과 근심에 서로 의지하며 민정民情 또한 형제의 우의가 있어 서로 하나로 합쳐서 일체를 이룸은 자연의 이치요 반드시 이르는 형세이다. 이러므로 대일본국 천황 폐하는 조선의 안녕을 확실하게

보장하고 동양의 평화를 영원히 유지하는 것을 간절하게 생각하여 전 한국 원수元首의 희망에 응하여 그 통치권의 양여를 수락한 바이다. 지금부터 전 한국의 황제 폐하는 창덕궁 이왕 전하라 칭하며 황태자는 왕세자가 되고 후사가 길이 서로 전하여 계승하면서 만세 무궁할 것이다. 태황제 폐하는 덕수궁 이태왕 전하라 칭하여 이에 황족의 예우를 내리고 그 급료가 풍후함은 황위에 있을 때와 차이가 없을 것이다. 조선 민중은 모두 제국의 신민이 되어 천황 폐하가 어루만져 기르는 교화를 입고 길이 깊고 두터운 인덕의 혜택을 받을 것이다. 매우 충순하게 새 정치를 보좌한 어질고 착한 사람은 그 공로에 준하여 영예로운 작위를 수여하고, 또 은금을 내리며 또 그 재능에 따라서 제국 관리나 혹은 중추원 의관의 반열에 세우고 혹은 중앙 또는 지방 관청의 직원에 등용케 하였다. … 종전의 법률을 위반한 자로서 그 범죄 성질이 특히 이해함직한 자에 대하여는 일률적으로 대사면의 특전을 베풀었다. 예컨대 지금 지방 민중은 적폐의 남은 재앙을 받아들임으로써 실업하여 재산이 기울기도 하고, 특히 심한 경우에 있어서는 떠돌아다니며 기아에 허덕이는 자도 있으니, 백성의 노동력이나 재산의 편안함을 도모함을 급선무로 인정하여 융희 2년도 이전의 지세地稅 중에 아직 미납에 속한 것은 이를 면제하고, 융희 3년 이전의 대부에 속한 사창곡社倉穀은 그 환납을 특별히 면제케 한다. 또 올 가을에 징수할 지세는 특히 그 5분의 1을 경감하며 … 그러므로 기필코 그간의 구휼의 본뜻을 능히 체득하여 혹 은혜를 아무렇지 않게 여기거나 봉공奉公의 마음을 잃지 말게 하는 것이 옳다. … 인생의 우환은 질병의 혹독함보다 더한 것이 없는데 종래 조선의 의술은 어린아이 수준을 벗어나지 못함으로써 병고를 구제하기에 부족하여 타고난 수명만을 온전히 하는 것이 가장 통탄스런 바이다. 지난번 경성에 중앙의원을 개원하였고 또 전주, 청주 및 함흥에 자혜의원을 설립한 이래로 백성이 그 은혜를 입은 자가 극히 많으나, 아직 전국에 보급되지 못한 것이 유감이므로 명령을 내려 다시 각 도에 자혜의원을 증설케 하며 명의를 두고 양약을 구비하여 기사회생의 인술을 널리 베풀게 하는 것이다. … 함부로 망상을 다하여 정무를 시행하는 것을 방해하는 자가 있으면 결단코 용서하지 않을 것이다. 충성스런 몸가짐으로 삼가 법을 지키는 어진 선비와 순한 백성에 있어서는 반드시 황제의 덕화의 혜택을 입어 그자손 또한 영구히 은혜를 입을 것이니, 그대들은 삼가 새로운 정치의 큰 계책을 받들어 진정 어긋남이 없게 할지어다"라는 내용이었다.

1910년 9월 1일 일본의 칙사 자작 이나바 마사나와[稻葉正繩]가 창덕궁에 와서 일왕의 조서와 하사품을 전달하였다. 10월 7일 윤택영尹澤榮, 박영효朴泳孝 등이 조선귀족령에 의거하여 후작을, 이재완李載完, 이완용李完用 등이 백작을, 박제순朴齊純, 권중현權重顯 등이 자작을 수여받았다. 또 김사준金思濬, 한규설韓圭卨, 유길준俞吉濬 등은 남작을 수여받았다. 10월 14일 순종은 작위를 사양한 사람들에게 "지난번 시국 문제를 평화로이 해결한 후 천황 폐하가 심후한 동정을 표하여 종친 및 전날 우리나라 일에 근로가 평소 있는 여러 사람에게 조선귀족령을 베풀고 귀한 작위를 봉해 주고 위로금을 내려주니 이는 실로 드문 훌륭한 거사요 특별한 대우인즉 나의 충심에도 또한 깊이 느끼는 것이다. 생각건대, 경도 나의 충심에 있는 바를 모두 헤아릴지니, 이런 까닭으로 지금 전 시종을 특별히 파견하여 이 뜻을 전달하게 하노니 경은 사양하지 말고 경건히 받아 내 마음을 편안케 하라"라고 칙유하였다. 그때 작위를 받은 사람 가운데 김석진金奭鎭은 독약을 마시고 자결하였고, 조정구趙鼎九는 스스로 목을 베고도 죽지 않았으나 작위는 받지 않았다. 윤용구尹用求 · 한규설 · 유길준 · 민영달閔泳達 · 홍순형洪淳馨 · 조경호趙慶鎬는 작위를 사양하고 반납하였다.

12월 29일 왕세자가 육군 보병 중위의 정복을 공식적인 의상으로 사용하게 되었다. 총독부가 그렇게 통지했기 때문이다.

12월 30일 황실령 제34호로 이왕직李王職 관제가 공포되었다.

1911년 2월 20일 원구단, 사직서의 건물과 부지를 모두 총독부에 인계하였다. 3월 3일에는 옛 국새(國璽 : 나라를 대표하는 도장)와 보새(寶璽 : 옥새)를 총독부에 인계하였다. 대한 국새, 황제의 보새, 대원수의 보새, 제고(制誥 : 사령을 내릴 때 쓰는 도장)의 보새, 칙명의 보새, 칙령의 보새 등이 포함되어 있다. 4월 26일 창경궁 내에 있는 박물관, 동물원, 식물원을 창경원으로 통칭하기로 했다. 5월 17일 경복궁 전체 면적 19만8천624평 5합 6작을 총독부에 인도하였다. 6월 26일 경희궁 토지와 건물 전부를, 1912년 5월 6일 덕수궁 부지 면적 1,621평과 원 경선궁慶善宮 택지 면적 331평을 조선 총독부에 양여하였다. 1911년 6월 19일에는 전 규장각 소관 도서 일체를 취조국取調局에 인계하였다. 이 해 2월부터 6월까지 새로 구입한 서적 3,528책, 또 옛 궁내부에서 인수한 공문서와 아울러 서적 12,615책, 무주 적상산 사고史庫와 선원각에서 이송해 온 서적 4,066책을 모두 도서관에 소장하였다.

7월 20일 덕수궁의 즉조당에서 귀비貴妃 엄씨가 별세하였다. 도쿄에 있던 왕세자가 7월 23일 모친상을 치르기 위해 귀국했다가 8월 5일 다시 일본으로 돌아갔다.

1912년 1월 8일 북한산성 사고史庫 건물을 10년간 영국 교회에 빌려주도록 허가하였다. 총독부에서 요청을 전달했기 때문이다. 3월 18일에는 구 수학원修學院의 토지 건물을 영국 교회에 빌려 주도록 허락하였다. 총독부에서 조건을 붙여 요청해왔기 때문이다. 그 조건은, "1. 토지 건물은 종교상의 목적 이외에는 사용할 수 없다. 1. 대차 기간은 만 5년으로 한다. 1. 대차료는 무료로 정한다. …" 등이다. 7월 2일 이왕직 소관 청량리 홍릉洪陵 부속 부지 44평 2홉 5작을 조선 총독부에 대여하는 것을 허가하였다. 순사 주재소를 설치하기 위하여 총독부에서 요청하였기 때문이다.

5월 25일 덕수궁 궁인宮人 양씨梁氏가 딸을 낳았다. 양씨에게 '복녕福寧'이라는 당호를 내렸다. 1914년 7월 3일 덕수궁의 궁인 이씨李氏가 왕자를 낳았다. 이씨에게 광화당光華堂이라는 당호를 내렸다. 다음 해 8월 20일 덕수궁의 궁인 정씨鄭氏가 왕자를 낳았다. 정씨에게는 보현당寶賢堂이라는 당호를 내렸다. 광화당 이씨가 낳은 왕자 이육李堉은 1916년 1월 22일에, 보현당 정씨가 낳은 왕자 이우李堣는 그해 7월 25일에 세상을 떠났다. 1916년 4월 1일 덕수궁 준명당浚明堂에 유치원을 설치하여 복녕당의 아기씨를 교육할 것을 명하였다. 보모로 교구치 사다코[京口貞子]와 장옥식張玉植을 촉탁하였다. 5월 8일에는 고종이 준명당에 나아가서 유치원 원생들을 만나고 필묵을 선물하였다.

1912년 7월 30일 일왕이 별세하였다. 일본의 연호는 명치明治에서 대정大正으로 바뀌었다. 고종은 총독 관저에 나아가 조문하는 예를 행하였다.

다음 날 일왕 장례에 관련하여 다음과 같은 궁내성 고시宮內省告示가 발표되었다.

어대상御大喪에 이 달 31일부터 5일간 조회를 폐한다. 폐조 중에는 죄수의 복역을 특별히 사면하고 사형 및 태형의 집행과 아울러 가무음곡歌舞音曲을 정지한다. 대상 중에 국기를 게양하는 때에는 깃대의 윗부분에 검은 헝겊을 부착해야 한다. ─ 1912년 7월 31일

1912년 9월 8일은 고종의 60회 탄신일이었다. 하지만 일왕의 상중喪中이어서 여러 가지 축하 등의 절차를 거행하지 말라는 명이 있었다.

1914년 10월 10일 왕비가 출정 군인을 위하여 위문대 300개를 만들어 애국부인회 본부에 보내 전해 주도록 하였다. 11월 7일 중국 청도靑島가 함락되었다는 소식을 총독부 참모 차장이 이왕직에 전보로 통지하였다. "우리의 공위군은 적의 중앙 보루 및 좌우 양 보루를 점령하고 이어 양 포대砲臺가 우리의 수중에 돌아오니 적이 드디어 백기를 들었다"라는 내용이었다.

1915년 5월 25일 이왕직에서 가지고 있는 동양척식회사 주식株式으로 전년도 이익배당금 5,525원을 이왕직 회계과로부터 수령하였다. 7월 23일에는 이왕직 소유 한성은행漢城銀行의 주식 상반기 배당금 3,288원 25전을 수령하였다. 다음 날 조선상업은행의 주식 상반기 배당금 1,698원 75전을 수령하였다. 1916년 2월 4일 이왕직 소유의 경성전기주식회사 주식 전년도 하반기 배당금 1,050원을 회계과에서 수령하였다. 이후에도 황실은 이왕직 소유의 주식 배당금을 계속 수령하였다.

❝ 이런 역사 저런 역사

1916년 2월 21일 적포도주 1타打를 제9사단장 가와무라 소고로[川村宗五郎]에게 하사하였다. 그의 병이 위중하였기 때문이다. 이렇게 일본에는 죽음을 앞둔 사람이나 그 가족에게 포도주를 보내는 풍습이 있었던 것 같다. 대한제국 시기 황실에서도 이 풍습을 따라 임종이 임박한 대신이나 그 가족에게 포도주를 보냈다. 1919년 1월 21일 고종 황제가 세상을 떠났을 때도 일왕은 포도주 한 타스를 위로의 선물로 보내왔다.

순종, 함흥과 일본에 가다

1917년 5월 9일 남대문역에 가서 증기차를 타고 함흥咸興으로 떠났다. 이강 공李堈公 이하 종척과 귀족, 이왕직 장관 등이 따라갔다. 왕의 행렬이 원산에서 이틀을 묵게 되었다. 비가 와서 도로가 붕괴되어 열차가 운행할 수 없었기 때문이었다. 5월 11일 원산역에서 출발하여 함흥에 이르러 함경남도 장관의 관사에 하룻밤 묵었다. 큰 비가 내린 뒤에 도로가 무너지려고 하자 부근의 백성들이 스스로 와서 수리하고 보수하여 왕의 행렬이 여기까지 이를 수 있게 되었으며, 많은 백성의 환영하는 소리가 마치 우레 소리와 같았다. 5월 14일 행차가 함흥역을 출발하여 석왕사釋王寺에 이르러 묵게 되었다. 다음 날 석왕사에 있는 어필각御筆閣과 태조 고황제가 직접 심은 소나무를 돌아보고, 각 불각佛閣과 양어장, 온천 약수 등을 둘러보았다. 방문을 기념하기 위하여 어린 소나무 한 그루를 만춘각萬春閣 옆에 심었다. 5월 16일 임금의 행렬이 석왕사역에서 출발하여 남대문역에 도착하였다.

1917년 5월 25일 왕세자가 육군사관학교를 졸업하였다.

6월 8일 순종은 남대문역에서 특별 열차를 타고 도쿄로 향하였다. 다음 날 부산항에서 군함 히젠[肥前]을 타고 출발하여 시모노세키에 도착하였다. 6월 10일 시모노세키를 출발한 행차는 마이코역[舞子驛]을 거쳐 다음 날 나고야역[名古屋驛]에 이르렀다. 이곳으로 왕세자가 마중 나와 왕을 영접하였다. 6월 12일 왕의 행렬이 도쿄역에 도착하였다. 6월 14일 일왕 내외를 만나고 20일 귀국을 위해 도쿄역을 출발하였다. 교토[京都], 미야지마[宮島], 시모노세키, 순판로[春帆樓] 등을 거쳐 다시 군함 히젠을 타고 부산으로 돌아왔다. 28일 왕의 행렬이 부산역에서 출발하여 남대문역에 도착하였다.

창덕궁 화재와 고종 승하

1917년 11월 10일 창덕궁 대조전에서 오후 다섯 시에 불이 났다. 불은 대조전 서온돌에 붙은 나인들의 갱의실에서 일어나 내전의 전부를 태워버렸다. 이때 불탄 전각은 대조전, 흥복헌, 양심합, 희정당, 내전, 경훈각, 징광루, 요휘문, 함광문 등이다. 불은 오후 여덟 시에 비로소 진화되었다. 이날 밤 두 전하는 잠시 후원의 연경당으로 피신하고, 진화 후에 임시 침소를 성정각誠正閣으로 정하였다. 내전에 소장되어 있던 귀중 물품 및 훈기(勳記 : 훈장과 함께 주는 증서), 훈장, 휘장, 기념장 등이 모두 함께 타버렸다.

다음 날 총독부 총무국장 오기타 에쓰조[荻田悅造]를 만났다. 일왕이 화재 발생에 대한 위문의 뜻을 전하도록 했기 때문이다. 위로 선물로 청주淸酒 한 두루미와 요리 100인분을 받았다. 11월 14일 이왕직 장관 자작 민병석閔丙奭 이하 고등관이 화재 이후의 처리 방법에 대하여 회의를 하고, 임시 궁전 낙선재樂善齋를 응급 수리하는 비용 6만5천 원을 예비금 가운데서 지출하기로 하였다. 새 건물은 조선식으로 건축하기로 하고, 그 외에는 서양식을 참조하기로 하였다. 건평은 약 7백 평으로 하고 건축 및 설비, 잡비 등을 개략하여 54만6천300원이 되었다. 11월 27일 이왕직은 창덕궁 전각을 중건하는데, 경복궁 내의 여러 전각(교태전, 강녕전, 동·서행각, 연길당, 경성전, 연생전, 흠경각, 함원전, 만경전, 흥복전 등)의 옛 재목을 옮겨 짓는 일을 총독부와 의논하여 정한 후 보고했다. 새로 지은 대조전은 3년 후인 1920년 10월 29일에 준공되었다.

1919년 1월 21일 고종이 덕수궁 함녕전에서 별세하였다. 다음 날 순종과 이강李堈 공은 상복을 벗고 머리를 풀어헤치고 소복을 입었다. 이날 일왕이 위로의 선물로 포도주 1타(打 : 열두 병)를 보내왔다. 빈전과 혼전을 함녕전으로 하도록 명하였다.

1월 25일 이왕직 장관이 인산지(因山地 : 국장 장소)를 묻자 "양주의 금곡金谷은 고 태왕 전하가 살아 계실 때 예정해 놓은 땅이니, 산릉주감 제조가 나가 살펴보고 오라"라고 말했다.

1월 27일 이태왕의 별세로 특별히 국장國葬을 행한다는 일왕의 칙령 제9호가 반포되었다. 조선 총독부는 3일 동안 가무 음곡을 정지하도록 했다. 2월 26일 의례에 따라 종묘에 시호를 청하였다. 3월 3일 영여(靈轝 : 영혼을 모신 수레)가 금곡의 빈소에 도착하였다.

　　1919년 3월 4일 고종 황제의 행장과 지문誌文이 발표되었다. 지문은 대략 다음과 같다.

　　… 높은 하늘이 화를 내려서 무오년(1918) 12월 19일 임금께서 몸이 편찮으시어 20일 계유에 경운궁의 함녕전에서 세상을 떠나시니 춘추 67세였다. … 우리 전하께서는 매우 애통해 하시며 조정에 묻고 옛 제도를 살폈으므로 삼가 존호를 올리기를, '문헌무장인익정효文獻武章仁翼貞孝'라 하였고, 묘호를 '고종高宗'이라 하였다. 그 다음 해인 기미년(1919) 2월 3일 을묘에 홍릉洪陵에 합장하였는데, 능은 양주楊州의 금곡金谷에 있으며 을좌향乙座向이다. 이곳은 왕께서 미리 묘소로 정하신 곳으로 명성황후를 먼저 이곳에 이장하였다.

　　… 왕의 성姓은 이씨李氏요, 휘는 희熙, 자는 성림聖臨인데 … 흥선헌의대원왕興宣獻懿大院王의 둘째 아들이다. 여흥순목대원비驪興純穆大院妃 민씨에게게서 임자년(1852) 7월 25일 계유에 정선방貞善坊 사저에서 탄생하였다. 계해 12월 철종 장황제가 승하하시자 왕께서 신정 익황후神貞翼皇后의 명을 받들어 궁에 들어가 대통을 잇고, 문조 익황제文祖翼皇帝의 양자가 되었다. … 병인년(1866)에

여성부원군驪城府院君 민치록閔致祿의 따님을 얻어서 비妃로 삼았는데, 이분이 명성후明成后이다. 우리 전하는 둘째 아들로 탄생하였는데, 1남인 원자와 삼남인 대군, 사남인 대군, 1녀인 공주는 모두 요절하였다. 완왕完王 이선李墡과 의왕義王 이강李堈과 세 따님은 모두 귀인에게서 태어났다. 황귀비 엄씨는 우리 세자이신 휘 이은李垠을 낳으셨는데, 서열이 세 번째로 우리 태종의 고사古事를 쫓아 황태자로 책봉되었다. 오호라 왕은 천품이 빼어나 어린 나이에 왕위를 계승하여 55년 동안 왕에 계셨는데, 융성한 덕과 커다란 업적은 역사에 다 쓰지 못할 정도이다. …   - 1919년 3월 4일

영친왕 가례와 덕혜옹주

1917년 12월 25일 왕세자가 육군 소위로 임명받는다는 전보를 받았다.

1918년 12월 1일 이왕직 차관 고쿠분 쇼타로[國分象太郎]를 모리마사왕[守正王]의 저택에 보내어 왕세자와 나시모토노미야의 장녀 방자여왕方子女王과의 혼례를 의논하게 하였다. 12월 5일 왕세자의 가례를 모리마사왕의 딸 방자여왕으로 완전히 확정하고 일왕이 결혼을 허가하는 서류를 받았다고 고쿠분 쇼타로가 도쿄에서 전보로 알려 왔다. 다음 날 순종은 이왕직 장관 자작 민병석閔丙奭을 총독부에 보내 왕세자와 방자여왕의 결혼을 허가하는 칙서를 내린

것에 대하여 사례의 뜻을 전하게 하였다. 1919년 1월 13일 민병석과 자작 윤덕영尹德榮을 도쿄로 보냈다. 왕세자의 가례를 올리는 일을 담당하게 하기 위해서였다.

고종의 국장 때문에 왕세자의 가례일이 1920년 4월 28일로 미뤄졌다. 4월 16일 왕세자의 가례에 참가하기 위해 후작 윤택영尹澤榮, 백작 이완용李完用, 자작 송병준宋秉畯 등에게 도쿄에 출장가도록 명하였다.

4월 27일 왕세자가 육군 보병 중위에 임용되었고 대훈위大勳位에 서임되어 국화대수훈장을 받았다. 4월 28일 왕세자가 도쿄 이궁離宮에서 친영례親迎禮와 합근식(合졸式 : 신랑과 신부가 잔을 주고 받는 예식)을 행하였다.

1921년 5월 4일 덕수궁 양 귀인梁貴人이 낳은 왕녀 복녕당 아기에게 '덕혜'라는 이름을 내려주었다. 8월 18일 왕손이 탄생하여 24일 '진행晉行'이라 이름 지었다. 왕손 이진은 다음 해 5월 11일 석조전에서 세상을 떠났다.

1922년 3월 11일 경성학교조합京城學校組合에 일금 400원을 하사하였다. 덕혜옹주가 입학했기 때문이다. 3월 30일에는 특별히 일출학교日出學校 생도 한고남韓考男, 민용아閔龍兒에게 장학금으로 각각 100원씩 하사하였다. 덕혜옹주의 학우였기 때문이다. 다음 해 3월 30일에는 덕혜옹주가 다니는 심상소학교尋常小學校 교장과 담임에게 선물을 내렸다. 또 6월 28일 덕혜옹주가 재학하는 일출소학교 보호자회에 일금 30원을 하사하였다. 1924년 7월 11일에도 덕혜옹주의 교육에 종사하는 일출소학교장 이하 이왕직 직원 등에게 상금을 내렸다.

1923년 왕세자가 7월 6일에는 대위로 승진하고 11월 29일에는 육군대학을 졸업하고 중대장에 보임되었다고 전보가 왔다.

1925년 3월 24일 덕혜옹주에게 도쿄에서 유학하도록 명하였다. 1926년 3월 3일 왕세자 내외가 귀국하여 순종을 알현하고 유럽을 유람할 것이라고 말하였다.

순종 승하

1926년 4월 8일 순종의 환후가 극심하다는 소식을 전달받은 왕세자가 유럽 유람을 중지하고 덕혜옹주와 함께 돌아와 문후하였다. 다음 날 순종의 환후가 위독하여 일왕이 위문을 위해 포도주 열두 병을 보내주었다.

1926년 4월 25일 순종이 창덕궁 대조전에서 별세하였다. 왕세자가 웃옷을 벗고 머리를 풀어헤치고 소복을 입었고 웃옷 자락을 끼우고 추포(麤布 : 발이 굵고 거칠게 짠 베)로 만든 버선발이었으며 왕비와 왕세자비는 관冠과 웃옷을 벗고 머리를 풀어헤치고 소복과 소혜(素鞋 : 하얀 가죽신)와 추포로 만든 버선을 신었다.

다음 날 순종을 원수元帥로 예우하여 원수 휘장과 원수 패도佩刀를 특별히 내린다는 칙령이 있었다. 궁내부 고시 13호로 상복 착용할 것을, 칙령 87호로 국장을 행할 것을 알렸다. 이날 궁내부대신이 왕세자 '은垠 전하'의 칭호를 '창덕궁 이왕 은 전하'로 제정했다는 칙령을 알려왔다. 이로써 도쿄에 있는 왕세자저도 '이왕가 동경저東京邸'로 불리게 되었다.

1926년 6월 10일 영여靈轝가 금곡金谷을 향하여 떠났다. 6월 11일 순종 황제의 지문誌文과 행장이 바쳐졌다. 지문의 내용은 대략 다음과 같다.

아, 공경하는 우리 순종 황제는 성은 이씨요 휘는 척坧이다. 자는 군방君邦이요 호는 정헌正軒이다. 고종 태황제의 적출 계승자이며 문조 익황제의 손자이다. 어머니는 영의정 여성부원군驪城府院君 순간공純簡公으로 추증된 민치록閔致祿의 따님이신 명성 태황후 민씨이다. 갑술년(1874) 2월 8일 신사 묘시에 창덕궁 관물헌에서 탄생하셨으니 실로 태황제가 왕위에 오른 지 11년이 되던 해였다. … 다음 해 을해년(1875)에 왕세자로 책봉되었다. … 드디어 관례를 행하고 이내 순명후와 가례를 행하였다. 후后는 추증된 영의정 여은부원군驪恩府院君 충문공忠文公 민태호閔台鎬의 따님이시다. … 정유년(1897)에 태황제의 성덕이 날로 융성해져 백관과 백성들이 황제에 오르기를 청하니 황제에 즉위하시고 제帝를 황태자로 책봉하였다. … 갑진년(1904)에 순명후가 돌아가셨다. 병오년(1906)에 지금 황태후와 가례를 행하였다. 후后는 영돈녕사사 해풍부원군海豊府院君 윤택영尹澤榮의 따님이신데 … 정미년(1907)에 태황제의 명으로 선위를 받았는데 ··· 제의 아우 영친왕英親王을 황태자로 책봉해 종사의 기틀을 견고히 하였는데, 바로 지금의 왕 전하이다. ··· 경술년(1910)에 이르러 천운天運이 또 한 번 변하였으니, 제는 단지 종묘를 높이고 생령을 긍휼히 여겼지만 남면(南面 : 임금의 자리)을 자신의 즐거움으로 삼지 못하였다. 그러나 아래에서 존경하고 추대하는 것이 더욱 깊어졌다. ··· 병인년(1926) 봄에 침수와 식사를 제대로 하지 못하고 점차 창비(脹痞 : 만성 위장병)가 생겼다. 마침내 3월 14일 묘시에 창덕궁 대조전에서 세상을 떠나셨으니, 춘추가 53세였다. 오호라. 슬프도다. 5월 2일 홍릉의 왼쪽 강岡 묘방卯方 언덕에 장례를 지낼 것이다. 4월 25일 먼저 황후의 시신을 유릉裕陵으로 옮겨 합부지(合祔地 : 합장)로 하였으니 병이 드시기 전에 내린 명령에 따른 것이다. 종척의 원로들이 대행 왕의 시호를 의논하여 정하였는데, '문온무녕돈인성경 文溫武寧敦仁誠敬'이라고 하고, 묘호廟號는 '순종純宗'이라고 하였다. 제호帝號는 '효황제孝皇帝'라고 하였다. ··· 두 명의 남동생과 한 명의 누이가 있어서 근심과 기쁨을 같이 하였다. ···   - 1926년 6월 10일

1928년 7월 6일 종묘에 순종의 신주를 모시고 순명효황후의 신주도 함께 모셨으며, 어진을 선원전에 받들어 모셨다.

**이 책을
만드는데
도움을
주신 분들**

강명지
강명혜
강민경
강원정
강준욱
고범준
고재기
고정서
구철
기은서
김경희
김광숙
김남수
김남훈
김다인
김다희
김도현(Kim Do Hyun)
김도형
김동진

김미자
김성은
김성종
김수연(북가좌동링고)
김수일
김수정
김승욱
김애희
김영하
김예린
김은경
김은지
김자은
김지현(한국사모)
김직호
김태환
김태훈
김한나
김행범
김형순
김호준
남민지
노주형
민서영
박명서

박선이
박시로
박예슬
박원식
박준서
박준석
박지형
박진성
박진아
박진주
박효진
배근아
배상혁
배지영
백승철
변원철
사공철
성지윤
손영찬
손혜정
신주원
안지은
여명
오미진
옥지연

우경연
우현승
유대희
육은미
윤상구
윤수현
윤영훈
윤은설
윤지은
윤해인
이광수
이도희
이민아
이상진
이서현
이수경
이수현
이승재
이영세
이영우(SM메디텍 대표)
이용남
이윤채

이자영
이재우
이정녕
이준영
이준희
이지애
이지연
이진호
이채은(이채은910517)
이현주
이황헌
이훈
인효석
임수현
장광덕
정규홍
정보미
정성문
정세강
정은수
정지연
정진욱

조영권
조영연
조영철
조윤희
조혜원
최세아
최윤경
최필영
최현식
한겨울
한기호
한희천
현승효
현진권
홍설희
황재웅
황해경
황희진
J. Kim
KS

● 북펀딩에 참여하신 분들의 목록입니다. 성함 밝히시길 원치 않으시어 익명으로 도움을 주신 분들께도 감사의 말씀을 드립니다.